ぶ人は、変えてゆく人だ。

目の前にある問題はもちろん、

人生の問いや、

社会の課題を自ら見つけ、

挑み続けるために、人は学ぶ。

「学び」で、

少しずつ世界は変えてゆける。

いつでも、どこでも、誰でも、

学ぶことができる世の中へ。

旺文社

大学入学
共通テスト

地理 集中講義

［地理総合，地理探究］

改訂版

駿台予備学校講師
宇野 仙 著

旺文社

大学入学共通テストの特徴

「大学入学共通テスト」とは？

「大学入学共通テスト」（以下「共通テスト」）とは，2021年1月から「大学入試センター試験」（以下「センター試験」）に代わって実施されている，各大学の個別試験に先立って行われる全国共通の試験です。
ほぼすべての国公立大学志望者，私立大学志望者の多くがこの試験を受験し，大学教育を受けるための基礎的な学習の達成度を判定されます。

共通テストの特徴は？

単純な知識を問うだけの問題ではなく，**「知識の理解の質を問う問題」「思考力，判断力，表現力を発揮して解くことが求められる問題」を重視する**とされています。
「地理総合，地理探究」では，多様な図・表を活用して，データに基づいた考察・判断を行う資料問題や，文章や資料を読み解きながら基礎的な概念・理論・考え方を活用して考察する問題などが出題されます。

共通テストとセンター試験のちがいは？

センター試験では「教科の内容を覚え，正しく理解できているか」といった知識理解の面が重視されていましたが，共通テストでは**「習得した知識を正しく活用することができるか」といった知識の運用力**まで試されます。
必要な学習内容はかわりませんが，知識を問われるだけでなく，地理に関わる事象の空間的な規則性を分析して地域性を捉える，地域の変化や構造について考え，課題を理解するなど，多面的・多角的に考察する力が求められます。

どのように対策すればいい？

センター試験と同じように，まずは知識のインプットが必要です。
その上で，問題を解きながら知識を定着させ，さらに応用問題で知識活用の道筋を学び，アウトプットのトレーニングを行うとよいでしょう。
本書では，共通テストの対策に必要な学習を1冊で完成することができます。本書を使い，知識のインプットからアウトプットまで，効率的に学習を行ってください。

本書の利用法

本書の特長

● 必修40テーマと厳選された学習項目

「地理総合，地理探究」必修の40テーマと重要な学習項目を厳選し，掲載しています。要点が凝縮され，情報が無駄なく詰まっているため，最短距離で理解を深めることができます。

● 出題頻度によるテーマ・学習項目のランク付け

過去（2015～2023年）のセンター試験，共通テストを分析し，「どのような問題がよく出題されるか（頻度）」「その問題は，どのレベルまで理解が必要か（深度）」ということを**RANK**や★で示しています。出題頻度を参考にして，さらに効率のよい学習が可能です。

● 取り組みやすいコンパクトな構成

1テーマ6～8ページを基本とし，効率的かつ短期間での学習が可能です。「地理総合，地理探究」をこの本ではじめて勉強する人でも，無理なく取り組むことができます。

● 豊富な演習問題（チャレンジテスト）

テーマごとに「チャレンジテスト」があり，覚えた知識をすぐに演習問題で確認，定着させることができます。

● 別冊「重要統計資料チェックブック」

重要統計資料だけを集めた別冊チェックブックです。赤セルで重要箇所をかくしながら資料の読み取りポイントをおさえることができ，統計資料の見方・考え方がしっかり定着します。

本書の構成

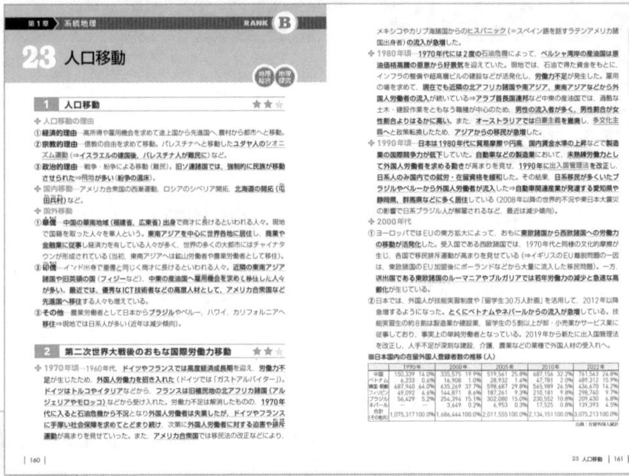

1テーマの構成

テーマの要点整理

必要かつ十分な要点を厳選しまとめた学習項目を，出題頻度とともに掲載しています。

ここが共通テストのツボだ!!

各テーマで，「ここだけ覚えておけば確実に得点できる！」というポイントや，受験生が苦手とするポイントを解説しています。直前期にこのページだけ読むのも効果的です。

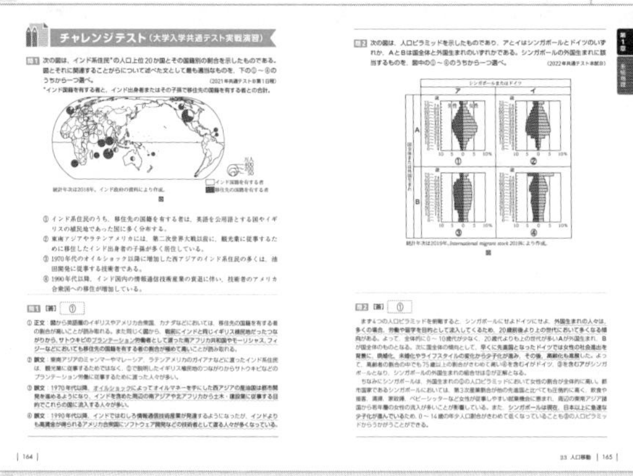

チャレンジテスト

センター試験や共通テストの問題で構成されています。解いたあとは必ず解説を読み，共通テストを解くための視点や考え方を確認しましょう。

索引

巻末に，重要用語・欧文略語をまとめた索引をつけています。

本書を使った学習方法

共通テスト「地理総合，地理探究」対策の学習には，2つの重要な柱があります。

1	必要な学習内容を覚え，理解する ………………………… インプット
2	共通テストレベルの問題を解き，理解を深める …… アウトプット

基本的な学習内容を覚え，理解できたと思ったら（＝**1**），演習で解答を導き出せるかどうかを試します（＝**2**）。
そこで解けなかった問題は理解があいまいということなので，解けなかった問題の解説を読み，さらに**1**に戻り，あいまいな知識を定着させましょう。

一見難しそうな問題も，必ず基礎知識に基づいてつくられているので，**1**⇄**2**の学習サイクルを確立すれば，難問にも対応できるようになります。知識を確実に定着し，活用できるようになるまで，何度もくり返し学習を行ってください。

もくじ

〔編集協力〕青柳 幸那（株式会社友人社）
〔装丁デザイン〕内津 剛士（及川真咲デザイン事務所）〔本文デザイン〕伊藤 幸恵
〔図版作成〕株式会社ユニックス 〔校正〕稲葉 友子，株式会社東京出版サービスセンター
〔写真協力〕アフロ

第1章 系統地理

「自然環境」は，地形や気候が「なぜそうなるのか」というメカニズムを意識した上で，とくに共通テストで狙われやすい自然災害の分布の共通性や傾向性を捉えるようにしましょう。各テーマに該当する地図帳の世界地図を活用するのが効果的です。また，地形図など地形に関する地図から自然災害の違いを読み取れるようにしておきましょう。
「産業」は，各産業の特徴を踏まえた上で，最新の統計集を用いて各指標の上位国・地域に見られる共通性を地理的分布から捉えるようにしましょう。
また，同じ指標でも新旧の違い，つまり「変化」にも注目しましょう。
「文化」は，先進国と途上国の違い，同じ地域(アジア，アフリカ，ヨーロッパ，南北アメリカ，オセアニア)の中における違いを把握するようにしましょう。
また共通テストでは，各テーマのSDGsに関する課題設定による出題が増えます。
環境問題，人口問題，都市居住問題，食料問題，人権問題，民族問題などの背景や原因を理解しておくようにしましょう。

1 統計地図と地形図の読図

1 さまざまな地図

✤ **GIS（地理情報システム）**…**地理情報と地図を組み合わせ**て，データベース化し，さまざまな情報を検索・解析できるシステム。

① **ハザードマップ（防災地図）**…**災害（地震・火山活動・水害など）の被害を予測**したり，実際に**災害が発生した際の避難経路・場所などを示した**りした**防災目的の地図**。

✤ **統計地図**…絶対的な数値を示すのに適した絶対分布図と，地域ごとに相対比較した数値を示すのに適した相対分布図に分けられる。

① **等値線図**…平面的な分布状態を図式的に表すため，**同じ値をもつ地点を線で結んで示した地図**。属性・分布状況が感覚的にわかりやすい。

② **ドットマップ**…ある統計指標の数量を1種類の点で表した地図。**分布を詳細に捉えやすい**。

③ **図形表現図**…**行政など地域ごとの比較をする際に，絶対値の大きさに応じて図形の大きさを変えて表現した地図**。**絶対値を表す場合に適する**。

④ **階級区分図**…**行政など地域ごとの比較をする際に，統計数値に合わせて色調を塗り分けた地図**。一般に**相対値（密度・比率など）を表現する場合に適する**。

⑤ **メッシュマップ**…地図を同じ大きさの方眼で区切って，統計指標の数量に合わせて色分けした地図。行政などの地域を超えた広がりを捉えやすい。

⑥ **流線図**…**物資や人,自動車交通などの経路,方向,量などを帯状の矢印線を用いて示した地図**。

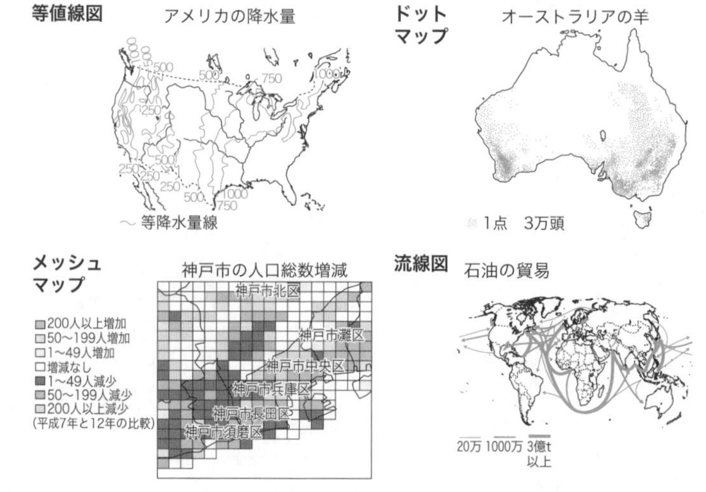

2 地形図 ★★★

✤ 等高線の種類

種類＼縮尺	1/50,000	1/25,000	書き表し方
計曲線	100m間隔	50m間隔	━━━━
主曲線	20m間隔	10m間隔	────

✤ 地図記号

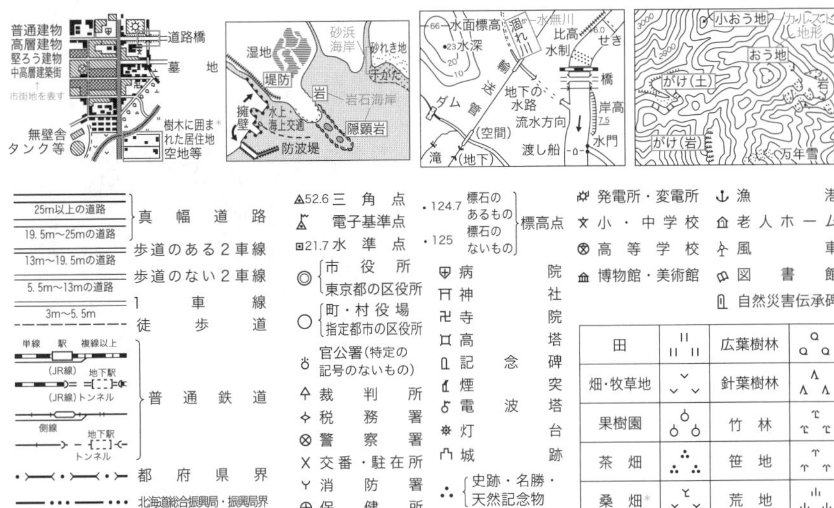

✤ おもな地形図の読図のポイント

① **扇状地**…**谷口を中心に等高線が扇状**に等間隔で広がる。**集落・水田⇒扇端**(せんたん)，**果樹園・桑畑**など⇒**扇央**(せんおう)。「涸れ川」の地図記号⇒**水無川**(みずなしがわ)，**「涸れ川」の地図記号ではなくなった地点**⇒地下水が湧き出す**扇端**。**鉄道や道路が河川の下を通過**，または河川付近の等高線が下流側に向かって**凸型**(とつがた)⇒**天井川**。

② **氾濫原**(はんらんげん)…低平な土地⇒**等高線から自然堤防と後背湿地の見極めは難しい⇒土地利用から判断**。**集落，畑・牧草地**＝**自然堤防**，**水田**＝**後背湿地**。三日月（湾曲）型の水域⇒**三日月湖**（**河跡湖**(かせきこ)）＝旧流路。

③ **河岸段丘**…**河川と並行に走る等高線の間隔が密**＝段丘崖(がい)⇒**段丘崖下**（＝**湧水地**(ゆうすいち)）**には古くからの集落**，**段丘面**（＝**水はけが良い**）には**畑**，**果樹園**，桑畑など。

④ **台地（洪積台地）**…河川が流れ，等高線はあるが，**河川と並行に走る等高線が見えにくい**≒**台地**（**洪積台地**）**の地形図**。土地利用⇒**水田**＝**沖積平野**(ちゅうせき)，畑・**住宅団地**・**工業団地**・**ゴルフ場**＝**台地面**，**水田に隣接した集落**＝**台地の崖下**（湧水地），地名⇒「**谷**」・「**津**」＝**台地の崖下**（谷部分），「**台**」・「**島**」・「**新田**」＝**台地面**。

3 地図と防災

✤ 地理院地図から見る地図と防災

■新潟県新潟市付近（2024年能登半島地震で実際に液状化が起こった場所）

①砂州・砂丘
・土地の成り立ち…主に現在や昔の海岸・湖岸・河岸沿いにあり，周囲よりわずかに高い土地。波によって打ち上げられた砂や礫，風によって運ばれた砂が堆積することでできる。
・この地形の自然災害リスク…**通常の洪水では浸水を免れることが多い。**縁辺部では強い地震によって液状化しやすい。

②自然堤防
・土地の成り立ち…現在や昔の河川に沿って細長く分布し，周囲より0.5～数メートル高い土地。河川が氾濫した場所に土砂が堆積してできる。
・この地形の自然災害リスク…**洪水に対しては比較的安全**だが，大規模な洪水では浸水することがある。縁辺部では液状化のリスクがある。

③後背湿地
・土地の成り立ち…主に氾濫原の中にあり，周囲よりわずかに低い土地。洪水による砂や礫の堆積がほとんどなく，氾濫水に含まれる泥が堆積してできる。
・この地形の自然災害リスク…**河川の氾濫によって周囲よりも長期間浸水し，水はけが悪い。地盤が極めて軟弱で，地震の際は揺れが大きくなりやすい。液状化のリスクがある。沿岸部では高潮に注意。**

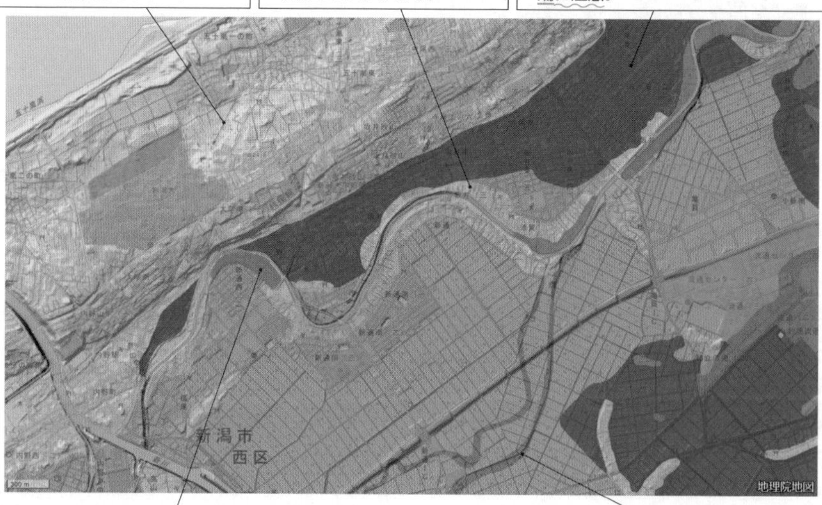

④旧水部
・土地の成り立ち…江戸時代もしくは明治期から調査時までの間に海や湖，池・貯水池であり，過去の地形図などから水部であったと確認できる土地。その後の土砂の堆積や土木工事により陸地になったところ。
・この地形の自然災害リスク…**地盤が軟弱である。液状化のリスクが大きい。沿岸部では高潮に注意。**

⑤高い盛土地
・土地の成り立ち…周辺よりも約2m以上盛土した造成地。主に海水面などの水部に土砂を投入して陸地にしたり，谷のような凹地を埋め立てて造成した土地。
・この地形の自然災害リスク…**海や湖沼，河川を埋め立てた場所では，強い地震の際に液状化のリスクがある。山間部の谷を埋め立てた造成地では，大雨や地震により地盤崩壊のリスクがある。**

⑥旧河道
・土地の成り立ち…かつて河川の流路だった場所で，周囲よりもわずかに低い土地。流路の移動によって河川から切り離されて，その後に砂や泥などで埋められてできる。
・この地形の自然災害リスク…**河川の氾濫によって周囲よりも長期間浸水し，水はけが悪い。地盤が軟弱で，地震の際は揺れが大きくなりやすい。液状化のリスクが大きい。**

※①～⑥は一般的な自然災害リスクであり、個別の場所のリスクを示しているものではありません。

■静岡県熱海市付近（2021年土石流災害が起こった場所，盛土の崩壊も影響）

①山地
・土地の成り立ち…尾根や谷からなる土地や，比較的斜面の急な土地。山がちな古い段丘崖の斜面や火山地を含む。
・この地形の自然災害リスク…**大雨や地震により，崖崩れや土石流，地すべりなどの土砂災害のリスクがある。**

②扇状地
・土地の成り立ち…山地の谷の出口から扇状に広がる緩やかな斜面。谷口からの氾濫によって運ばれた土砂が堆積してできる。
・この地形の自然災害リスク…山地からの出水による浸水や，**谷口に近い場所では土石流のリスクがある。比較的地盤は良いため，地震の際には揺れにくい。**下流部では液状化のリスクがある。

③地すべり地形
・土地の成り立ち…斜面が下方に移動し，斜面上部の崖と不規則な凹凸のある移動部分からなる土地。山体の一部が重力により滑ってできる。
・この地形の自然災害リスク…**大雨・雪解けにより多量の水分が土中に含まれたり，地震で揺れたりすることで，土地が滑って土砂災害を引き起こすことがある。**

④山麓堆積地形
・土地の成り立ち…山地や崖・段丘崖の下方にあり，山地より斜面の緩やかな土地。崖崩れや土石流などによって土砂が堆積してできる。
・この地形の自然災害リスク…**大雨により土石流が発生するリスクがある。地盤は不安定で，地震による崖崩れにも注意。**

⑤崖・段丘崖
・土地の成り立ち…台地の縁にある極めて急な斜面や，山地や海岸沿いなどの岩場。
・この地形の自然災害リスク…**周辺では大雨や地震の揺れによる崖崩れなどの土砂災害のリスクがある。**

⑥盛土地・埋立地
・土地の成り立ち…周囲の地表より高く盛土した土地や，海水面などの水部に土砂を投入して陸地にしたり，谷のような凹地を埋め立てて造成した土地。
・この地形の自然災害リスク…高さが十分でない場合には浸水のリスクがある。**山地や台地では降雨・地震により地盤崩壊のリスクがある。低地では液状化のリスクがあり，海や湖沼・河川を埋め立てた場所では特に注意。**

※①～⑥は一般的な自然災害リスクであり、個別の場所のリスクを示しているものではありません。

ここが共通テストのツボだ!!

ツボ① 図形表現図と階級区分図

表現する指標が絶対値か相対値かで判断！

① 図形表現図（**絶対値を表すのに適当**）…図形の大きさによって，行政などの地域ごとの統計数値を比較できる地図。

　もし「人口増減率」という相対値を図形表現図で示そうとすると，人口増減率＋2%も，－2%も絶対値がどちらも「2」という大きさなので，図形が同じ大きさになって判断がつかなくなってしまう。

図1 図形表現図の例

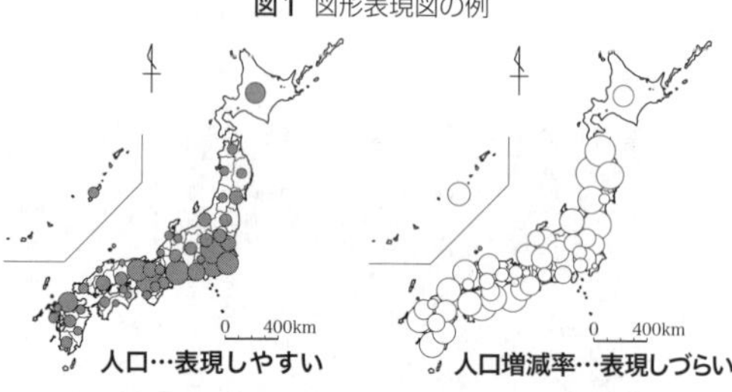

② 階級区分図（**相対値を表すのに適当**）…統計数値に合わせて色調を塗り分け，行政などの地域ごとに数値を比較できる地図。

　「面積が増加するとそれにつれて増加する性質を表すのには不適当」→もし「人口」という絶対値を階級区分図で示そうとすると，「人口密度」が低い地域でも，面積が大きい地域の場合，「人口（総数）」は多い値を示してしまう。人間の「人口の多い，少ない」という感覚は，「人が密集している様」と認識することと近いため，ズレが生じてしまう。

図2 階級区分図の例

ツボ② 鳥瞰図や立体図の見方のコツ

鳥瞰図（ちょうかんず）や**立体図**を分割して目安を立て，地図上でも同様に分割してチェック！

※ 地図中の「↓」が鳥瞰図や立体図の中心なので，「↓」上に鉛筆などをのせて眺めてみると，中心からどのあたりに大きな起伏があるのかがつかみやすい。

図3 硫黄島の鳥瞰図

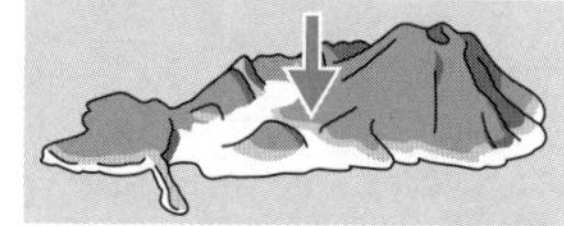

チャレンジテスト（大学入学共通テスト実戦演習）

問1 大分市で多くの保育所待機児童*が報告されていることを知ったリョウさんは，保育所不足の原因について**図1**のような仮説をたてた。**図1**中の**資料A～C**には，仮説を考えるもととなった資料として，**図2**中の**ア～ウ**がそれぞれ当てはまる。**A～C**と**ア～ウ**との組合せとして最も適当なものを，下の①～⑥のうちから一つ選べ。

(2018年試行調査〈改〉)

*保育所への入所を希望して入所できない児童のうち，一定の基準を満たす者。

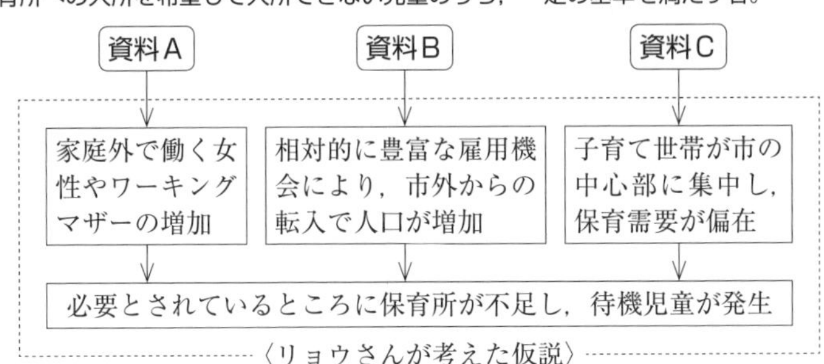

図1

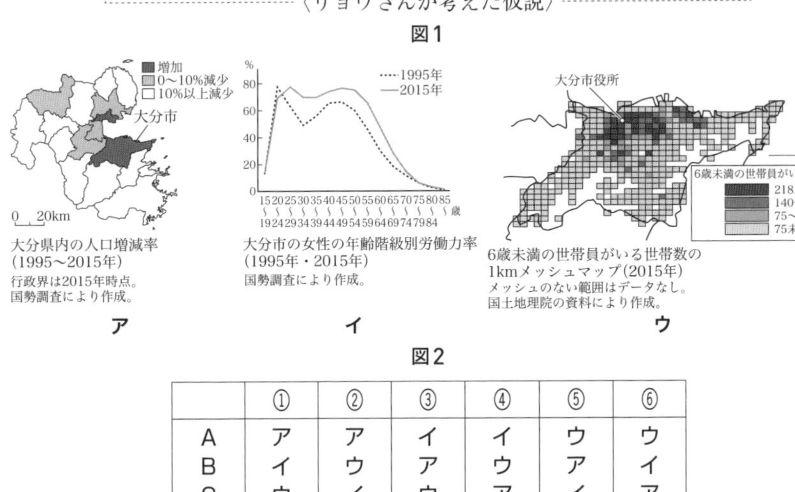

図2

	①	②	③	④	⑤	⑥
A	ア	ア	イ	イ	ウ	ウ
B	イ	ウ	ア	ウ	ア	イ
C	ウ	イ	ウ	ア	イ	ア

問1 [答] ③

仮説の検証に当たりどの資料が適当かを判断させる，共通テストの試行調査で出題された新傾向の問いである。**資料A**は「家庭外で働く女性やワーキングマザーの増加」とあるので，**女性の労働力**に関する資料を見れば検証できる。よって，**イ**が**資料A**と対応する。**資料B**は「市外からの転入で人口が増加」とあるので，大分市を含む県内における**人口増減**に関する資料を見れば検証できる。よって，**ア**が**資料B**と対応する。**資料C**は「子育て世帯が市の中心部に集中し，保育需要が偏在」とあるので，**保育**を必要とする6歳未満の乳幼児がいる世帯数の分布がわかれば検証できる。よって，**ウ**が**資料C**と対応する。

問2 交通網の発達にともなう地域への影響を統計地図で表現することになった。地図表現の方法について述べた文として下線部が適当でないものを，次の①～④のうちから一つ選べ。
（2016年センター試験本試B）

① 近隣の花巻(はなまき)空港発着の国際チャーター便就航の影響を表現するため，異なる年次における市内観光地を訪れる外国人客数を図形表現図で示す。

② 自家用車の普及にともなうバス交通への影響を表現するため，異なる年次における地区別バス利用者の割合を階級区分図で示す。

③ 東北自動車道の開通が地域経済に与える影響を表現するため，開通前後における地区別の小売店数をドットマップで示す。

④ 東北新幹線開業にともなう通勤行動への影響を表現するため，開業前後における鉄道各駅周辺の駐車場収容台数を流線図で示す。

問2 [答] ④

④ 誤文：流線図は，物や人の移動（量）を表すのに適当な地図であるので，「駐車場収容台数」という動きのない事象を表すのには不適当である。

① 正文：図形表現図は，絶対値を表すのに適当な地図なので，「外国人客数」という絶対値を示すのには最適である。

② 正文：階級区分図は相対値を表すのに適当な地図なので，「地区別バス利用者の割合」という相対値を表すのには最適である。

③ 正文：ドットマップは，分布を表すのに適当な地図であり，下線部の前文に「東北自動車道の開通が地域経済に与える影響」とあることから，小売店の分布をドットマップで示せば，どこにどれだけ増えたか（減ったか）ということがわかりやすい。

問3 サクラさんは，図1中の静岡駅を午前10時に出発した列車に乗り，焼津駅までの車窓からの景観を観察した。図2は安倍川(あべかわ)駅付近の拡大図であり，図3は用宗(もちむね)―焼津間の拡大図である。車窓からの景観を説明した文として最も適当なものを，次の①～④のうちから一つ選べ。
（2017年試行調査〈改〉）

① 静岡駅を出て安倍川を渡る際に地形図と見比べたところ，地形図で示された位置と，実際に水の流れている位置が異なっていた。

② **図2**の安倍川駅を出発すると，車窓の進行方向の右側に山地が見え，市街地より山側の斜面は全体が針葉樹林に覆われていた。

③ 用宗駅付近を走行している際に，日差しは進行方向の右側から差し込んでいた。

④ 用宗―焼津間のトンネルを出た所からビール工場までの間，進行方向の左側に海が見えた。

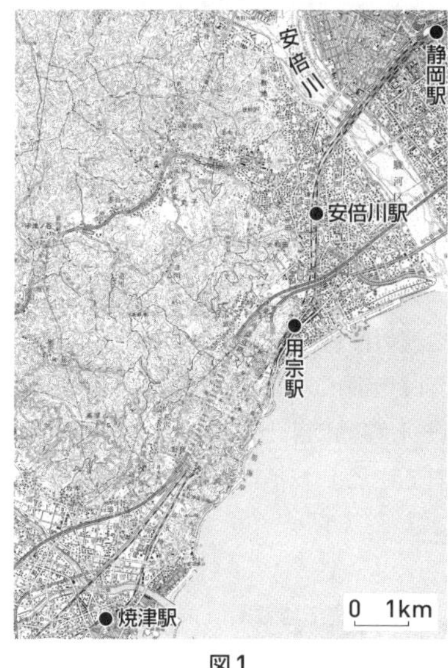

図1

図2

図3

地理院地図により作成。問3の地図はすべて同様。

問3 [答] ①

本問は，移動方向や距離，時刻等の前提条件をもとに，複数の**地理院地図（地形図）**からの読み取りを問う，新傾向の読図問題である。まず問題文から，静岡駅を午前10時に出発した列車に乗って焼津駅に向かうとわかるので，北から南に向かって移動していく際の車窓から見た風景を判断することになる。

① **正文**：**図1**の**地理院地図**で示されている安倍川の流路は，およその位置が示されているわけであり，例えば大雨が降った直後と雨がしばらく降っていない時期では，河川の流量が大きく変わることは容易に想像がつく。よって，実際に水の流れている位置が多少異なっていても特に不思議なことではない。

② **誤文**：車窓の進行方向の右側とは，**図2**の左側（西側）である。その中で，**等高線**の間隔が密な部分が広がる山の斜面（「大和田」，「小野寺」，「井尻」付近）を見ると，一部「針葉樹林」の記号もあるが，大部分は「果樹園」の記号が見られる。よって，「全体が針葉樹林に覆われていた」は言い過ぎである。

③ **誤文**：**図1**を見ると，静岡駅と用宗駅との空間距離は地図中のスケールから，約6kmであるとわかる。問題文中に「午前10時に出発」とあるので列車の速度を考えれば，少なくとも同じ午前10時台に用宗駅付近を走行していることに疑いの余地はない。よって，太陽がまだ南中する時間の前と考えれば，まだ東側，つまり進行方向に対して左側から日差しが入ると考えることができる。

④ **誤文**：「用宗—焼津間のトンネルを出た所」というのは，**図3**を見て考えるとよい。ほぼ中央付近に焼津駅につながる「東海道本線」があり，そのすぐ西側に「サッポロビール工場」とある。また，**図3**の北部にはJR線の「東海道本線」が破線になっており，そこがトンネルであるとわかる。よって，この区間の車窓から見た風景の進行方向の左側，つまり**図3**中の東側に注目すると，**等高線**が密になっている山がちな地形を見ることができるので，その山が視界を遮り，海を見ることは難しいと判断できる。

2 大地形

1 プレートテクトニクスとプレート境界 ★★★

✤ **プレートテクトニクス**…**大陸移動説を科学的に裏付ける考え。**

① **プレート**…地殻(ちかく)と上部マントル部分。地球の表面は十数枚のプレートによって構成。

② **プレートの移動**…マントル対流にともなう**プレート移動によって，大陸の移動や大地形の形成，地震・火山活動が生じる**と考えられている。ドイツの気象学者A.ウェゲナーが1912年に発表した「大陸移動説」が基になっている。

✤ **プレート境界**…**変動帯で地震が多い。**

① **広がる境界**（プレートが生まれるところ）…**火山や，海底には**海嶺(かいれい)（大西洋中央海嶺など），**陸地上には**地溝(ちこう)（湖）（アフリカ大地溝帯(だいちこうたい)など）が形成される。

② **狭まる境界**（プレートが消えるところ）…**大陸プレートどうしが衝突する場所には**褶曲山脈(しゅうきょくさんみゃく)（ヒマラヤ山脈など）が形成される。また，**海洋プレートが沈降する場所には**海溝(かいこう)が形成され，**並行して火山前線（火山フロント）**が形成される⇒弧状列島（島弧(とうこ)）（**日本列島**，**フィリピン**，**インドネシア**など），大山脈（陸弧）（アンデス山脈など）。

③ **ずれる境界**（プレートがすれ違うところ）…一般に海底に多く見られるが，**陸上に形成された例として**サンアンドレアス断層がある。

✤ **ホットスポット**…**プレートの境界から離れたプレートの内部において**，局所的に形成されたマグマだまりによる**火山活動が見られる場所**（ハワイ諸島など）。

■**地震・火山の分布**

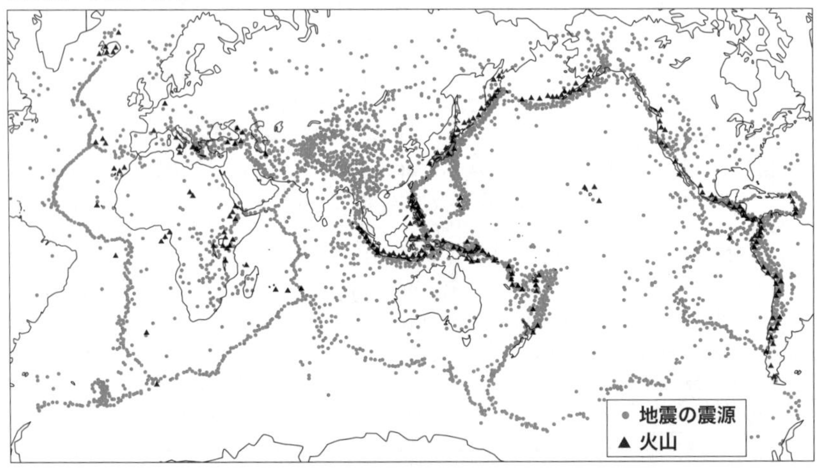

✤ 地震の種類

名　称	震　源	震源の深さ	規模(M)	被害の特徴	代表例
海溝型地震	プレート境界(海底)	深い	比較的大きい	津波	東北地方太平洋沖地震
活断層型地震	プレート内部(陸地の直下)	浅い(数10km以内)	比較的小さい	局所的に被害大	兵庫県南部地震

2 大地形の分類 

✤ **大地形**…内的営力によって形成された地形のことで，さらにどの時代に造山運動を受けたのか(≒「いつ山ができたのか」)で分類される。

① **先カンブリア時代**…安定陸塊(安定大陸)
低平な平原や高原(≒侵食平野)が広がる。鉄鉱石の埋蔵が多い。

② **古生代**…古期造山帯
低くなだらかな山地や山脈(標高1,000m前後)が広がる。石炭の埋蔵が多い。

③ **中生代〜新生代**…新期造山帯(≒プレート境界付近，アルプス・ヒマラヤ造山帯，環太平洋造山帯)
高峻な山地や山脈(標高3,000m級・超)が広がる。銅鉱，すず鉱などの埋蔵が多い。

■大地形の分布とおもな山脈

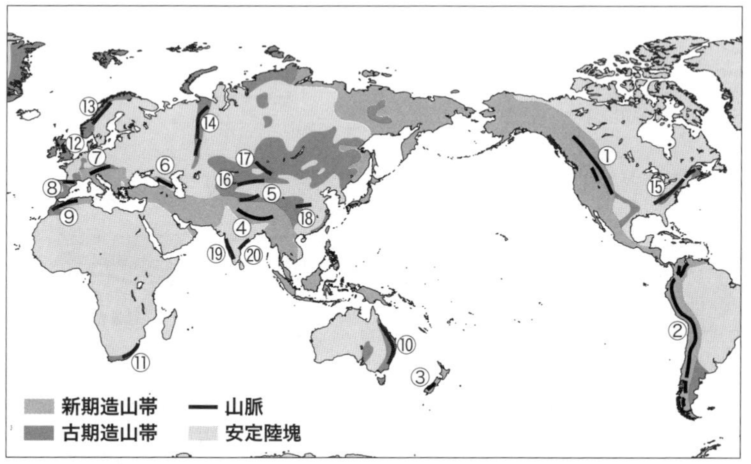

①ロッキー山脈　②アンデス山脈　③サザンアルプス山脈(以上，環太平洋造山帯)
④ヒマラヤ山脈　⑤クンルン山脈　⑥カフカス山脈　⑦アルプス山脈　⑧ピレネー山脈　⑨アトラス山脈
(以上，アルプス・ヒマラヤ造山帯)
⑩グレートディヴァイディング山脈　⑪ドラケンスバーグ山脈　⑫ペニン山脈　⑬スカンディナヴィア山脈
⑭ウラル山脈　⑮アパラチア山脈　⑯テンシャン山脈　⑰アルタイ山脈　⑱チンリン山脈　⑲西ガーツ山脈
⑳東ガーツ山脈

ここが共通テストのツボだ!!

ツボ 1 広がる境界と狭まる境界の地形

図1 広がる境界の地形の形成過程

1. プレート(地殻＋上部マントル)

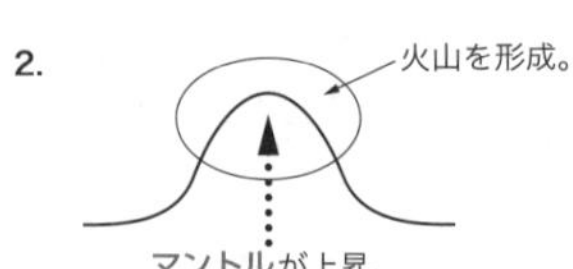

2.

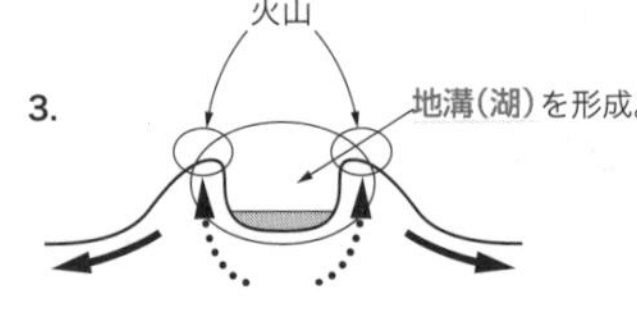

3.

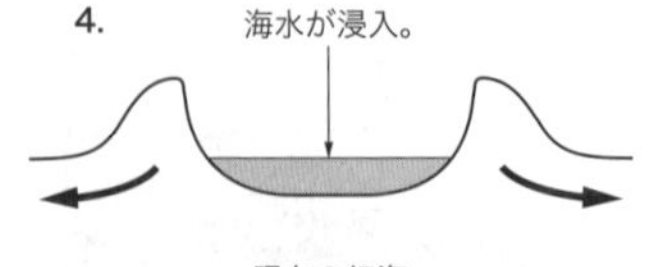

現在のアフリカ大陸東部

4.

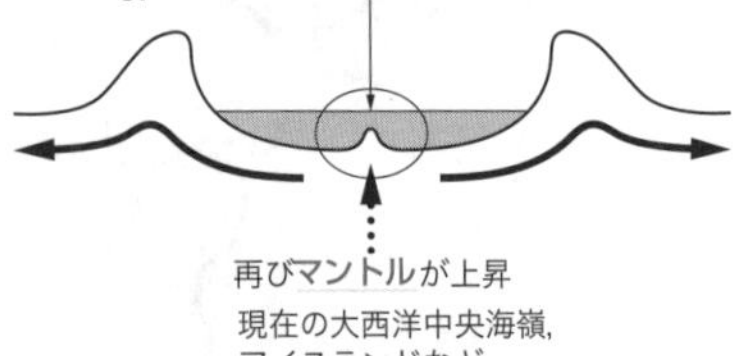

現在の紅海

5.

現在の大西洋中央海嶺,
アイスランドなど

図2 狭まる境界の地形の形成過程

大陸プレート VS 大陸プレート

1.

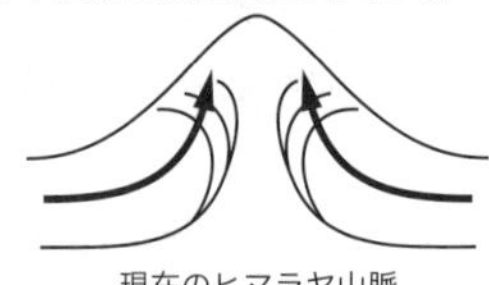

2. 大山脈を形成(火山は少ない)。

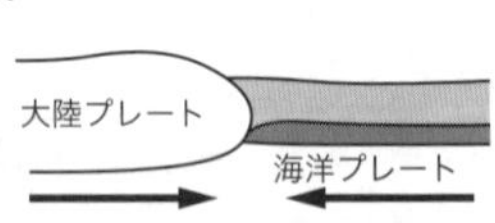

現在のヒマラヤ山脈

大陸(海洋)プレート VS 海洋プレート

1.

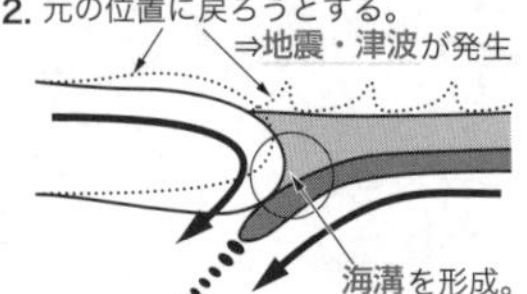

2. 元の位置に戻ろうとする。

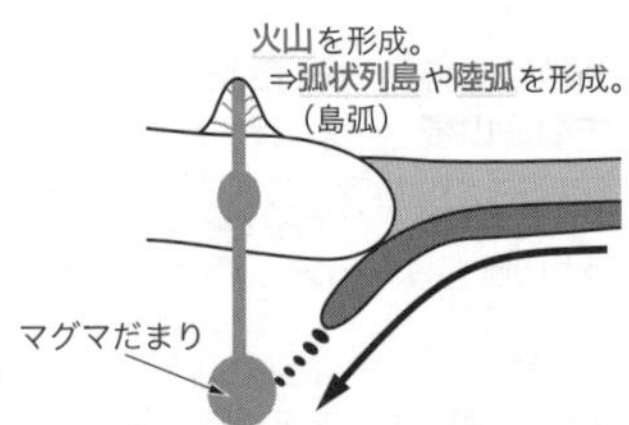

現在の日本列島付近, フィリピン付近,
インドネシア付近, 南アメリカ大陸西部付近など

ツボ 2 広がる境界と狭まる境界の分布

広がる境界は大陸移動の動きから共通性を捉え，狭まる境界は太平洋の縁辺部に集中，とおさえよう！

① 広がる境界の分布…かつてゴンドワナ大陸を構成していた，**アフリカ大陸から北東へインド亜大陸が，東方へオーストラリア大陸が，西方へ南アメリカ大陸が，南方へ南極大陸が離れていった⇒アフリカ大陸と各大陸の間には，広がる境界の海嶺が存在**。

② 狭まる境界の分布…**北アメリカ大陸の西方を除いて，太平洋の縁辺部に海洋プレートが沈み込む狭まる境界（海溝）が集中**している。また，それ以外の場所として，インド・オーストラリアプレートの衝突による**インド半島周辺～インドネシアのスンダ列島付近**と**カリブ海東方の小アンティル諸島付近**。

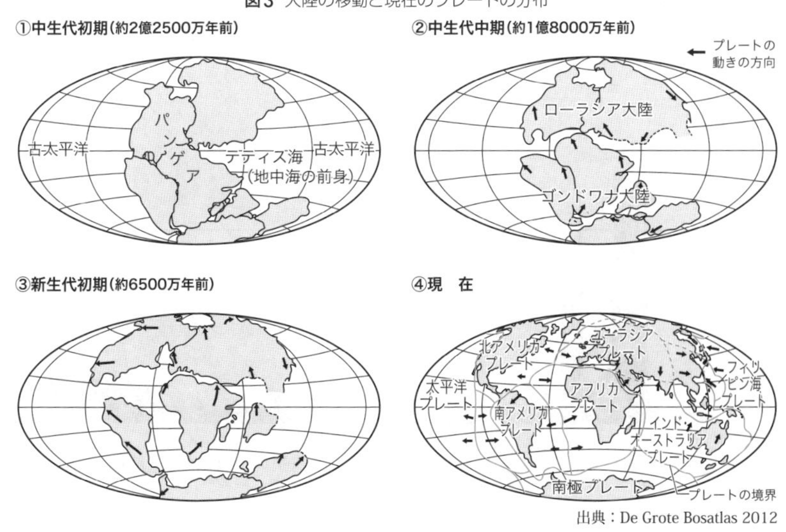

図3 大陸の移動と現在のプレートの分布

出典：De Grote Bosatlas 2012

ツボ ③ 大地形の分布

大地形は，新期造山帯の「範囲」→おもな古期造山帯の「場所」→残りの地域が安定陸塊とおさえる。また，**新期造山帯並みに標高が高い場所（標高3,000m級・超）として，中国西部内陸に位置するテンシャン山脈，アルタイ山脈（ともに古期造山帯）とアフリカ大陸東部のアフリカ大地溝帯周辺（安定陸塊）**もおさえておこう。

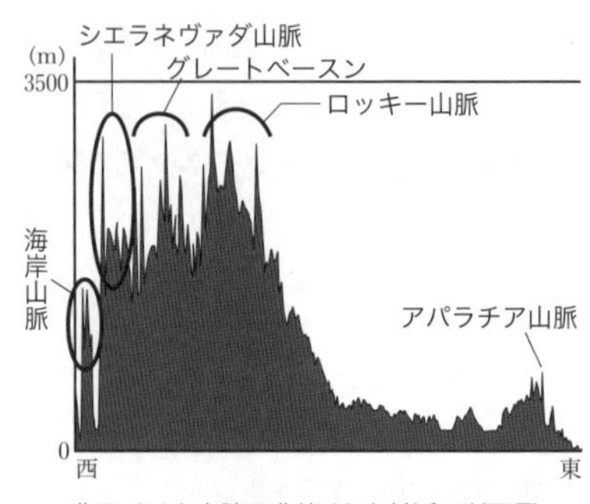

北アメリカ大陸の北緯40度付近の断面図

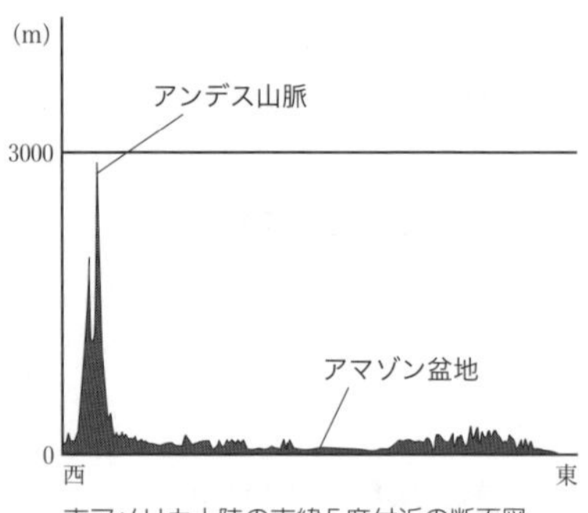

南アメリカ大陸の南緯5度付近の断面図

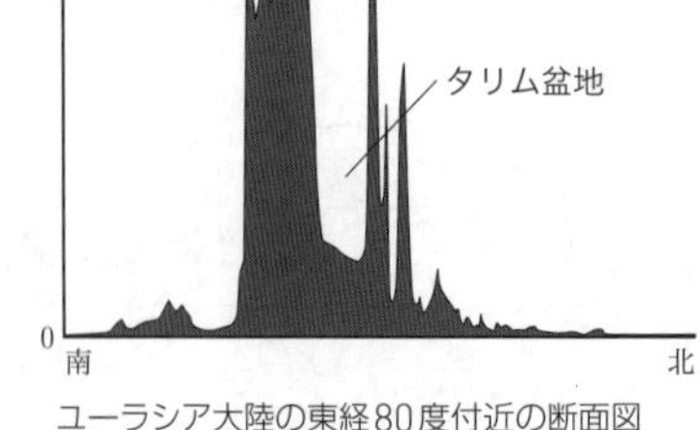

ユーラシア大陸の東経80度付近の断面図

(m)
5000
0
アフリカ
大地溝帯
西部
東部
コンゴ盆地
西
東

アフリカ大陸の赤道付近の断面図

チャレンジテスト（大学入学共通テスト実戦演習）

問1 次の図中の海域ア～エにみられる地形の特徴とその成因について説明した文として適当でないものを，下の①～④のうちから一つ選べ。 （2014年センター試験本試B）

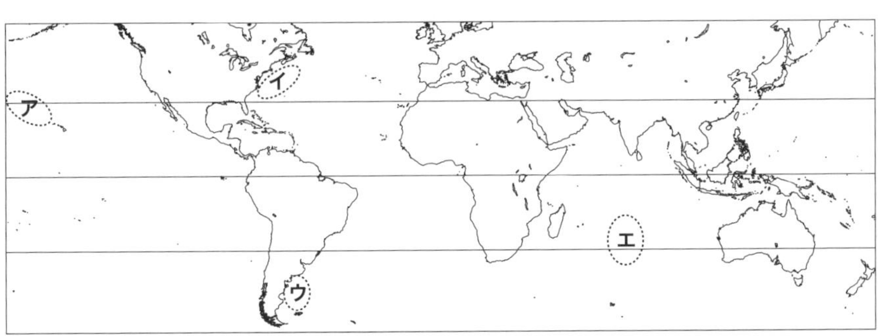

Atlas du 21e siècle などにより作成。
緯線は 30 度間隔。

図

① 海域**ア**には，水没したかつての火山島が，プレートの移動方向に連なってみられる。
② 海域**イ**には，海洋プレートの沈み込みによって形成された海溝がみられる。
③ 海域**ウ**には，大陸棚や，深海へ向かって緩やかな傾斜をもった斜面がみられる。
④ 海域**エ**には，地下から上昇したマグマによってつくられた海嶺（かいれい）がみられる。

問1 [答] ②

② **誤文**：海域**イ**は，もともと一つの大陸だったが，広がる境界によってユーラシア大陸から離れた北アメリカ大陸の東部に位置するので，沈み込む狭まる境界である海溝は見られない。よって，誤文で正解となる。

① **正文**：海域**ア**およびハワイ諸島をのせた太平洋プレートは，現在北西に移動中である。海域**ア**の海山群は，太平洋プレートが現在のハワイ島付近に存在するホットスポット上を通過した際に形成された火山島であり，次第に今の位置に移動した。

③ **正文**：海域**ウ**は，南アメリカ大陸の南東部に位置し，大西洋中央海嶺に向かって，大陸から地続きの浅い海底である大陸棚（たいりくだな），水深が4,000m近い大洋底が広がる。

④ **正文**：海域**エ**はインド洋の中央付近であり，そのインド洋はアフリカ大陸やインド亜大陸，オーストラリア大陸が，広がる境界を境に，それぞれ離れていく過程で形成された海洋なので，現在の各大陸間のほぼ中央付近には，広がる境界である海嶺が存在する。

問2 下の表は，図中のA～Dのいずれかの地域*における火山の数と，1991年～2010年に発生したマグニチュード4以上の地震発生数を示したものである。Bに該当するものを，表中の①～④のうちから一つ選べ。 (2016年センター試験追試B)

*それぞれの面積は等しい。

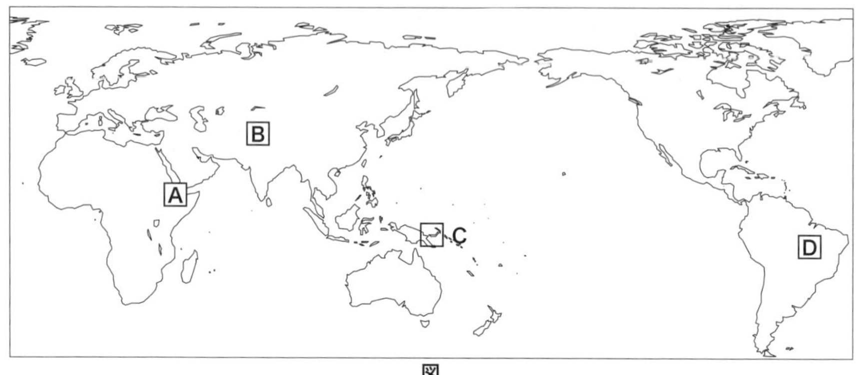

図

表

	火山の数	地震発生数
①	69	480
②	47	9,965
③	0	4,681
④	0	3

Smithsonian Institutionの資料などにより作成。

問2 [答] ③

B：インド亜大陸とユーラシア大陸の衝突によって形成された大山脈がみられる場所である。よって，大陸プレートどうしの狭まる境界で，新期造山帯でもあるため，地震の多発地域ではあるが，火山は形成されない。よって，③が正解となる。

A：アフリカ大地溝帯（グレートリフトヴァレー）を中心に，ここから続く広がる境界の紅海～アデン湾部分を示しており，火山は多い場所であるが，陸域は安定陸塊が大部分のため，地震はあまり多くはない。よって，①となる。

C：ニューギニア島の東部地域を示しており，海洋プレートが沈み込む狭まる境界にあたる場所であり，また現在でも造山運動が活発な新期造山帯の部分にあたるため，地震も火山も大変多い場所である。よって，②となる。

D：南アメリカ大陸の東部のアマゾン盆地の一部からブラジル高原付近を示しており，安定陸塊にあたりプレート境界でもないため，火山も地震もほとんどみられない。よって，④となる。

問3 地球には多様な海底地形がみられる。次の図2中の①～④は，図1中の線A～Dのいずれかに沿った海底の地形断面を示したものである。線Bに該当するものを，図2中の①～④のうちから一つ選べ。ただし，深さは強調して表現してある。

（2017年センター試験本試B）

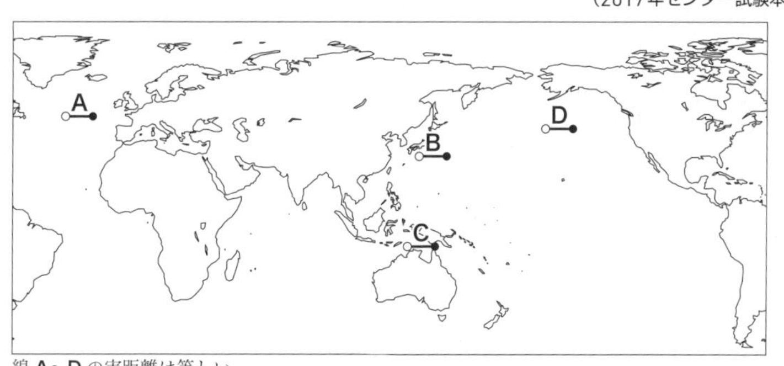

線 A～D の実距離は等しい。

図1

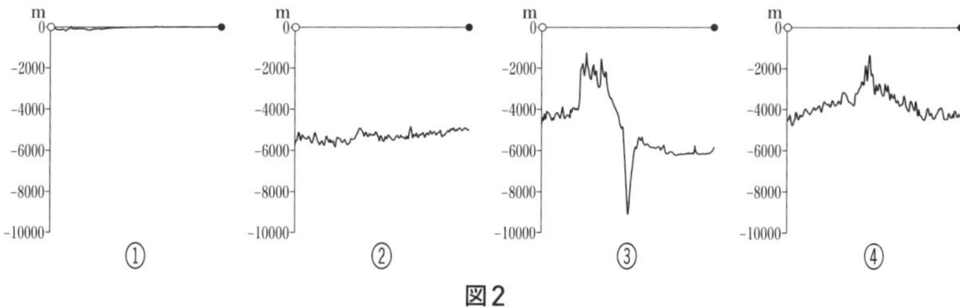

図2

問3 ［答］ ③

線B：日本列島に近い南東部に位置することから，海洋プレートが沈み込む狭まる境界の海溝がみられる場所と判断し，水深6,000m以深の溝地を示す③となる。

線A：大西洋の中央付近に位置することから，大西洋中央海嶺が南北に通過している場所と判断し，海底の地形断面の中央付近に山のような起伏をもつ④となる。

線C：オーストラリア大陸とニューギニア島の間に位置することから，オーストラリア大陸から続く大陸棚が広範囲に広がる場所と判断し，水深が浅い海底を示す①となる。

線D：北アメリカ大陸の北西沖に位置することから，とくにプレート境界がみられない場所のため，大洋底と呼ばれる水深4,000m～6,000mの平坦（へいたん）な海底を示す②となる。

3 平野地形

1 平野地形の分類

- 侵食平野
  - 楯状地(たてじょうち)……長い間，侵食を受け，先カンブリア時代の古い地層が広範に露出した平坦な地形（準平原，残丘(ざんきゅう)）。
  - 卓状地(たくじょうち)…先カンブリア時代の古い地層の上に古生代や中生代の地層が水平に堆積し，その後侵食を受けてできた平原や台地（ケスタ，メサ，ビュート）。
- 堆積(たいせき)平野
  - 沖積(ちゅうせき)平野…**河川の堆積作用**により形成された平野（谷底(こくてい)平野，扇状地，氾濫原(はんらんげん)，三角州）。
  - 海岸平野…三角州の前面や浅海底の堆積面が隆起してできた平野。
  - 台　地（洪積(こうせき)台地）…河川の堆積作用による平野や海岸平野が，土地の隆起や海水面の低下によって台状に変化したもの⇒**沖積平野の周縁部に多い**（河岸段丘，海岸段丘）。

■侵食平野の地形

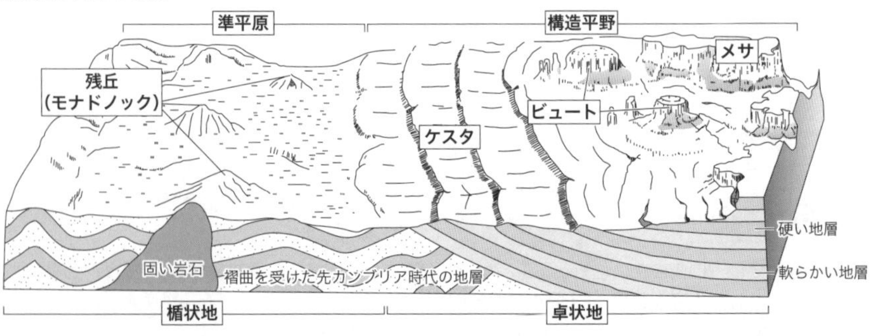

2 沖積平野

✤ **谷底平野**…河川が上流部において流路を横方向に移動しながら侵食し，運搬された土砂が谷底に堆積してできた平野。**谷底平野では河岸段丘を形成**している場合がある。

✤ **扇状地**…河川勾配が急激に変わる**山地から平地の境目付近**において，**谷口から砂礫が扇状に堆積**してできた地形。**扇状地は上流側から順に扇頂・扇央・扇端**に分けられる。

① **扇頂**…水利に恵まれ早くから集落は発達したが，背後に山がせまるため，大規模な集落は見られない。

② **扇央**…**砂礫が厚く堆積し透水しやすい**ため，水利に恵まれない。そのため，用水路ができるまで集落はほとんど見られず，**古くは桑畑，現在では果樹園や畑として利用**されてきた。また，**河川は洪水時以外，伏流して水無川**となることが多い⇒洪水による水害を防ぐため**人工堤防が築かれると**，行き場を失った**砂礫が**次第に**河床に堆積**していく⇒**周囲の土地よりも河床が高い天井川が形成される**ことがある。

③ **扇端**…**伏流していた水が湧水**するため，**古くから集落が立地**（⇒湧水帯に沿って列村を形成）し，**水田としても利用**されてきた。

✤ **氾濫原**…扇状地より下流の緩傾斜地を**蛇行する河川**の水が，洪水時に流路から溢れ出て土砂を堆積させた地形。

① **自然堤防**…洪水時に流路から溢れ出た**砂礫が河道沿いに堆積**し形成された**微高地**。**水害の影響が小さかったため，古くから集落が立地し，畑としても利用**。

② **後背湿地**…洪水時に流路から溢れ出た**砂泥が自然堤防の背後に堆積**し形成された**低湿地**。一般に**水田として利用**。

③ **三日月湖（河跡湖）**…**蛇行する河川の流路が移動した際に，旧河道の一部に水がたまってできた湖沼**。

✤ **三角州（デルタ）**…河川の流速が減じ，運搬力が著しく低下する**河口付近で，砂や泥土が堆積し，形成された低湿地**。**土壌は肥沃であるため古くから農地（おもに水田）として利用**され，**今日では大都市**となっているところが多い。ただし，**低地のため洪水や高潮といった水害に見舞われやすい**。

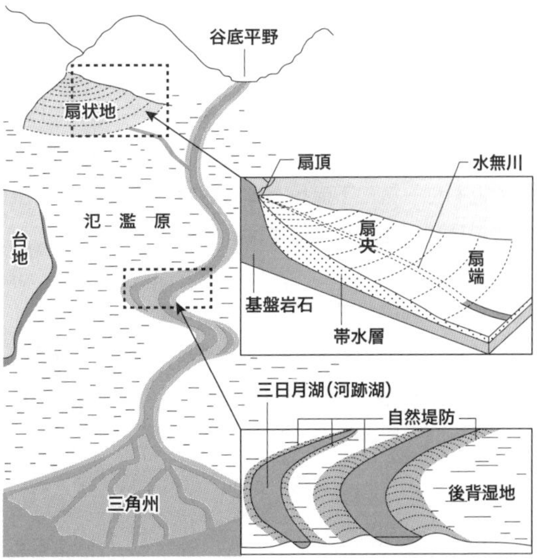

① **円弧状三角州の代表例**…ナイル川（アフリカ）

② **鳥趾状三角州の代表例**…ミシシッピ川（アメリカ合衆国）

③ **カスプ（尖）状三角州の代表例**…テヴェレ川やポー川（どちらもイタリア）

■沖積平野の地形

3 台地(洪積台地)

扇状地や**三角州**,**海岸平野**などが土地の隆起や海面低下で,**現在の河床や海面よりも高くなった結果できた地形**(**河岸段丘**や**海岸段丘**が多い)。

台地は,水を得にくく起伏もあるため,日本では開発の進まないところが多かった。しかし,**近世(江戸時代)以降は**用水路が建設され,**畑などに利用**されるようになった。**近年(戦後),都市化の進展した大都市圏の郊外にあたる台地では,新興住宅地や工業団地,ゴルフ場などの開発が進んだ。**

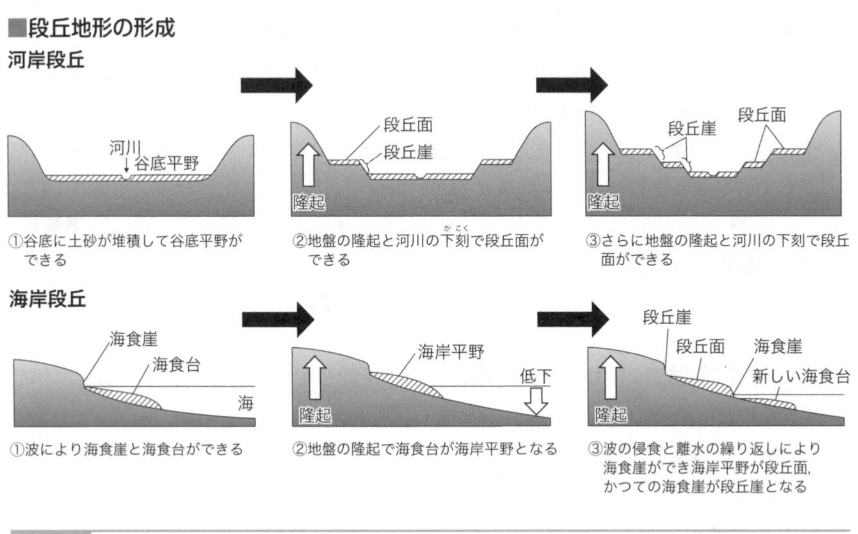

4 土砂災害

土砂災害に共通しているのは傾斜地で起こる災害という点。中でも甚大な被害につながりやすいのが土石流。**土石流とは長雨や集中豪雨などによって山腹や川底の土石が流水とともに一気に下流へと押し寄せる現象**。とくに**山地と平地の傾斜転換点にあたる扇状地の扇頂付近より下流では**,急激に流水の運搬力が弱まり,逆に堆積力が増すため,**河道から土石が水とともに溢れて被害が拡大しやすい**。**対策としては砂防ダム(砂防堰堤)**などが有効。

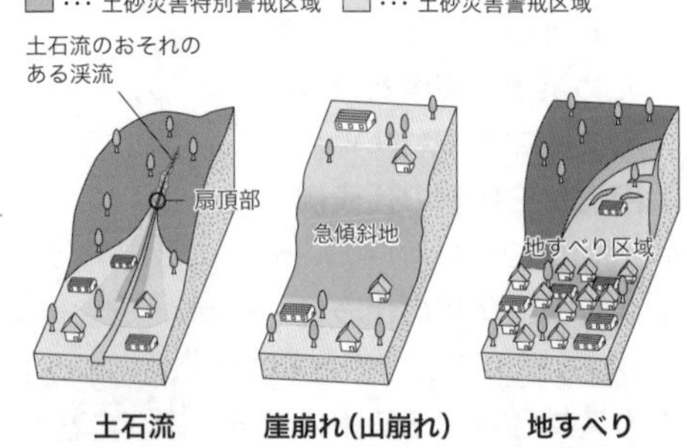

出典:国土交通省資料より作成

ここが共通テストのツボだ!!

ツボ 1 ケスタ

ケスタは，**侵食平野に見られる地形の一つ。硬層と軟層が交互に堆積した場所**が，地表に露出し侵食作用を受けると，硬層が侵食から取り残されやすいため急傾斜，**軟層が侵食されやすいため緩傾斜**となり，**非対称（鋸歯（きょし）状，波状）の丘陵地形**をつくる（**パリ盆地**や**ロンドン盆地**など）。パリ盆地では，水はけが良い硬層の急傾斜地ではブドウ，軟層の緩傾斜地では小麦の栽培が盛ん。

図 ケスタ地形―パリ盆地

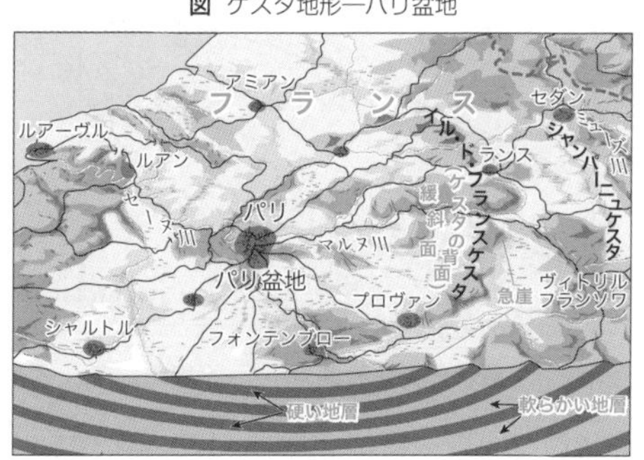

ツボ 2 沖積平野と災害

① 谷底平野の災害

山間部の谷底に形成された狭い平野のため，大雨の際には洪水や土石流，**山沿いの急な斜面では地すべりや斜面崩壊（土砂崩れ）**が生じやすい。

② 扇状地の災害

山地と平地の傾斜の転換点に位置するため，**扇頂から扇央にかけては，土石流などの土砂災害**が生じやすい。また，**扇央から扇端**は平常時は**水無川**となっているが，増水時には傾斜をもった地表面を水が流れ下るため**洪水が生じやすい。**

③ 氾濫原の災害

旧流路や後背湿地では低湿で地盤が軟弱なため，洪水による被害が長引いたり，地震による被害（液状化現象など）が生じやすい。

④ 三角州（デルタ）の災害

海岸付近で低湿かつ地盤が軟弱なため，洪水や高潮，地震による液状化現象が生じやすい。また，広大な平地が広がっているため，水田や都市が発達していることが多く，農業・工業・生活用水として**地下水が過剰に汲（く）み上げられ地盤沈下が生じ**，その結果，**浸水の可能性が高いゼロメートル地帯（海抜0m未満の土地）も一部に見られる。**

チャレンジテスト（大学入学共通テスト実戦演習）

問1 地震にともなう液状化現象の発生範囲は地形と関係がある。次の図は，東日本大震災時のある地区における液状化発生範囲と，同じ地区の地形の分布を示したものであり，図中のア～ウは，旧河道，自然堤防，台地のいずれかである。地形名称とア～ウとの正しい組合せを，下の①～⑥のうちから一つ選べ。　（2016年センター試験本試A）

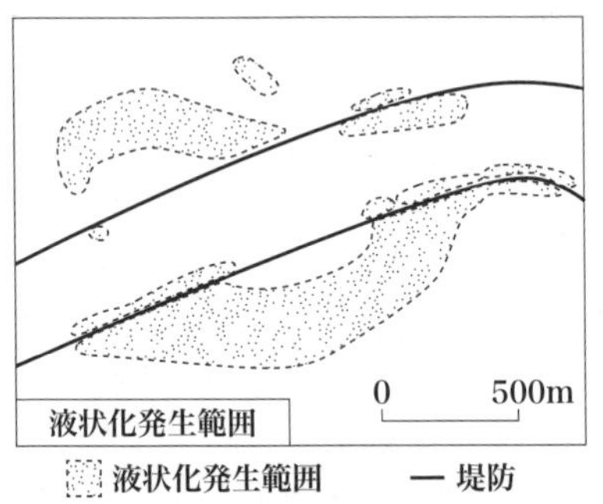

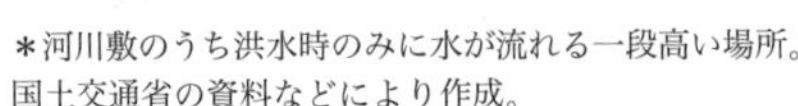

＊河川敷のうち洪水時のみに水が流れる一段高い場所。
国土交通省の資料などにより作成。

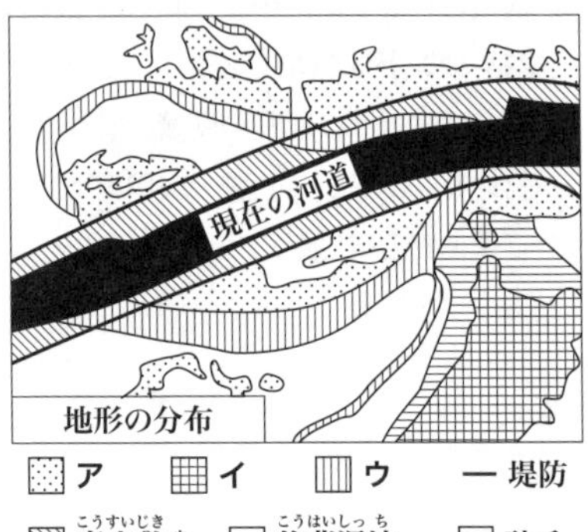

図

	①	②	③	④	⑤	⑥
旧河道	ア	ア	イ	イ	ウ	ウ
自然堤防	イ	ウ	ア	ウ	ア	イ
台　地	ウ	イ	ウ	ア	イ	ア

問1 ［答］  ⑤

液状化現象とは，水分を多く含む，おもに砂でできた緩い地盤において，地震の揺れによって地盤が液体状になることをいう。これにより，砂交じりの水が地表に噴出し，建物が傾いたり，マンホールが浮き上がったりする。

液状化発生範囲と地形の分布を照合すると，およそウの分布と対応していることがわかる。よって，ウはかつて川が流れていた低地で，現在でも地層中に水分を多く含んでいる旧河道と判断できる。旧河道が蛇行していることから氾濫原の地形を想定し，おもに旧河道沿いに分布するアは自然堤防となる。最後に残ったイは，液状化現象も全く起こっておらず，現在の河道や旧河道から離れた場所にあることから，水分をほとんど含んでいない硬い地盤をもつ台地となる。

問2 次の図は，ある地域について，1927年に発行された2万5千分の1地形図の一部（一部改変）と，現在の地形と土地利用の様子を模式的に示したもの*であり，下の①～④の文は，図中のW～Zのいずれかの地点における地形や土地利用の変化と，将来に起こりうる自然災害について述べたものである。Yに該当するものを，下の①～④のうちから一つ選べ。
（2020年センターー試験本試A）

*基盤地図情報などにより作成。

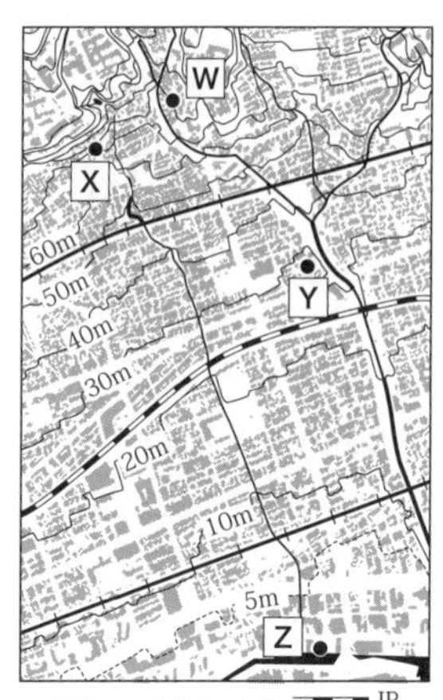

図

① 急傾斜地を造成した住宅地で，大雨や地震の際には崖崩れが起きやすい。

② 周囲よりも高い所を流れる天井川（てんじょうがわ）に近い住宅地で，大雨の際には浸水の被害を受けやすい。

③ 大規模に造成された土地で，地震の際には液状化が起きやすい。

④ 谷口に近い土地で，大雨の際には土石流の被害を受けやすい。

問2 **[答]** ②

①は「急傾斜地」とあることから，両地形図で等高線の間隔が密の部分にあたる**X**が該当する。

②は「周囲よりも高い所を流れる天井川に近い」とあることから，**天井川は扇状地から氾濫原で形成されやすいので，北部の山地と南部の平地の間にあたるY付近に注目**したい。Y付近の地形図を読み取ると，1927年の地形図では**Y**の近くを東西方向に走る道路が河川の下を通過しており，また現在の地形図に示された等高線の標高に注目すると**Y**は「20m～30m」であるが，すぐ側を流れる河川の川底の標高は「30m～40m」に位置することがわかる。よって，「周囲よりも高い所を流れる天井川」であることから**Y**が該当し正解となる。

③は「大規模に造成された土地」「地震の際には液状化」とあることから，**液状化（現象）は水分を多く含む緩い地盤で生じやすい**ので，かつては海で現在は埋立地となっている**Z**が該当する。

④は「谷口に近い土地」「大雨の際には土石流」とあることから，**土石流は谷口にあたる扇状地の扇頂付近で生じやすい**ので，**W**が該当する。

4 海岸地形とその他の小地形

1 離水海岸と沈水海岸

✤ **離水海岸**…**海面下にあった土地が**，海水面の低下や地盤の隆起で**水面から離れ形成。**

① **海岸平野**…土砂の堆積した平坦な海底が離水して形成。⇒**千葉県の九十九里浜**，**アメリカ合衆国南東部の大西洋岸平野**など。

② **海岸段丘**…海岸平野や陸化した岩石海岸などの平坦面が離水をくり返し，階段状の台地となった地形。

✤ **沈水海岸**…**陸地だった土地が**，海水面の上昇や地盤の沈降にともなって**水没して形成。**

① **リアス海岸**…**山地の谷部分が河川による侵食を受け，V字谷を形成し沈水した海岸地形。**複雑で入り組んだ海岸線をもつ。天然の良港となるが，**津波による被害が大きい。**⇒**スペイン北西部のリアスバハス海岸**，**三陸海岸**，**若狭湾**など。

② **フィヨルド**…**山地の谷部分が氷河による侵食を受け，U字谷を形成し沈水した海岸地形。**複雑で入り組んだ海岸線をもつ。⇒**スカンディナヴィア半島西岸**，カナダの太平洋岸，**ニュージーランド南島南西岸**，**チリ南部**など。

③ **エスチュアリ（エスチュアリー／三角江）**…**低平な地域を流れる河川の河口部が沈水して，ラッパ状の入り江**となった地形。**大規模な港湾機能をもつ都市が発達しやすい。**⇒**ヨーロッパの大部分の河川**，**セントローレンス川**，**ラプラタ川**など。

2 岩石海岸と砂浜海岸

✤ **岩石海岸**（≒**侵食作用が強い**）…一般に沈水海岸に多く，波の侵食によって形成された海食崖や海食洞，波食台などが見られる。

✤ **砂浜海岸**（≒**堆積作用が強い**）…河口付近の土砂などが波や沿岸流（海岸に平行する潮流）によって運搬・堆積してできた地形。

① **砂嘴**…**沿岸流によって砂礫が沖合に向かって**くちばし状に堆積した地形。⇒野付半島，三保松原など。

② **砂州**…**沿岸流によって砂礫が入り江や湾を閉ざすように**直線状にのびた地形。⇒天橋立，弓ヶ浜など。

③ **ラグーン（潟湖）**…**砂州によって海と隔てられた水域。**⇒サロマ湖，霞ヶ浦，中海など。

④ **陸繋島**…**陸繋砂州（トンボロ）によって陸地とつながった島。**⇒函館山，潮岬，志賀島など。

⑤ **陸繋砂州（トンボロ）**…**陸繋島と陸地をつなぐ砂州。**⇒函館，串本，海の中道など。

■海岸に見られる地形

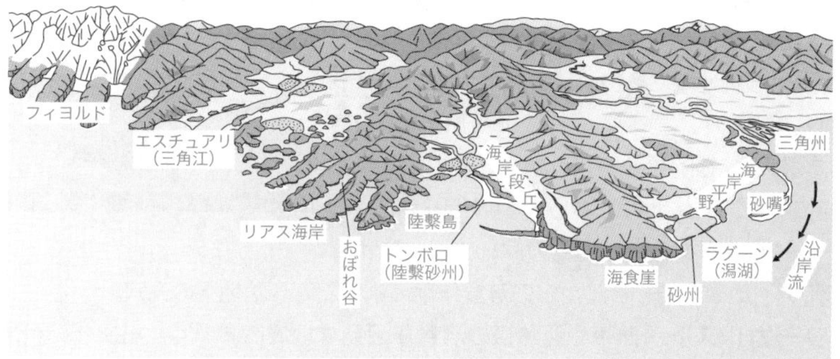

3 氷河地形

✤ **大陸氷河（氷床）**…現在，南極大陸とグリーンランドのみに分布。**氷期には大陸氷河は北アメリカ大陸の北緯40度付近まで，ヨーロッパの北緯50度付近まで**発達。

① **モレーン**…**大陸氷河や山岳氷河の末端部に堆積してできた岩屑からなる小丘**（≒やせ地で農耕不適）。

② **氷河湖**…氷河によってえぐり取られた凹地に水がたまった氷食湖や，モレーンによる堰止湖。

✤ **山岳氷河（谷氷河）**…ヒマラヤ・アルプス・アンデス山脈など高山地域に分布。日本の北アルプスや日高山脈では，氷期に山岳氷河が発達。山岳氷河地形あり。

① **カール**…**山頂付近が氷食を受け形成された半椀状の凹地**。

② **ホーン（尖峰）**…**山頂付近が氷食を受けた際に取り残された尖った峰**。

■ヨーロッパと北アメリカにおける最終氷期の最寒冷期（およそ2万年前）の氷河

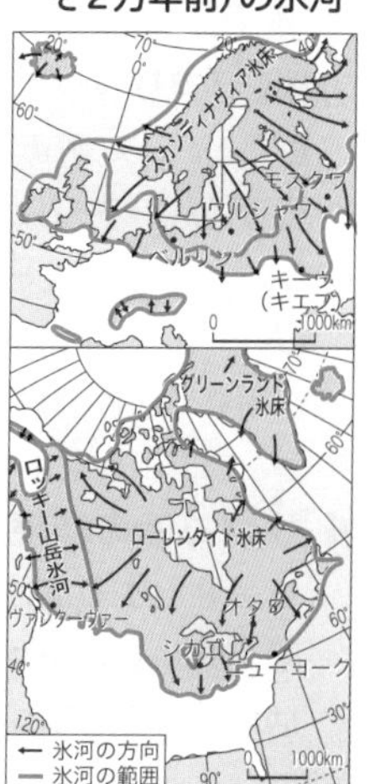

出典：Physical Geography

■大陸氷河と山岳氷河

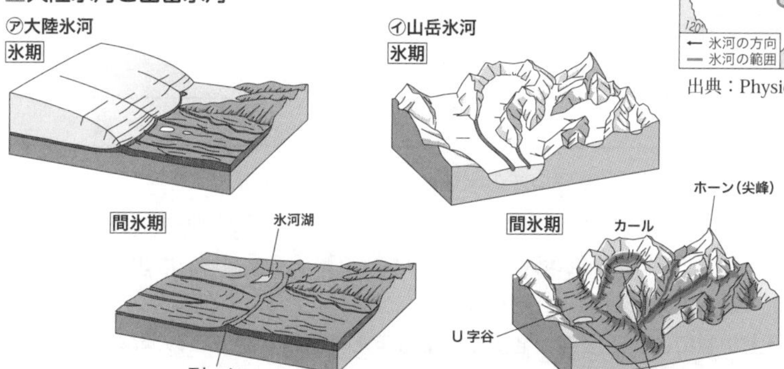

4 カルスト地形

石灰岩がCO_2を含む雨水等によって溶食されてできた地形⇒**湿潤地域に多い**。**スロベニアのカルスト地方**が名前の由来。日本にも多い。⇒**山口県の秋吉台(日本最大)**，福岡県の平尾台など。

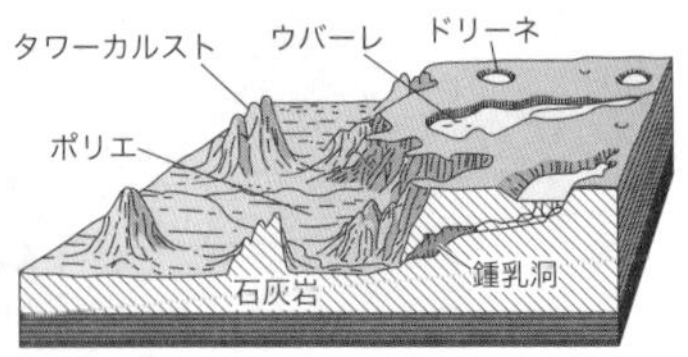

●溶食によってできた凹地が見られる⇒**ドリーネ**(小)・ウバーレ(中,ドリーネが連合したもの)・ポリエ(大,盆地状)。

✤ **鍾乳洞**…地中に染みこんだ水の溶食作用によってできた**地下の洞穴**。

✤ **タワーカルスト**…**熱帯や亜熱帯の溶食が活発な地域**において，石灰岩の台地の一部が溶食から取り残され，**山状・塔状に残った地形**。⇒**中国南東部の桂林(コイリン)地方**やベトナムのハロン湾など。

5 サンゴ礁

石灰を主成分とした造礁サンゴによる生物地形。生育の最適条件は，海水温度が温かく，光合成が可能な透明度の高い浅海底⇒**低緯度の暖流が流れる大陸東岸部を中心に分布**。

① **裾礁(フリンジングリーフ)**…海岸線を縁取るように発達したサンゴ礁。⇒**南西諸島**など高緯度側で見られるサンゴ礁など。

② **堡礁(バリアリーフ)**…海岸線から少し離れ，礁湖をもつサンゴ礁。⇒**オーストラリア北東部のグレートバリアリーフ(世界最大のサンゴ礁)**など。

③ **環礁(アトール)**…中央の島が水没し，その島を取り囲む形(環状)に発達しているサンゴ礁。⇒**モルディブ**，**ツバル**など。

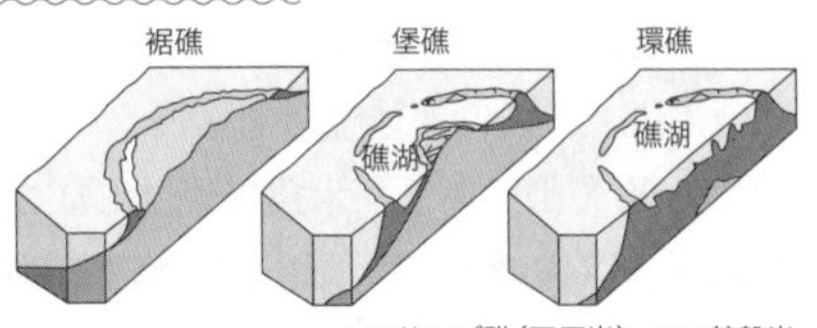

■サンゴ礁の基本型

✤ **サンゴ礁の環境問題**…**近年，サンゴ礁を起源とする島は，地球温暖化による海面上昇から水没が懸念**。また，**サンゴ礁は地球温暖化による白化現象**や海の酸性化，陸上の開発での海水汚染で，**消滅の危機**。

6 乾燥地形

✤ **ワジ**(涸れ川，涸れ谷)…**乾燥地域の水無川**。通常時は隊商路として利用される。地下水面が浅いため，周辺部には集落が立地しやすい。**豪雨による洪水が生じやすい**。

✤ **外来河川**…**上流に湿潤な集水域をもち，乾燥地域を貫流する河川**。⇒**ナイル川**，**ティグリス川**，**ユーフラテス川**，**インダス川**など。

✤ **レス**…**細土が風によって運搬・堆積した土壌または地形**。⇒**ゴビ砂漠などからの砂漠土が**偏西風や季節風によって**運搬・堆積したホワンツー(黄土)高原**など。

ここが共通テストのツボだ!!

ツボ ① 氷期の大陸氷河の分布と地形・土地利用

図 北極圏周辺の氷河と永久凍土の分布

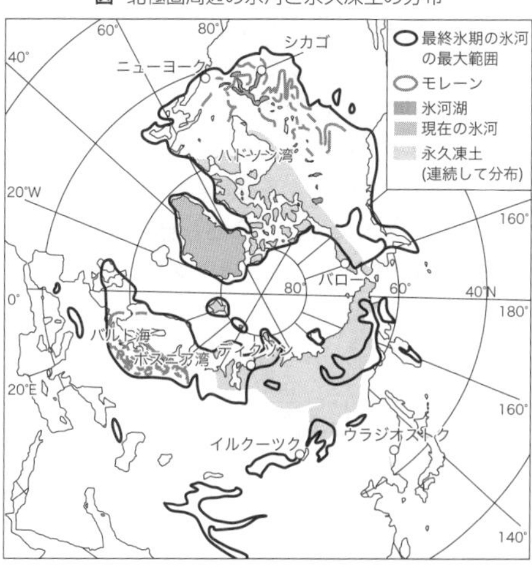

出典：国際永久凍土会議資料(1998)ほか

氷期の**大陸氷河**は，**北米大陸ではカナダ東部のハドソン湾を中心に北緯40度付近まで，ヨーロッパではバルト海，ボスニア湾を中心に北緯50度付近まで分布**していた。

そのため，**氷河の中心があったハドソン湾やバルト海，ボスニア湾周辺には，氷河湖やモレーンが数多く見られる**。また，**かつて大陸氷河が分布していた上記の地域は，氷食によるやせ地が多く，耕作には不適なため，酪農が中心**になっている。

- 氷河：長年降り積もった雪が氷の塊となり自重によって動くもの。
- 永久凍土：地下の温度が一年中氷点下で2年以上凍結した土壌。**ツンドラ気候**の大部分，高緯度の**タイガ**に覆われた一部に分布。

ツボ ② 成因からみた湖沼の特徴

① **氷河湖**(**五大湖，アルプス山脈，ヒマラヤ山脈**など)⇒かつて**大陸氷河の中心であった場所**(上記参照)や**山岳氷河がある場所**に多く分布。氷河の強い侵食作用から**湖の周辺一帯も平坦化**している。

② **地溝湖**(**バイカル湖，タンガニーカ湖，死海**など)⇒世界的に見て**水深が深い**。**細長い形状**のものが多い。**湖の周辺は急崖**となっていることが多い。

③ **カルデラ湖**(**田沢湖，洞爺湖**など)⇒**火山地形が見られる場所**に多く分布。**円形状**のものが多い。**湖の周辺は山に囲まれている。日本の湖で水深が深い**ものはカルデラ湖。

④ **ラグーン(潟湖)**(**サロマ湖，中海**など)⇒**水深は浅く，湖面標高は0m**。海と接続している場合，汽水湖となり養殖業が盛ん。**ラグーン(潟湖)周辺の低地に位置し「水の都」と呼ばれるヴェネツィアは，近年，地球温暖化による海面上昇から冠水することが多くなっている**。

チャレンジテスト（大学入学共通テスト実戦演習）

問1 土砂供給や海面変動などの影響を受けて，河口には特徴的な地形がつくられることがある。次の図中のAとBは，ヨーロッパの二つの河川の主な河道を示したものであり，後の表中のアとイは，河川AとBのいずれかにおける年平均流量と河道の標高の割合*を示したものである。また，後の文xとyは，図中の河川AとBのいずれかにおける河口にみられる地形の特徴について述べたものである。河川Bに該当する記号と文との正しい組合せを，後の①～④のうちから一つ選べ。

*それぞれの河川の主な河道の長さを100%とした場合の値。　（2022年共通テスト本試B）

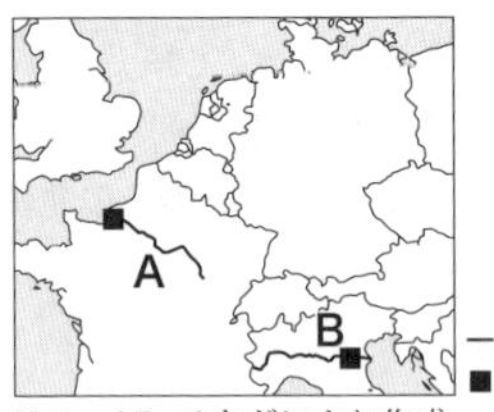

Natural Earthなどにより作成。

図

表

	年平均流量（㎥／秒）	河道の標高の割合（%）			
		100m未満	100～500m	500～1,000m	1,000m以上
ア	1,539	70.5	26.3	1.7	1.5
イ	467	79.8	20.2	0.0	0.0

NOAAの資料などにより作成。

x　過去に形成された谷に海水が侵入してできたラッパ状の地形
y　河川によって運搬された砂や泥などが堆積してできた低平な地形

	①	②	③	④
記　号	ア	ア	イ	イ
文	x	y	x	y

問1　[答]　②

文xはエスチュアリ（三角江），文yは三角州（デルタ）の説明。一般に**多くの河川の河口部には河川が運搬した細土が堆積してできた低湿な三角州が形成**されやすいが，**低平な土地を流れる河川の場合，水勢が弱く，河口付近まで運搬，堆積する細土は少ないため，三角州は形成されず沈水したまま，つまりエスチュアリが形成されやすい**。よって，表から500m未満の低平な土地しか流れず，水勢にあたる年平均流量がより少ない**イ**が文x（エスチュアリ）と対応し，残った対照的な値を示した**ア**が文y（三角州）と対応する。

次にヨーロッパの大地形の分布に注目すると，**北緯40度～50度付近に新期造山帯，北緯50度以北には最終氷期に大陸氷河の侵食を受けた低平な安定陸塊が分布**する。よって，河川Aより南寄りを流れる河川Bの方が，新期造山帯など標高が高い地域を流れ，年平均流量が多い**ア**であり，文yとの組合せの②が正解となる。一方で北緯50度付近に河口をもち，より北寄りを流れる河川Aは低地を流れ，年平均流量が少ない**イ**であり，文xとの組合せになる。

問2 石灰岩は雨水に溶けやすいという性質があるため，石灰岩が厚く分布する地域では，気候条件によってさまざまな地形が形成される。次の**写真**は，世界各地の石灰岩地域の地形を撮影したものである。**写真**中の**A**～**C**は，オーストラリア（中南部のナラーバー平原），ニュージーランド（北島西部），ミャンマー（インドシナ半島西部）のいずれかである。これらの組合せとして正しいものを，以下の①～⑥のうちから一つ選べ。

（2000年センター試験本試B〈改〉）

A

B

C

写真

	①	②	③	④	⑤	⑥
オーストラリア	A	A	B	B	C	C
ニュージーランド	B	C	A	C	A	B
ミャンマー	C	B	C	A	B	A

問2 ［答］ ④

カルスト地形に関する問題であった。問題文に「石灰岩は雨水に溶けやすい」「気候条件によってさまざまな地形が形成」とあるように，**多雨地域では石灰岩の溶食が活発に進むため凹地が多くかつ深い風景が見られ，逆に少雨地域では石灰岩の溶食は余り進まず凹地が少なくかつ浅い風景が見られる。**

Aは最も凹凸が激しい風景が見られることから，3地域の中で最も雨が多い熱帯に位置するミャンマー（インドシナ半島西部）となる。ちなみにこの地形は**タワーカルストと呼ばれ，熱帯・亜熱帯の多雨地域に形成されやすい。** **A**の写真に水田のようなものも写されていることも，稲作が盛んなモンスーンアジアのミャンマーとする根拠となる。

逆に**B**は大部分が平坦地で植生もほとんど見られないことから，3地域の中で最も雨が少ない乾燥帯に位置するオーストラリア（中南部のナラーバー平原）となる。よって残った**C**は，**A**ほどは深くはない凹地（**ドリーネ**，**ウバーレ**）が見られ，草原に羊らしき動物が見られることから，年中湿潤な温帯に位置するニュージーランド（北島西部）となる。

5 気候の成り立ち

1 気候要素と気候因子

✤ **気候要素**…気候の特徴をあらわす要素（気温，降水量，風，湿度，蒸発量，日照時間など）。

✤ **気候因子**…気候要素を変化させる原因（緯度，**海抜高度**，**隔海度**，海流など）。

① **緯度**…**高緯度になるほど**，面積当たりの受熱量が少なくなる⇒**気温が低くなる。**

② **海抜高度**…**高度が100m上昇するにつれて**，一般に**気温は0.5℃～0.6℃低下する。**

③ **隔海度**…海洋付近は大気中の水蒸気量が多いが，内陸にいくに従って大気中の水蒸気量が少なくなる⇒**海洋に近いほど暖まりにくく冷めにくい**，**海洋から離れるほど暖まりやすく冷めやすい。**

2 大気の循環と成り立ち

✤ **気圧帯**

① **赤道付近**…**熱帯収束帯**（**赤道低圧帯**）。

② **緯度30度付近**…**亜熱帯高圧帯**（**中緯度高圧帯**）。

③ **緯度60度付近**…**亜寒帯低圧帯**（**高緯度低圧帯**）。

④ **極付近**…**極高圧帯**。

■大気の大循環

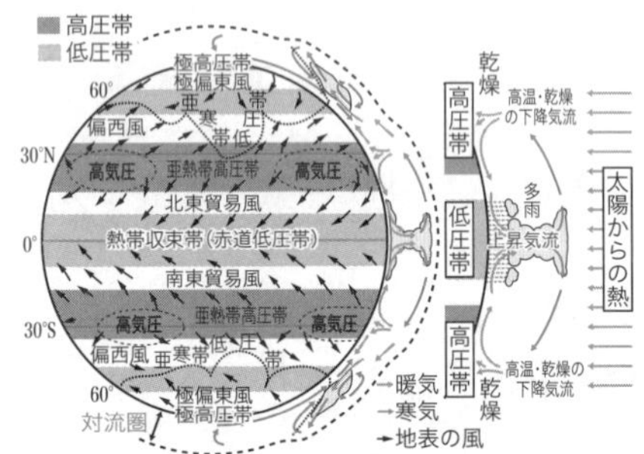

✤ **風の基本**

① 風は**高気圧から低気圧に向かって**吹く。

② **北半球では時計回り**に，**南半球では反時計回り**に風が高気圧から吹き出す（自転の影響⇒コリオリの力）。

③ 風向は**吹いてくる方向**をさす。

✤ **恒常風（一年中風向きが変わらない風）**

① **貿易風**…**亜熱帯高圧帯から熱帯収束帯に向かって吹く風**⇒一般的に，**北半球では北東貿易風**，**南半球では南東貿易風。**

② **偏西風**…**亜熱帯高圧帯から亜寒帯低圧帯に向かって吹く風**⇒一般的に，北半球では南西偏西風，南半球では北西偏西風。

③ **極東風**（極偏東風）…**極高圧帯から亜寒帯低圧帯に向かって吹く風。**

✤ 気圧帯の移動と降水位置の変化

① 地軸は公転面の垂直方向に対して，約23.4°（23°26′）傾いている⇒**北半球と南半球では季節が逆**。

② **太陽回帰の影響から各気圧帯は移動⇒北半球の高日季（7月頃）には北上し，南半球の高日季（1月頃）には南下⇒恒常風が吹く緯度帯もあわせて北上，南下する。**

③ そのため場所によって，**降水の季節差**（**雨季**・**乾季**）**が生じる。**

■気圧帯の移動

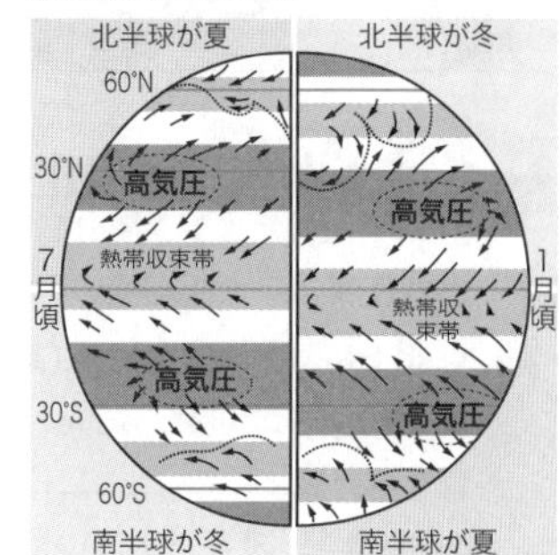

3 大陸性気候・海洋性気候／西岸気候・東岸気候／季節風（モンスーン） ★★★

✤ 大陸（内陸）性気候と海洋性気候

① **年較差と日較差**…年較差とは1年の中で**平均気温が最も高い月（最暖月）と最も低い月（最寒月）の気温差**，日較差とは1日の中での最高気温と最低気温の差。

② **大陸（内陸）性気候**…比熱が小さい＝暖まりやすく冷めやすい⇒**年較差が大きい**。**日較差も大きい**。

③ **海洋性気候**…比熱が大きい＝暖まりにくく冷めにくい⇒**年較差が小さい**。**日較差も小さい**。

✤ 西岸気候と東岸気候（中～高緯度≒偏西風**帯で違いが顕著**）

① **大陸西岸**…**気温の年較差が小さく**，年中一定して降水がある（⇒海洋からの湿った風が偏西風で1年中運ばれてくるため）。

② **大陸東岸**…**気温の年較差が大きい**（⇒大陸内部の乾いた風が偏西風で運ばれ，季節風が卓越するため）。

✤ 季節風（モンスーン）

① **インド半島からユーラシア大陸北東部にかけて**顕著。

② **季節によって風向きが逆**になる風⇒**夏季には海から陸へ**，**冬季には陸から海へ**風が吹く⇒**東アジア付近（日本など）**＝**夏**：南東季節風／**冬**：北西季節風，**南アジア付近（インドなど）**＝**夏**：南西季節風／**冬**：北東季節風。

■アジア付近の季節風（モンスーン）の風向

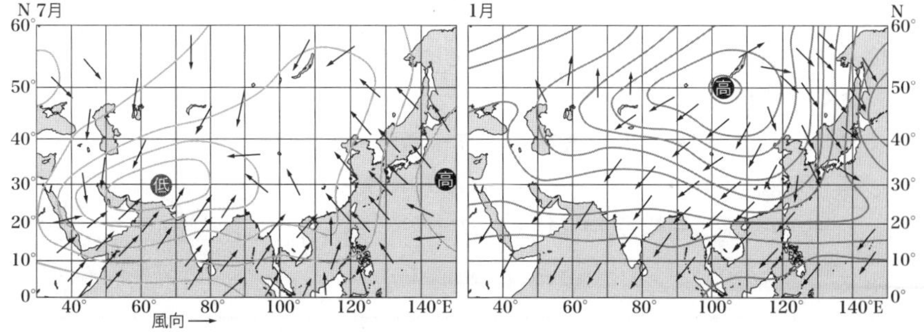

ここが共通テストのツボだ!!

ツボ① 気圧帯の北上・南下の影響

各気圧帯は，太陽回帰の影響から北上・南下する⇒北半球の夏季（高日季：6～8月）には北上し，南半球の夏季（高日季：12～2月）には南下する。

図1　気圧帯の北上・南下と降水位置の変化／降水量の季節変化

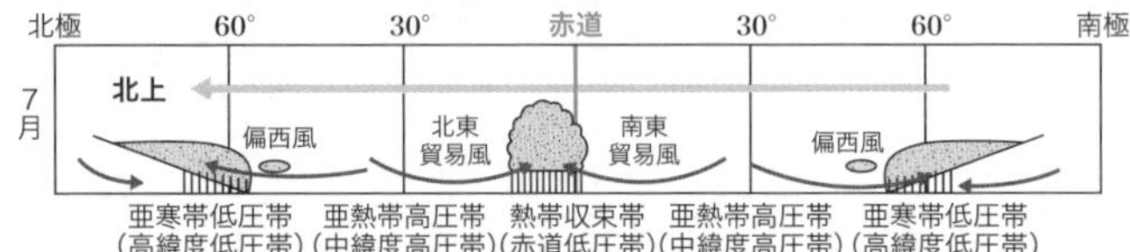

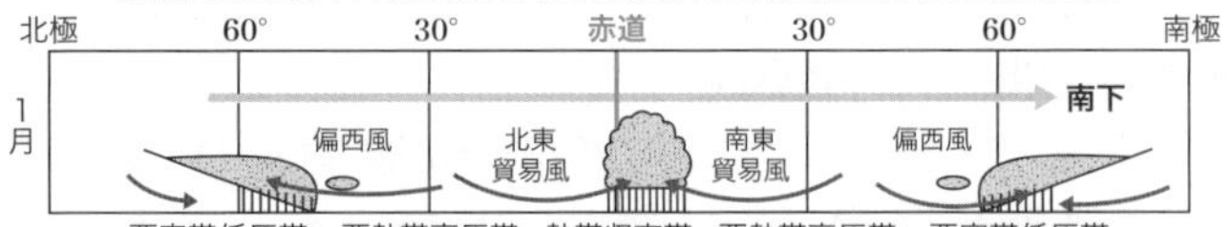

90°N　60°N　30°N　0°　30°S　60°S　90°S

年中少降水	年中多降水とくに夏多し	冬雨夏乾燥	冬少雨	年中乾燥	夏少雨	夏雨冬乾燥	年中多雨	夏雨冬乾燥	夏少雨	年中乾燥	冬少雨	冬雨夏乾燥	年中多降水とくに夏多し	年中少降水
D.E	Cf	Cs	BS	BW	BS	Am Aw	Af	Am Aw	BS	BW	BS	Cs	Cf	E

ツボ② 気温の年較差

気温の**年較差**（**最暖月平均気温と最寒月平均気温の差**）は次の気候因子の順に判断する。

① 緯度⇒**低緯度側で年較差が**小さい，**高緯度側で年較差が**大きい。

※ ただし**ヨーロッパ西部や北アメリカ大陸のアラスカ・カナダの太平洋岸は，暖流上を吹く偏西風の影響が強いため，例外的に高緯度でも年較差は**小さい（冬でも温和）。

② **（ほぼ同緯度なら）海岸or内陸⇒海岸側で年較差が**小さく，**内陸側で年較差が**大きい。

③ **（緯度30度～60度付近で海岸なら）西岸or東岸⇒西岸で年較差が**小さく（海洋からの湿潤な**偏西風**の影響が強い），**東岸で年較差が**大きい（大陸からの乾燥した**偏西風**の影響や季節風の影響が強い）。

図2　緯度別の年平均気温と気温の年較差

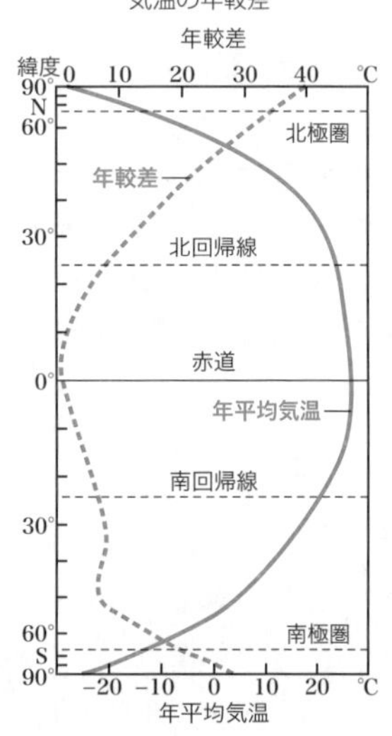

チャレンジテスト（大学入学共通テスト実戦演習）

問1 各地の雨温図の特徴に影響を与える気候因子を確認するために，コハルさんの班は，仮想的な大陸と等高線および地点**ア**～**カ**が描かれた次の**資料**を先生から渡された。これらの地点から2地点を選択して雨温図を比較するとき，海からの距離による影響の違いが強く現れ，それ以外の気候因子の影響ができるだけ現れない組合せとして最も適当なものを，下の①～④のうちから一つ選べ。（2021年共通テストB第1日程）

資料

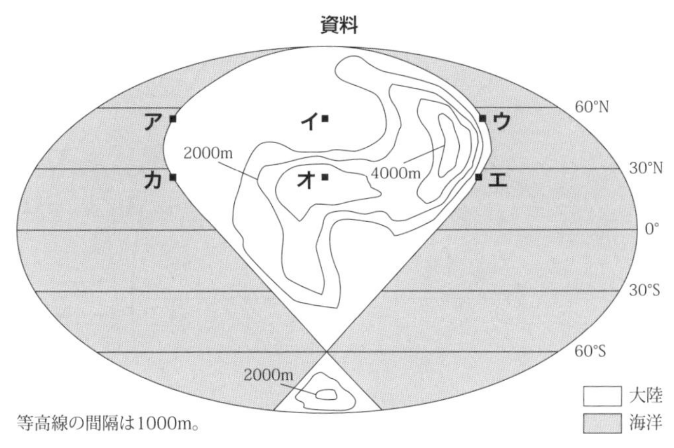

等高線の間隔は1000m。

① **ア**と**イ**　② **イ**と**ウ**　③ **エ**と**オ**　④ **オ**と**カ**

問1 ［答］ ①

問題文に示された条件が2つある。1つは「海からの距離による影響の違いが強く現れ」とあることから，**海岸と内陸（隔海度の違い）による気候の違い**と捉え，その組合せを選択したい。もう1つは「それ以外（隔海度以外）の気候因子の影響ができるだけ現れない」とあることから，**同緯度の比較でなければいけないし，海抜高度も同じでなければならない**。よって，「③**エ**と**オ**」と「④**オ**と**カ**」は**資料**から海抜高度が異なるので解答には適さない。

残った地点のうち**ウは，中緯度の大陸東岸に位置しすぐ背後（西部）に4000ｍの山地（山脈）がそびえ，季節風による影響や地形性降雨の影響を受けるため，別な気候因子が影響することから本問の雨温図の比較対象としては適さない**。よって，同緯度で海岸と内陸の違いのみを比較できる①**ア**と**イ**が正解の組合せとなる。

問2 次の図は，赤道付近から北極付近における大気大循環の模式図である。図にかかわる内容について述べた文として最も適当なものを，下の①～④のうちから一つ選べ。

（2013年センター試験本試B）

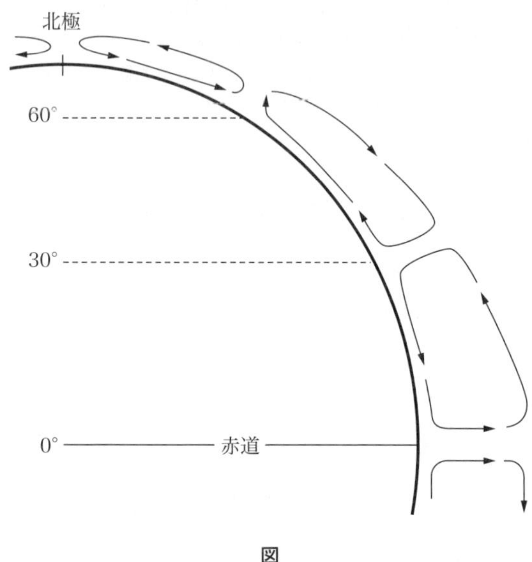

図

① 北極付近と赤道付近は，いずれも高圧帯となっている。
② 高圧帯や低圧帯の南北移動は，降水量の季節変化の一因となっている。
③ 北緯30度付近から高緯度側へ向かう大気の流れは，極東風とよばれる。
④ 北緯30度付近では下降気流が卓越し，湿潤な気候をもたらしている。

問2 [答] ②

② **正文**：高圧帯や低圧帯は太陽回帰の影響を受けて南北に移動し，北半球が夏季（高日季）の時期である6～8月には気圧帯が北上する。一方，南半球が夏季（高日季）の時期である12～2月には気圧帯は南下する。高圧帯は乾季を，低圧帯は雨季をもたらすので，場所による降水量の季節変化につながる。

① **誤文**：北極付近は**極高圧帯**が発達するが，赤道付近では**熱帯収束帯**（**赤道低圧帯**）が発達するため，高圧帯とはならない。

③ **誤文**：北緯30度付近から高緯度側へ向かう大気の流れは極東風ではなく**偏西風**である。**極東風**とは，**極高圧帯**から緯度60度付近に発達する**亜寒帯低圧帯**（**寒帯前線**）に向かって吹く恒常風である。

④ **誤文**：確かに北緯30度付近では**亜熱帯高圧帯**が発達し，「高圧帯」であるため**下降気流**が活発となるが，湿潤ではなくむしろ乾燥した気候が卓越する地域となる。

問3 次の図2は，いくつかの地点における最寒月と最暖月の月平均気温，および最少雨月と最多雨月の月降水量を示している。図2中のA～Dは，図1中に示した地点ア～エのいずれかである。エに該当するものを，下の①～④のうちから一つ選べ。

（2017年センター試験本試B）

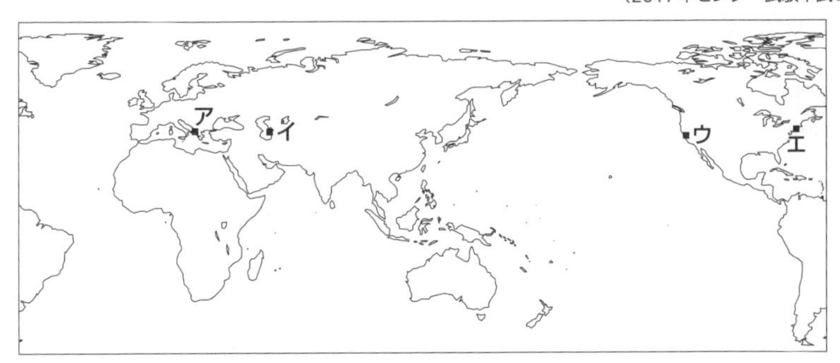

図1

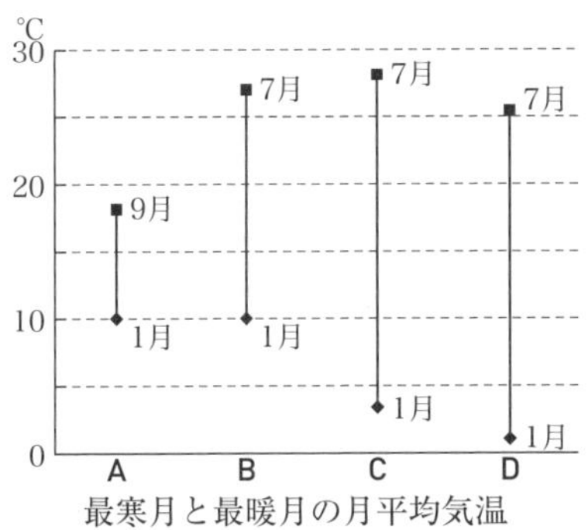

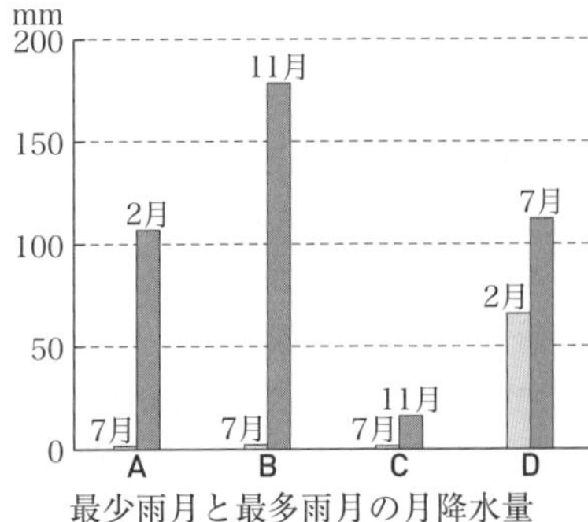

図2

① A　② B　③ C　④ D

問3 ［答］ ④

まず「最寒月」と「最暖月」から気温の年較差を意識する。本問では，地点ア～エがほぼ同緯度に位置することから，次に海岸部か内陸部かを考える。唯一内陸部に位置するイは年較差が大きいと考え，CかDとなる。次に海岸部にある残った3地点のうち，唯一大陸の東岸に位置するエは年較差が大きいと考え，イと同様にCかDとなる。イが位置するカスピ海より東側は内陸砂漠が広がる。よって，年中降水量が少ないCがイとなる。一方，北アメリカ大陸東岸に位置するエは，年中湿潤な気候となることからDがエとなり④が正解となる。ちなみに残ったアとウはどちらも地中海性気候（Cs）で夏乾燥冬湿潤となるが，地中海に面し暖流の影響を受けるアは最暖月の気温がより高く，外洋である太平洋に面し沖合を寒流が流れるウは最暖月の気温がより低くなる。よって，Aがウ，Bがアとなる。

6 植生・土壌と世界の気候区分

地理総合 地理探究

1 植生 ★★★

✤ 熱帯

①**熱帯雨林**：**多種多様な**常緑広葉樹の多層からなる密林，硬木。

②**サバナ**：疎林(そりん)，長草草原（雨季のみ）…バオバブ，アカシアなど。

③**マングローブ林**：熱帯・亜熱帯の汽水域(きすいいき)**（海水と淡水が混じり合う水域）に見られる熱帯樹木の総称**。

✤ 乾燥帯

①**ステップ**：短草草原（イネ科の植物が多い）。

②**砂漠**(さばく)：植生なし（塩性土壌(どじょう)）。

✤ 温帯⇒広葉樹林（亜寒帯（冷帯）の近くなどには**広葉樹と針葉樹の混合林**）

①**常緑広葉樹林≒低緯度側**

硬葉樹：Cs（地中海性気候）…耐乾性のオリーブ，コルクガシなど。

照葉樹：カシ，シイ，クスなど（大陸東岸部，日本では西南日本中心）。

②**落葉広葉樹林≒高緯度側**（ヨーロッパ，日本では東北日本）…ブナ，ナラ，カエデなど。

③**温帯草原≒年降水量500mm～750mm**の地域（プレーリー，パンパ，プスタ）…イネ科の草本を中心とした長草草原⇒**小麦などの穀倉地帯**。

✤ 亜寒帯（冷帯）⇒針葉樹林（タイガ＝大規模な針葉樹林帯）

トウヒ，モミ，マツ，スギなどの針葉樹⇒軟木（→木材加工しやすい），純林（＝単一の樹種で構成されている森林→伐採・搬出が簡便）⇒「経済林」＝**林業・木材加工業が盛ん**。

✤ 寒帯

①**ツンドラ**：夏季のみコケなどの地衣類(ちいるい)・蘚苔類(せんたいるい)。

②**氷雪**：植生なし。

2 成帯土壌（気候・植生の影響）と間帯土壌（母岩の影響） ★★☆

	土壌		特色	土壌の利用	分布地域
成帯土壌	湿潤	ラトソル	**赤褐色**(せきかっしょく)。腐植が溶脱(ようだつ)した**やせた土壌**。**鉄分やアルミニウム分を多く含む**。	農耕（焼畑(やきはた)）	**熱帯の多雨地域（A）**
		褐色森林土	暗褐色。温暖湿潤で腐植が進み農耕に好適。	農耕が可能	温暖多雨の湿潤地域（Cfa・Cfb）

		土　壌	特　色	土壌の利用	分布地域
成帯土壌	半乾燥	チェルノーゼム プレーリー土	厚い腐植層をもつ**黒色で肥沃な土壌**。	穀倉地帯	ウクライナ南部(BS) **北アメリカのプレーリー(Cfa)** **南アメリカのパンパ(Cfa)**
	乾燥	栗色土	腐植が弱いアルカリ性。灌漑で農地化。短草草原。	農耕(灌漑)	砂漠の周辺地域(BS)
		砂漠土	不毛地。強アルカリ性。	不毛地	砂漠地域(BW)
	寒冷	ポドゾル	**灰白色**。**酸性のやせた土壌**。農耕不適。	森林。**タイガ(針葉樹林)**	**亜寒帯(冷帯)地域(Df・Dw)**
		ツンドラ土	灰褐色。地衣類・蘚苔類。農耕不適。	地衣類・蘚苔類	シベリア・カナダ北部(ET)
間帯土壌	間帯土壌	テラロッサ	**石灰岩が風化**した**赤色の土壌**。	果樹栽培	**地中海沿岸地域**
		テラローシャ	**玄武岩の風化**した**肥沃な赤紫色の土壌**。	**コーヒー栽培**	ブラジル高原
		レグール	**玄武岩の風化**した有機物に富んだ**肥沃な黒色の土壌**。	**綿花の栽培**	デカン高原
	特殊な母材	レス(黄土)	**ゴビ砂漠などからの風積土**。細砂や粘土質の肥沃な土壌。 **大陸氷河で削られた堆積物が風によって運ばれた肥沃な土壌**。	畑作に適する	**黄河**中流域(黄土高原) 欧州(プスタ)

3 ケッペンの気候区分

ドイツの気候学者ケッペンは，**植生の違いに注目して，気温と降水量の指標のみで気候を区分**した。

✤ 気候区分(気候帯と気候区)

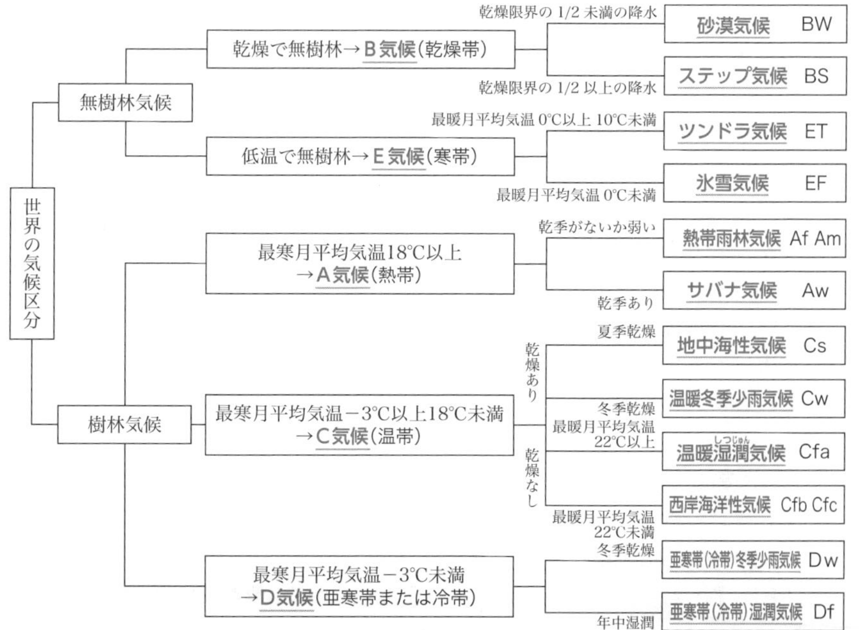

ここが共通テストのツボだ!!

ツボ ① 土壌

成帯土壌は，気候や植生の影響を意識しておさえる！

① **ラトソル**…**熱帯**（高温多雨）→養分が流出，**鉄分・アルミニウムは残る→やせ地&赤褐色**（鉄分などが酸化）。

② **ポドゾル**…**亜寒帯（冷帯）**（冷涼湿潤）→落ち葉の分解が進まず（＝腐植層に乏しく），酸化して土中の鉄分を溶かす→**やせ地&灰白色**（色が抜けて）。

③ **チェルノーゼム・プレーリー土**…**半乾燥**の短草草原や長草草原→乾季に枯れた草が腐植層に→**肥沃土&黒色土≒小麦の大生産地域**。※ 腐植層が多いほど土の色は黒ずむ。

ツボ ② 気候区の分布

各気候区には分布の規則性・傾向がある⇒地図帳等に掲載されている，ケッペンの気候区分の図を必ず確認しよう！とくに赤道と南緯・北緯40度を意識しながら！**植生や成帯土壌との対応も忘れずに！**

図 気候・植生・土壌の関係

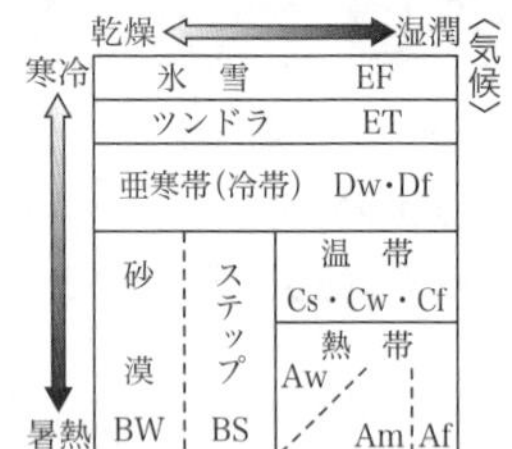

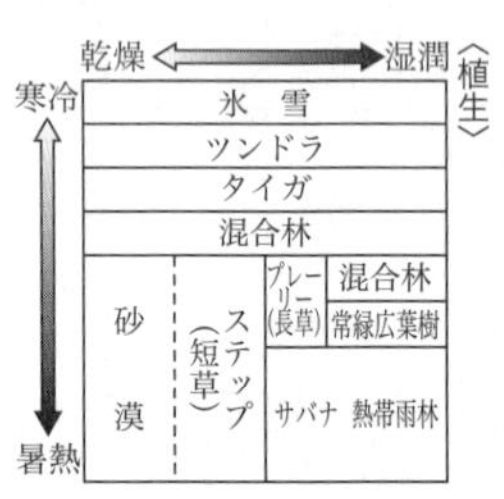

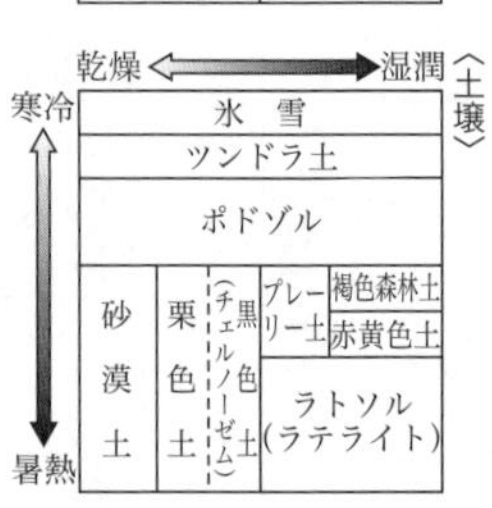

① **Af**（**熱帯雨林気候**）⇒**赤道周辺**。

② **Aw**（**サバナ気候**）⇒**Af周辺の低緯度**。

③ **BW**（**砂漠気候**）⇒**緯度20～30度付近**，**大山脈の風下側**（パタゴニア），**大陸の内陸部**（**中央アジア～中国西部**），**低緯度の大陸西岸の海岸砂漠**（**ペルー・ナミビア**など）。

④ **BS**（**ステップ気候**）⇒BW（砂漠気候）の周辺部。

⑤ **Cs**（**地中海性気候**）⇒**緯度30～40度の大陸西岸**。

⑥ **Cw**（**温暖冬季少雨気候**）⇒低緯度のAwに接する高原など（大陸西岸なし）。

⑦ **Cfa**（**温暖湿潤気候**）⇒**緯度30～40度の大陸東岸**。

⑧ **Cfb**（**西岸海洋性気候**）⇒**緯度40～60度の大陸西岸**。

⑨ **Df**（**亜寒帯（冷帯）湿潤気候**）⇒**北半球の高緯度のみ**（北緯40～70度付近）。

⑩ **Dw**（**亜寒帯（冷帯）冬季少雨気候**）⇒**ユーラシア大陸北東部のみ**。

⑪ **ET**（**ツンドラ気候**）⇒**北極海沿岸やチベット高原，アンデス山脈などの高山地域**。

⑫ **EF**（**氷雪気候**）⇒**南極・グリーンランド**（**北アメリカ大陸に含む**）**のみ**。

チャレンジテスト（大学入学共通テスト実戦演習）

問1 地形や気候の影響を受けて，世界の大河川の流域には様々な植生がみられる。次の図中のA～Dは，チベット高原に源流をもついくつかの河川の流域と主な河道を示したものである。また，後の表は，図中のA～Dのいずれかにおける，流域面積全体に占めるいくつかの植生などの面積割合を示したものである。Cに該当するものを，表中の①～④のうちから一つ選べ。

（2022年共通テスト本試B）

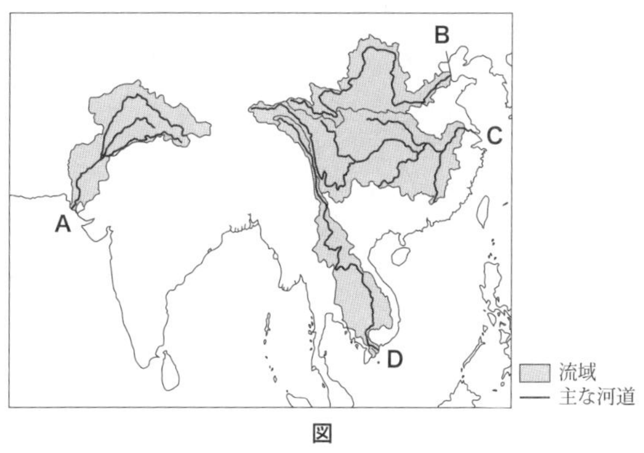

図

表

（単位：%）

	常緑広葉樹林の割合	落葉広葉樹林の割合	低木・草地の割合	裸地（砂や岩など）の割合
①	31.0	10.3	7.4	0.0
②	14.5	13.7	13.0	0.0
③	0.7	0.5	38.0	18.3
④	0.4	4.1	28.9	8.9

Geospatial Information Authority of Japan, Chiba University and collaborating organizations の資料などにより作成。

問1 ［答］  ②

まず低木・草地の割合や裸地の割合が高い③と④に注目すると，流域に広く乾燥帯が分布する河川であることから，**湿潤地域を源流にもち乾燥地域を貫流する外来河川**であるAの**インダス川**とBの黄河のいずれかとなる。とくにAの**インダス川**は，中流から下流にかけての大部分に乾燥帯が広がるので，低木・草地の割合，裸地の割合が最も高い③であり，残った④がBの**黄河**となる。また④は，**落葉広葉樹林**の割合が③より高いことからも，高緯度側の温帯に流域を持つBの**黄河**と判断できる。

残った①と②であるが，①は**常緑広葉樹林**の割合が31.0%と最も高いことから，中・下流域が低緯度側の熱帯・亜熱帯気候下にあるDの**メコン川**となる。一方②は**落葉広葉樹林**の割合が13.7%と最も高いことから，温帯の中でも高緯度側に流域を持つ河川と考えられ，またBの**黄河**と同様に低木・草地の割合が13.0%と①より高いことからも，半乾燥地域を上流域にもつCの**長江**となり正解となる。

問2 次の図2は，乾燥地域にあるいくつかの地点について，最暖月と最寒月の月平均気温を示したものであり，①～④は，図1中の地点A～Dのいずれかである。Bに該当するものを，図2中の①～④のうちから一つ選べ。 (2015年センター試験本試B)

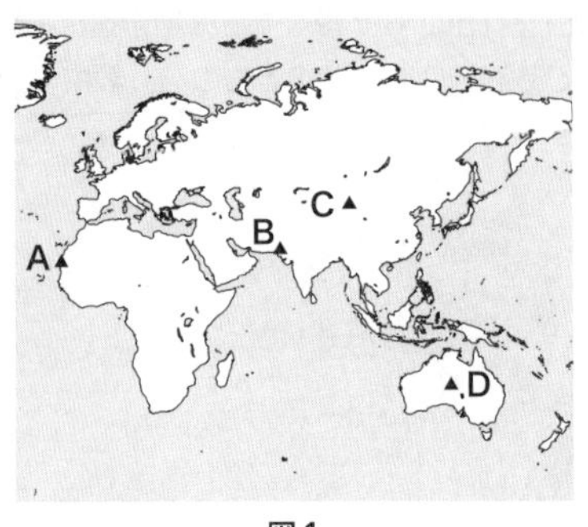

図1

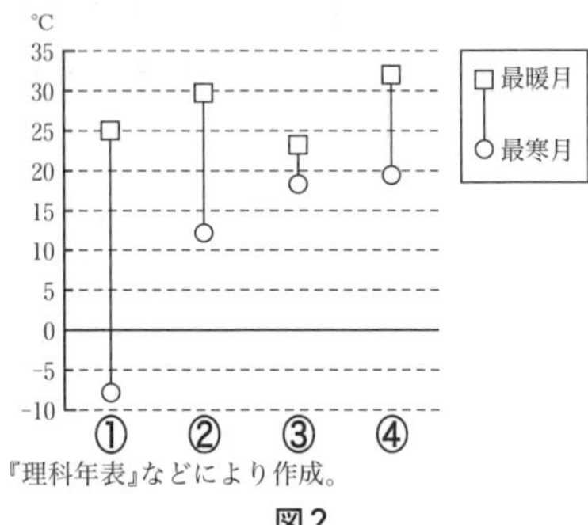

『理科年表』などにより作成。
図2

問2 [答] ④

本問は，最暖月と最寒月の気温が示されていることから，同じ乾燥地域でも気温の年較差(ねんかくさ)等を意識して判断したい。

まず，気温の年較差が最も大きい①は，4地点で最も高緯度かつ内陸に位置するCとなる。次に残ったA，B，Dはほぼ同緯度に位置するが，その中で唯一内陸に位置するDが，次に気温の年較差が大きい②となる。

残った気温の年較差が小さい③と④は沿海部に位置するA・Bのいずれかであるが，アフリカ大陸北西岸に位置するAは，沖を流れる**寒流**の**カナリア海流**の影響による**海岸砂漠**に近い場所ではないかと類推すると，寒流の影響から最暖月気温が最も低い③となる。一方，アフリカ大陸やアラビア半島の東方にあたるBは，暖流の影響が強いため最暖月気温も最寒月気温も最も高い④となり，正解となる。

▼海岸砂漠のメカニズム

〈大陸西岸以外の中・低緯度地方〉

① 地表面が暖められ**上昇気流**が発生。

② 雲を形成し，降水あり。

〈大陸西岸の中・低緯度地方〉

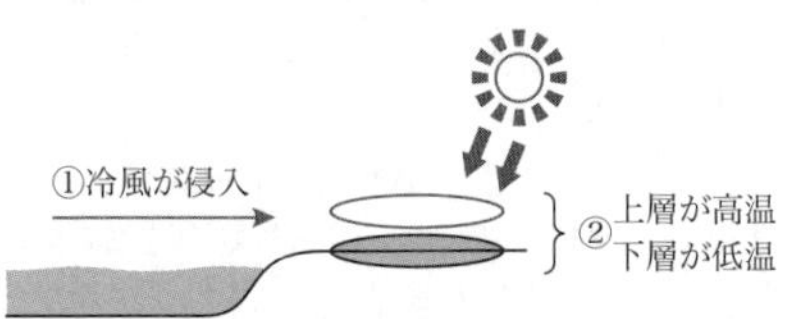

① 寒流上の冷風が地表付近から侵入。

② (冷風は重いので下層にとどまり) **気温の逆転**により大気が安定。➡降水が少ない→砂漠を形成

問3 次の図2中の①～④は，図1中のA～Dを流域とする河川の下流部における月平均流量の年変化*を示したものである。Aの流域に該当するものを，図2中の①～④のうちから一つ選べ。 (2014年センター試験追試B)

*各月の月平均流量を1年間合計すると100%になるように作成してある。

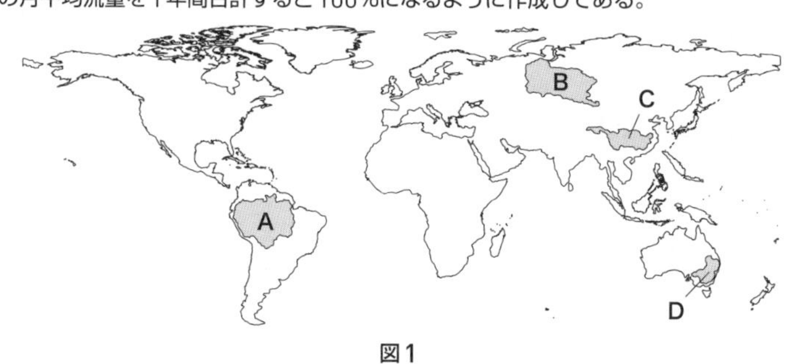

図1

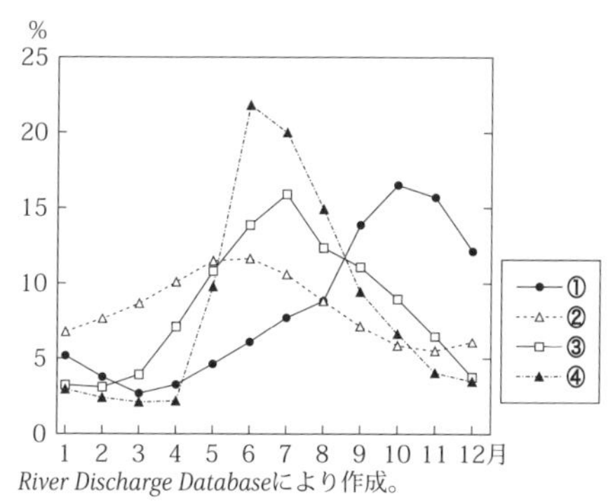

図2

問3 [答] ②

河川の流量変化の問題は流域の気候の影響を考慮して判断しよう。まず河川の流量の年変化の大小に注目すると，④が最も大きく，②が最も小さい。④はとくに6月頃に流量が急増し，11月頃～4月頃までは流量は極めて少なくなっていることから，北半球の高緯度に流域を広くもつB（**オビ川**流域）となる。**北半球の高緯度に流域をもつBのような河川は，冬季に長期間凍結するため流量が少なくなり，6月頃になると融雪・融氷によって流量が増大する**。一方，流量変化が最も小さい②は，年中多雨または年中湿潤な地域を流れる河川と考えられるので，赤道付近の低緯度に流域を広くもつA（**アマゾン川**流域）で正解となる。**赤道付近は年中熱帯収束帯（赤道低圧帯）の影響を受けるため多雨**となる。残った①と③は流量変化が比較的大きい河川であるが，そのうち③は6月～8月にかけて流量が多くなり，12月～3月にかけて流量が少なくなることから，**モンスーン（季節風）**の影響を強く受ける地域に流域を広くもつC（**長江**流域）となる。**モンスーンの影響を強く受ける東・東南・南アジアでは，夏季に海洋からの湿潤風によって多雨（または湿潤），冬季に大陸からの乾燥風によって少雨となる**。最後に残った①がD（**マリー川**・ダーリング川流域）となる。

7 異常気象と自然災害

1 熱帯低気圧と局地風

✤ **熱帯低気圧**（熱帯または亜熱帯地方に発生する低気圧の総称）

①**赤道直下では発生しない**（自転の影響がないなど）。

②**低緯度の大陸東岸沖で発生しやすい**（**暖流**の影響）。

③**緯度30度付近より西から東へ進路を変える**（**偏西風**の影響）。

④熱帯低気圧の名称（**フィリピン東方沖**⇒**台風**，**インド洋**や**ベンガル湾**⇒**サイクロン**，**メキシコ湾**や**カリブ海**⇒**ハリケーン**）。

■世界の熱帯低気圧の発生域と経路

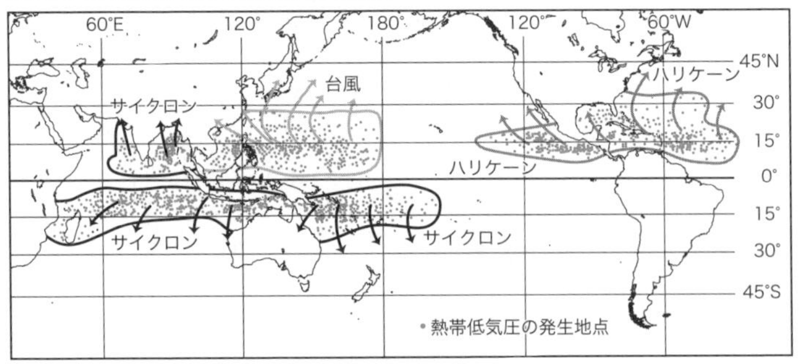

✤ **局地風**

①**フェーン**…**アルプス山脈の北側の風下斜面に南から吹く高温乾燥風**。同様のメカニズムによって生じる現象を**フェーン現象**という（⇒**日本海側で生じやすい**）。

②**ボラ**…**ディナルアルプス山脈から風下側のアドリア海に吹き下ろす寒冷乾燥風**⇒同様のメカニズムによって生じる現象として，**ミストラル**（**フランスのローヌ川沿い**）や日本の太平洋側の颪（おろし）（六甲（ろっこう）おろし，赤城（あかぎ）おろしなど），関東地方の**空っ風**（からっかぜ）などがある。

③**やませ**…日本の北海道，**東北地方の太平洋側に初夏に吹く冷涼湿潤風**（れいりょうしつじゅんふう）で，**冷害の原因**となる。

■ヨーロッパのおもな局地風

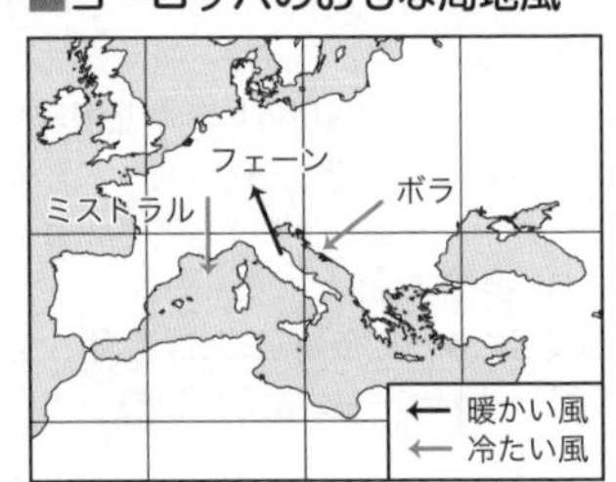

2 異常気象

✤ エルニーニョ現象

① **原因と特徴**…**南東貿易風が弱まることによって**，暖かい海水が表層部に流れ込み，深層部からの冷水湧昇流が生じにくくなって，太平洋赤道域のおもに南アメリカ大陸西岸沖の**海面温度が異常に上昇する現象**。**エルニーニョ現象とは逆に**，南東貿易風が強まり，冷水湧昇流が活発化し，太平洋赤道域のおもに南アメリカ大陸西岸沖の**海面温度が異常に低下する現象をラニーニャ現象**という。

② **気象への影響**…**太平洋西部のインドネシアやオーストラリア東部**などでは，**少雨となり干ばつが発生しやすい**。一方，**太平洋東部のペルー沿岸部などでは大雨による災害が起こる場合がある**。また，**日本では冷夏**や梅雨明けの遅れなどを引き起こす場合がある。

✤ ヒートアイランド現象…**都市内部の地表の気温が，周辺部よりも高くなっている現象**のこと（⇒気温上昇に伴う相対湿度の低下や**緑地の減少によって乾燥化も進展**）。原因として，**コンクリート建造物やアスファルトの蓄熱・輻射熱，エアコンや自動車からの排熱が多いこと**がある。また，**建築物の高層化・高密度化による天空率の低下から，放射冷却が弱まったり，風通しが悪くなったりすること**も要因である。

3 自然災害

✤ 火山の災害と恩恵

① **災害**…噴石，火山灰，火山ガス，**火砕流**（**高温の火山灰や火山ガスなどが一体となって高速で山体を流下する現象**），溶岩流，大雨による土石流や泥流など⇒農地や宅地への被害，**航空機の飛行障害**，**地球規模での異常気象（気温低下）**など。

② **恩恵**…**温泉**や**地熱発電**，**観光資源（景観美）**，鉱産資源，**貯水**，火山灰や溶岩が**風化し形成された肥沃土**，信仰の象徴など。

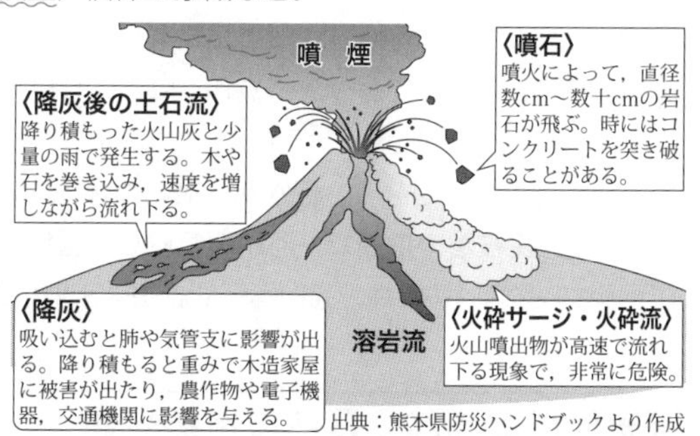

出典：熊本県防災ハンドブックより作成

■内水氾濫と外水氾濫

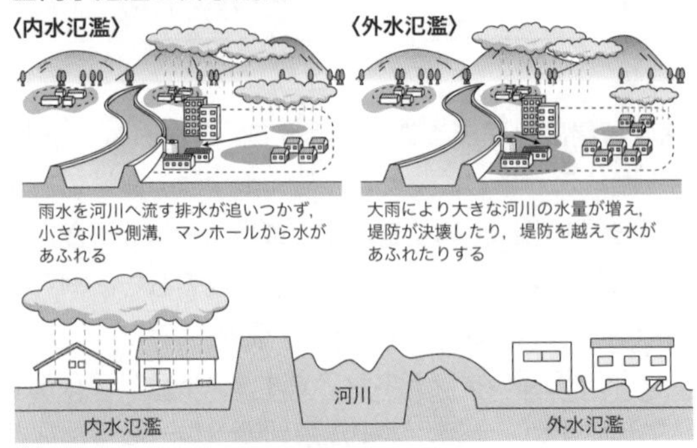

■河川の上流域から下流域までの水害対策

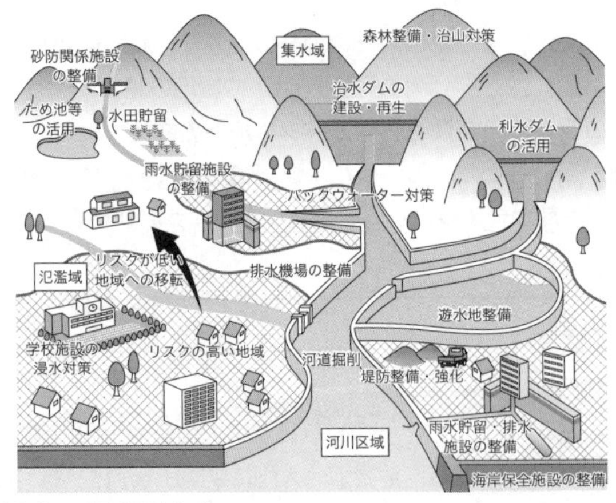

✤ 沖積平野の災害と都市型水害

① **沖積平野の災害**…傾斜をもつ扇状地では洪水や土石流，低湿な後背湿地や旧流路では洪水や液状化現象，同じく低湿で海岸付近に位置する三角州では洪水や高潮(たかしお)，液状化現象が生じやすい。また，三角州では都市が発達していることが多く，**地下水の過剰揚水による地盤沈下**も生じており，海抜0m以下のゼロメートル地帯も見られる。

② **都市型水害**…都市化の進展にともなう，**保水機能をもつ緑地の減少や透水性の低いアスファルト舗装など人工被覆の増加で，河川の急激な流量増加**につながりやすい
⇒具体策：水源涵養林(かんようりん)の整備，透水性の高い舗装や調整池，河川改修など。

4 地球温暖化にともなう日本の自然災害 

近年は地球温暖化の影響などから気温や海水温が上昇しており，**とくに日本の年平均気温は，世界の年平均気温よりハイペースで上昇**している（2023年までの直近100年

あたりで世界の年平均気温は0.76℃の割合で上昇したが，日本は1.35℃の割合で上昇）。その結果，**日本では集中豪雨の発生頻度が増加し風水害（洪水・高潮など）のリスクが以前より高くなっている**。また，**真夏日**（日最高気温30℃以上）や**猛暑日**（日最高気温35℃以上），**熱帯夜**（日最低気温25℃以上）**が増加し，農業への悪影響や健康被害などが懸念**されている。

※線状降水帯…次々と発生する発達した雨雲（積乱雲）が列をなし，数時間にわたってほぼ同じ場所を通過または停滞することで作り出される，長さ50～300km程度，幅20～50km程度の線状に伸びる強い降水域。甚大な水害や土砂災害をもたらすことが多い。

■気温・降水量の長期変化傾向

【全国アメダス】1時間降水量50mm以上の年間発生回数

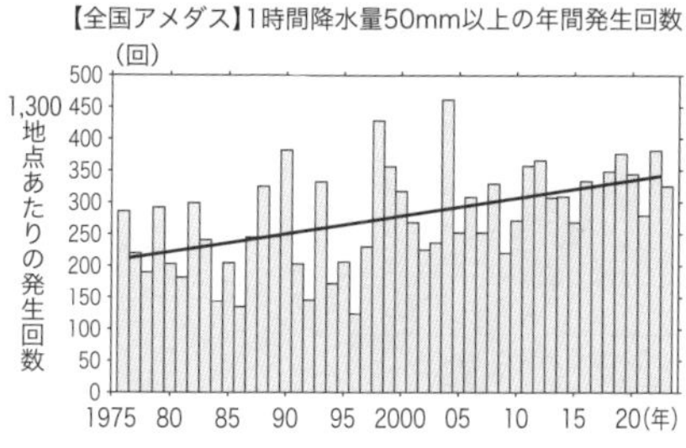

【全国アメダス】1時間降水量80mm以上の年間発生回数

(回)
1,300地点あたりの発生回数
1975 80 85 90 95 2000 05 10 15 20(年)

【全国13地点平均】日最高気温30°C以上の年間日数（真夏日）

(日)
1地点あたりの日数
1910 20 30 40 50 60 70 80 90 2000 10 20(年)

【全国13地点平均】日最低気温25°C以上の年間日数（熱帯夜）

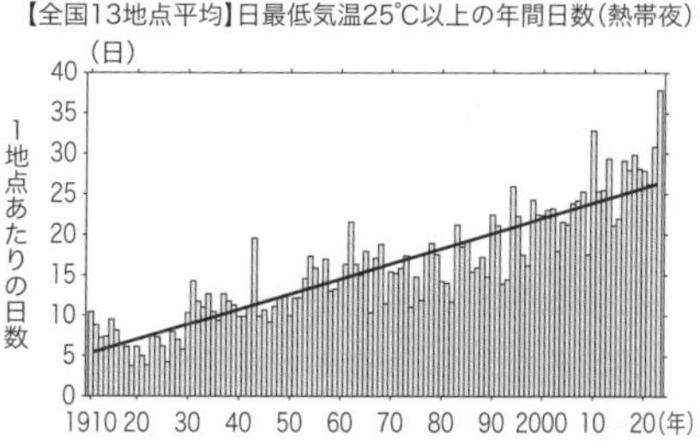

※1 全国の13地点は，都市化の影響が比較的小さく，長期間の観測が行われている網走，根室，寿都，山形，石巻，伏木，銚子，境，浜田，彦根，多度津，名瀬，石垣島。
※2 ――は長期変化傾向。

出典：いずれも気象庁

■線状降水帯

線状降水帯の代表的な発生メカニズムの模式図

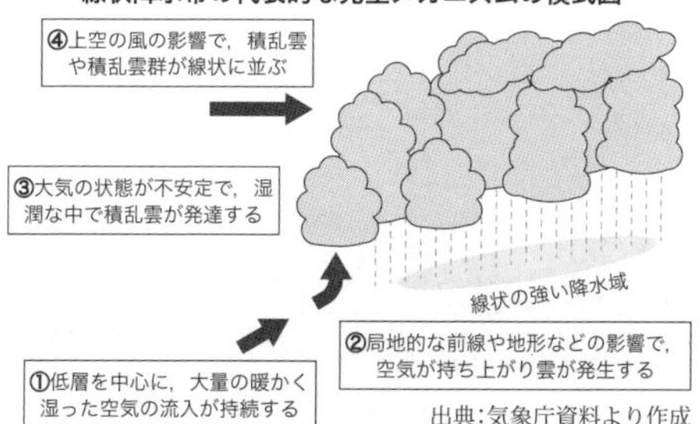

出典：気象庁資料より作成

ここが共通テストのツボだ!!

ツボ 1 エルニーニョ現象のメカニズムとその影響

① エルニーニョ現象のメカニズム…通常の状態を，理解することが重要！

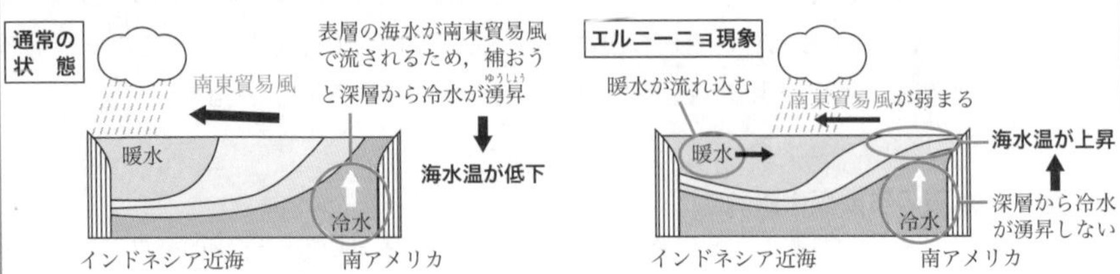

② エルニーニョ現象による影響

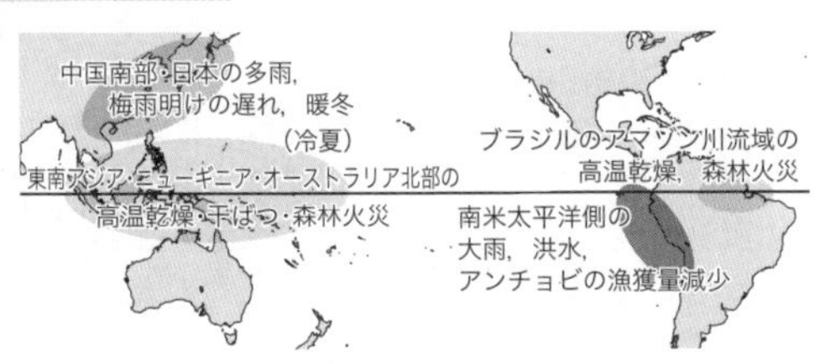

ツボ 2 自然災害の違い

近年，**風水害（洪水や嵐など）による被害が増加傾向**⇒人口増加を背景に**大規模開発による森林伐採**⇒**保水機能低下**，**都市生活者の増加**⇒**古くからの居住者が避けてきた災害可能性の高い低地や傾斜地での居住者が増加**＆**地球温暖化による熱帯低気圧の強大化や豪雨・長雨の増加**。

図　死者10名以上，避難者100名以上，非常事態宣言の発令，国際援助の要請のいずれかの状況をもたらした世界の自然災害の合計

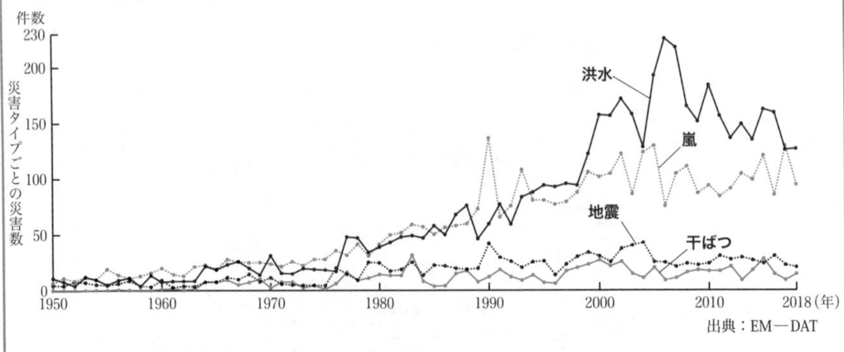

出典：EM―DAT

チャレンジテスト（大学入学共通テスト実戦演習）

問1 大気と海洋との相互作用は自然災害を発生させることがある。次の図中のA～Dに示した地域でみられる災害をもたらす自然現象とその原因や背景について述べた文として下線部が最も適当なものを，下の①～④のうちから一つ選べ。　（2017年センターー試験追試B）

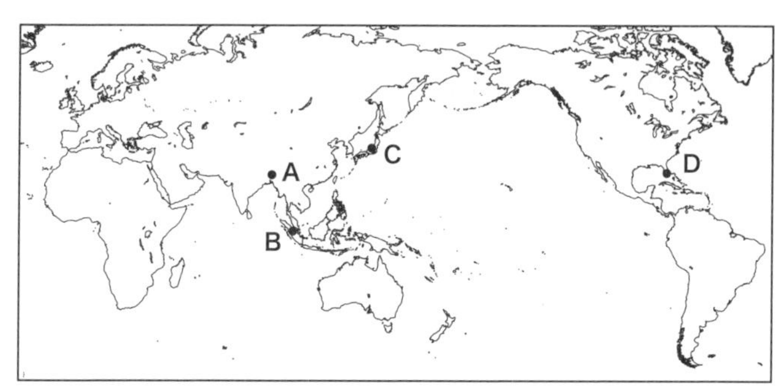

図

① A地域でみられる洪水の原因の一つとして，インド洋付近に停滞する梅雨前線がある。

② B地域でみられる干ばつの背景として，太平洋西部の海水温が異常に上昇するエルニーニョ現象などがある。

③ C地域でみられる豪雪の背景として，太平洋からユーラシア大陸に向かって吹くモンスーン（季節風）などがある。

④ D地域でみられる暴風雨の原因の一つとして，大西洋の低緯度の海域で発生するハリケーンなどがある。

問1 [答] ④

④ 正文：Dのアメリカ合衆国南東部のフロリダ半島南部では，メキシコ湾やカリブ海で発生した熱帯低気圧のハリケーンが襲来することがあり，暴風雨や洪水を引き起こすことがある。

① 誤文：A地域はベンガル湾に面したバングラデシュ付近にあたり，確かに洪水は毎年のように起こるが，梅雨前線の影響ではなく熱帯低気圧のサイクロンによることが多い。

② 誤文：Bのインドネシアやオーストラリア北部では，エルニーニョ現象が起こると，高温乾燥状態が続き，干ばつが生じることがある。ただしエルニーニョ現象は，太平洋西部ではなく太平洋東部のペルー沖の海面温度が異常に上昇することをいう。

③ 誤文：Cの東北地方の日本海側や北陸では，ユーラシア大陸から太平洋側に向かって吹く北西季節風が，日本海上で水分供給を受け，日本列島の中央部を縦走する脊梁（せきりょう）山脈にぶつかることで豪雪となる。

問2 自然災害にともなう被害は，各地域の自然環境とともに社会・経済状況などに影響される。次の図は，1978年から2008年の期間に世界で発生した自然災害*について，発生件数**，被害額，被災者数の割合を地域別に示したものであり，図中のA～Cは，アジア，アフリカ，南北アメリカのいずれかである。A～Cと地域名との正しい組合せを，下の①～⑥のうちから一つ選べ。 （2017年センター試験本試B）

*死者10人以上，被災者100人以上，非常事態宣言の発令，国際救助の要請のいずれかに該当するもの。

**国ごとの件数をもとに地域別の割合を算出。大規模自然災害の場合には，複数の国または地域で重複してカウントされる場合がある。

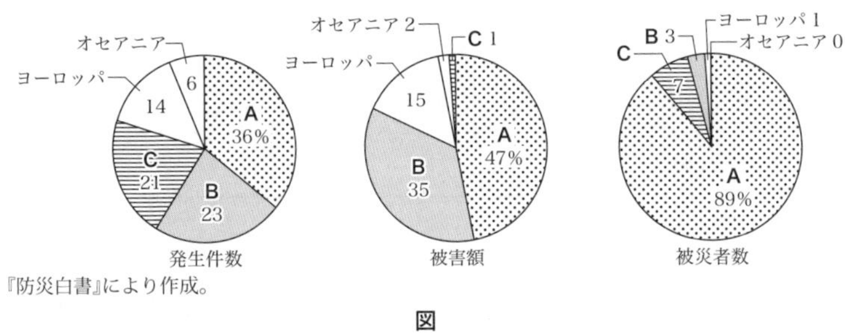

『防災白書』により作成。

図

	A	B	C
①	アジア	アフリカ	南北アメリカ
②	アジア	南北アメリカ	アフリカ
③	アフリカ	アジア	南北アメリカ
④	アフリカ	南北アメリカ	アジア
⑤	南北アメリカ	アジア	アフリカ
⑥	南北アメリカ	アフリカ	アジア

問2 ［答］ ②

Aはすべての指標において最も高い値を示し，発生件数に比べ被災者数の割合が顕著に高いことから，世界の総人口の約6割が集中する過密地域で人的被害が大きくなるアジアとなる。Bは発生件数に対し被害額の割合が高く，被災者数の割合は最も低いことから，資本を投じた高度なインフラが整備され，防災対策が進んだ先進国のアメリカ合衆国やカナダを含む南北アメリカとなる。Cは発生件数に対し被害額の割合が顕著に低く，被災者数では発生件数が多いBを上回っていることから，インフラの整備が進んでおらず，防災対策も不十分なアフリカとなる。

問3 リュウさんたちは，1947年の大火をきっかけに飯田駅の南東側で大規模な復興事業が実施されたことを知った。そこで，リュウさんたちは市街地にどのような大規模火災の被害軽減策がみられるかを観察し，地点A～Dで写真を撮影し，次の資料にまとめた。大規模火災の被害軽減策として**当てはまらないもの**を，資料中の①～④のうちから一つ選べ。 (2022年共通テスト追試B)

資料

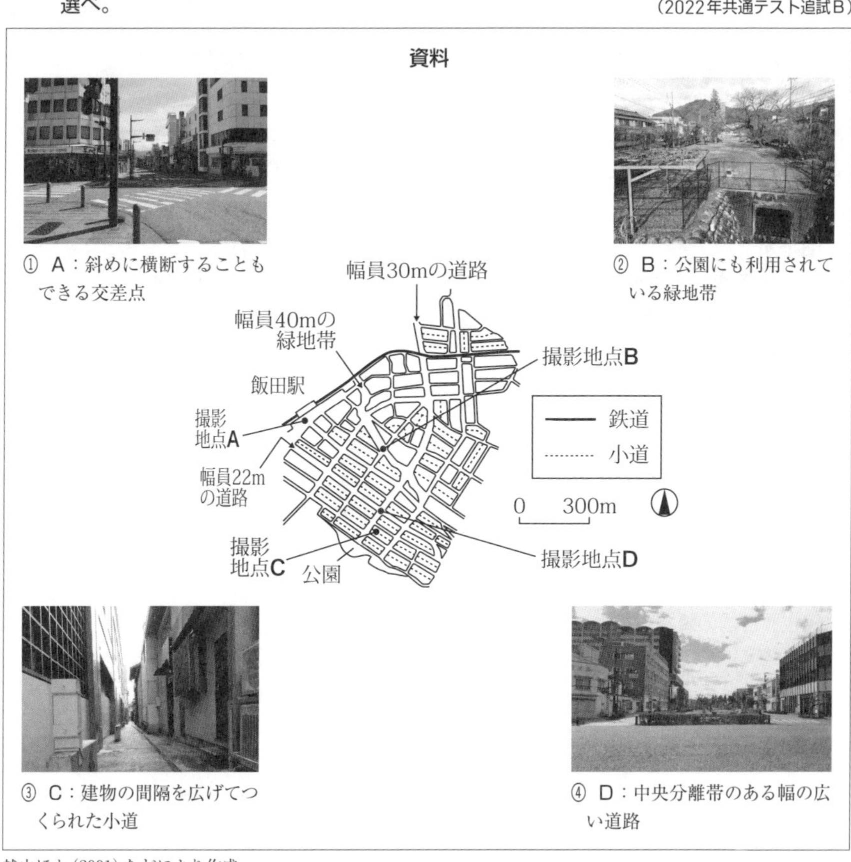

① A：斜めに横断することもできる交差点

② B：公園にも利用されている緑地帯

③ C：建物の間隔を広げてつくられた小道

④ D：中央分離帯のある幅の広い道路

越山ほか(2001)などにより作成。

問3 [答] ①

①は歩車を分離したいわゆるスクランブル交差点であり，交通事故防止の効果はあるとされるが，大規模火災の被害軽減策としては当てはまらないので正解となる。

残った②～④は，いずれも大規模火災の被害軽減策として適当である。②の**公園の緑地帯は，樹木に火災の輻射熱や風を弱める効果などがあり，また公園を安全で広い避難場所として活用することもできる**。③の**建物の間隔を広げることは，火災の類焼防止効果につながる**。④の**中央分離帯のある幅の広い道路は**，②の公園と同様に避難場所となり，③と同様に**火災の類焼防止効果の機能に加え，消防隊の移動・活動が素早く行える**。

8 環境問題①

1 水資源

✤ **水資源**…地球上の水のうち，**海水が約97.5%と圧倒的**であり，**陸水はわずか2.5%程度**である⇒**陸水のうち約7割を氷河や氷雪**が占め，**残り約3割が地下水**であり，河川水や湖沼水はごくわずか（地球上の水の総量の約0.01%）。

✤ **地下水**

① **被圧地下水**…**不透水層によって挟まれた地下水⇒地下水面より低い位置に井戸口をもつ掘り抜き井戸は自噴**する（自噴井（じふんせい））⇒オーストラリアの**グレートアーテジアン盆地**など。

② **自由地下水**…最も地表に近い不透水層上にある地下水。

③ **宙水（ちゅうみず）**…局所的な不透水層上にレンズ状にたまった地下水。

■地下水

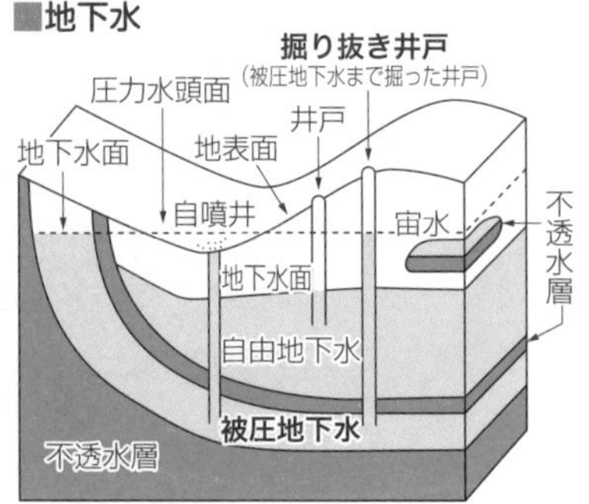

■世界各国の降水量など

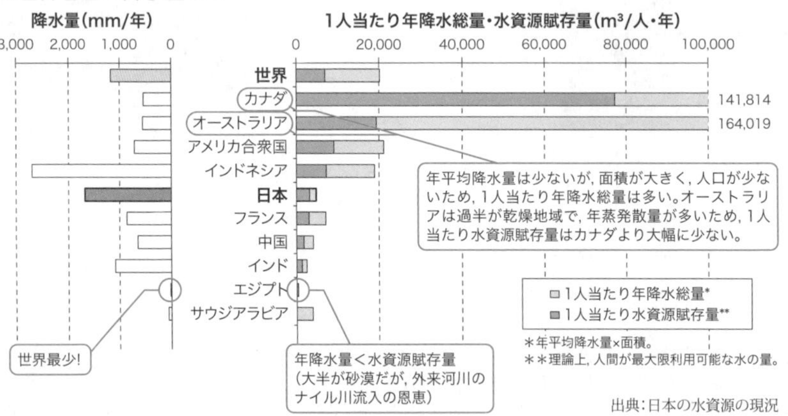

出典：日本の水資源の現況

■おもな水資源開発と問題

地域	国・地域	開発地域・開発名	内　容
アジア	中国	**黄河**	下流域が**天井川**で，水不足に悩んできた**黄河**に，1950年代後半から大規模ダムを建設し，多目的な利用を図ってきた。しかし，近年は下流の水不足の問題や**堆砂によるダム湖の埋積が進んでおり，ダムの機能低下**が指摘されている。
	中国	**長江**	洪水防止・灌漑・発電を目的に長江中流に，**世界最大規模の多目的ダムである三峡（サンシャ）ダム**が，2009年に完成した。しかし，ダム建設のため，**100万人以上の強制移住や生態系の破壊**などの諸問題を抱えている。
	東南アジア	**メコン川**	インドシナ半島の国際河川である**メコン川**では，**上流域の中国やラオスで現在100以上のダム開発計画が進行**している。その結果，**メコン川**の中流や下流では，とくに降水量が少ない年には魚の遡上や船舶の遡行が難しくなるほど水位が低下するといった事態が見られ始め，**水利権をめぐり上流域の国と下流域の国で対立**が生じ始めている。
	中央アジア	**アラル海**周辺	**中央アジアでは，アラル海に流入するアムダリア川・シルダリア川から取水し，灌漑整備を行い，綿花栽培の拡大**を図った。しかし，**アラル海の水位低下による面積の縮小，塩害などの問題**が生じている。
アフリカ	エジプト	**ナイル川**	1971年に発電，洪水防止，**灌漑による耕地拡大を目的としてナイル川に**旧ソ連の援助で**アスワンハイダム**が完成（工事の完了は1970年）した。綿花生産が伸びた一方で，**海岸線の後退や漁業資源の減少，塩害，歴史的遺産の水没の危機などの環境問題が起こった。**
	エジプト・スーダン・エチオピア	**ナイル川**（青ナイル川）	**ナイル川**の上流（青ナイル川）に位置する**エチオピアが経済成長に伴う電力需要の増加を賄うため巨大ダムを建設**した結果，**下流の水量が減少してしまうことが懸念**され，**水利権をめぐってエチオピアとエジプトなどが対立**している。
オセアニア	オーストラリア	スノーウィーマウンテンズ計画	オーストラリアアルプス山脈の東南斜面の豊富な**スノーウィー川の融雪水を，トンネルでマリー（マーレー）川に導き，山脈の西側の乾燥地域の灌漑**と電力開発を目的とした。しかし，近年では，**過度な灌漑による塩害**が生じており，**農作物の生産性が低下**している。

2　酸性雨

✤ **原因**…**化石燃料の燃焼**（工場・自動車など）により**硫黄酸化物**，**窒素酸化物**を含むガスが発生⇒強酸性の雲を形成し，酸性雨（pH5.6以下）となる。

✤ **被害状況**…**森林の立ち枯れ，湖沼の酸性化による漁業資源の死滅**，**大理石の石造建築物の溶解**など。

✤ **被害地域**…**工業化やモータリゼーションが進んだ，ヨーロッパ，アメリカ合衆国，日本，中国周辺**⇒**偏西風によって酸性の雲が流されるため，発生源付近から東方や北方にかけて被害地域が拡大**しやすい。

✤ **対策**…排ガスのクリーン化や脱硫装置，**石灰散布による中和**など。「**長距離越境大気汚染条約**」が1979年採択，1983年発効。

ここが共通テストのツボだ!!

ツボ ① アラル海の面積縮小に関する問題

中央アジアのアラル海では，**流入する河川から大量に取水し，灌漑を整備した結果，様々な問題が生じた（塩分濃度が高い塩湖のアラル海からは直接取水できない）。**

① **アラル海**周辺における問題

(1) 河川からの淡水の流入量より蒸発量が多くなり，**湖水の塩分濃度が上昇**⇒プランクトンが死滅し**漁業資源が激減。**

(2) **干上がった湖底に集積した塩分の飛散⇒塩害の拡大**（住民の健康被害，綿花生産の停滞）。

② **アムダリア川**周辺における問題

(1) **過度な灌漑による塩害**（綿花生産の停滞，砂漠化）。

(2) 上流側と下流側の国における水利権の問題。

ツボ ② PM2.5

PM2.5とは，大気中に浮遊する大きさ2.5μm以下の微小粒子状の物質。人間が吸い込むと肺の奥深くまで入り，呼吸器系の疾患などの健康被害につながる。発生源は，**人為起源として化石燃料の燃焼（工場や自動車など）によって生じた煤煙や粉じん，硫黄酸化物等が大気中で化学反応し粒子化したものなど，自然起源として砂漠土や火山噴出物，森林火災など**がある。

図 PM2.5の質量濃度

2023年１月（冬季）

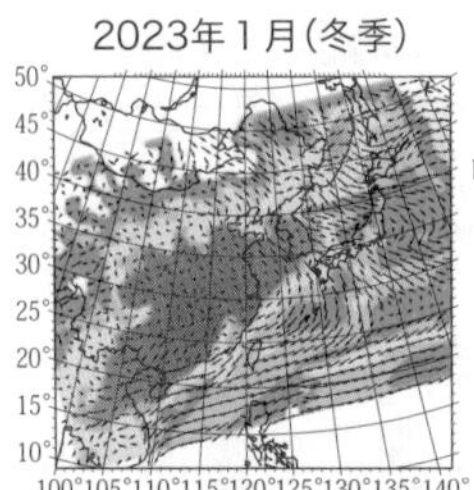

2023年７月（夏季）

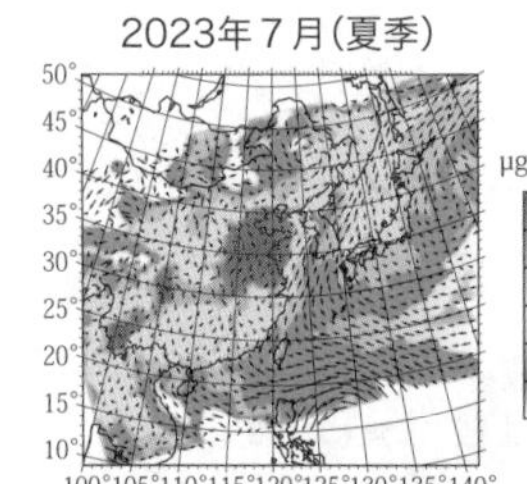

出典：「国立環境研究所・大気汚染予測システム VENUS（https://venus.nies.go.jp/）の画像をもとに，編集部にて改変

近年，**急速な経済成長を遂げる中国やインドでは，人為起源のPM2.5を含めた大気汚染が問題となっており，なかでも環境対策が遅れるインドでは深刻化**している。また**PM2.5は風によって移動，拡大するため，中国やインドを含むモンスーンアジアでは，モンスーン（季節風）による越境被害も問題**となっている。

チャレンジテスト（大学入学共通テスト実戦演習）

問1 水は，人々の生活に欠かせないが，使用量や使用目的に地域差がみられる。次の図は，世界のいくつかの地域における年間水使用量を用途別に示したものであり，**ア**と**イ**は北アメリカと東アジアのいずれか，凡例**A**と**B**は農業用と工業用のいずれかである。北アメリカと農業用との正しい組合せを，後の①～④のうちから一つ選べ。

（2023年共通テスト本試A）

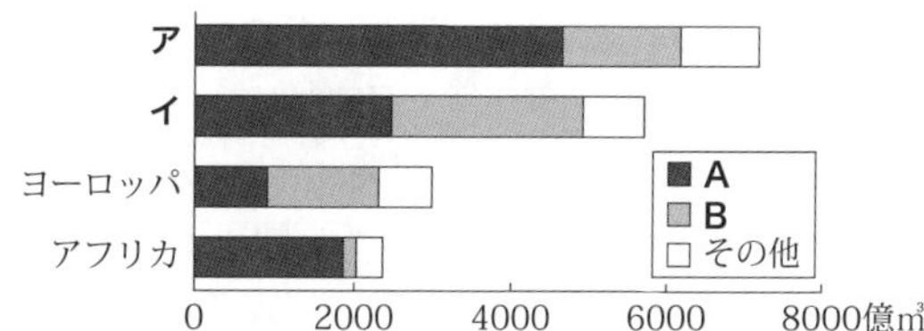

北アメリカの数値にはメキシコを含む。ヨーロッパの数値にはロシアを含む。
統計年次は2013～2017年のいずれか。AQUASTATにより作成。

図

	①	②	③	④
北アメリカ	ア	ア	イ	イ
農業用	A	B	A	B

問1 ［答］ ③

まず明かされているアフリカに注目すると，**途上地域のアフリカは農業中心のため，水の用途は農業用が多い**ことから**A**が農業用，残った**B**が工業用となる。その上で**ア**と**イ**の割合に注目すると，**ア**のほうが**A**の農業用の割合が高い。よって，**水を大量に使用する水稲耕作が盛んな東アジアが農業用の割合が高いア**となり，残った**イ**が北アメリカとなる。ちなみに**先進地域であるイの北アメリカとヨーロッパは，工業用の割合が高い**ことも確認しておきたい。

9 環境問題②

1 砂漠化

✤ **原因**…異常気象による干ばつや温暖化による降水量の減少（自然的要因）＋**人口爆発**による**過耕作・過放牧・薪炭材の過剰伐採・過度な灌漑（塩害）**（人為的要因）。

✤ **被害状況**…**土地の生産力が低下し，耕作不可能**となり，餓死者や難民の発生へ。

✤ **被害地域**…**サヘル**（＝**サハラ砂漠の南縁**），**ゴビ砂漠**周辺，**グレートプレーンズ**，**マリーダーリング盆地**など。

✤ **対策**…ODA（政府開発援助）やNGO（非政府組織）などによる**植林（緑化事業）**や塩分が集積しにくい灌漑施設の整備（地下排水溝，マイクロ灌漑など）・地下ダムの建設。

2 熱帯林破壊

✤ **原因**…熱帯の途上地域における**商業目的（用材輸出・プランテーション農地拡大）**や**自給目的（焼畑周期の短縮，薪炭材獲得）**での過剰伐採。

✤ **被害状況**…**土壌侵食**，**生態系の破壊**，**蒸散量の減少**，**光合成量の減少**など。

✤ **被害地域**

① **ブラジルのアマゾン川流域**…大カラジャス計画（日本の援助）⇒**カラジャス鉄山の開発**，**大牧場の建設**，**農地拡大**（**大豆**・とうもろこし），道路建設（トランスアマゾニアンハイウェイ）などで，熱帯林が大量伐採。

② **東南アジア**…**過剰な焼畑**，**合板材**などの輸出，**プランテーション作物（油ヤシや天然ゴムなど）の大規模栽培**，日本向けの**エビの養殖池として**マングローブ林**の伐採**など。

3 オゾン層破壊

✤ **原因**…**フロンガス**（＝人体には無害。エアコンや冷蔵庫などの冷媒，ICの洗浄などに利用されていた）**によって成層圏にあるオゾン層が破壊**。

✤ **被害状況**…地表への**紫外線量が増加**し，**皮膚ガンや白内障の原因**。

✤ **被害地域**…**南極上空の**オゾンホールが顕著（北極上空にも見られることがある）。

✤ **対策**…**先進国では**フロンガスを全廃し，代替フロンへ（⇒ただし**代替フロンの一部は高濃度の温室効果ガス⇒段階的に全廃**，先進国は2019年開始，2036年までに85%削減），「モントリオール議定書」。

4 地球温暖化 ★☆☆

✤ **原因**…産業活動で排出される**温室効果ガス**（**二酸化炭素**・**メタン**，フロンなど）の影響。

✤ **被害状況**…**海水面の上昇**による水没や塩害，**生態系や農作物生産の変化**など。

✤ **被害（予想）地域**…低地が広がる**サンゴ礁（しょう）を起源とする島々**（**モルディブ**，**ツバル**など）や**バングラデシュ**，オランダなど。

✤ **対策**

① **1992年リオデジャネイロで開催された「地球サミット」**で「国連気候変動枠組条約」が締結。

② **京都議定書**…ロシアの批准により2005年京都議定書が発効。**温室効果ガス排出量の削減目標が義務化**（1990年比で2008～12年に先進国全体では－5.2%，アメリカ合衆国－7%，**日本－6%**，EU－8%）⇒日本，EUは達成。世界第2位の**二酸化炭素排出国であるアメリカ合衆国が離脱**し，**世界最大の排出国である中国が途上国扱いで削減義務がない**ことが課題だった。

③ **パリ協定**…**2020年以降の温室効果ガス削減に関する世界的取り決め**。京都議定書にはなかった**具体的な地球上の平均気温の上昇抑制目標が定められた**（**世界の平均気温の上昇を産業革命以前に比べて＋2℃未満，＋1.5℃以内への努力も**する）。また，**達成義務はないものの，すべての国・地域が自らの削減目標を作成・提出する義務を負う**。当初，各国が提出した目標からの試算では，＋2℃未満の達成すら困難であったため，その後各国の目標は引き上げられ，石炭火力発電の段階的な削減も目指すこととなった。

■世界のCO_2排出量（2020年・国別排出割合）

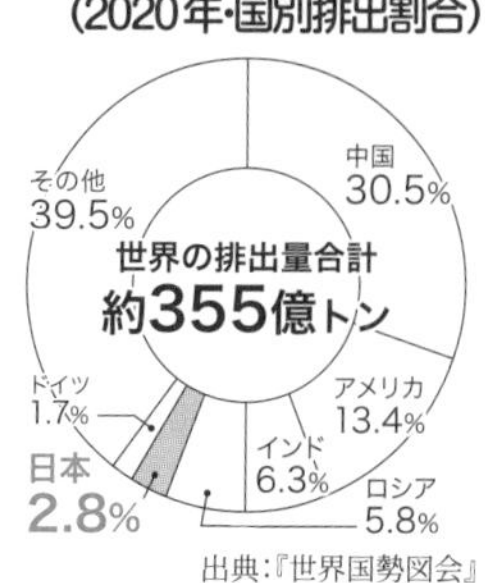

出典：『世界国勢図会』

5 環境問題への取り組み 

✤ **環境対策**

① **ナショナルトラスト**…自然や歴史環境を，募金や地元住民の資金をもとに保護する運動。

② **環境アセスメント（環境影響評価）**…乱開発を防ぐため，**事前に環境に及ぼす影響を調査・評価する手法**。

✤ **生物多様性に関するおもな条約**

① **ワシントン条約**…**絶滅のおそれのある野生動植物の国際取引を規制**し，その保護を行う。

② **ラムサール条約**…水鳥の生息地として重要な**湿地（しっち）に関する条約**⇒**釧路（くしろ）湿原**など。

③ **生物多様性条約**…ワシントン条約やラムサール条約等を補完し，生物の多様性を包括的に保全し，生物資源の持続可能な利用，遺伝資源の利用から生ずる利益の公正かつ公平な配分を行うための国際的な枠組み。

④ **バーゼル条約**…おもに**先進国からの有害廃棄物の発展途上国への越境防止**（⇒最近，問題視されている，**マイクロプラスチック**も対象へ）。

ここが共通テストのツボだ!!

ツボ 1 サヘルの砂漠化による人口移動

サハラ砂漠南縁のサヘルは世界で最も砂漠化が著しい地域⇒耕地を失った人々が，水資源や就業機会に恵まれるギニア湾岸や大都市に移動⇒移住した先では，既存の住民との対立やスラムの形成など都市問題が発生。

ツボ 2 マイクロプラスチックの問題

マイクロプラスチックとは，5mm以下の微細なプラスチックゴミ⇒含有，吸着する化学物質が食物連鎖に取り込まれ，海洋などの生態系に大きな悪影響⇒バーゼル条約を改正し，2021年からリサイクルが難しいプラスチックゴミの輸出入が制限。

ツボ 3 温室効果ガスである二酸化炭素濃度の推移

図 大気中の二酸化炭素濃度の推移（緯度別）

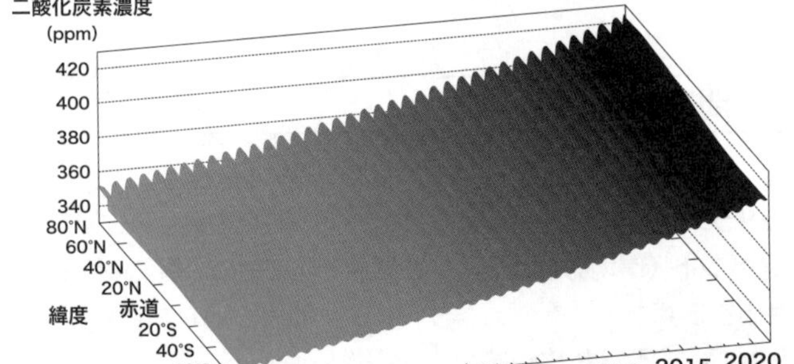

出典：気候変動監視レポート2022

① 年々，二酸化炭素濃度は上昇。

② 二酸化炭素濃度は北半球側の方が高い（人口が多く，工業も盛んなため）。

③ 高緯度寄りで二酸化炭素濃度の変動が大きい⇒高緯度で植生が多い地域（タイガ）では，夏と冬で光合成量に大きな違いが出る⇒夏には濃度低下，冬には濃度上昇。

チャレンジテスト（大学入学共通テスト実戦演習）

問1 砂漠化は世界各地で発生している地球環境問題の一つであるが，地域ごとに特徴がある。図中のA地域で進行している砂漠化の主な要因について述べた文として適当でないものを，下の①～④のうちから一つ選べ。 （2018年センター試験追試B）

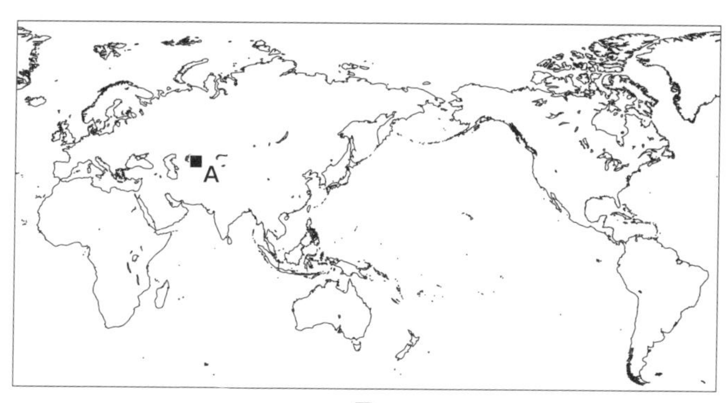

図

① 灌漑（かんがい）農業による河川水の過剰利用
② 気温の上昇による乾燥化
③ 酸性雨による草原の減少
④ 干上がった湖底から発生する砂塵（さじん）

問1 ［答］ ③

図中のA地域は，カスピ海から見て東側の位置を示しており，アラル海付近での大規模開発による環境問題が問われているとわかる。旧ソ連時代にこの地域では，アラル海に流入するアムダリア川やシルダリア川から大量に取水し，灌漑整備を行って綿花栽培地域を拡大した。しかし，アラル海への淡水の流入量が減り蒸発量の方が多くなったため，アラル海は面積が縮小してしまった。その結果，湖水の塩分濃度が上昇し漁業資源が死滅したり，干上がった湖底に集積した塩分や残留農薬等が混じった砂塵が偏西風によって飛散して塩害や住民の健康被害を招いたりしている。また，乾燥地域で過度な灌漑を行うと地中の塩分が地表に集積しやすくなるため，作物栽培が困難となる土壌の塩性化も生じている。よって，①，④は正文である。また近年の地球温暖化によって，乾燥地域では降水量が少なくなる傾向にあるため，②も正文である。

残った③が誤文で正解となる。酸性雨は，化石燃料燃焼時に発生した硫黄酸化物や窒素酸化物が化学変化を起こし，強酸性の物質に変わって大気中の水蒸気に混じることによって生じる現象である。被害地域は，発生源となる，人口が多く工業化が進む地域に加え，偏西風等によって酸性雲が移動する，工業地域の北方や東方にあたる地域である。A地域は人口密度も低く，工業化が進んだ地域にもあたらず，西方にもそのような場所は見られないため，酸性雨の被害はほとんどない。

問2 森林面積の変化を考えることは，自然環境の保全や資源管理において重要である。次の表は，陸地面積に占める森林面積の割合と森林面積の変化率を地域別に示したものであり，A～Cは，アジア，アフリカ，南アメリカのいずれかである。地域名とA～Cとの正しい組合せを，後の①～⑥のうちから一つ選べ。（2022年共通テスト追試A）

表　（単位：％）

	森林面積の割合（2020年）	森林面積の変化率（2000～2020年）	
		天然林	人工林
A	48.3	－9.7	1.2
ヨーロッパ	46.0	0.2	1.2
北・中央アメリカ	35.3	－1.9	1.9
オセアニア	21.8	0.5	0.6
B	21.3	－10.7	0.3
C	20.0	－1.0	7.0

ヨーロッパにはロシアを含む。天然林と人工林の変化率は，2000年の森林全体の面積に対するそれぞれの増減面積の比率を示している。
FAOSTATにより作成。

	①	②	③	④	⑤	⑥
アジア	A	A	B	B	C	C
アフリカ	B	C	A	C	A	B
南アメリカ	C	B	C	A	B	A

問2 ［答］ 

A～Cのうち，Cは唯一天然林と人工林をあわせた値で増加を示していることからアジアとなる。アジアのうち国土面積が広い**中国やインドでは近年環境対策から積極的に植林を進めているため，アジア全体の森林増加に大きく寄与**している。

次に残ったAとBであるが，どちらも**途上地域で環境より経済を優先しているため天然林の伐採により森林面積は大きく減少**しているが，森林面積の割合が大きく異なっている。このうち森林面積の割合が低いBは，**南北回帰線が陸地を通過し，亜熱帯（中緯度）高圧帯の影響を強く受けるため森林がほとんど見られない乾燥地域を広くもつアフリカ**となり，残ったAが南アメリカとなる。

問3 次の図は，二酸化炭素排出量の世界上位8か国について，1人当たり二酸化炭素排出量と，1990年を100とした指数で2011年の二酸化炭素排出量を示したものであり，円の大きさはそれぞれの国の二酸化炭素排出量を示している。図から考えられることがらとその背景について述べた文として**適当でないもの**を，下の①～④のうちから一つ選べ。

（2018年試行調査〈改〉）

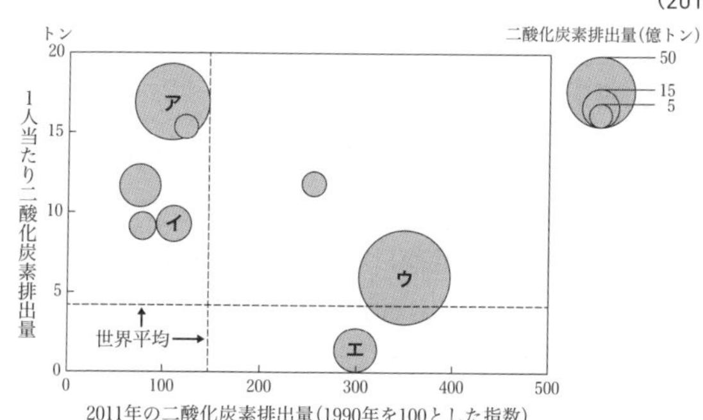

統計年次は，各国の二酸化炭素排出量と１人当たり二酸化炭素排出量が2011年。『世界国勢図会』などにより作成。

図

① アは，環境問題への対策が遅れており，1人当たり二酸化炭素排出量が8か国の中で最大となっている。

② ウは，急速な工業化によって，1人当たり二酸化炭素排出量が増加している。

③ アとイは，再生可能エネルギーや電気自動車が普及すると，それぞれの円の位置が右上方向に移行する。

④ ウとエは，今後も経済発展が進むと，世界全体の二酸化炭素排出量が大きく増加することが懸念されている。

問3 ［答］ ③

③ **誤文**：後出の①の解説により先進国と判断できた**ア**（アメリカ合衆国）と**イ**（日本）では，**再生可能エネルギーや電気自動車の普及が進めば，むしろ横軸の1990年と比較した2011年の二酸化炭素排出量も縦軸の1人当たり二酸化炭素排出量も減少**する。よって，右上ではなく左下方向に移行することになる。

① **正文**：**ア**や**イ**は，横軸の1990年を100とした指数の二酸化炭素排出量では世界平均を下回り，縦軸の1人当たり二酸化炭素排出量では世界平均を上回る。つまり，**現在では急速な経済成長が終わって安定成長となったが，既に工業化が進み，生活水準が高い先進国**と考えることができる。なかでも**ア**は，**ウ**に次ぐ二酸化炭素排出量を示していることからアメリカ合衆国と判断できる。**アメリカ合衆国は，同じ先進国の中でも大量消費生活を行っており，環境対策にも消極的**なことから1人当たり二酸化炭素排出量は高くなっている。

② **正文**：**ウ**は最も**二酸化炭素排出量**が多いことから中国と判断でき，中国の急速な工業化，経済成長によって，言うまでもなく，国全体だけでなく1人当たり二酸化炭素排出量も増加している。

④ **正文**：**ウ**（中国）・**エ**（インド）は，今後も経済発展が進み，人口増加もしばらくは続くであろう。**両国とも大国であるので，世界全体の二酸化炭素排出量にも大きな影響を与える**ことは間違いない。

10 日本の地形・気候・気象災害

1 日本の地形

✤ **地体構造**…大陸プレートの**ユーラシアプレート**，**北米プレート**，海洋プレートの**太平洋プレート**，**フィリピン海プレート**の接する場所。**フォッサマグナ**（大地溝帯）を境に**東北日本（火山が多い）**と**西南日本**に，**中央構造線**を境に西南日本は内帯（日本海側）と外帯（太平洋側，急峻な山地が多い）に分割。

■**おもな地震の震源と火山，活断層**

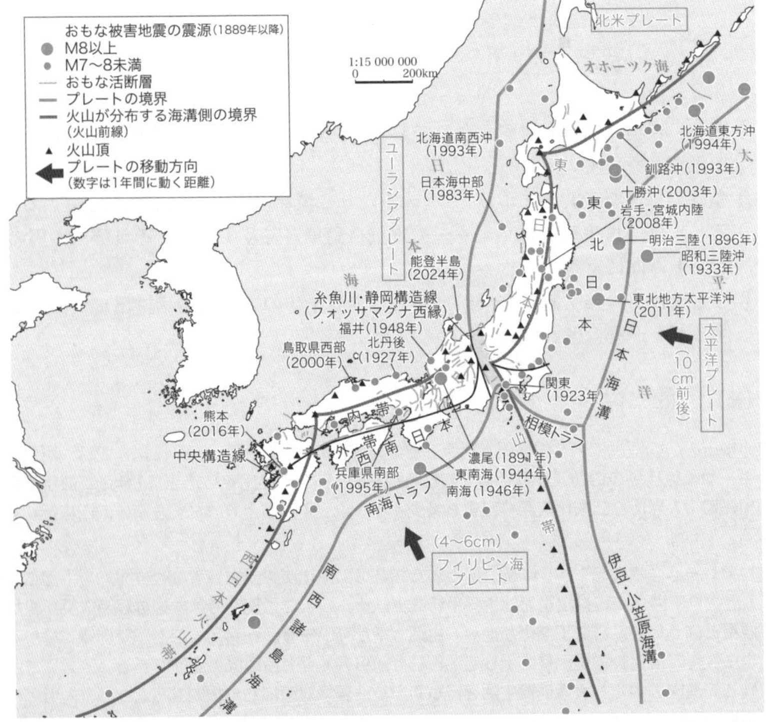

2 日本の気候と自然災害

夏季は小笠原気団（高気圧）の影響が強く，**南東季節風**が卓越する。冬季は**シベリア気団（高気圧）の影響**が強く，**北西季節風**が卓越し，**日本海側に降雪（雪害）**をもたらす

一方，太平洋側は乾燥した晴天が続く（⇒日照時間の違いに表れる）。

✤ 梅雨・秋雨…小笠原気団とオホーツク海気団（高気圧）の間に形成，雲が東西にのび，長雨をもたらす⇒梅雨や秋雨の時期に台風が接近すると，集中豪雨による大規模な水害，土砂災害を招きやすい。

✤ やませ…オホーツク海気団からの冷湿風により，夏，東北地方の太平洋側に冷害をもたらす。

✤ 各地域の気候の特徴

① 北海道…亜寒帯（冷帯）（⇒冬の寒さが厳しい），梅雨がない（⇒6月少雨），日本海側は多雪，太平洋・オホーツク海側は少雨。

② 日本海側…多雪（⇒冬多雨）。

③ 太平洋側…6月～10月は多雨（⇒6月の梅雨→南東季節風→9月～10月の台風），冬季は少雨。

④ 内陸…少雨（冬も山間部を除いて雪は少ない），気温の年較差（ねんかくさ）が大きく，冬の寒さが厳しい。※北海道東部とは6月の梅雨の有無で見極める。

⑤ 瀬戸内…少雨（⇒夏は四国山地，冬は中国山地が季節風を遮断）⇒古くから干ばつが生じやすかったため，数多くのため池が設けられている。冬はやや温暖。※北海道東部や内陸とは冬の気温で見極める。

⑥ 南西諸島…冬でも温暖，年中多雨（冬も降水が多い），梅雨が早い（5月）。

■日本の気候区分

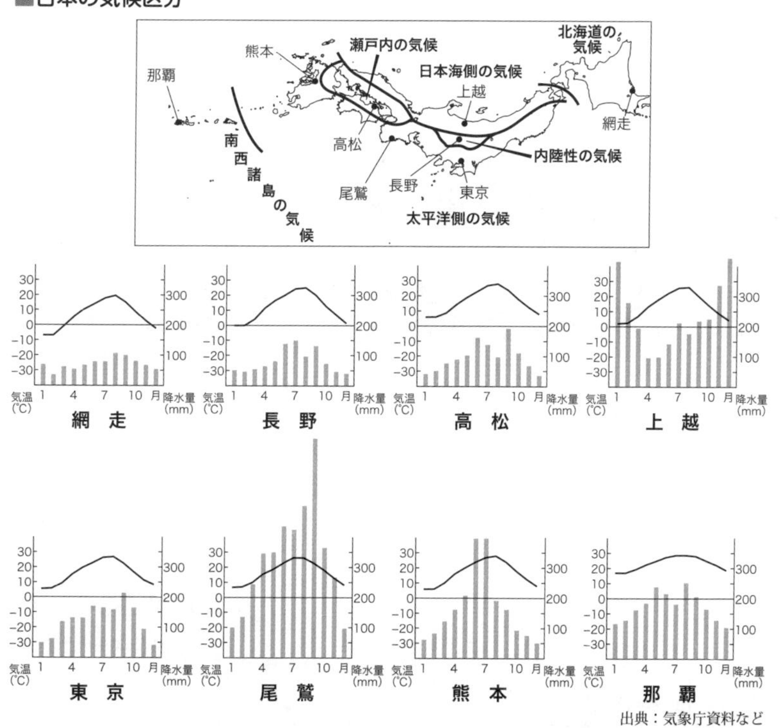

出典：気象庁資料など

ここが共通テストのツボだ!!

ツボ 1 日本の気候

① 降水量が少ない3地域

⑴ **瀬戸内海沿岸**…夏季は四国山地，冬季は中国山地が海洋からの湿潤な**季節風**を遮る。

⑵ **内陸（長野県など）**…山に囲まれ，海洋からの水分供給が少ない。

⑶ 北海道東部…夏季は高緯度で気温が低いため上昇気流が発生しにくく，冬季は**北西季節風**の風下側になるため降雪も少ない。

⇒ 瀬戸内海沿岸との違いは？

内陸（長野県など）は標高が高く，年中気温が低め。

北海道東部は，内陸（長野県など）と同様に年中気温が低く，**梅雨がない**ので，6月頃の降水量が比較的少ない。

② **沖縄は冬も雨が多い！**

鹿児島県の奄美大島から沖縄県にかけての南西諸島

⇒ 冬季は**北西季節風**が東シナ海を通って湿潤風となって吹きつけるため，**冬季も降水量が多い**≒日本海側と同様に日照時間が短くなる。

③ **気象衛星画像と自然災害の関係！**

A

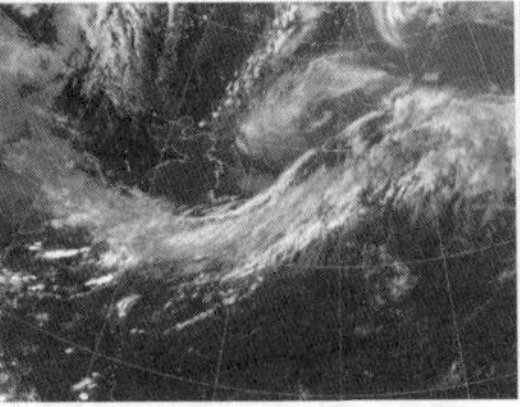

B

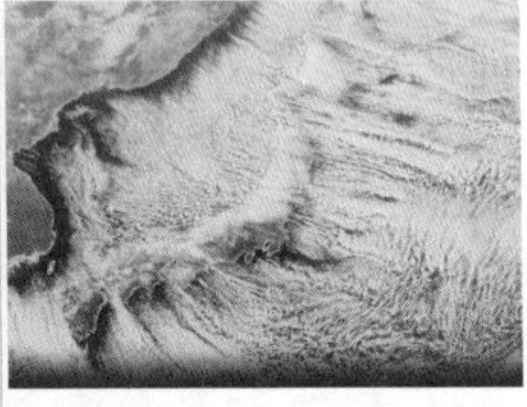

C

A：**日本列島に雲がかかっていない⇒高気圧による高温や干ばつの被害。**

B：**日本列島に横方向にのびる南北幅広の雲**がかかっている⇒**梅雨（秋雨）前線による集中豪雨**の被害。

C：日本海上から日本列島にかけて**北西から南東に向かう筋状の雲**が発達。とくに**日本海側**（や北海道）**に濃い雲**がかかっている⇒**寒波による大雪の被害。**

Cの出典：気象庁ホームページ

チャレンジテスト（大学入学共通テスト実戦演習）

問1 日本列島は，新期造山帯に属しており，降水量も多いため，様々な自然災害が起こる。日本で発生する自然災害とその原因について述べた文として最も適当なものを，次の①～④のうちから一つ選べ。 （2007年センター試験本試B）

① 日本の太平洋沿岸では，沖合のプレート境界であるフォッサマグナで発生する地震により，津波被害が生じる。

② 日本列島では，海溝に直交する向きに火山が列状に分布しており，噴火による災害がたびたび発生する。

③ 日本列島では，前線が停滞しているときに台風が接近すると集中豪雨が発生することがあり，地すべりなどの土砂災害が生じる。

④ 日本の東北地方では，冬に寒冷な季節風が吹くと，日本海側では雪害，太平洋側では冷害が生じる。

問1 ［答］ ③

③ 正文：前線とは暖気と寒気が接する場所であり，上昇気流が発生し降水が生じやすい。そこに熱帯低気圧である台風が近づくことによって，暖かく湿った大気が流れ込み，前線付近では集中豪雨が発生しやすい。

① 誤文：フォッサマグナとは大陸プレートである北アメリカプレートとユーラシアプレート，海洋プレートであるフィリピン海プレートが接する場所であり，沖合のプレート境界ではない。よって，フォッサマグナ付近では地震は生じやすいが，沖合の沈み込み狭まるプレート境界で見られる海溝(かいこう)型の地震による津波被害は見られない。

② 誤文：日本列島で見られる火山は，海溝と直交ではなく平行する向きに分布している。

④ 誤文：日本の東北地方では，冬季の寒冷な北西季節風の風上側に当たる日本海側では地形性降雨から雪害が生じることはあるが，一方の風下側に当たる太平洋側では雲がかからず晴天の日が多くなる。冷害とは，夏の低温により農作物が育たなくなること。

問2 ユキさんたちは，博物館を訪問し，この地域の水害とその対策について学んだ。次の資料は，佐原周辺で発生した水害の年表とその対策施設についてまとめたものである。また，後の図は，現在の佐原周辺のある地域における水域の分布を示したものであり，アとイは，利根川の支流上の地点である。後の会話文中の空欄Aには地点アとイのいずれか，空欄Bには後の文ｆとｇのいずれかが当てはまる。空欄Aに当てはまる地点と，空欄Bに当てはまる文との組合せとして最も適当なものを，後の①～④のうちから一つ選べ。

（2023年共通テスト本試B）

資料

水害の年表

1906年	八筋川(やすじかわ)で堤防決壊
1910年	十六島(じゅうろくしま)で堤防決壊
1938年	十六島で浸水被害
1941年	十六島で浸水被害

1921年に完成した水害対策施設

十六島実年同好会編『新島の生活誌』などにより作成。

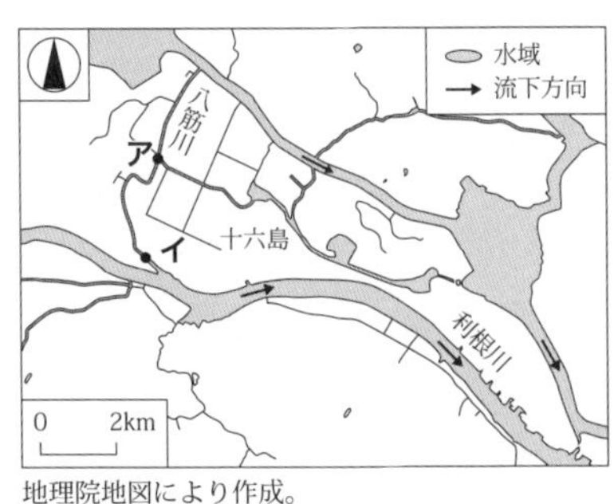

地理院地図により作成。

図

学芸員「かつてこの地域では，利根川の支流への逆流などにより，水害が発生していました。このような被害を防ぐために，1921年に**図**中の（　A　）の位置に，**資料**中の写真のような水門が設置されました。さらに，1940年以降に排水ポンプの設置が進んだことにより，現在では浸水被害も少なくなりました」

ツクシ「この地域は，安心して住めるようになったのですね」

学芸員「ただし，数年前に台風が接近した際に，避難指示が出されました。利根川のような大きな河川の下流域では，今後も洪水に備えるための取組みを進めていくことが必要です」

ユ　キ「大きな河川の下流域では，（　B　）などの取組みが行われていますね」

(B)に当てはまる文
f　決壊を防ぐため，堤防を補強する
g　土砂の流出や流木を防ぐため，ダムを建設する

	①	②	③	④
A B	ア f	ア g	イ f	イ g

 [答] ③

空欄Aの前文に「かつてこの地域では，利根川の支流への逆流などにより，水害が発生」とあることから，「**バックウォーター現象**」について述べられている。**バックウォーター現象とは，大雨で本流が増水した結果，支流の流れが本流との合流点で悪くなり逆流する現象**のことで，**支流の水位が上昇して越堤や堤防決壊が起きる外水氾濫や支流の河川水が排水管を逆流するなどして浸水する内水氾濫**を引き起こすことがある。よって，逆流を防ぐ地点としては，支流の八筋川が本流の利根川に合流する地点に近い**イ**が適切である。空欄**B**に当てはまる文であるが，前文に「大きな河川の下流域」という条件があるので，人口密集地域である市街地での洪水対策が求められている。よって，**f**の堤防の補強が当てはまり，組合せは③が正解となる。

ちなみに選択肢**g**のダム建設は洪水対策に有効であるが，大きな河川の下流域のような市街地が広がる場所でのダム建設は物理的に困難であるし，そもそも低平な土地が多いため土砂の流出は少なく，人工構造物が多く流れ出す樹木等も少ないため，上流域での対策では有効ではあるが，本問が求める下流域の対策としては適当ではない。

▼バックウォーター現象

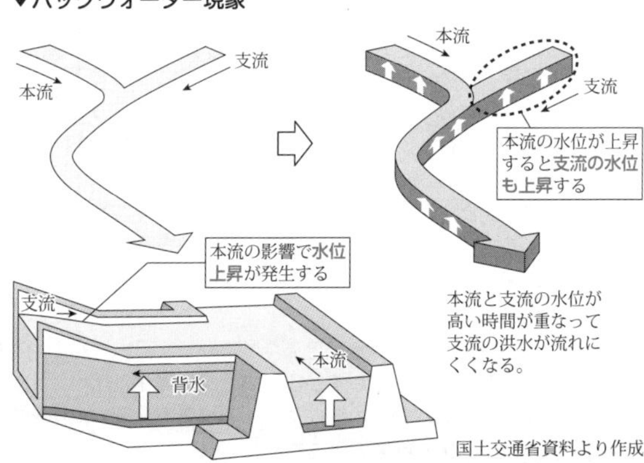

国土交通省資料より作成

問3 次の図中の①～④は，日本の各地における強風日，積雪日，多降水日，真夏日のいずれかの日数*を示したものである。真夏日に該当するものを，図中の①～④のうちから一つ選べ。 (2016年センター試験本試A)

*強風日は最大風速15m/秒以上，積雪日は最深積雪10cm以上，多降水日は日降水量50mm以上，真夏日は最高気温30℃以上を記録した日の数。

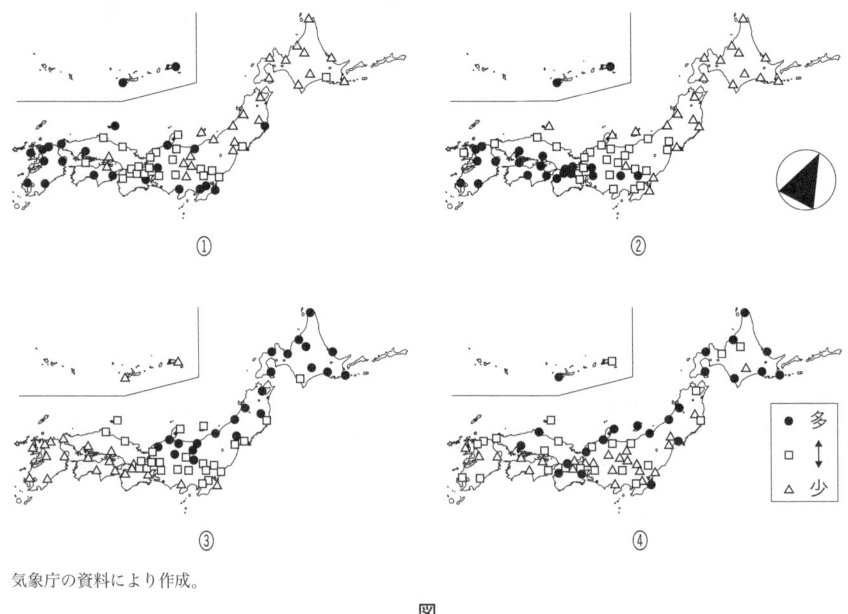

気象庁の資料により作成。

図

問3 [答] ②

まず凡例の「●多」の分布に注目して判断したい。①と②は●が，おもに西日本を中心に分布している。一方③と④は，同じく●が北海道や東北地方・北陸地方の日本海側に分布している。最初の指標である強風日から考えてみると，**冬の北西季節風が強く吹きつける日本海側や遮蔽物（しゃへいぶつ）がない海岸近くにおいて風が強まる**。よって，内陸部に●の少ない④が強風日となる。次に積雪日であるが，**冬の北西季節風の影響が強まり，寒さも厳しく風上側となる北海道や東北から北陸にかけての日本海側においては降雪が生じやすい**。よって，③が積雪日となる。多降水日は，●から判別ができなければ，逆に凡例の「△少」を意識して，つまり日本において降水量が少ない地域はどこかと考えるとよい。**日本の中で降水量が少ないのは，夏冬とも季節風の風下側となる瀬戸内海沿岸や，周辺を山々に囲まれた長野県を中心とする内陸部**においてであった。よって，この2地域に△が分布する①が多降水日となる。ちなみに西日本の中でも太平洋側は，南側からの暖かく湿った風が吹き込みやすいため，とくに梅雨期や台風期には降水量が多くなりやすい。

残った②が真夏日に該当するわけだが，②の分布をよく見てみると日本列島の中では低緯度寄りの西日本を中心に，一部内陸部においても●が分布している。**内陸は海洋側と比べ，大気中の水蒸気量が少ないため暖まりやすく冷めやすい**。そのため，**内陸に位置する埼玉県北部～群馬県南部や山梨県，岐阜県などでは，真夏日や猛暑日のニュースで報道される都市も多い。**

問4 次の図中の天気図アとイは，異なる季節の典型的な気圧配置を示したものである。また，後の**写真**中のA～Cのうち二つは，アとイのいずれかの気圧配置時に日本で発生しやすい気象現象や，それによる被害を軽減するための構造物を撮影したものである。ア，イとA～Cとの組み合わせとして最も適当なものを，後の①～⑥のうちから一つ選べ。

（令和7年度試作問題「地理総合，地理探究」）

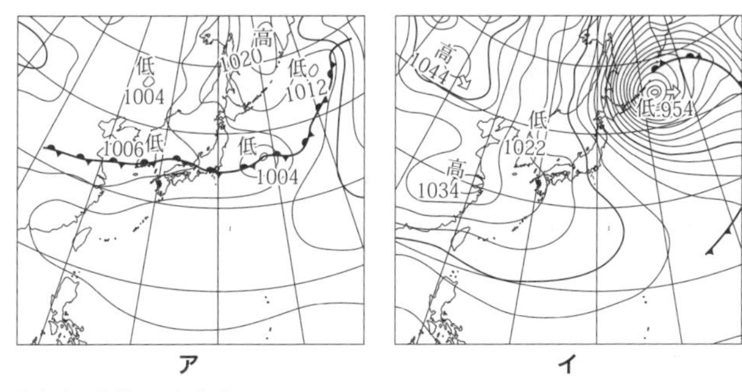

気象庁の資料により作成。

図 異なる季節の天気図

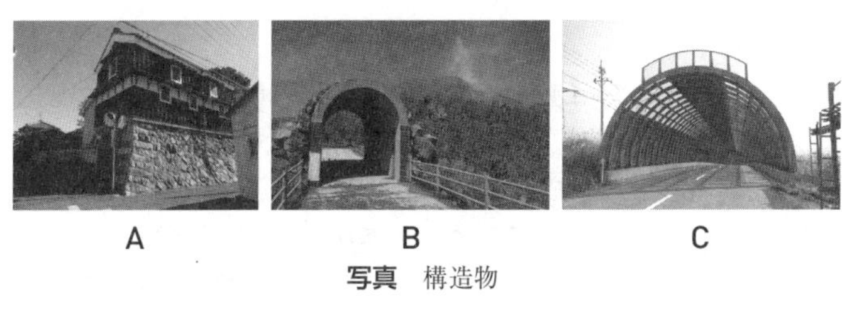

写真 構造物

	①	②	③	④	⑤	⑥
ア	A	A	B	B	C	C
イ	B	C	A	C	A	B

問4 ［答］ ②

図の気圧配置**ア**は，前線（停滞前線）が日本列島を横断するようにかかっていることから梅雨や秋雨の時期であり，長雨や大雨による洪水被害が生じやすいので，水害対策の構造物である**A**の水屋が対応する。水屋は濃尾平野などの低湿地帯において盛土をした上に建てられ，通常時は倉庫や住居の一部として，水害時には避難小屋として利用されてきた構造物のこと。**図**の気圧配置**イ**は，西高東低の気圧配置かつ日本付近で等圧線が縦縞模様となっており，典型的な冬型で風が強まる状態を表していることから，風雪害が生じやすい。よって，吹雪による吹きだまりの防止や視界の確保を目的にしたトンネル状の**C**のスノーシェルターが対応する。ちなみに**写真**中の**B**は，登山者や救助隊などが火山噴火の際の噴石から一時的に身を守る噴石対策用のシェルター。

11 おもな作物の特徴

1 三大穀物と大豆

✤ 米

①**原産地**…中国雲南地方～インドのアッサム地方。

②**栽培条件**…高温・温暖，**年降水量1,000mm以上**。

③**生産量**…**モンスーンアジアで9割**⇒中国，インド，バングラデシュ，インドネシアの順。

④**貿易量**…輸出上位に**インド**，**タイ**，**ベトナム**，**パキスタン**，**アメリカ合衆国**。

⑤**その他**…アフリカの自然環境に適した**ネリカ米**（New Rice for Africa）の普及に向けた取り組み。

✤ 小麦

①**原産地**…**西アジア**。

②**栽培条件**…温暖・冷涼，**年降水量500～750mm（500mm前後）**が最適。

③**生産量**…中国，インドのほか，**欧米（ロシア，アメリカ合衆国，カナダ，フランス）が中心**⇒**年による生産量の変動大**（冷害・干ばつの影響を受けやすい）。**アメリカ合衆国は，近年収益が高いとうもろこしへの転作が増えたため減産**。

④**貿易量**…輸出上位は**ロシア**，**オーストラリア**，**アメリカ合衆国**，**カナダ**，**ウクライナ**。輸入上位にインドネシア，中国，トルコ，アルジェリア。

⑤**その他**…**冬小麦**＝**冬（晩秋）に播種**，初夏に収穫⇒**低緯度側が中心**。**春小麦**＝**春に播種**，秋に収穫⇒**高緯度側が中心**。

✤ とうもろこし

①**原産地**…**熱帯アメリカ（メキシコなど）**。

②**栽培条件**…温暖・冷涼，湿潤。

③**生産量**…上位国は**アメリカ合衆国（約3割）→中国（約2割）**の順。アフリカなど途上地域の一部は食用だが，多くが飼料用。最近は**バイオエタノール**の**原料需要の増大**，**食肉需要の増加による飼料需要の増大**，**遺伝子組み換え種**の**普及で増産傾向**（**三大穀物で最大**）。

④**貿易量**…輸出は**アメリカ合衆国**，**アルゼンチン**，**ブラジル**で約6割。輸入上位は中国，メキシコや日本。

✤ 大豆

①**原産地**…東アジア。

②**栽培条件**…熱帯から寒冷地まで広く栽培。

③**生産量**…上位国は**ブラジル（約3割強）→アメリカ合衆国**→アルゼンチンの順。**南北アメリカで世界の8割以上を生産**。最近は**植物油需要の増大**や**遺伝子組み換え種**の**普及で増産傾向**。**ブラジルでは近年，大豆栽培地の拡大による森林破壊が進行**。

④**貿易量**…輸出はブラジル，アメリカ合衆国，パラグアイ。**輸入は中国が約6割**。

⑤**その他**…**油脂**（ゆし）や醤油・豆腐などの食用や**飼料用**。

2 おもなプランテーション作物

✤ **コーヒー**…**エチオピア原産**。**中南米と東南アジアが生産の中心**。雨季と乾季が明瞭な気候で**排水良好な高原**が適地。生産上位国は**ブラジル**，**ベトナム**，インドネシア，**コロンビア**，エチオピア（アフリカ最大）。

✤ **カカオ**…**熱帯アメリカ原産**。**ギニア湾岸が生産の中心**。**高温多雨な低地**が適地。生産上位国は**コートジボワール**，**ガーナ**，**インドネシア**。

✤ **茶**…東アジア原産。高温・温暖で**多雨**，**排水良好な傾斜地や高原・台地**が適地。生産上位国は**中国**，**インド**，**旧イギリス植民地で展開⇒ケニア**，**スリランカ**。

✤ **油ヤシ**…**高温多湿**が適地。**パーム油（洗剤などの工業用，食用，バイオ燃料用）**。**生産上位国は東南アジアのインドネシア，マレーシア**（世界の8割強）。

✤ **バナナ**…**高温多湿**が適地。生産はインドが最大だが，**輸出はエクアドルなど中南米が中心**，日本向けには**フィリピン**（台風の影響が少ない**南部ミンダナオ島**）。

✤ **綿花**…雨季と乾季が明瞭な気候，**霜が降りない温暖な場所**，排水の良い砂質土壌が適地。生産上位国はインド，中国，アメリカ合衆国，ブラジル，**パキスタン**，**ウズベキスタン**。

✤ **天然ゴム**…**アマゾン川流域原産**。**高温多雨**が適地。**東南アジアのタイ，インドネシア（かつて世界一のマレーシアは油ヤシへの転換が増え減少）**が生産の中心。

✤ **サトウキビ**…**ニューギニア島**などが原産。**雨季と乾季が明瞭**な気候が適地。**カリブ海地域やブラジルのプランテーションによって生産が拡大**。生産上位国は**ブラジル（バイオエタノールの原料として増産）**，**インド**。

3 その他の作物

✤ **ばれいしょ（じゃがいも）**…**アンデス地方原産**。**冷涼な気候**を好む。

✤ **大麦**…**耐寒性**・耐乾性が強い。

✤ **ライ麦**…小麦よりも**耐寒性**が強い。**黒パン**の原料や飼料として利用。

✤ **キャッサバ**…中南米原産。**タピオカ**（でん粉質の粉）。生産1位は**ナイジェリア**。

✤ **オリーブ**…**地中海沿岸が生産の中心**。

✤ **ナツメヤシ**…**乾燥気候区が適地⇒西アジア～北アフリカが生産の中心**。

ここが共通テストのツボだ!!

ツボ 1 緑の革命

① 目的と概要…**1960年代半ば頃から，人口爆発による食料不足に対応するため，米や小麦，とうもろこしなどの穀物**を中心に，**高収量品種の開発・導入**を進めた取り組み⇒発展途上地域を中心に穀物増産に大きく寄与し，中でも**東南アジア（インドネシアなど）や南アジア（インドなど）の食料自給率を大幅に向上**させた。

② 問題点…高収量品種の作付けには，灌漑(かんがい)整備や**大量の化学肥料・農薬の投下が必要であった**ため，地域間・農民間での**貧富の差が拡大**し，化学肥料や農薬は石油加工品のため**農業における化石燃料への依存を高めた。**

ツボ 2 遺伝子組み換え作物

① 特徴

(1) 利点…遺伝子組み換え技術によって品種改良された作物（**害虫や農薬などに強い作物**）⇒従来の掛け合わせによる品種改良より時間を大幅に短縮⇒**土地生産性の向上**，農薬散布回数の減少による農家の作業効率改善など。

(2) 課題…遺伝子組み換えによって，自然界の作物には本来含まれていなかった物質がつくられることで，摂取した**人体への悪影響**や**生態系への影響**が懸念される。また，耐性をもった雑草の除草コスト増加や高付加価値の遺伝子組み換え種の利用による農産物の価格上昇など。

② 栽培状況（1996年商業栽培開始）…**遺伝子組み換え作物の栽培は，新大陸で積極的**な一方，**日本やEUは消極的⇒アメリカ合衆国は世界最大**の栽培面積，次いで**ブラジル**，**アルゼンチン**。遺伝子組み換え種の導入が進む作物は，**大豆**，**とうもろこし**，**綿**，ナタネ⇒これらの自給率が低い**日本にも多くの遺伝子組み換え作物が流入**。

図 遺伝子組み換え作物の栽培面積の変化

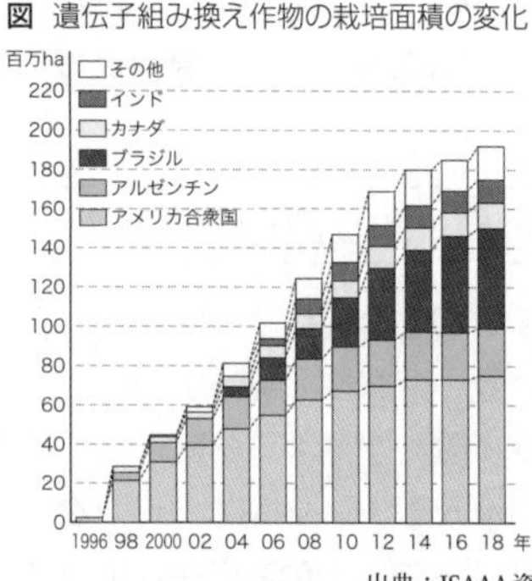

出典：ISAAA資料

チャレンジテスト（大学入学共通テスト実戦演習）

問1 今日では，小麦は多くの地域で栽培され，ほぼ年間を通して世界のどこかで収穫されている。次の図は，いくつかの小麦生産国について，小麦の収穫期，春小麦および冬小麦の播種期を示したものであり，①～④は，イギリス，インド，オーストラリア，フランスのいずれかである。インドに該当するものを，図中の①～④のうちから一つ選べ。

（2009年センター試験本試B）

	1	2	3	4	5	6	7	8	9	10	11	12	月
①	■			△	△	△	△				■	■	
②			■	■	■					△	△	△	
③			○	○	■	■	■			△	△	△	
中国			○	○	■	■	■	■	△	△			
アメリカ合衆国			○	○	■○	■	■	■△	■△	△			
④				○	○			■	■△	△	△		

■ 収穫期　○ 春小麦の播種期　△ 冬小麦の播種期

長尾精一『世界の小麦の生産と品質　上巻』により作成。

図

 **問1** ［答］ ②

「小麦カレンダー」と呼ばれる問題。**図**で与えられているものをまず確認してみると，収穫期，春小麦の播種期，冬小麦の播種期の3つが示されている。全体的な違いを見てみると，①だけ4月から7月に冬小麦の種を播いている。**冬小麦は晩秋に種を播く小麦**であることから，①は**4月から7月に晩秋の時期となっている南半球に位置するオーストラリア**となる。残りを見ると，②だけ春小麦の播種期が見られない。**春小麦の栽培地域は，晩秋に種を播くことができない冷涼な気候環境下にある場所**である。また，②は**播種期から収穫期までの期間が短い，つまり生育が早い環境下にある**。よって，②は最も低緯度側に位置し，気温の高い環境下にあるインドとなる。ちなみに③は，同じヨーロッパでもやや低緯度に位置するフランス，④はやや高緯度に位置するイギリスとなる。

問2 次の図は，世界における遺伝子組み換え作物の栽培状況と栽培面積の上位5か国を示したものである。図に関することがらについて述べた文章中の下線部①～④のうちから最も適当なものを一つ選べ。（2023年共通テスト本試B）

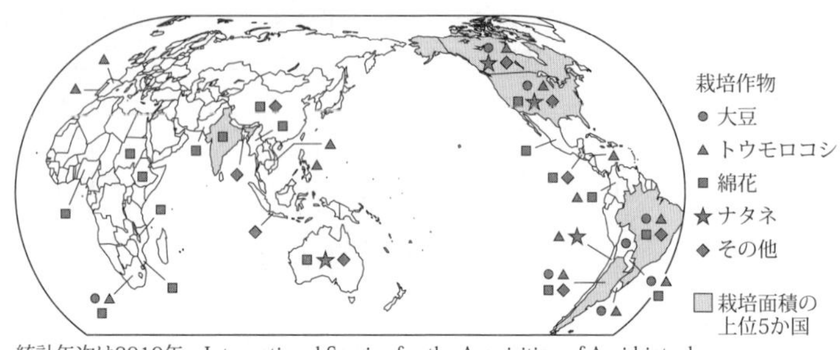

統計年次は2019年。International Service for the Acquisition of Agri-biotech Applicationsの資料などにより作成。

図

遺伝子組み換え作物を導入することで，①<u>農薬の使用をなくし，単位面積当たりの収量を向上させることができる</u>ため，その栽培面積は拡大している。②<u>栽培国数の内訳をみると，発展途上国よりもOECD加盟国の方が多い</u>。遺伝子組み換え作物の栽培拡大の背景には，多国籍アグリビジネスの存在がある。③<u>栽培面積の上位5か国は，国土面積が広く，いずれの国でも企業的な大規模農業が中心に行われている</u>。また，世界では，④<u>遺伝子組み換え作物の栽培を食用の作物以外に限定したり，栽培自体を行わない国がみられる</u>。

問2 ［答］ ④

① **誤文**：確かに**遺伝子組み換え作物**は，強い農薬を散布しても作物自体が枯れたりしないなどの耐農薬特性をもつものが多く，農薬の使用回数を減らすことにはつながるが，「農薬の使用をなくし」は言い過ぎで誤りとなる。

② **誤文**：**OECD（経済協力開発機構）**は，別名「先進国クラブ」と言われ，資本力に長けた欧米諸国や日本などの先進国が加盟している。**図**を読み取ると，栽培国数の点では，アジアやアフリカ，中央・南アメリカの発展途上地域の方が多いことから②は誤りとなる。

③ **誤文**：栽培面積の上位5か国は，**図**からカナダ，アメリカ合衆国，ブラジル，アルゼンチン，インドと読み取れる。確かに**新大陸地域であるカナダやアメリカ合衆国，ブラジル，アルゼンチンは，大規模，機械化による企業的農業が中心**なので説明と合致するが，インドは小規模で零細な自給的稲作や自給的畑作が中心であることから，「いずれの国でも」というのは誤りとなる。

④ **正文**：**図**を読み取ると，ヨーロッパや日本といった先進地域をはじめ途上地域の多くでも，**遺伝子組み換え作物**の栽培作物の凡例が示されていないことから，栽培自体を行わない国があるのは確かであるし，栽培作物の凡例が見られる国でも，直接人間が口に入れる食用作物である大豆，トウモロコシはついておらず，工業原料となる綿花のみがついている国も見られることから，④は正しい。

問3 チサキさんたちは，いくつかの作物について，栽培起源地域，栽培起源地域およびヨーロッパにおける1人当たり年間供給量，伝播（でんぱ）の過程を次の資料にまとめた。資料中のA～Cは，キャッサバ，コーヒー，茶のいずれかであり，X～Zには，下のア～ウのいずれかの地域が当てはまる。X～Zとア～ウとの組合せとして最も適当なものを，下の①～⑥のうちから一つ選べ。

（2021年共通テストA第1日程）

資料

作物	栽培起源地域	1人当たり年間供給量（kg）		伝播の過程
		栽培起源地域	ヨーロッパ	
A	（ X ）	0.6	4.1	イスラーム（イスラム教）の地域を経由して伝わった。
B	（ Y ）	1.1	0.6	陸路と海路による交易を通して伝わった。
C	（ Z ）	20.5	0.0	大西洋における貿易を通して伝わった。

統計年次は2013年。FAOSTATなどにより作成。

ア アフリカ　**イ** 中央・南アメリカ　**ウ** 東アジア

	①	②	③	④	⑤	⑥
X	ア	ア	イ	イ	ウ	ウ
Y	イ	ウ	ア	ウ	ア	イ
Z	ウ	イ	ウ	ア	イ	ア

問3 ［答］ ②

作物Cの伝播の過程に「大西洋における貿易を通して伝わった」とあることから，**新大陸原産の作物と類推しCをキャッサバ**とする。**キャッサバは熱帯性のイモ**であることから，概ね温帯の気候環境下に位置するヨーロッパではほとんど栽培は行われておらず，1人当たり年間供給量も「0.0」とほとんど食されていないことからも作物Cがキャッサバとなり，栽培起源地域Zは新大陸にあたるイの中央・南アメリカとなる。

次に作物Bのヨーロッパへの伝播の過程に「陸路と海路による交易を通して伝わった」とあることから，**東アジア（中国）原産の茶**となり，栽培起源地域Yはウの東アジアとなる。**茶は「cha（チャ）」と「te（テ）」の2つのグループの呼び名にまとめることができ，陸路と海路の伝播の違い**とされる（「cha（チャ）」は陸路，「te（テ）」は海路）。そのため海路にあたる東南アジアの島嶼地域や欧米諸国では「te（テ）」を基本にした呼び名が使用されている。

よって，残った作物Aは**コーヒー**であり，栽培起源地域Xは**ア**のアフリカとなり，組合せは②が正解となる。**コーヒーはアフリカのエチオピアが栽培起源地とされ，近隣のアラビア半島のイスラーム（イスラム教）の文化圏で栽培が広がり，その後，ヨーロッパへと伝わって嗜好品として愛飲されるようになり，植民地化された中南アメリカで栽培が拡大**した。

12 世界の農業地域区分とおもな家畜

1 自給的農業 ★☆☆

✤ **遊牧**…**乾燥**・**寒冷**地域（高緯度，高山）。**水や餌を求めて，家畜とともに水平移動**する牧畜。**羊**・ヤギ（乾燥地域共通）・**ラクダ**（**西アジア〜北アフリカ**），**馬**（**モンゴル**），**トナカイ**（**北極海沿岸**），**ヤク**（**チベット高原〜ヒマラヤ山脈**），**リャマ**・**アルパカ**（**アンデス山脈**）。**移動式住居**（組立式の**テント式住居⇒モンゴルのゲル**など）。

✤ **オアシス農業**…作物栽培が不可能な**砂漠気候**地域。湧泉，**外来河川**，**地下水**などを利用して灌漑を整備し作物（**ナツメヤシ**・**小麦**・**綿花**・果実・野菜など）を栽培。**地下水路の名称**（**イラン**…**カナート**，**北アフリカ**…**フォガラ**，**アフガニスタン**…**カレーズ**など）。

✤ **焼畑（移動式）農業**…おもに**熱帯**・亜熱帯地域。**森林を伐採，乾燥させ火入れしてできた草木灰を肥料**として耕作。収量低下後，移動し同様に耕作。掘棒やくわ（ハック）を用いて，**いも類**（**キャッサバ**など）**や雑穀**（ミレット）**を植える**。近年，**食料増産による焼畑周期の短縮や商品作物栽培地への転換で伝統的な焼畑が見られなくなりつつある**（対策：アグロフォレストリーなど）。

✤ **アジア式稲作農業／アジア式畑作農業**…おもにアジア南部の**年降水量1,000mm以上の沖積平野**や**傾斜地の棚田**で稲作。おもにアジアの北部の年降水量500mm〜1,000mm前後の地域で畑作（小麦，雑穀など）。**小規模**で**労働集約的**（＝**労働生産性は低い**），**灌漑が整備された東アジアは連作も可能**（＝**東アジアは土地生産性が高い**）⇔東南・南アジアは天水田が多い。

■地下水路の模式図（上図：断面図，下図：平面図）

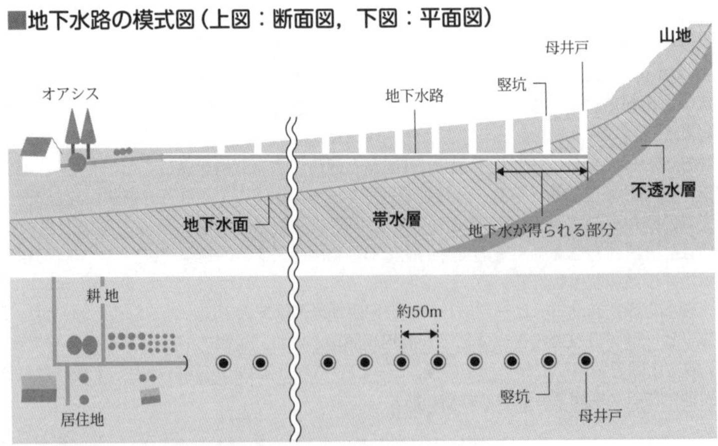

2 商業的農業 ★★☆

■商業的農業への発達・分化

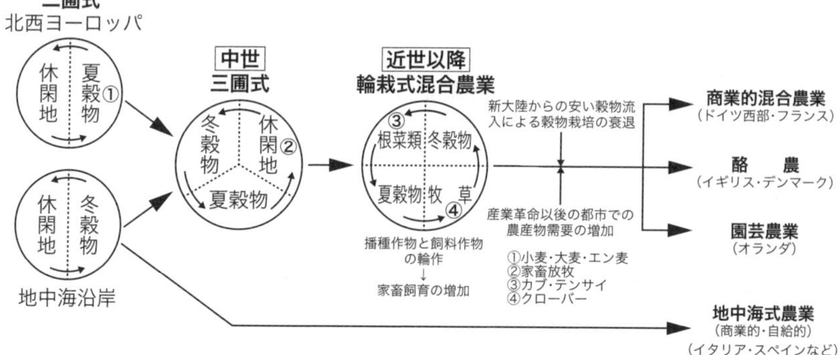

✤ **混合農業**…温暖・冷涼湿潤な**ヨーロッパ**が中心。農地を**穀物栽培**(**温暖な地域は小麦**，**冷涼な地域はライ麦**)，**飼料作物栽培**(**テンサイ**，**大麦**，クローバーなど)，**家畜飼育**(豚，牛)**に分割**し，**輪作**(⇒**地力の回復・維持**)。**三圃式農業から発展**。新大陸の企業的農業の台頭で，**ヨーロッパでは，やせ地が広がる北緯50°以北**では**酪農**(**イギリス**，**デンマーク**，**オランダのポルダー**など)，**園芸農業**(**オランダの砂丘斜面**など)へと分化。**アメリカ合衆国のコーンベルト**では機械化が進行，とうもろこし・大豆の生産と豚や牛の肥育を大規模に展開。

✤ **酪農**…**冷涼な気候**，**氷食によるやせ地や大都市の近郊**で発達。採草地を設け，濃厚飼料を家畜(おもに**乳牛**)に与え飼育し，乳製品の加工も行う。変質しやすい乳製品は市場からの距離に応じて変化(距離：近→生乳，遠→バター・チーズ)，**アルプス山脈では移牧**(**山地や高原を季節によって垂直移動する牧畜**)**による酪農**。

✤ **園芸農業(近郊農業，輸送園芸)**…**大都市郊外**(＝**近郊農業**)や**大都市から離れた地域**(＝**輸送園芸**(**遠郊農業**))。**都市向け**に集約的に**野菜**，**花卉**，**果実**などを栽培。近郊農業ではおもに露地栽培，輸送園芸では露地栽培に加え温室やビニールハウスなどの施設栽培。**市場から離れた輸送園芸地域**では，**近郊農業の端境期**(＝出荷量が少ない時期)

■東京都卸売市場におけるおもな産地のカボチャの取引状況(2022年，単位百t)

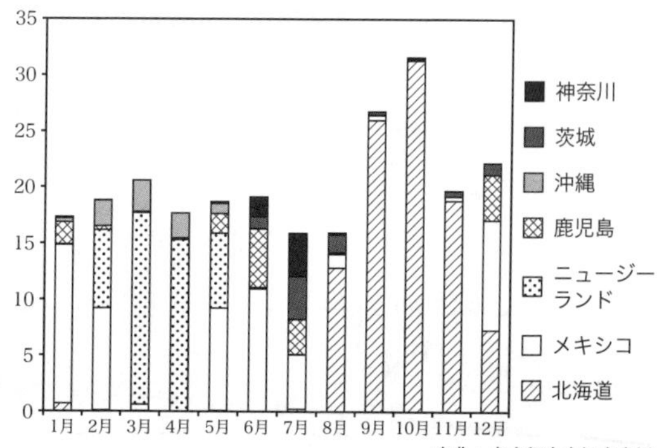

出典：東京都中央卸売市場

を利用して出荷（⇒輸送技術の発達，促成・抑制栽培を活用）。オランダの北海沿岸の海岸砂丘では，チューリップなどの花卉やトマト・パプリカなど野菜の栽培が施設園芸により盛ん。

✤ **地中海式農業**…**地中海性気候（Cs）の地域。夏には耐乾性のオリーブやブドウなどの樹木作物や野菜**（≒**輸送園芸地域としての役割**），**冬には小麦**などを栽培。**スペイン，イタリアでは羊やヤギの移牧**も行われ，アメリカ合衆国の**カリフォルニア州では灌漑による輸出向けオレンジなどの柑橘類や米の栽培**が大規模に行われている。

3 企業的農業 ★★☆

✤ **企業的穀物農業／企業的牧畜業**（≒**新大陸：北米・南米・オーストラリア**）

① **企業的穀物農業**…**年降水量500mm前後の肥沃な黒色土**（**プレーリー**，**パンパ**，ウクライナに分布する**チェルノーゼム**）。大規模，機械化（＝労働生産性が高い），**南半球では北半球の端境期を利用**して小麦を輸出。**アメリカ合衆国の多国籍企業である穀物メジャーがアグリビジネス**（農産物の生産から加工・流通・消費に至るフードシステム全体を統括する経営手法）**を展開**し，**穀物流通市場の価格決定権を握る**。

② **企業的牧畜業**…サバナ気候やステップ気候⇒**肉牛**＝**グレートプレーンズ**，**カンポ**など，**羊**＝**乾燥パンパ**，**グレートアーテジアン盆地**など。ヨーロッパへの**輸送手段の発達（冷凍船の就航），鉄道網の整備**などから発展。アメリカ合衆国などでは**肉牛肥育施設のフィードロット**による集約的家畜飼育も見られる。

✤ **プランテーション農業**…**熱帯・亜熱帯性の嗜好作物**（**カカオ**，**コーヒー**，**茶**など）**や工芸作物**（**天然ゴム**，**油ヤシ**など）を**モノカルチャー**（単一耕作）により栽培。**植民地化**による**現地住民や奴隷を利用した大規模栽培がはじまり**（独立後は現地の経営者に引き継ぎ）。**農民は買い上げ価格を低く抑えられ**，**異常気象による収穫量の変化や先進国の景気動向に左右され価格が不安定⇒貧困から抜け出せない⇒フェアトレード推進**の動き。第二次世界大戦後，プランテーションは国有化され，小規模に分割された例もあるが，**ラテンアメリカ諸国では大土地所有制に基づく大農園が現在でも残存**（**ブラジル**：**ファゼンダ**，**アルゼンチン**：**エスタンシア**）。

■おもなプランテーション作物の生産地の分布

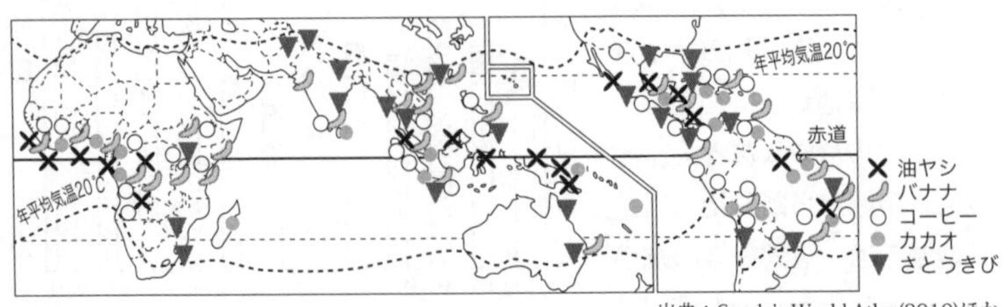

出典：Goode's World Atlas(2010)ほか

4 おもな家畜と畜産物 ★★☆

■家畜・畜産物の統計

新大陸が中心！

牛の飼育頭数

2021年	万頭	%
ブラジル	22,460	14.7
インド	19,317	12.6
アメリカ合衆国	9,379	6.1
エチオピア	6,572	4.3
中国	6,036	3.9
アルゼンチン	5,342	3.5
パキスタン	5,150	3.4
メキシコ	3,600	2.4
世界計	152,930	100.0

牛肉の生産

2021年	万トン	%
アメリカ合衆国	1,273	17.6
ブラジル	975	13.5
中国	698	9.6
インド	420	5.8
アルゼンチン	298	4.1
世界計	7,245	100.0

牛肉の貿易

	2021年	万トン	%
輸出	ブラジル	156	16.1
	アメリカ合衆国	111	11.4
	オーストラリア	97	10.1
	ニュージーランド	79	8.2
	アルゼンチン	56	5.8
	世界計	968	100.0
輸入	中国	233	23.8
	アメリカ合衆国	106	10.8
	日本	58	6.0
	韓国	47	4.8
	オランダ	37	3.8
	世界計	980	100.0

牛乳の生産

2021年	万トン	%
インド	10,830	14.5
アメリカ合衆国	10,263	13.8
中国	3,683	4.9
ブラジル	3,636	4.9
ドイツ	3,251	4.4
世界計	74,606	100.0

バターの生産

2020年	千トン	%
インド	4,884	39.0
パキスタン	1,223	9.8
アメリカ合衆国	984	7.9
ドイツ	497	4.0
ニュージーランド	484	3.9
世界計	12,510	100.0

1970年代の「白い革命」で増産！

チーズの生産

2020年	千トン	%
アメリカ合衆国	6,220	24.0
ドイツ	3,171	12.2
フランス	2,233	8.6
イタリア	1,313	5.1
オランダ	997	3.8
世界計	25,947	100.0

欧米諸国中心！

世界の約半分！

豚の飼育頭数

2021年	万頭	%
中国	44,922	46.1
アメリカ合衆国	7,415	7.6
ブラジル	4,254	4.4
スペイン	3,445	3.5
ロシア	2,585	2.7
ドイツ	2,376	2.4
ベトナム	2,353	2.4
メキシコ	1,893	1.9
カナダ	1,403	1.4
世界計	97,541	100.0

ヨーロッパの2強！

世界の約4割！

豚肉の生産

2021年	万トン	%
中国	5,296	44.0
アメリカ合衆国	1,256	10.4
スペイン	518	4.3
ドイツ	497	4.1
ブラジル	437	3.6
ロシア	430	3.6
ベトナム	259	2.2
世界計	12,037	100.0

ヨーロッパの2強！

羊の飼育頭数

2021年	万頭	%
中国	18,638	14.5
インド	7,429	5.8
オーストラリア	6,805	5.3
ナイジェリア	4,864	3.8
イラン	4,527	3.5
トルコ	4,518	3.5
チャド	4,177	3.3
スーダン	4,101	3.2
エチオピア	3,861	3.0
イギリス	3,296	2.6
世界計	128,485	100.0

乾燥地域中心！

羊毛の生産（脂付き羊毛*）

2020年	千トン	%
中国	334	18.6
オーストラリア	284	15.8
ニュージーランド	151	8.4
トルコ	80	4.4
イギリス	71	4.0
モロッコ	59	3.3
イラン	58	3.3
世界計	1,794	100.0

*羊から刈り取ったままの原毛

南半球の旧イギリス植民地！

羊毛の貿易

	2021年	千トン	%
輸出	オーストラリア	325	41.6
	ニュージーランド	170	21.7
	南アフリカ	52	6.6
	イギリス	21	2.6
	トルコ	18	2.3
	世界計	782	100.0
輸入	中国	286	46.8
	インド	103	16.9
	イギリス	36	5.9
	チェコ	30	5.0
	イタリア	24	4.0
	世界計	611	100.0

脂付き羊毛と洗上げ羊毛の合計

出典：『データブック オブ・ザ・ワールド』

ここが共通テストのツボだ!!

ツボ 1 労働生産性と土地生産性

労働生産性(同じ労働力での生産量や生産額)と**土地生産性**(同じ面積での生産量や生産額)は,生産「量」ベースと生産「額」ベースに分けて考える必要がある。

どうすれば生産性は上がるのか?(生産量ベース)

① **労働生産性**⇒資本(金)を投下し,機械化・大規模化⇒**企業的農業を行う新大陸の国＞商業的農業を行うヨーロッパ諸国＞アジア＞アフリカ**。

※ 生産額ベースの場合は土地の規模の大小などが影響。

② **土地生産性**⇒自然条件(気候環境など)が好適で,耕作に適した土地に多くの労働力を投下し,灌漑整備などを行って手間暇かけて生産⇒**ヨーロッパ諸国＞アジア＞新大陸の国＞アフリカ**。

※ **生産額ベースの場合は農畜産物の価格が影響。**

高価格:野菜・花卉などの園芸作物,畜産品⇒オランダやデンマークなどで高い。

低価格:穀物⇒新大陸の国で低い(広大な土地で生産量・生産額をカバーできるので,土地生産性を上げる必要がない)。

ツボ 2 おもな国の農業統計から見た特徴

① 農林水産業就業人口割合…**発展途上地域で高い⇔先進地域で低い**(なかでもイギリスは低い)。

② 耕地の割合…**湿潤な平坦地を広くもつ国で高い(インド,デンマークなど)**⇔寒冷(カナダなど),乾燥(オーストラリアなど),山がちな地形(日本,ニュージーランドなど)を広くもつ国で低い。

図 主要国の農林水産業就業人口割合,耕地率,牧場・牧草地率,1人当たり農地面積(2021年,農地面積は2020年)

国名	農林水産業就業人口対総就業人口比(%)	国土面積に占める耕地の割合(%)	国土面積に占める牧場・牧草地率(%)	農林水産業就業者1人当たり農地面積(ha)
インド	44.0	51.3	3.2	0.9
中国	24.4	14.1	41.1	2.9
韓国	5.3	15.5	0.6	1.1
日本	3.2	10.1	1.6	2.1
イタリア	4.1	30.6	12.4	14.1
ブラジル	9.7	7.5	20.3	26.8
ドイツ	1.3	33.2	13.2	31.6
イギリス	1.0	24.7	46.1	51.1
デンマーク	2.0	55.8	5.2	43.7
フランス	2.5	34.5	17.5	40.3
ニュージーランド	6.1	2.2	35.7	59.0
アルゼンチン	7.7	12.1	26.9	74.1
アメリカ合衆国	1.7	16.3	25.0	152.9
カナダ	1.3	3.9	1.9	222.9
オーストラリア	2.4	4.0	42.0	1108.3

出典:『世界国勢図会』

③ 牧場・牧草地の割合…**乾燥地域を広くもつ牧畜が盛んな国**(中国,オーストラリアなど)&**湿潤でも牧羊が盛んな国**(イギリス,ニュージーランド,アルゼンチンなど)で高い。

④ 1人当たり農地(耕地+牧場・牧草地)面積…**アジア＜アフリカ＜ヨーロッパ(イタリア・ドイツ＜フランス・イギリス)＜新大陸**(北アメリカ,南アメリカ,オセアニア)。

チャレンジテスト（大学入学共通テスト実戦演習）

問1 次の図は，いくつかの国における農地1ha当たりの農業生産額と農業人口１人当たりの農業生産額を示したものであり，①～④は，アメリカ合衆国，イギリス，オランダ，マレーシアのいずれかである。オランダに該当するものを，図中の①～④のうちから一つ選べ。

（2015年センター試験本試B）

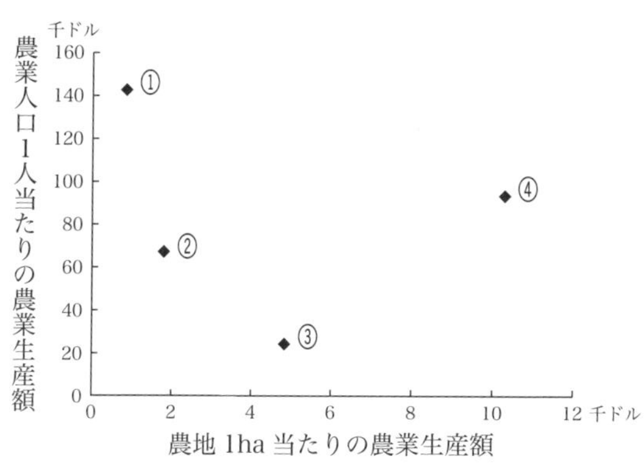

統計年次は 2011 年。
FAOSTAT により作成。

図

問1 ［答］  ④

縦軸の農業人口１人当たりの農業生産額は，労働生産性を示す。労働生産性は各国の資本力の有無が大きな影響を及ぼす。資本があれば大規模化・機械化等を進められるため，農業人口１人当たりの農業生産量も生産額も大きくなる。よって，①は新大陸の先進国であるアメリカ合衆国となる。また③は農業人口１人当たりの農業生産額が最も小さいことから，４か国の中では最も資本力が乏しいアジアのマレーシアと判断したい。

一方，横軸の農地1ha当たりの農業生産額は，土地生産性を示す。ただし気をつけなければいけないのは，生産「量」ではなく生産「額」という点である。生産量の場合には，同じ面積どうしで比較をするので，その土地の気候・土壌など自然条件や灌漑整備の程度が大きな影響を及ぼす。生産額の場合には，その土地で作っている農産物が何かが大きく影響する。例えば穀物は長期保存が利くなどの理由で価格が安く，野菜や果物，花卉などの園芸作物や畜産物は保存が利かないなどの理由で価格が高い。解答で求められているオランダの場合には，水はけの良い海岸砂丘ではチューリップや野菜の栽培，ポルダーと呼ばれる干拓地では畜産が盛んである。それゆえオランダは，４か国の中で農地1ha当たりの農業生産額が最も高い④となる。

ちなみにアメリカ合衆国ほど大規模ではないものの，ヨーロッパの中では冷涼な気候で小麦などの栽培が中心のイギリスは②となる。また現在でもプランテーション農業が盛んなマレーシアは，工芸作物や嗜好作物などの比較的価格が高い商品作物栽培が中心なので，生産額で見た土地生産性は比較的高いものになる。

問2 農業の立地には市場からの距離に加え様々な要因が作用する。次の図1中のア～ウは，米，野菜，果樹のいずれかについて，東日本の14都県における，東京からの距離と農地面積当たり収益の推計値*を示したものである。また，以下の図2中のA～Cは，田，畑，樹園地のいずれかについて，その14都県の農地面積の構成比を指数で示したものである。野菜と畑との正しい組合せを，以下の①～⑨のうちから一つ選べ。

（2021年共通テストB第2日程〈改〉）

*農地面積当たり収益は，作物別農業産出額を田，畑，樹園地の面積で割った値。

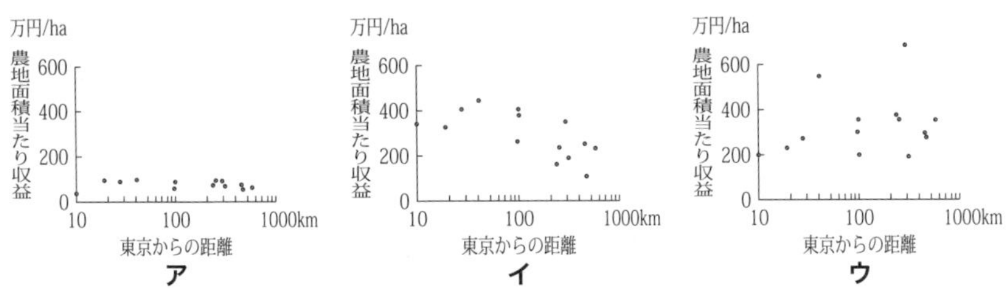

東京からの距離は各県庁所在地までの直線距離で，東京都は10kmとした。
野菜の産出額は野菜・豆・いもの合計。統計年次は2017年。『生産農業所得統計』などにより作成。

図1

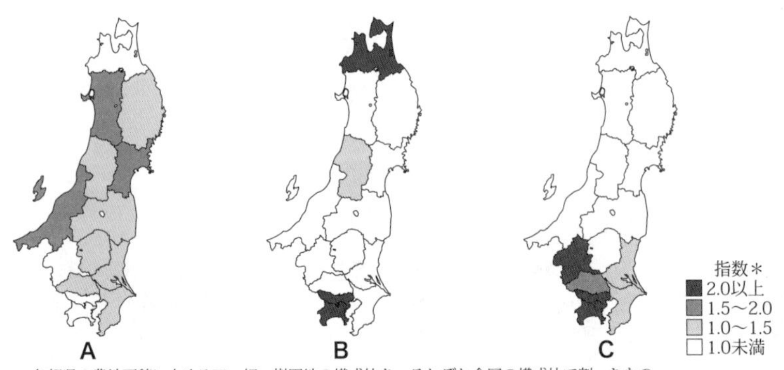

＊各都県の農地面積に占める田，畑，樹園地の構成比を，それぞれ全国の構成比で割ったもの。
統計年次は2017年。『作物統計調査』により作成。

図2

	①	②	③	④	⑤	⑥	⑦	⑧	⑨
野　菜	ア	ア	ア	イ	イ	イ	ウ	ウ	ウ
畑	A	B	C	A	B	C	A	B	C

問2 [答] ⑥

図1のアを見ると，東京からの距離に関係なく農地面積当たり収益が100万円/haを下回っており，**図2**と照合させてみると，**A**も東京からの距離に関係なく広範に1.0以上の指数が示されている県が多いことから**ア**と**A**が対応する。また**A**は共通性として稲作が盛んな東北地方や新潟県で高い値を示していることから，**図1のア**は米となり，**図2のA**が田となる。

次に**図1のイ**を見ると，全体的に農地面積当たりの収益は100万円/ha以上と高く，東京からの距離が離れるほど農地面積当たり収益が低下している傾向が読み取れる。**図2**と照合させてみると，東京から近距離にある関東地方において高い指数を示す**C**が合致し，それらは近郊農業が盛んな都県であることから，**図1のイ**が野菜となり，**図2のC**が畑となる。**野菜は鮮度保持のための冷蔵設備などが必要で輸送費が高くなる**ことから，近距離での栽培が重視される。

残った**図1のウ**は果樹，**図2のB**は樹園地となる。**図1のウ**を見ると，東京からの距離に関係なく農地面積当たり収益がおおよそ200万円/haを上回っている。**図2のB**と照合させてみると，**B**は東京都や神奈川県といった東京近郊，やや離れた山形県，最も遠距離にある青森県と，高い指数を示す都県の東京からの距離もばらついている。**西洋なしやサクランボの生産が盛んな山形県**，**リンゴの生産が盛んな青森県**から，**図1のウ**を果樹，**図2のB**を樹園地と判断できる。ちなみに同じように高い値を示す東京都ではブルーベリー，神奈川県ではミカン類の生産が盛んである。

▼地代と距離の関係にみる都市農業の役割

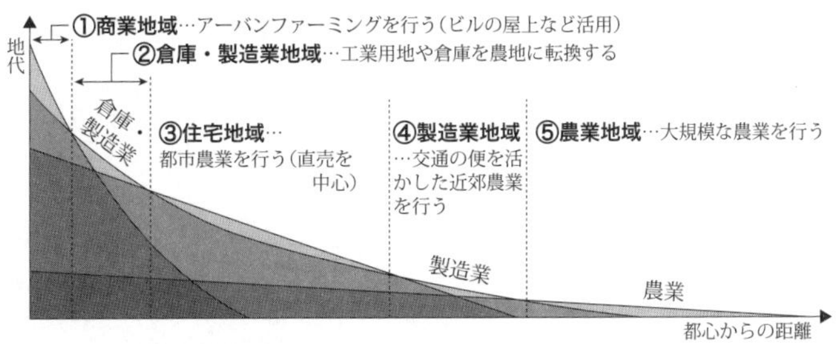

上の図の①～④で行われる**都市農業は，大消費地に近いメリットを生かして新鮮な農産物（主に野菜や果樹，花卉）を供給する役割だけでなく，災害時の空間確保，環境保全，ヒートアイランド現象の軽減，農業体験，レクリエーション機能など多様な役割を担っている。**

問3 チガヤさんは，アフリカの低緯度地域で行われている焼畑が，東南アジアやラテンアメリカでも行われており，1970年代まで高知県の山間部でも行われていたことを知った。これらの地域で焼畑が行われてきた背景に，共通の要因があると考えたチガヤさんは，次の**資料**に調べたことをまとめた。**資料**中の空欄**ア**～**ウ**に当てはまる語句の組合せとして最も適当なものを，後の①～⑧のうちから一つ選べ。

（令和７年度試作問題「地理総合，地理探究」）

資料 焼畑について

・年中湿潤または（ **ア** ）の気候条件で，森林が広がる地域で行われる。
・高知県の焼畑では，連作を続けると雑草が増えるので，休閑し，森に戻すことによって雑草を除いていた。植物の繁殖が旺盛で，雑草と作物が競合する（ **ア** ）の環境のため，このような農法が生まれたと考えられる。
・休閑し，森に戻っていく途中では，（ **イ** ）などを行う。休閑中の土地は，里山が果たすような機能を担っていると考えられる。
・日本では，主に山間地で行われてきた。20世紀後半に日本で衰退したのは，（ **ウ** ）が進み，農業が成り立たなくなったからだと考えられる。

	ア	イ	ウ
①	夏雨型	森林産物の採集	過疎化
②	夏雨型	森林産物の採集	森林破壊
③	夏雨型	肥料の散布	過疎化
④	夏雨型	肥料の散布	森林破壊
⑤	冬雨型	森林産物の採集	過疎化
⑥	冬雨型	森林産物の採集	森林破壊
⑦	冬雨型	肥料の散布	過疎化
⑧	冬雨型	肥料の散布	森林破壊

問3 **［答］** ①

現在，焼畑が行われているのは，低緯度の熱帯地域の年中湿潤または多雨，雨季と乾季が明瞭な気候環境下である。よって，過去に行われていた日本とも共通する気候条件を考えてみると，**東南アジアと高知県はモンスーン（季節風）の影響で，ラテンアメリカは熱帯収束帯の影響で，夏季（高日季）に降水量が多くなる**ので，空欄**ア**には夏雨型が当てはまる。次に空欄**イ**であるが，前文に「休閑し，森に戻っていく途中」とあり，さらに後文に「休閑中の土地は，**里山**が果たすような機能を担っている」とあるので，農業以外の**用材**や**薪炭材**など「森林産物の採集」が当てはまる。最後に空欄**ウ**であるが，前文から日本で20世紀後半に山間地での**焼畑**が衰退した理由について述べているので，**高度経済成長期**以降，**過疎化**が進み農業そのものが衰退したと考えることができる。よって，組合せは①が正解となる。

問4 後の図は，いくつかの食肉について，世界に占める生産量が1%以上の国・地域における生産量に占める輸出量の割合を示したものである。図中のA～Cは，牛肉，鶏肉，羊肉のいずれかである。品目名とA～Cとの正しい組合せを，後の①～⑥のうちから一つ選べ。 （2023年共通テスト本試B）

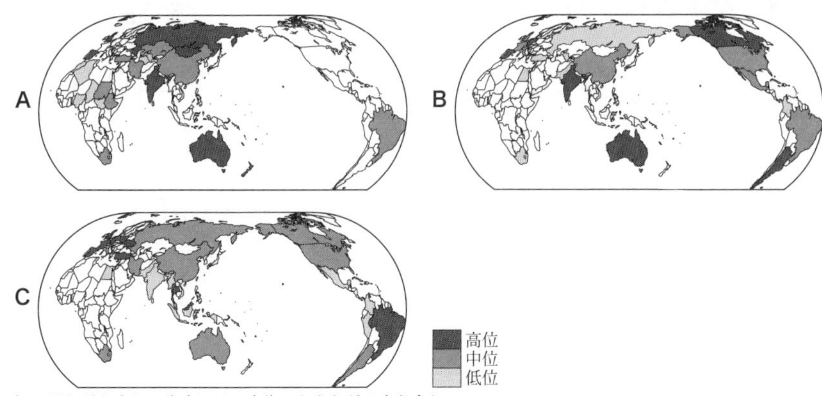

加工品などを含む。牛肉には，水牛，ヤクなどの肉を含む。
統計年次は2019年。FAOSTATにより作成。

図

	①	②	③	④	⑤	⑥
牛　肉	A	A	B	B	C	C
鶏　肉	B	C	A	C	A	B
羊　肉	C	B	C	A	B	A

問4 ［答］ ④

まず全体的に新大陸である北アメリカや中央・南アメリカ，オーストラリアを中心に，高位や中位を示しているBは牛肉となる。**肉牛の飼育や牛肉の生産は，広大な土地を生かし，飼料作物の栽培が盛んな新大陸が中心**であり，生産に占める輸出割合も高い。また，図の注釈に「牛肉には，**水牛**，**ヤク**などの肉を含む」とあることから，**水牛の飼育が盛んなインドが高位を示すことを誘導**している。確かに**インドはヒンドゥー教徒が約8割を占め，牛（セブ牛）が聖なる動物であることからヒンドゥー教徒自身が牛を食肉として食べることはない**。ただ，**水牛やヤクは同じウシ科でも神聖な動物にあたらないため，搾乳用や役畜などとして役目を終えた後，食肉として加工され，主に海外向けに輸出されることが多い**。よって，本問の統計は生産量に占める輸出量の割合であることからも，インドが高位を示す。

次にAであるが，同じ新大陸の中でもオーストラリアやニュージーランドで高位を示し，一方でカナダやアメリカ合衆国には色がついていないことから，羊つまり羊肉となる。**羊肉や羊毛は，南半球のかつてイギリス植民地であったオーストラリアやニュージーランド，南アフリカでの飼育や生産が盛んで，その多くが輸出される**。また羊は乾燥に強い家畜であるため，乾燥気候が広がる中央アジアから西アジアにも，高位の色がついていることから羊肉と判定することもできる。

最後に残ったCであるが，ヨーロッパで高位を示したり，日本への輸出が多いタイやブラジルでも高位を示していることから鶏肉と判断するとよい。よって，組合せは④が正解となる。

13 世界と日本の林業・水産業

1 世界の森林と木材

✤ **森林面積率の高い国**…**赤道付近**（**ブラジル**，コンゴ民主共和国，**マレーシア**など）や**北欧**（**フィンランド**，**スウェーデン**など），**日本**（国土面積の3分の2）など。

✤ **木材の貿易**

①**木材の上位輸出国**…面積が広い国＆針葉樹が豊富な国（ロシア，カナダなど）。

②**木材の上位輸入国**…人口が多い国＆GDPが大きい国(中国,アメリカ合衆国,日本など)。

2 森林の機能

薪炭材（燃料用），**用材**（製材・合板・パルプ用），その他（**水源涵養**，**洪水・土壌侵食防止**，防風・防砂，魚付林，森林浴など）。

3 日本の木材供給の変遷

✤ **1950年代～1960年代**

高度経済成長期の建設ラッシュによって，**国産材では供給が不足**。1964年から**木材の輸入自由化**を実施し，**安価な外材が流入（木材自給率が著しく低下）**⇒とくに**当時は安価な熱帯材を輸入**（1960年代はフィリピン，1970年代はインドネシア，1980年代はマレーシア，1990年代はパプアニューギニアからも輸入）。

✤ **1970年代～1990年代**

輸出国が**乱伐からの森林資源の保護や木材産業の育成**（**⇒丸太のままより加工して付加価値を付けて輸出したい**）のため，**丸太輸出規制を段階的に実施**⇒割安な**丸太（原木）での輸入から**，割高な**チップや合板での輸入へと変化**。また，**輸入相手先も付加価値の高い針葉樹を豊富にもつ国（カナダ，アメリカ合衆国，ロシアなど）へ**と変化。

✤ **2000年代以降**

バブル経済崩壊後の長引く不況や人口停滞・減少，環境問題への意識の高まりから木材需要が停滞。また，中国など新興国における木材需要の増大や各国の丸太輸出規制により，木材の国際価格が上昇。**環境対策から間伐材の利用やバイオマス燃料への活用の推進⇒日本の木材自給率は2000年代半ばから回復傾向**（2022年の木材自給率は40.7%）。

4 漁場の自然条件 ★★★

✤ **大陸棚**…海岸から深さ約200mまでの浅海底。**とくに浅い部分をバンク（浅堆）と**いう⇒栄養塩類に恵まれた陸水の流入でプランクトンが多い（好漁場）。

✤ **潮目（潮境）**…**寒流と暖流がぶつかる場所**⇒栄養塩類が豊富な寒流，寒流魚と暖流魚の豊富な魚種（好漁場）。

5 世界の主要漁場

✤ **太平洋北西部**…**世界最大の漁場。寒流の親潮（千島海流）と暖流の黒潮（日本海流）の潮目**，バンク。豊富な魚種に恵まれる。**世界最大の漁業国は中国（養殖が大半で，河川や湖沼での内水面養殖が盛ん）**。

✤ **太平洋南東部**…**寒流のペルー海流**の影響（湧昇流）で漁獲量が多い⇒ペルーではアンチョビの漁獲が有名（エルニーニョ現象や海洋生態系の変化による**漁獲量の変動が大きい**）⇒**アンチョビはフィッシュミール（魚粉）に加工**，飼料として輸出。近年，**チリではサケ・マスの養殖が盛ん**。

✤ **大西洋北東部**…暖流の北大西洋海流と寒流の東グリーンランド海流の潮目，北海のドッガーバンクなど⇒**タラ**やニシンの漁獲で有名。**地域最大の漁業国はノルウェー（近年は輸出向けのサケ・マスやサバの養殖も盛ん）**。

6 日本の水産業をめぐる動き

✤ **1973年頃**…**第一次石油危機による燃料費の高騰**や**資源ナショナリズムの高揚から漁業専管水域を設定する国（ペルーやチリなど）が増加⇒遠洋漁業が衰退**

✤ **1980年代後半～**…**円高の進行**や冷蔵・冷凍技術の発達によって，**海外から安価な魚介類の輸入が増大**。また，日本近海での**マイワシの大不漁，世界的な水産資源保護の気運の高まりから漁獲規制が厳しくなり，遠洋・沖合・沿岸漁業がさらに衰退**した。

■日本の漁業部門別生産量の推移

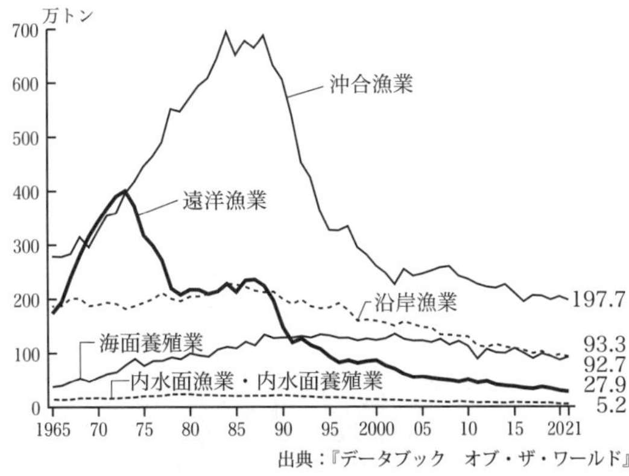

出典：『データブック　オブ・ザ・ワールド』

ここが共通テストのツボだ!!

ツボ 1 森林面積割合と木材の伐採用途

① 森林面積割合は，**赤道付近に位置する国**や**針葉樹を豊富にもち，保全・管理を行うフィンランドやスウェーデンで高い！**（日本は例外的に高い）

② 木材の伐採用途は，**薪炭材≒燃料用⇒途上国で多く，用材≒それ以外の用途⇒先進国で多い！**

図1 おもな国の森林面積割合（2020年）と用途別・樹種別木材伐採高（2021年）

国名	森林面積割合（%）	木材伐採高（千㎥）用材	木材伐採高（千㎥）薪炭材	うち針葉樹（千㎥）
フィンランド	66.2	57,803	8,911	52,926
日本	66.0	23,709	9,350	21,485
ブラジル	58.3	142,989	123,299	45,099
マレーシア	57.9	14,791	2,347	22
コンゴ民主共和国	53.8	4,611	88,930	—
スウェーデン	52.9	69,000	5,400	65,250
インドネシア	48.1	88,576	36,878	7
ロシア	47.7	201,891	15,109	171,763
タイ	38.7	14,600	18,287	—
ニュージーランド	37.0	35,969	—	35,669
カナダ	35.1	141,068	1,384	116,160
アメリカ合衆国	31.5	382,956	71,111	340,023
中国	23.0	180,237	155,732	90,740
インド	22.0	49,517	300,059	15,172
オーストラリア	17.3	27,097	3,915	16,789

出典：『世界国勢図会』

ツボ 2 おもな漁業国の特徴

漁獲高は，**世界最大の中国，世界第2位のインドネシアとも養殖による漁獲高が大半**を占める（中国は海面・内水面とも，インドネシアは海面中心）。海洋での漁業中心の**ペルーは海洋生態系の移動や異常気象（エルニーニョ現象など）の影響から変動が大きい！日本は1980年代後半以降大きく衰退し，アメリカ合衆国は停滞傾向。**

図2 おもな漁業・養殖業生産量の割合（2021年）

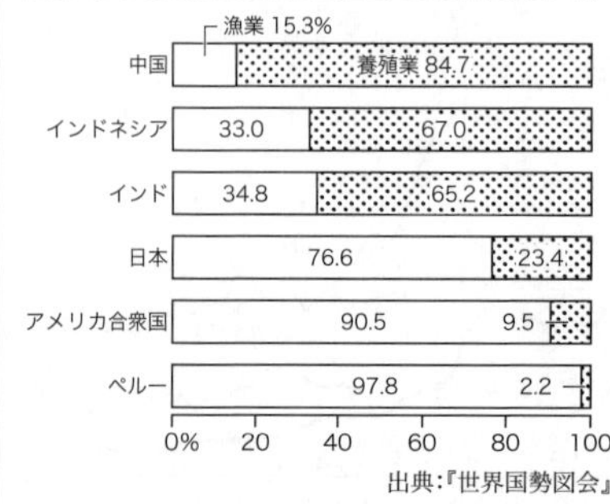

出典：『世界国勢図会』

図3 おもな国の漁獲量の推移

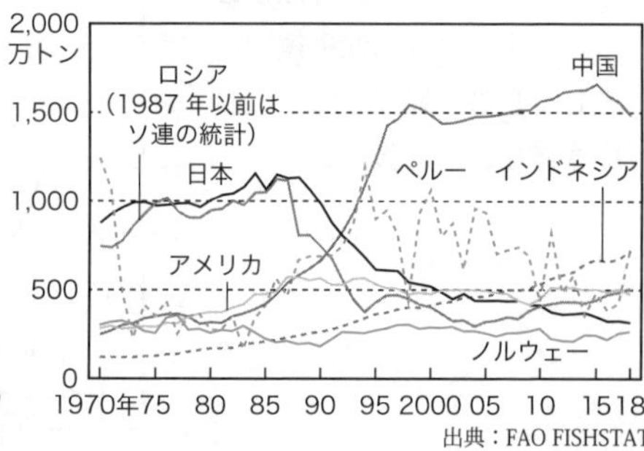

出典：FAO FISHSTAT

チャレンジテスト（大学入学共通テスト実戦演習）

問1 リナさんたちは，環境への負荷の軽減に寄与する森林資源に注目し，資源とその利用についてまとめた。次の図は，いくつかの国における森林面積の減少率，木材輸出額，木材伐採量を示したものであり，A～Cはエチオピア，ブラジル，ロシアのいずれか，凡例アとイは薪炭材（しんたんざい）と用材*のいずれかである。ブラジルと薪炭材との正しい組合せを，後の①～⑥のうちから一つ選べ。　(2022年共通テスト本試B)

*製材・ベニヤ材やパルプ材などの産業用の木材。

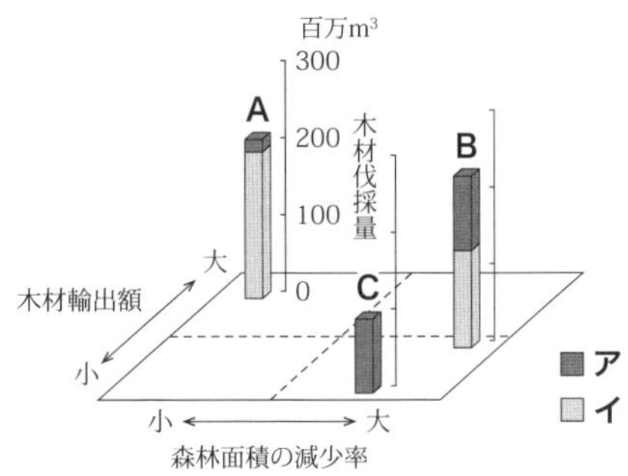

森林面積の減少率は1995年から2015年までの変化。
森林面積の減少率と木材輸出額は相対的に示してある。
統計年次は2017年。FAOSTATなどにより作成。

図

	①	②	③	④	⑤	⑥
ブラジル	A	A	B	B	C	C
薪炭材	ア	イ	ア	イ	ア	イ

問1 **[答]** ③

AとBは木材伐採量が多いことから，広大な面積をもつ上，熱帯林を広くもつブラジルか針葉樹林を広くもつロシアのいずれかとなる。木材資源が豊富で人口も多ければ，その分木材伐採量も多くなる。よって，残った木材伐採量が最も少ないCがエチオピアとなる。エチオピアは3か国中で最も面積が狭く人口も少なく，熱帯林も見られるものの乾燥地域も広く木材資源が少ないため，伐採量も少ない。こうしてエチオピアがCと決まると，凡例の**ア**と**イ**が決まる。エチオピアはアフリカの中でも貧しい国であり，エネルギー資源にも恵まれないため，伐採された木材は燃料用の薪炭材としてほぼ使われる。木材伐採用途の比率は，一般に貧しい国では薪炭材の比率が高く，豊かな先進国では用材の比率が高いことは知っておきたい。よって，**ア**が薪炭材，残った**イ**が用材となる。

残ったAとBだが，森林面積の減少率を見ると，最も減少率が大きいのがBなので，近年の大豆やサトウキビなどの農地の拡大や牧場建設，道路建設などで熱帯林破壊が深刻なブラジルがBとなる。一般に新興国や後発開発途上国では，環境保護よりも経済成長のための開発を優先するため，伐採に対する規制が緩く，森林面積の減少率は大きい傾向にある。またBはAと比べて，途上国で比率が高くなる薪炭材の割合が高いことからも経済成長途上のブラジルとなる。よって，組合せは③が正解となる。

最後にロシアについてであるが，石油や天然ガスをはじめ石炭といった化石燃料に恵まれ，薪炭材としての木材伐採量は少ないと考えられる。また，ロシアが豊富にもつ針葉樹は，軟木が多く木材加工しやすいこともあって，製材やパルプ材として用いられることが多い。よって，用材の比率が最も高いAがロシアとなる。

問2 次の図中のアとイは，2000年と2017年のいずれかについて，漁獲量*と養殖業生産量の合計の上位8か国を示したものであり，凡例AとBは，漁獲量と養殖業生産量のいずれかである。2017年の図と養殖業生産量の凡例との正しい組合せを，下の①～④のうちから一つ選べ。 (2021年共通テストB第1日程)

*養殖業生産量を含まない。

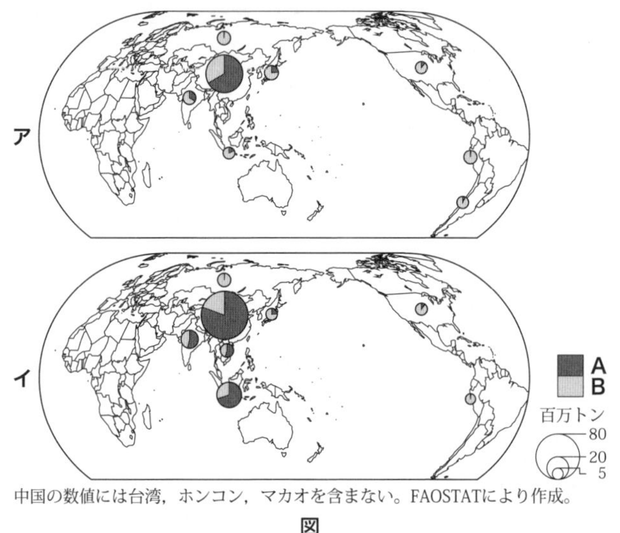

中国の数値には台湾，ホンコン，マカオを含まない。FAOSTATにより作成。

図

	①	②	③	④
2017年	ア	ア	イ	イ
養殖業生産量	A	B	A	B

問2 [答] ③

図を俯瞰すると，アよりイの方が凡例Aの割合が高くなっている。よって，近年は海洋資源保護の観点から様々な漁獲規制の強化により天然資源の漁獲が難しくなる一方，拡大する水産需要に対応するため養殖業生産がとくにアジア地域を中心に伸びていることから，イが新しい年次の2017年，凡例Aは養殖業生産量となり，③が正解となる。伝統的な漁業国である日本，ロシア，アメリカ合衆国，ペルーは，漁獲量は停滞しており，天然資源の漁獲が現在でも漁業の中心となっている。

問3 利根川下流域でウナギ漁が盛んであったことを知ったツクシさんは，ウナギの現状について調べ，次の**資料**にまとめた。**資料**中の**ア**と**イ**は，国内の養殖生産量と，国外からの輸入量のいずれかである。また，後の**写真**中のaとbは，利根川下流域の河川周辺において撮影したものであり，**資料**中の空欄**X**には，aとbのいずれかが当てはまる。国内の養殖生産量に該当する記号と，空欄**X**に当てはまる**写真**との組合せとして最も適当なものを，後の①～④のうちから一つ選べ。 (2023年共通テスト本試B)

資料

ニホンウナギの生態と水産資源としてのウナギの現状

ニホンウナギは，河川などで成長した後，海へ下り産卵するといわれている。1970年代以降，日本国内のウナギの漁獲量は減少し，現在，日本国内で消費されるウナギのほとんどは，国内での養殖生産と輸入によってまかなわれている。近年，利根川下流域では，写真中の（**X**）にみられるような取組みが行われており，ニホンウナギや川魚などの水産資源の回復に寄与することが期待されている。

日本国内におけるウナギの供給量の推移 （単位：トン）

	国内漁獲量	ア	イ	合　計
1973年	2,107	15,247	6,934	24,288
1985年	1,526	39,568	41,148	82,242
2000年	765	24,118	133,211	158,094
2015年	70	20,119	31,156	51,345

水産庁の資料により作成。

a　石材を用いて整備された護岸

b　本流の堰（せき）のそばに設置された流路

写真

	①	②	③	④
国内の養殖生産量	ア	ア	イ	イ
X	a	b	a	b

問3 [答]  ②

まず日本国内におけるウナギの供給量の推移に注目すると，1985年から2000年にかけて**イ**の供給量が増大したことがわかる。この年代は，1985年のプラザ合意以降の円高進行から海外から割安な水産物が流入してきた時期であるので，**イ**は国外からの輸入量と判断できる。よって，残った**ア**が国内の養殖生産量となる。次に空欄**X**だが，**資料**の1行目に「ニホンウナギは，河川などで成長した後，海へ下り産卵する」とあることから，ニホンウナギが河川の上流側と海へと通じる下流側を行き来しやすいよう，堰を迂回する流路（魚道）が設けられている**b**を選択するのがよい。よって，組合せは②が正解となる。

14 世界と日本の食料問題

1 食料供給

✤ **食料供給量**…経済成長を遂げるにつれて，**動物性食品（肉類，牛乳・乳製品）の供給量は増え**，総カロリー量も増えていく。一方で**主食の穀類やイモ類の供給量は減少**していく。

■おもな国の食品群別カロリー供給構成（1人1日あたり，2020年）

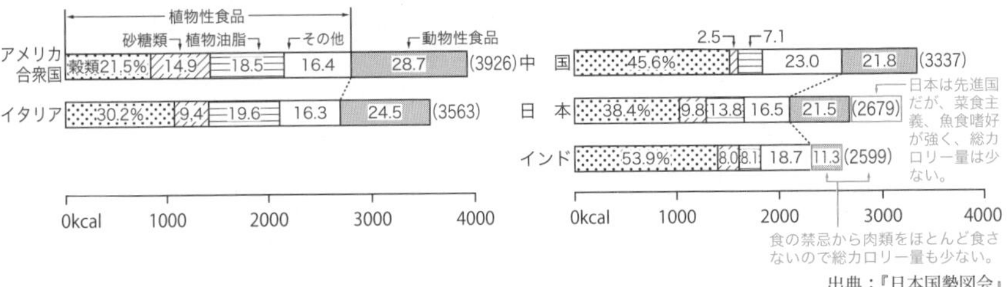

出典：『日本国勢図会』

✤ **食料自給率（重量ベース）**

■おもな先進国の食料自給率

(%)

	日本	アメリカ合衆国	イギリス	ドイツ	フランス	イタリア
穀類	29	116	97	101	187	61
豆類	8	172	53	13	79	39
野菜類	79	84	42	41	68	151
果実類	39	61	12	31	64	104
肉類	53	114	75	120	102	81
卵類	97	104	94	70	98	99
牛乳・乳製品	63	101	89	106	104	86
食料自給率	38	121	70	84	131	58

出典：『日本国勢図会』　（2019年，日本は2021年度の概算）

アメリカとフランスの違い（穀類187・豆類172）
温暖な地中海性気候（151・104）
冷涼な気候のため低い（12）
高い（121・131）

✤ **地域と経済発達段階により異なる栄養状況**

■世界の5歳未満の栄養状況

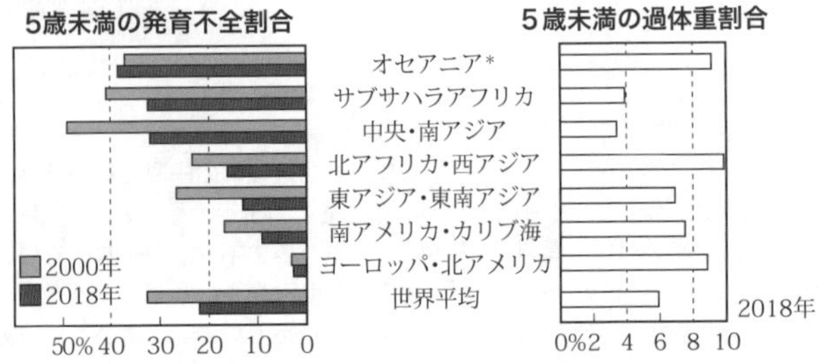

*オーストラリアとニュージーランドを除く

出典：The Sustainable Development Goals Report(2019)

経済発展により発育不全の子供の割合は少なくなる一方で，**先進国では肉類などの消費量が増加して肥満や生活習慣病が問題**となっている。また**途上国でも，糖分や脂質が多い安価な加工食品に依存するようになり同様に肥満や生活習慣病が問題**となっている。

✤ **フードマイレージ**…**食料輸入量に輸送距離を乗じた指標**。食料を輸入する際の流通過程において，地球環境にいかに負荷を与えているかを見る指標⇒一般に**輸送距離が長くなればなるほど，数多くの輸送手段を使い，長時間かけて運ばれるため，地球環境への負荷が大きくなる⇒日本のフードマイレージは極めて大きい**（かさばる穀物や大豆の自給率がとくに低く，遠距離の新大陸から輸送してくるため）。

2 日本の農業

機械化は進展したが，**後継者不足**などから近年**高齢化が著しく**，**耕作放棄地も増加**，**零細な経営⇒土地生産性は高い**が，**労働生産性は欧米に比べて低い**。

✤ **農業政策**…**高度経済成長期**には**食生活が多様化・欧米化⇒米の消費量が減少**⇒政府は米の買い入れ価格を市場価格より高い価格で保証し続けた結果，**米の生産過剰**，**政府の財政がひっ迫**⇒**1970年頃から生産調整（減反）を実施**（水田の休耕地化，転作の奨励）＋1994年から**米の輸入自由化⇒耕作放棄地の増加**，生態系の破壊や自然災害の悪化。1999年から**食料・農業・農村基本法**が施行され，農業基本法に代わって，**食料の安定供給**（⇒食育，地産地消の推進）や農村がもつ**多面的機能**（**国土保全**，**水源涵養**（かんよう），景観，文化の伝承など）の発揮を目指す。TPP11協定などの自由貿易協定などの発効による関税率引き下げを見据え，2018年度から減反政策が廃止。

✤ **地域別農業の特徴**

■地域別の農業産出額の割合（2021年）

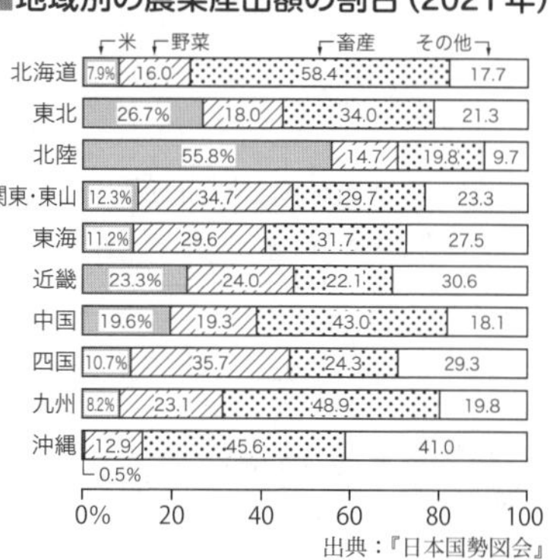

出典：『日本国勢図会』

① 北海道…**酪農**（⇒**畜産が多い**）。
② 東北…水田（⇒**米が多い**）。
③ 北陸…**水田単作**地帯（⇒**米が多い**）。
④ 関東・東山（山梨・長野）…**大都市近郊**で**園芸農業**（⇒**野菜が多い**）。
⑤ 東海…**愛知県で花卉**（かき），**静岡県で茶**（⇒**その他が多い**），大都市近郊で**園芸農業**（⇒野菜が多い）。
⑥ 近畿…大都市近郊で**園芸農業**（⇒野菜が多い）。
⑦ 中国…干拓地で稲作（⇒米が多い），畜産が多い。
⑧ 四国…**高知県で施設園芸**（⇒**野菜が多い**），**愛媛県でみかん**（⇒**その他が多い**）。
⑨ 九州…**鹿児島県・宮崎県で畜産**（⇒**畜産が多い**），**宮崎県で施設園芸**（⇒**野菜が多い**）。
⑩ 沖縄…**サトウキビ**（⇒米が少ない）。

ここが共通テストのツボだ!!

ツボ 1 肥満率・糖尿病の割合

- 欧米諸国以上に，**イスラーム教徒が多い**西アジア～北アフリカ，**太平洋の**島嶼国**で高い**⇒文化的に**豊満な体形が好まれる**ことに加え，資源によって得られた豊富な資金力を背景に，**欧米の食文化である高カロリーな食品やファストフードが欧米諸国以上に食生活に浸透**してしまったため。
- アメリカ合衆国では**高所得層より低所得層で肥満率が高い**⇒低所得層は複数の仕事を掛け持つなど家事や育児に充てられる時間が少ないため，**素早く空腹を満たすことができる高カロリーで安価なファストフードの食事に依存**するから。

ツボ 2 農産物の貿易

① 輸入…輸入超過額では，**中国が世界最大，日本が第2位。**

② 輸出

(1) 輸出額が大きく，輸出超過が大きいのは，南米の広大な面積をもつブラジル，アルゼンチン。

(2) 輸出額ではアメリカ合衆国が世界最大。**第2位は，面積も小さく人口も少ないオランダ**⇒施設園芸**による高付加価値の花卉・野菜栽培，畜産物をEU市場に輸出**。また，海外から原材料を輸入し加工する食料品加工業も発達（＝輸入額も多い）。

図 農産物純輸入国（2021年，単位 百万ドル）

	輸入	%	輸出	%	輸入超過額
中国（本土）	204,704	11.3	61,443	3.5	143,261
日本	62,736	3.5	7,129	0.4	55,607
イギリス	62,123	3.4	27,199	1.6	34,923
韓国	34,157	1.9	7,937	0.5	26,220
サウジアラビア	22,710	1.2	4,093	0.2	18,617
（参考＝純輸出国）					
インドネシア	23,693	1.3	52,881	3.0	−29,188
アルゼンチン	4.729	0.3	37,761	2.2	−33,032
オランダ	78,593	4.3	114,003	6.5	−35,410
ニュージーランド	5,561	0.3	45,651	2.6	−40,091
ブラジル	12,413	0.7	101,563	5.8	−89,150
計	1,817,802	100.0	1,754,667	100.0	—

出典：『日本国勢図会』

ツボ 3 日本の六次産業化

今日，厳しい経営環境に置かれている日本の第一次産業は，**農産物の生産・販売に留まらず，食品加工業者と連携したり，旬の農産物を直売所で販売し，さらに美味しい料理にして提供する農家レストランを設けたり**して，より付加価値の高い産業を目指す取り組みを推進している（「**六次産業化**（＝第一次産業×第二次産業×第三次産業）」）。

チャレンジテスト（大学入学共通テスト実戦演習）

問1 次の図中のア～ウは，1人1日当たりカロリー供給量，穀物輸入依存度*，人口増加率のいずれかについて，国・地域別に示したものである。指標名とア～ウとの正しい組合せを，以下の①～⑥のうちから一つ選べ。　（2020年センター試験追試A）

*穀物の輸入量から輸出量を差し引いた値が，国内供給量に占める割合。

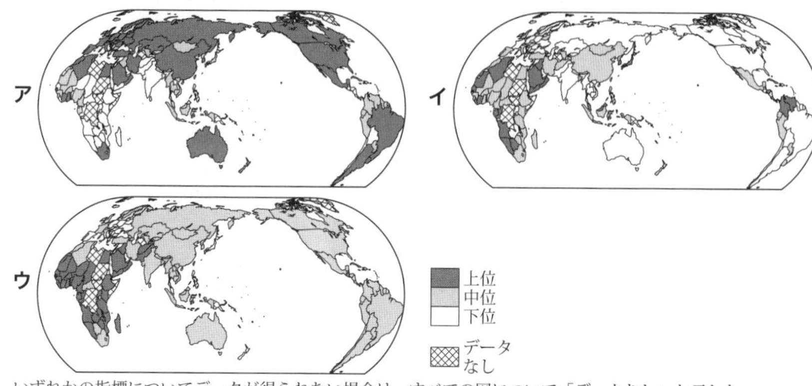

いずれかの指標についてデータが得られない場合は，すべての図について「データなし」と示した。
中国の数値には台湾，ホンコン，マカオを含まない。統計年次は，1人1日当たりカロリー供給量が2013年，穀物輸入依存度が2011～2013年の平均，人口増加率が2010～2015年。　FAOSTATなどにより作成。

図

	①	②	③	④	⑤	⑥
1人1日当たりカロリー供給量	ア	ア	イ	イ	ウ	ウ
穀物輸入依存度	イ	ウ	ア	ウ	ア	イ
人口増加率	ウ	イ	ウ	ア	イ	ア

問1 ［答］ ①

アは，欧米諸国で上位，途上国で下位を示すことから1人1日当たりカロリー供給量となる。豊かな欧米諸国では，高カロリーな肉類や牛乳・乳製品の摂取量が多いため1人1日当たりカロリー供給量が多くなる。また，インドはヒンドゥー教徒が約8割で，宗教的理由から肉類を食べない菜食主義者が多いため，1人1日当たりカロリー供給量は低くなる。**イ**は，西アジアからアフリカで上位や中位，欧米諸国で下位を示すことから穀物輸入依存度となる。欧米諸国は資本力に長ける国が多く，大規模，機械化による高い労働生産性による商業的，企業的農業を行っており，小麦を中心とした穀物自給率は高い。一方で西アジアから北アフリカの乾燥地域や貧しい国が特に多いサブサハラと呼ばれるサハラ以南の地域では，気候条件や社会条件に恵まれないため，人口増加に穀物増産が追いつかず穀物自給率は低い国が多い。**ウ**は，**イ**と同様に西アジアからアフリカで上位や中位の国が多いが，**イ**との違いとして欧米諸国は概ね中位を示す。ただし欧米諸国の中でも日本と同様に少子高齢化が著しく進展するドイツ，1990年代の社会主義体制の崩壊後，出生率が低下し，2000年代のEU加盟後，西欧へと人口流出が続く東欧諸国は下位を示すことから人口増加率となる。ちなみに西アジアの産油国では，周辺諸国から雇用機会を求めての流入による社会増加率が高く，貧しいアフリカでは子どもを働き手として期待するなどの理由から高い出生率による自然増加率が高い。

問2 輸入される肉類や穀物などの農産物の生産には，他国の水資源が使用されている。なかでも，肉類の生産では，飼料生産にも水資源が必要なため，より多くの水資源が使用されている。次の表は，いくつかの国について，国内で消費される農産物の生産に使用された国内の水資源量，および輸入される農産物の生産に使用された他国の水資源量を，それぞれ自国の人口1人当たりで示したものである。表中の①～④は，アメリカ合衆国，インド，日本，ブラジルのいずれかである。日本に該当するものを，表中の①～④のうちから一つ選べ。
（2015年センター試験追試B）

表　（単位：m^3/年）

	国内で消費される農産物の生産に使用された国内の水資源量（1人当たり）	輸入される農産物の生産に使用された他国の水資源量（自国の1人当たり）
①	1,960	437
②	1,749	178
③	988	26
④	204	970

1996年～2005年の平均。
UNESCO, *National water footprint accounts* により作成。

問2 ［答］ ④

まず問題文の1行目～2行目から，肉類や穀物の生産が水を多く消費することを認識しておきたい。その上で正解として求められている日本は，重量ベースの自給率では，肉類が5割程度，穀物が3割弱となっており，食料全体でも4割弱となっている。よって，日本は国内より輸入される農産物の生産に使用された他国の水資源量のほうが多いと判断できるので，④が正解となる。

ちなみに，残った①～③のうち③は，国内と他国の水資源量を足した値が最も少ない。よって，ヒンドゥー教の教えから牛肉をはじめ肉を食べない菜食主義者が多いインドと判断できる。①と②は，国内の水資源量が大きい値を示していることから，肉類や穀物の生産が盛んな新大陸のアメリカ合衆国またはブラジルとなるが，インドと同様に国内と他国の水資源量を足した値を考えてみると，②より①のほうが多い。よって，先進国で大量消費生活を送る人々が多いアメリカ合衆国が①，残った②がブラジルとなる。

問3 農産物流通と農業政策にかかわる特徴や課題について述べた文として適当でないものを，次の①～④のうちから一つ選べ。 (2015年センター試験本試B)

① アメリカ合衆国には，穀物メジャーとよばれる大規模な多国籍企業の本拠地が存在しており，世界の穀物市場に強い影響を与えている。
② オーストラリアは，イギリスに重点を置いたかつての農産物輸出戦略を，アジアを中心とした輸出戦略に転換してきた。
③ 日本では，農産物市場の対外開放にともなって，小規模な農家を保護するために営農の大規模化を抑制する政策がとられるようになった。
④ ヨーロッパの共通農業政策は，主な農産物の域内共通価格を定め，安価な輸入農産物に課徴金をかけたため，域外の国々との貿易摩擦が発生した。

問3 [答] ③

③ **誤文**：アメリカ合衆国からの市場開放圧力によって，**日本は1990年代に入ると，牛肉やオレンジ，米の輸入自由化に踏み切った**。今後，日本の農家が生き残りを図るためには，少しでも大規模な経営農家を増やし，農業の生産コストを削減し国際競争力を強めていく以外には方法はなく，そのような政策が進められている。よってそれとは矛盾する，営農の大規模化を抑制する政策というのは誤りとなる。

① **正文**：**アメリカ合衆国には巨大資本をもつ多国籍企業の穀物メジャーが存在し，農作物の生産から流通，加工を支配し，それ以外にも農業関連全般を取り仕切るアグリビジネスを行い，穀物の価格決定権を掌握**している。

② **正文**：オーストラリアは1970年代初頭まで旧宗主国のイギリスとのつながりを重視していた。しかし，**1973年にイギリスがEC（現EU）に加盟したため**，EC（現EU）が行っている域外共通関税や共通農業政策の影響から，**オーストラリア産の安価な農産物輸出をイギリスに対して行うのが難しくなった**。そこで**オーストラリアは，距離が近くて経済成長が見込め，潜在的大市場をもつアジア向けに農産物を輸出**するようになっていった。

④ **正文**：**1960年代からECでは域内の農家を守り，国際競争力を強めるための共通農業政策が行われてきた**。これは，**域内の農産物に対しては国際価格よりも高い価格で買い取る統一価格制度を導入し，域外からの安い農産物に対しては輸入課徴金をかけ，おもにアメリカ合衆国など新大陸からの安い農産物の流入を防ぐ保護政策**であった。そのことによって貿易摩擦が顕在化したため，1990年代に入ってからEUでは域内の統一価格を大幅に引き下げたり，段階的に輸入課徴金から関税へ切り替えたりするなどの対策を採るようになっている。

15 エネルギー資源と鉱産資源

1 石炭

✤ **産地**…古期造山帯での産出が多い。

✤ **産出量・貿易量・埋蔵量**…**中国が世界の約半分**を産出（⇒クリーンエネルギーの天然ガスへの転換が進みつつある）。その他に**インド**，**インドネシア**（近年急増），**オーストラリア**など。**輸出はインドネシア**，**オーストラリア**，**輸入は中国**，**インド**，**日本**（**オーストラリア**に**約6割**依存）で多い。埋蔵量はアメリカ合衆国が世界一。

2 石油

✤ **産地**…褶曲（しゅうきょく）山地の背斜（はいしゃ）構造で埋蔵が多い。

✤ **産出量・貿易量・埋蔵量**…**産出はアメリカ合衆国**（⇒シェールオイルで**増産**），**ロシア**，**サウジアラビア**。輸出世界一はサウジアラビア。**輸入は，近年急増する中国やインド，アメリカ合衆国**。**埋蔵量の約5割が中東地域**に集中（**偏在性が高い**）⇒埋蔵量は**ベネズエラ**（オリノコタール），サウジアラビア，**カナダ**（アルバータ州⇒オイルサンド）。

✤ **石油をめぐる動き**

① **1960年代**…メジャー（国際石油資本）**による価格の支配や産出量の統制に対抗するため，**資源ナショナリズム**が高揚していた石油産出国が，**OPEC（石油輸出国機構）
やOAPEC（アラブ石油輸出国機構）を結成。

② **1970年代～1990年代**…**1973年に**第一次石油危機，1979年に第二次石油危機が発生⇒**石油価格の上昇で先進国が打撃**⇒第一次石油危機**後，先進国は省エネルギーや代替エネルギー（天然ガス・原子力）の開発**を進めた。また，OPEC加盟国以外でも原油の生産量が増加した。1980年代に入ると**OPEC（石油輸出国機構）の地位は低下**し，1990年代には，原油価格の低迷から新規の油田開発は停滞。

③ **2000年代～**…**中国やインドの原油需要の増大，投機マネーの流入で，原油価格は上昇し高止まりし，近年は政情不安などから価格変動が以前より大きくなっている。**

3 天然ガス

✤ **産地**…石油の産地に多いが，**石油と比べ偏在性が低い**。

✤ **産出量・貿易量**…**アメリカ合衆国とロシアが二大産出国**。石炭や石油に比べ**二酸化炭素の排出量が少なく，硫黄分が少ないため大気を汚染しにくいクリーンエネルギー**⇒**輸入の中心は日本などの先進国**。**最近は環境対策から中国の輸入が急増**。日本は**LNG（液化天然ガス）船を用いて輸入**（⇒液化すると体積を縮小でき効率的な輸送が可能だが，液化輸送には多大なコストがかかるため，**近距離のオーストラリアや東南アジアからの輸入が中心**⇒ただし，**最近ではカタールやロシアからの輸入**やアメリカ合衆国からのシェールガスの輸入も増加），**欧米ではパイプラインで輸送**。

✤ **シェールガス・シェールオイル**

① 2006年頃より技術革新によって，地中深くの泥土が堆積したシェール（頁岩）層から採掘が始まった天然ガスや石油⇒**アメリカ合衆国では2000年代後半から天然ガスと石油の産出が増える一方，石炭の産出・消費を減らすことに成功**し，**エネルギー自給率が向上**した。**産出国の中東諸国やロシアの地位が低下**。

② 掘削時に使用する**化学物質による地下水汚染**や原油価格下落による採算割れの問題。

4 鉱産資源 

✤ **鉄鉱石**…**安定陸塊**の楯状地での産出が多い。産出は**オーストラリアとBRICS（ブラジル，ロシア，インド，中国，南アフリカ）が上位**。**日本は近距離のオーストラリアから5割以上輸入**。**中国の鉄鋼生産の増減が，鉄鉱石価格に大きく影響**。

✤ **銅鉱**…**環太平洋造山帯**（**チリが世界一**，世界の約3割）や**カッパーベルト**（**コンゴ民主共和国**⇒**最近はレアメタルのコバルト鉱の産出が多い**，**ザンビア**）で多い。電化の進展や電機産業の発達で需要が増加⇒中国で産出・輸入増。

✤ **ボーキサイト**…**熱帯**（**ラトソル**）≒低緯度での埋蔵が多い。産出は**オーストラリア（北部）が世界一**，中国，**ギニア**，ブラジル，**ジャマイカ**が上位。**アルミニウムの原料**。

✤ **その他**

① **すず鉱**…**中国**，**東南アジア**，**ペルー**，ブラジル，**ボリビア**。**メッキ**などに利用。

② **金鉱**…中国，オーストラリア，ロシアなど。

③ **銀鉱**…**メキシコ**，**ペルー**，中国など。電子機器の素材などに利用。

④ **ダイヤモンド**…ロシア，**南部アフリカ**（**ボツワナ**，コンゴ民主共和国，南アフリカ）など。

⑤ **ニッケル鉱**…インドネシア，フィリピン，ロシア，**ニューカレドニア**（フランス領）。

⑥ **レアメタル**…**埋蔵量が少なく，先端技術産業の材料として欠かせない**金属資源⇒**偏在性が高く**（タングステン…中国，マンガン・**クロム鉱**…**南アフリカ**，**コバルト鉱**…**コンゴ民主共和国**，リチウム…オーストラリア，チリなど），**産出国の政情・政策による価格の変動が大きい**⇒**供給が不安定**。輸入国は，**輸入相手先の分散化**や**備蓄量の増加**，**技術開発による使用量の節減**，**リサイクル**（「**都市鉱山**」＝都市にある未使用・廃棄される携帯電話や家電製品に使われているレアメタルを含む資源）を推進。

ここが共通テストのツボだ!!

ツボ 1 地下資源の生産と貿易をめぐる動き

① 急増する中国とインドのエネルギー需要⇒**中国は石炭，石油，天然ガスの輸入がすべて世界一，インドは石炭，石油の輸入は多いが，天然ガスの輸入はまだ少ない。**

②「中国がくしゃみをすると，オーストラリアは風邪をひく！」⇒**世界ダントツの鉄鋼生産国である中国は，良質な鉄鉱石・石炭の世界的産出国であるオーストラリアに大半を依存＝オーストラリア経済は中国の景気に左右される。**

③ 巨大資本をもつ少数の**資源メジャーが，石油をはじめ，石炭，鉄鉱石の権益を支配**！

④ **資源大陸と呼ばれるアフリカでは，資源産出国は経済発展し，国家間の格差が拡大。**また，**資源産出国では資源によって得られた富が多くの人々に還元されず，貧富の差が拡大**。さらに，**先進国や中国向けの資源輸出によって得られた資金が武器調達などに使われ，紛争を助長している可能性**がある。

ツボ 2 おもな資源の産地

1. 石炭　おもな産出国(炭田)…**中国**(**東北部の**フーシュン)，**インド**(ダモダル)，**南アフリカ共和国**，イギリス(ミッドランド)，**ドイツ**(ルール)，**ポーランド**(シロンスク)，**ウクライナ**(ドネツ)，カザフスタン(カラガンダ)，ロシア(クズネツク)，**アメリカ合衆国**(アパラチア炭田)，**オーストラリア**(**東部の**グレートディヴァイディング山脈)。

2. 原油　おもな産出国(油田)…**中国**(**東北部の**ターチン，ションリー，**西部**)，**インドネシア**，**マレーシア**，ブルネイ，**ペルシア湾岸**(サウジアラビア，イラン，イラク，クウェート，アラブ首長国連邦など)，**リビア**，**アルジェリア**，**ナイジェリア**，スーダン，アンゴラ，北海油田(**ノルウェー**，**イギリス**)，ルーマニア，**カスピ海沿岸**，**ロシア**(ヴォルガ・ウラル，チュメニ，サハリン)，**アメリカ合衆国**(メキシコ湾岸，アラスカ[プルドーベイ]，カリフォルニア)，**カナダ**(**アルバータ州の**オイルサンド)，**メキシコ**，**ベネズエラ**，**エクアドル**，コロンビア，**アルゼンチン**(南部)。

3. 鉄鉱石　おもな産出国(鉄山)…**中国**(アンシャン)，**インド**(シングブーム)，リベリア，**スウェーデン**(キルナ，マルムベリェト)，**ウクライナ**(クリヴィーリフ)，**ロシア**(マグニトゴルスク)，**アメリカ合衆国**(メサビ)，**カナダ**(ラブラドル高原)，**ブラジル**(カラジャス，イタビラ)，ベネズエラ，**オーストラリア**(西部ピルバラ地区)，南アフリカ。

4. 銅鉱　おもな産出国(銅山)…**チリ**，**ペルー**，**アメリカ合衆国**，**コンゴ民主共和国・ザンビア**(カッパーベルト)。

5. ボーキサイト　おもな産出国(鉱山)…**オーストラリア北部の半島部**，ブラジル，**ギニア**，**ジャマイカ**，ガイアナ，スリナム，中国。

6. すず鉱　おもな産出国(鉱山)…**中国**，**東南アジア**(ミャンマー，インドネシア，マレーシア)，**ペルー**，**ボリビア**。

チャレンジテスト（大学入学共通テスト実戦演習）

問1 下の表は，世界のエネルギー資源の埋蔵量と，埋蔵量を年間生産量で除した可採年数を地域別に示したものであり，①～④は，アフリカ，北アメリカ（メキシコを含む），中・南アメリカ（メキシコを除く），西アジアのいずれかである。アフリカに該当するものを，表中の①～④のうちから一つ選べ。

（2018年試行調査〈改〉）

表

	石油		天然ガス		石炭	
	埋蔵量（億バレル）	可採年数（年）	埋蔵量（兆m³）	可採年数（年）	埋蔵量（億トン）	可採年数（年）
①	8,077	70	79.1	120	12	752
②	3,301	126	8.2	46	140	141
③	2,261	31	10.8	11	2,587	335
欧州（ロシアを含む）・中央アジア	1,583	24	62.2	59	3,236	265
④	1,265	43	13.8	61	132	49
アジア（西アジアを除く）・太平洋	480	17	19.3	32	4,242	79

統計年次は2017年。
*BP Statistical Review of World Energy*の資料などにより作成。

問1 ［答］ ④

まず，石油に注目すると①は圧倒的に埋蔵量が多いことから，中東地域にあたる西アジアとなる。次に残った選択肢を埋蔵量と可採年数の関係から考えてみると，③は②や④と比べて，埋蔵量に対して可採年数が一番短くなっていることから，先進国の中でも石油を大量消費するアメリカ合衆国を含む北アメリカとなる。

最後に残った②と④であるが，埋蔵量と可採年数の関係に最も大きな違いが見られる石炭に注目し，表中で明かされている他地域との共通性から判断したい。欧州・中央アジアと③の北アメリカは埋蔵量に対して可採年数が長い傾向を示す一方，アジア・太平洋と④は埋蔵量に対して可採年数が短い傾向を示す。よって，前者は先進地域，後者は途上地域という共通性から，④は貧しい国を多く抱える途上地域のアフリカとなる。先進地域においては1960年代のエネルギー革命以降，石炭から石油，クリーンエネルギーの天然ガスの利用が進む一方で，途上地域は旧来型のエネルギー資源である石炭がいまだに中心だからである。よって，残った②は中・南アメリカとなるが，石油埋蔵量が世界最大のベネズエラを含むため①の西アジアに次いで石油埋蔵量が多くなっている。

問2 次の図は，石油や鉄鉱石の利用を事例として，資源・エネルギーの産出から加工，さらには利用・消費について写真と文章で示したものである。図中の文章中の下線部①～④のうちから，**適当でないもの**を一つ選べ。

（2018年試行調査〈改〉）

世界の資源について産出国からの貿易でみると，①鉄鉱石の輸出量ではオーストラリアとブラジルが上位を占める。また，②原油の輸入量を国別でみると，最大の国は日本である。

石油化学コンビナートや製鉄所では，資源を加工して化学製品や鉄鋼などを生産している。第二次世界大戦後は，③生産施設の大規模化やオートメーション化が進んだ。

利用・消費でみると，1人当たりのエネルギー消費量は発展途上国よりも先進国で多い。工業製品では，④先進国に比べ，発展途上国で消費量の増加率が高くなっている。

図

問2 ［答］ ②

② 誤文：原油輸入量世界一は，現在中国である。

① 正文：鉄鉱石を豊富に持つ国の中でオーストラリアは工業が未発達であり，ブラジルは他のBRICS諸国と比べ鉄鋼の生産がそこまで盛んではないため，原料となる鉄鉱石の輸出余力が大きく，鉄鉱石の上位輸出国となっている。

③ 正文：第二次世界大戦後，重工業部門においては，大規模なプラント施設を持った石油化学コンビナートや銑鋼一貫（せんこういっかん）工場が増えるようになった。また，大量生産を行うためのFA（ファクトリーオートメーション）化も進んだ。

④ 正文：まだまだ工業製品の消費量では先進国が多いが，中国やインドなどでは経済成長から写真にあるように自動車が急速に普及し，インフラ整備が進んでいる。よって，増加率という点では先進国より高くなっている。

問3 次の図は，スマートフォンなどの電子機器に利用される金属であるタンタルと，古くから貴金属として利用されてきた金の産出量を国・地域別に示したものである。鉱物の分布と採掘をめぐる課題に関する文章中の下線部①～④のうちから，適当でないものを一つ選べ。

（2022年共通テスト本試A）

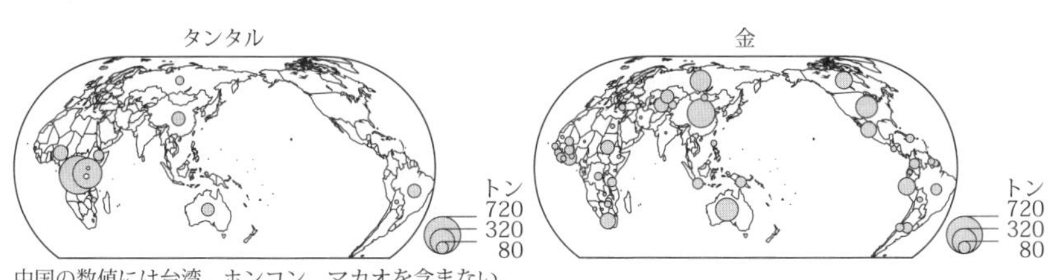

中国の数値には台湾，ホンコン，マカオを含まない。
統計年次は2017年。USGSの資料などにより作成。

図

図から，①金よりもタンタルの方が産出国に偏りがあること，また②タンタルは金と比べて産出量が少ないことがわかる。分布や産出量から，③タンタルより金の方が，産出国の政情不安が世界全体の産出量に影響を与えやすいといえる。タンタルはレアメタルの一つであり，④情報通信機器の世界的な普及などに伴い需要が増加しているが，レアメタルは武装集団が資金源とするなど，紛争と関わることもあるため，利用国側の姿勢が問われている。

問3 ［答］ ③

タンタルがレアメタルであることを意識して解答にあたりたい。

① 正文：図の読み取りからも，知識の点からも，タンタルのようなレアメタルは一般に産出の偏在性が極めて高い。

②，④正文：①と同じく図の読み取りからも，知識の点からも，タンタルのようなレアメタルは産出量が少ないまたは埋蔵量が少ない資源である。またレアメタルは先端技術産業の部材として欠かせない付加価値の高い資源である。

③ 誤文：タンタルをはじめとしたレアメタルの多くは，政情不安を抱える国や地域での産出が多いため，供給不安を抱えやすく，価格変動も大きい。タンタルは内戦が続くコンゴ民主共和国が世界最大の生産国となっており，世界生産の3割～4割ほどを占める。ちなみにコンゴ民主共和国は，同じくレアメタルのコバルトの生産も世界最大で，世界生産の5割～6割ほどを占める。そのため日本を含めた先進国は，安定供給策として輸入相手先の分散化や備蓄，代替資源の利用，都市鉱山を利用した再資源化を進めている。

16 発電と再生可能エネルギー

1 おもな発電の特徴

- 水力発電…**維持費は安い**（⇒**アルミニウムの精錬**に利用）が，発電用ダムの場合，建設費が高く環境破壊につながる。内陸の山間部や多雨地域の**包蔵水力の大きい河川**（**ブラジル**など），**氷食谷**（ひょうしょくこく）**をもつ山地地形が広がる国**（**ノルウェー**，**アイスランド**，カナダ，スウェーデンなど）に立地。
- 火力発電（**多くの国の発電の中心**）…建設費が安い⇒都市近郊に立地。維持費（燃料費）が高い。**化石燃料を燃やすため，資源の枯渇**（こかつ）**，環境問題が懸念**（⇒発電所で発生した廃熱を給湯や冷暖房などに利用する**コジェネレーションシステム**の活用，発電所などで発生したCO_2を回収し地中深くに貯留する**CCS**の開発）。**石炭や原油などの産出国**（**中国**，**中東諸国**，**ポーランド**，**オーストラリア**，**インド**）や資源に乏しい先進国，大消費地（大都市）の周辺に立地。
- 原子力発電…少量の燃料で大きなエネルギーが得られる。**二酸化炭素の排出量が少ない**⇒先進国だけでなく，**経済発展が著しい新興国**（中国，インド）や**産油国**（ロシア，アラブ首長国連邦）**で導入**の動き。**安全性の問題**（廃炉を含めた原子炉，廃棄物処理）⇒1986年**チョルノービリ（チェルノブイリ）原発事故（ウクライナ）**，**2011年福島第一原発事故**⇒ドイツは2023年に原発全廃，スイスは2050年までに脱原発。**大都市から離れた人口密度の低い地方を中心に**（**フランス**，ベルギー，スウェーデン，スイス）立地。

2 再生可能エネルギー

- 地熱発電…**新期造山帯やプレートの広がる境界など火山の分布する地域**で盛ん（アメリカ合衆国，**インドネシア**，**フィリピン**，トルコ，**ニュージーランド**，**メキシコ**，**ケニア**，**イタリア**（世界初），**アイスランド**）⇒日本の地熱資源量は世界有数であるが，**開発がこれまで進んでこなかった**（**熱源が国立公園内で開発規制が厳しいこと**，**温泉の湯量減少**，長期間の**調査・開発**などから）。
- 風力発電…**偏西風が卓越する地域**や**人口希薄な沿岸地域**（**騒音問題があるため**⇒最近では洋上風力発電の増加）で盛んだったが，建設費が安いことから新興国でも近年急速に増加(中国，アメリカ合衆国，**ドイツ**，インド，**イギリス**，**スペイン**，**デンマーク**など)。

✤ **潮汐（潮力）発電**…**潮の干満の差**を利用し発電する（**フランス**など）。

✤ **太陽光発電**…**太陽電池のコストが割高なため先進国での普及が中心**⇒最近はコストが急速に低下（中国，アメリカ合衆国，**日本**，**ドイツ**，**イタリア**，**スペイン**）。また，小規模で公害問題がないことから家庭レベルでも急速に普及。大規模な発電所の建設による地形改変や森林破壊の問題。

✤ **バイオマス発電（⇒木質バイオマスなど）**…**木材や植物の残さ等の生物資源を原料として**発電する（フィンランドなど）。

✤ **固定価格買取制度（FIT）**…再生可能エネルギーによって得られた電力を，一定価格で一定期間，電力会社に買い取らせる制度。日本を含む先進国の多くで導入され，再生可能エネルギーの普及につながっている。

■電力需要に対応した１日の電源構成の例

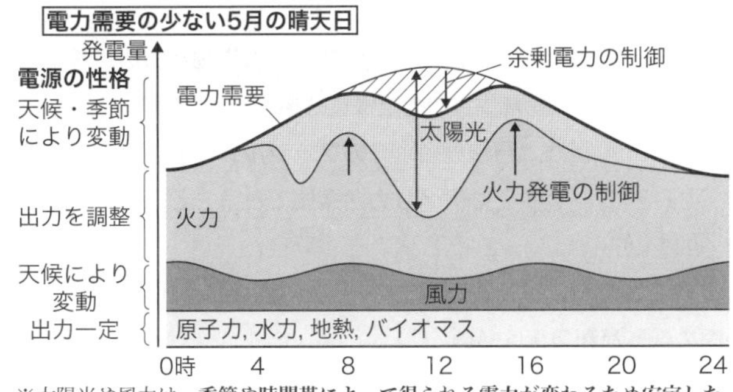

※太陽光や風力は，**季節や時間帯によって得られる電力が変わるため安定した電源とはならない**。

出典：資源エネルギー庁資料により作成

■世界の発電量と１人当たり電力消費量

おもな国の発電量（数字は単位億Wh）：その他，火力，原子力，水力

１人当たり電力消費量：10000kWh以上，5000〜10000，1000〜5000，1000kWh未満，資料なし

（2017年）

※国・地域による区分

出典：IEA World Energy Statistics 2019 ほか

ここが共通テストのツボだ!!

ツボ 1 バイオ燃料

① 特色・利点…**サトウキビ**，**とうもろこし**，油ヤシ，廃材などの植物由来のものを原料として製造された燃料。原料である**植物が成長段階で光合成によって二酸化炭素を吸収**しており，燃焼時に**二酸化炭素を排出しても大気中の総量を増やさないもの**とみなされる（「カーボンニュートラル」）。また，化石燃料のように枯渇（こかつ）する心配がないため，代替燃料として期待されている。

② 課題…バイオ燃料の需要の増加から，**元来食料や飼料として生産されてきた原料のとうもろこしやサトウキビの価格が上昇**した。その結果，**さまざまな農畜産物や加工品の価格の上昇**につながっている。また，これらの作物を生産するほうが，より多くの利益が得られるとの理由から，**大豆など他の作物からの転作を進める動きや新規農地拡大にともなう森林伐採（ばっさい）や土壌（どじょう）侵食も懸念**されている。

③ 生産状況…**バイオ燃料**は，石油危機以降の**ブラジルでサトウキビを利用**して生産が始められ（世界2位），近年では**アメリカ合衆国でとうもろこしを利用**した生産が盛んである（世界1位）。

④ 利用状況…**バイオ燃料には，途上国での利用が多い薪炭材も含まれるため，先進国より途上国のほうが利用量は多い。**

図 世界各地域のバイオマス利用状況（2020年）

	バイオマス（Mtoe）	一次エネルギー総供給（Mtoe）	シェア
OECD	299.3	5,021.4	6.0%
欧州	150.9	1,607.5	9.4%
米州	129.9	2,581.3	5.0%
アジア・オセアニア	18.5	832.6	2.2%
非OECD	1,028.0	8,645.3	11.9%
アフリカ	393.6	830.3	47.4%
中南米	129.2	519.4	24.9%
アジア（中国除く）	353.6	1,879.2	18.8%
中国	130.0	3,512.1	3.7%
非OECD欧州及びユーラシア	20.6	1,133.2	1.8%
中東	0.9	771.1	0.1%
世界計	1,327.8	13,963.3	9.5%
日本	9.5	384.8	2.5%

※中国の値は香港を含む。

出典：エネルギー白書

チャレンジテスト（大学入学共通テスト実戦演習）

問1 ゲンタさんの班では，環境問題に関する解決策の導入が，他方では新たな地球的課題を生み出している側面に着目し，いくつかの国におけるバイオ燃料をめぐる問題について考えた。次のA～Cの文は，アメリカ合衆国，インドネシア，ブラジルのいずれかにおける，バイオ燃料の導入拡大にともなって懸念される問題について述べたものである。国名とA～Cとの組合せとして最も適当なものを，後の①～⑥のうちから一つ選べ。

（2023年共通テスト本試A）

A　バイオ燃料の利用が推進されたことで国内需要が増え，その主原料となるサトウキビの栽培地域が拡大し，熱帯雨林の破壊が進む。

B　国内でのバイオ燃料導入策の開始や輸出用バイオ燃料の需要増加により，その主原料となるアブラヤシの農園開発が，低地や湿地などの自然林にも拡大する。

C　世界最大のトウモロコシ生産国であるが，トウモロコシ由来のバイオ燃料の需要が増加したことで，競合する飼料用の供給量が減り，穀物価格の高騰につながる。

	①	②	③	④	⑤	⑥
アメリカ合衆国	A	A	B	B	C	C
インドネシア	B	C	A	C	A	B
ブラジル	C	B	C	A	B	A

問1 ［答］ ⑥

Aは「主原料となるサトウキビの栽培地域が拡大し，熱帯雨林の破壊が進む」とあることから，**サトウキビ**の生産が世界最大のブラジルとなる。1970年代当時，石油がほとんど産出できなかったブラジルは，**石油危機**への対応として国内で余剰となっていた**サトウキビ**を**バイオエタノール**の原料とし，その利用を推進してきた。今日では環境意識の高まりから**バイオ燃料**用としての**サトウキビ**の需要が拡大し，**熱帯雨林**を伐採し**サトウキビ**農園としたり，**コーヒー**から**サトウキビ**に転換したりする農家も増えている。

Bは「主原料となるアブラヤシの農園開発が，低地や湿地などの自然林にも拡大する」とあることから，**油ヤシ**から採取される**パーム油**の生産が世界最大のインドネシアとなる。インドネシアでも2000年代以降，環境意識の高まりから**パーム油**を用いた**バイオディーゼル**の生産が拡大していることや，アジア地域の経済成長から食用，洗剤などの工業用の需要が急増したこともあって，ブラジルと同じく熱帯林を伐採した**油ヤシ**農園が急拡大している。

Cは「世界最大の**トウモロコシ**生産国」とあることからアメリカ合衆国となる。アメリカ合衆国も2000年代以降，環境意識の高まりから余剰となっていた**トウモロコシ**を**バイオエタノール**の原料として利用するようになった結果，飼料用や食用に回る**トウモロコシ**が減り，また儲けが小さい小麦から儲けが大きい**トウモロコシ**へと転換する農家が増えたこともあって，**トウモロコシ**だけでなく小麦などの他の穀物価格の上昇にもつながったとされる。

問2 次の表は，いくつかの国における化石燃料と再生可能エネルギーについて，発電量と総発電量*に占める割合を示したものである。表をもとに環境への負荷について話し合った，先生とリナさんたちとの会話文中の下線部a～cについて，正誤の組合せとして正しいものを，後の①～⑧のうちから一つ選べ。

*化石燃料と再生可能エネルギーのほか，原子力などを含む。　　（2022年共通テスト本試B）

表

	化石燃料		再生可能エネルギー	
	発電量（億kWh）	総発電量に占める割合（%）	発電量（億kWh）	総発電量に占める割合（%）
中国	46,783	70.5	16,624	25.1
アメリカ合衆国	26,915	62.8	7,182	16.8
日本	8,199	76.7	1,682	15.7
ドイツ	3,461	52.9	2,163	33.1
カナダ	1,247	18.9	4,322	65.6
世界全体	165,880	64.5	62,695	24.4

再生可能エネルギーは，水力，太陽光，地熱，風力などの合計。中国の数値には台湾，ホンコン，マカオを含まない。
統計年次は2017年。『世界国勢図会』により作成。

先　生：「環境への負荷を，化石燃料と再生可能エネルギーの二つから考えてみましょう。化石燃料による発電は環境への負荷が大きく，再生可能エネルギーによる発電は環境への負荷がきわめて小さいとした場合，表から環境への負荷はどのように考えられますか」

リ　ナ：「a国別でみた環境への負荷は，中国が最も大きくなるのではないでしょうか」

ナオキ：「人口を考慮して環境への負荷を考えると，b 1人当たりでみた環境への負荷は，アメリカ合衆国が最も大きくなると思います」

カオル：「近年は再生可能エネルギーも普及しているので，国ごとで評価するときには，発電量の大小ではなく構成比で考えるのが重要だと思います。c発電量の構成比でみると，ドイツが環境への負荷が最も小さい構成比であると考えます」

エミコ：「持続可能な資源利用に向けて環境への負荷を軽減する方法を考えていくことが重要ですね」

	①	②	③	④	⑤	⑥	⑦	⑧
a	正	正	正	正	誤	誤	誤	誤
b	正	正	誤	誤	正	正	誤	誤
c	正	誤	正	誤	正	誤	正	誤

問2 [答] ②

まず下線部**a**であるが，「国別でみた環境への負荷は，中国が最も大きくなる」とあり，**表**を見てみると化石燃料の発電量が最も多いのが中国であることから正文となる。

次に下線部**b**であるが，「1人当たりでみた環境への負荷は，アメリカ合衆国が最も大きくなる」とあり，下線部**a**と同じく環境への負荷の大小が問われているので，**表**中の化石燃料の発電量を各国の人口で割って求めてみたい。ちなみに**表**中の5か国の人口の概算数は，中国は約14億人，アメリカ合衆国は約3.2億人，日本は約1.2億人，ドイツは約8,000万人，カナダは約3,500万人（**表**の年次時点）である。よって，アメリカ合衆国の1人当たり化石燃料の発電量が最も多いことがわかる。よって下線部**b**も正文である。この選択肢の判定からもわかるとおり，**統計問題では主要国の人口を概算数でおさえておくことは極めて重要**である。

最後に下線部**c**であるが，「発電量の構成比でみると，ドイツが環境への負荷が最も小さい構成比である」とあるが，環境への負荷が最も小さいというのは，先生の会話文にも記されているとおり，再生可能エネルギーの総発電量に占める割合の指標を使って判断しなければならない。その結果，再生可能エネルギーの総発電量に占める割合が最も高いのは，65.6%のカナダでありドイツではない。よって下線部**c**は誤りとなり，正解の組合せは②となる。

問3 次の写真のA～Cは，日本の自然エネルギーを活用した発電の様子を示したものであり，下のア～ウの文は，その様子を説明したものである。ア～ウとA～Cとの正しい組合せを，下の①～⑥のうちから一つ選べ。 （2014年センター試験本試A）

A

B

C

写真

ア 小規模で設置できるなど制約が少ないため日本では急速に普及が進んでいるが，電力供給は不安定である。

イ 地球内部のエネルギーを利用するため潜在エネルギー量は豊富であるが，国立公園内での開発が規制されている。

ウ 二酸化炭素の発生が少なく発電コストも低いが，大規模な施設では騒音などが指摘されている。

	①	②	③	④	⑤	⑥
ア	A	A	B	B	C	C
イ	B	C	A	C	A	B
ウ	C	B	C	A	B	A

問3 [答] ④

ア：「小規模で設置できるなど制約が少ない」とあることから，**写真B**のソーラーパネルが市街地の中に設けられている太陽光発電と対応する。**太陽光発電は立地の制約が少ない**一方で，**季節や1日の中での発電量の差が大きくなりがちで**，**年中安定して電力が得られない**のが難点である。

イ：「地球内部のエネルギーを利用」とあることから，地熱資源を豊富にもつ火山のような山が背景に写り，比較的大きな発電設備をもつ**写真C**の地熱発電と対応する。**地熱発電**は日本の場合，**熱資源の多くが火山の近くにある**ため，その地域が**国立公園に指定され，景観上の問題から開発規制が厳しかった**（最近は緩和）。また**温泉の湯量減少への懸念**や**調査開発に時間を要する**ことから，日本では地熱発電があまり進んでこなかった。

ウ：後半に「大規模な施設では騒音」とあることから，発電時（風車の回転時）に発生する低周波の音による健康被害につながりやすい，**写真A**の風力発電と対応する。**大規模風力発電の場合，騒音問題や鳥類など周辺の生態系への影響が大きい**ことから，環境アセスメント法の対象になっており，風車の設置には事前に環境への影響を調査・評価して政府や自治体から認可を得なければならない。それゆえ，写真に見られるように遮蔽（しゃへい）物が少なく，人口密度が低い土地に立地しやすい。

17 工業立地と工業地域

1 工業立地

ドイツの経済学者A.ウェーバーは**輸送費が最小になる地点に工場を立地させるのが合理的**だとした。しかし，実際にはさまざまな条件により工場の立地は大きく影響を受ける⇒**近年は労働費が重要に**。

✤ 工業立地の分類

分　類	製品・工業の例	特　徴
原料指向型	セメント，鉄鋼，紙・パルプ，食料品(バター・チーズ，水産品)加工	重量減損原料や変質しやすい原料を扱う場合
市場指向型	ビール・清涼飲料，食料品(加工乳，その他食料品)加工，印刷(・出版)，繊維(ブランド品など高価格品)，IC産業(研究開発・試作部門)	普遍原料(＝どこでも入手可能な原料)，市場の情報，高度人材を重視する場合
労働力指向型	繊維(既製服など低価格品)，電気機械などの組立工業	労働費が生産費の多くを占める場合
臨海指向型	鉄鋼，石油化学	海外からの原料輸入に依存している場合
交通指向型	IC産業(量産部門)	小型軽量で費用に占める輸送費が小さい場合
集積指向型	自動車	集積による生産費節減の影響が大きい場合
用水指向型	醸造業，紙・パルプ	水が製品価値を決定･水を大量に消費する場合
電力指向型	アルミニウム	電力を大量に消費する場合

2 おもな工業の特徴

✤ 鉄鋼業

①**立地の変化**(主原料は鉄鉱石と石炭)

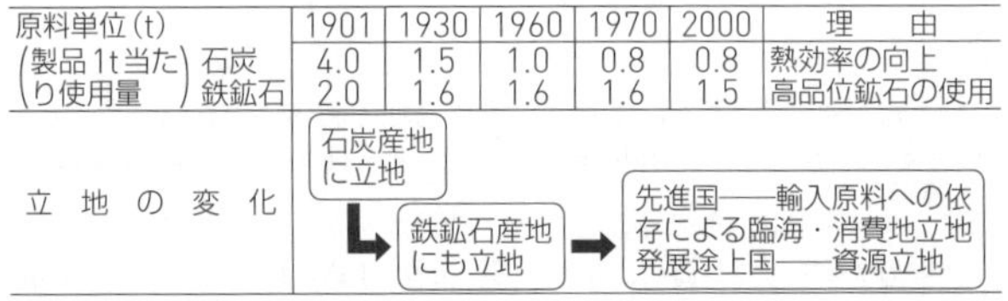

原料単位(t)		1901	1930	1960	1970	2000	理　由
(製品1t当たり使用量)	石炭	4.0	1.5	1.0	0.8	0.8	熱効率の向上
	鉄鉱石	2.0	1.6	1.6	1.6	1.5	高品位鉱石の使用
立地の変化		石炭産地に立地 ➡ 鉄鉱石産地にも立地 ➡ 先進国――輸入原料への依存による臨海・消費地立地／発展途上国――資源立地					

②**粗鋼**(そこう)**生産量**…**第二次世界大戦後**しばらくは**アメリカ合衆国**，**石油危機後は旧ソ連**，**旧ソ連崩壊後は日本**，**その後は中国がダントツの1位**へ⇒最近，中国では国内での生産余剰分を輸出へ。

✤ **アルミニウム工業**…**ボーキサイト**が原料。**大量の電力を必要**とするため，安価で安定した電力を得られる**水力発電**や地熱発電と結びつきやすい。**1970年代の2度の石油危機後**，電力コストの上昇によって**日本のアルミニウム精錬は衰退**(⇒開発輸入へ)。

✤ **自動車**…**総合組立工業**であるため**関連工業が集積**する大都市近郊などに立地。**先進**

工業国が現在でも生産の中心だが，近年は国内需要が頭打ちであることから，**先進国の多国籍企業が新興国に進出し生産を拡大⇒中国やインド，メキシコなどが生産上位へ**。日本の自動車メーカーは，アメリカ合衆国や西ヨーロッパ諸国との貿易摩擦を解消するため1990年頃から現地生産を実施。また，大消費市場になりつつある中国やインド，東南アジア（タイ，インドネシアなど）へも進出している。

■主要国の自動車生産と輸出

生産台数（万台）

1990年		2000年		2022年	
日本	1,349	アメリカ合衆国	1,280	中国	2,702
アメリカ合衆国	979	日本	1,014	アメリカ合衆国	1,006
ドイツ	498	ドイツ	553	日本	784
フランス	377	フランス	335	インド	546
イタリア	212	韓国	312	韓国	376
スペイン	205	スペイン	303	ドイツ	368
旧ソ連	197	カナダ	296	メキシコ	351

輸出台数（万台）

1990年		2000年		2021年	
日本	583	日本	446	日本	497
ドイツ	277	ドイツ	372	ドイツ	387
フランス	210	フランス	362	アメリカ合衆国	284
スペイン	132	スペイン	250	韓国	267
ベルギー	123	韓国	168	中国	210
アメリカ合衆国	95	アメリカ合衆国	148	フランス	158
イタリア	90	メキシコ	143	メキシコ	156

1990年のドイツの統計は旧西ドイツ。フランスの生産台数の統計には1998年以降ノックダウン車両は含まれない。

出典：『世界国勢図会』

✤ **造船**…**日本は長年，造船竣工量1位だったが，近年は韓国，中国の造船竣工量が伸び，抜かれている**。中国，韓国，日本の3か国で世界の造船竣工量の9割以上を占める。

✤ **航空機**…先端技術産業。**先進国の多国籍企業による分業生産**（**EU域内での協業**など）。

✤ **工作機械**…**工作機械**（「**マザーマシン**」）とは，金属やセラミックスなどの材料を加工する機械⇒**高技術国のドイツ，日本，イタリア**が中心だったが，**急速な工業化で中国でも生産が急増**。

✤ **電気機械（家電製品・電子機器）・情報通信機械**…当初は開発国の先進国で生産されるが，組立ては技術力による差が小さいため，安価で豊富な労働力がある**中国を筆頭に東・東南アジアが生産の中心**になっている⇒**先進国が部品やパーツを製造し，中国など新興国に輸出して組み立てる分業生産が確立（アジア域内分業）。最近，中国での賃金水準の上昇や米中貿易戦争を背景に，中国から，より賃金水準の低いベトナムやインドなどに製造拠点を移転する動きも見られる**。

✤ **IC産業（半導体・電子部品）**…**量産工場は**，安価な土地が広がる**地方の高速道路のインターチェンジや空港周辺に立地（交通指向型）。研究・開発部門は，情報が多く集まり高度人材の獲得にも有利な大都市近郊に立地（市場指向型）**。

✤ **石油化学工業**…原料の供給から製品生産まで工場が結びついた**コンビナートを形成**する⇒**巨大な設備を必要**とする装置型産業⇒**広大な土地，大量の水が得られる工業国の臨海部に立地**しやすい。

✤ **繊維工業**

① **綿（綿織物）工業**…**技術力を最も必要としない工業**のため，どの国でも工業の初期段階で発達（⇒**イギリスの産業革命：ランカシャー地方のマンチェスター**）⇒**安価で豊富な労働力をもつ中国，バングラデシュ，インドなどが生産の中心**。一方，**先進国は高付加価値製品（ブランド品）の生産へと特化**。

② **羊毛（毛織物）工業**…**原料供給は南半球（オーストラリアやニュージーランドなど）**，製品製造は中国やトルコを中心に古くからの生産国のイギリスなどで多い。

ここが共通テストのツボだ!!

ツボ 1 自動車工業と電気機械工業の違い

個人でパソコンは組み立てられても，自動車は組み立てられない！

● 自動車（≒**先進国の企業が生産の中心**）

新興国での生産が増えているものの，**生産の中心は先進工業国。また，中国やインドなどの新興国でも生産は先進国の多国籍企業が中心**！

自動車工業は，1台の車をつくるのに，数万点以上の部品が必要⇒**部品製造も含めた総合組立工業**であるため**関連工業が集積する大都市近郊に立地**⇒また，組立てには熟練した技術が必要となるため，熟練工を多くもつ**先進工業国が現在でも生産の中心**。ただし，近年は国内需要が頭打ちのため，**先進国の多国籍企業は自国で半製品化した部品などを新興国に輸出し組み立てる方式を確立し，新興国（中国やインド）での生産が急増**。

● 電気機械（≒**新興国の企業が生産の中心**）

仕様の標準化による電子部品等の半製品化（モジュール化）が進んで**組立てに熟練した技術を必要としなくなった**ことなどから，先進国が部品やパーツを製造し，新興国に輸出して組み立てる分業生産が確立。電気機械製品は，技術の進歩が格段に速く製品寿命が短いため，**先進国ではコスト削減からファブレス（自社工場をもたない）を選ぶ企業が増加。先進国の企業は，高付加価値製品の製造や新製品開発，サービスに経営資源を集中させる一方，量産は中国や台湾などのEMS（電子機器製造受託）企業に委託**（EMS企業の中には世界的大企業に成長した企業も）。

ツボ 2 インドのソフトウェア産業

● 発達の背景

① 旧イギリス植民地⇒**英語能力が高い（英語が準公用語）**。

② 数理的思考に強い⇒**理工系の高度人材が多い**。

③ 賃金格差⇒**アメリカ合衆国との賃金格差大**⇒**企業の人件費節減**。

④ **1990年頃より積極的な外資導入策**を実施。

⑤ 情報通信技術の発達⇒**アメリカ合衆国との時差が約半日**⇒米印間でのデータの送受信によって，**24時間フルタイム生産が可能**。

● 立地

理工系の大学が集中し軍需産業の拠点となってきた，インドのシリコンヴァレー**と呼ばれる**ベンガルール（バンガロール）**や首都の**デリーなど。

ツボ 3 おもな工業都市

● 鉄鋼業

① **炭田立地**…*エッセン・ドルトムント（ドイツのルール炭田），**ピッツバーグ（アメリカ合衆国のアパラチア炭田），北九州（筑豊炭田）⇒すべて衰退。

② **鉄山立地**…***メス・ナンシー（フランスのロレーヌ鉄山→閉山）⇒衰退，アンシャン（アンシャン鉄山）。

③ 炭田・鉄山立地…****バーミンガム（イギリスのミッドランド地方）。

④ **臨海立地**…日本の太平洋岸，ポハン（韓国南東部），パオシャン（中国のシャンハイ近郊），タラント（イタリア南部）。

（注）上記の＊はそれぞれ，**原料立地から以下の場所への移動を表す**⇒*デュースブルク（河港），****アメリカ合衆国の大西洋岸**，***ダンケルク（北海）・フォス（地中海），****カーディフ。

● 航空機工業…シアトル（アメリカ合衆国北西部），トゥールーズ（フランス南西部）。

● 自動車…豊田・浜松・太田（群馬県）・広島，ウルサン（韓国），バンコク（タイ），ウォルフスブルク（ドイツ），パリ（フランス），トリノ（イタリア），コヴェントリ（イギリス），バルセロナ（スペイン），デトロイト（**アメリカ合衆国，現在は衰退**）。

※ **中国やインドなど新興国は，首都やその他の大都市周辺で盛ん。**

● IC産業（アメリカ合衆国）

シリコンヴァレー（サンフランシスコ**近郊の**サンノゼ**周辺**），シリコンプレーン（テキサス州のダラス，フォートワース**付近**），エレクトロニクスハイウェイ（ボストン**周辺のハイウェイ**沿い）。

● 石油化学工業

ウルサン（韓国），カオシュン（台湾），シンガポール，ミドルズブラ（イギリス北海沿岸），ロッテルダム（オランダ），ヒューストン（アメリカ合衆国）。

● 繊維工業

① 綿（綿織物）工業…ランカシャー**地方の**マンチェスター（**イギリス西部**），ニューイングランド地方（アメリカ合衆国北東部のボストン周辺），シャンハイ・テンチン・シーアン（中国），ムンバイ（インド）。

② 羊毛（毛織物）工業…フランドル**地方**（フランスとベルギーの国境付近），ヨークシャー**地方**（**イギリス東部**），ミラノ（イタリア北部），フィレンツェ（イタリア中北部）。

チャレンジテスト（大学入学共通テスト実戦演習）

問1 工場は，原料や製品の輸送費が小さくなる地点に理論上は立地するとされている。次の図は，原料産地から工場までの原料の輸送費と，市場で販売する製品の輸送費を示した仮想の地域であり，下の**条件**を満たす。また，図中の①～④の地点は，工場の建設候補地を示したものである。総輸送費が最小となる地点を，図中の①～④のうちから一つ選べ。

（2021年共通テストB第1日程）

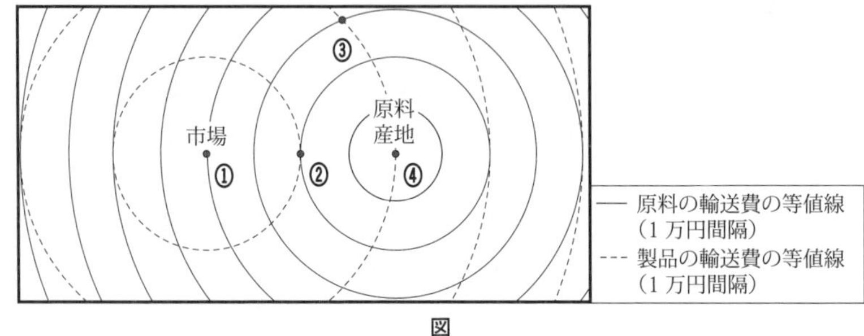

図

条　件

- 使用する原料は1種類であり，原料産地から工場まで原料を輸送し，工場で生産した製品を市場まで輸送する。
- 総輸送費は，製品1単位当たりの原料の輸送費と製品の輸送費の合計である。
- 輸送費は距離に比例して増加し，距離当たり輸送費について，原料は製品の2倍の費用がかかる。
- 市場や原料産地にも工場を建設できる。

問1 ［答］ ④

提示された条件を踏まえて，**図**中に示された原料の輸送費と製品の輸送費を算出していこう。市場に工場を建設する①の場合は，原料の輸送費が4万円，製品の輸送費が0円なので総輸送費は4万円となる。②の場合は，原料の輸送費が2万円，製品の輸送費が1万円なので総輸送費は3万円となる。③の場合は，原料の輸送費が3万円，製品の輸送費が2万円なので総輸送費は5万円となる。最後に原料産地に工場を建設した④の場合は，原料の輸送費が0円，製品の輸送費が2万円なので総輸送費は2万円となり最も安いことから④が正解となる。**本問は次の問2の布石になっており，原料産地と市場の間の輸送費を意識して次の問いを解答する**ことになる。このような問いの連動を意識させた出題は共通テストから明確に出題されるようになったことを知っておこう。

問2 工業の立地には原料や製品の輸送費が影響し，主な原料が同じであっても製品の性質によって工場の立地パターンが異なる場合がある。次の文ア～ウは，飲用牛乳，バター，アイスクリーム＊のいずれかの輸送費について述べたものであり，下の表中のA～Cは，東日本に立地する工場数をそれぞれ地域別に示したものである。ア～ウとA～Cとの正しい組合せを，下の①～⑥のうちから一つ選べ。

＊乳脂肪分8%以上のもので，原料は生乳のほかクリーム，バター，脱脂粉乳など。

（2021年共通テストB第1日程）

ア 製品に比べて原料の輸送費が多くかかる。

イ 原料と製品の輸送費はほとんど変化しない。

ウ 原料に比べて製品の輸送費が多くかかる。

表

	A	B	C
北海道	51	29	4
東　北	50	6	17
関　東	60	11	26

年間生産量5万リットル未満のアイスクリーム工場は含まない。
統計年次は2018年。『牛乳乳製品統計調査』により作成。

	①	②	③	④	⑤	⑥
ア	A	A	B	B	C	C
イ	B	C	A	C	A	B
ウ	C	B	C	A	B	A

問2 ［答］ ③

前問で触れた輸送費を最小にする地点に工場を立地させるのが好適という条件のもとに判断をしたい。まず**ア**は「製品に比べて原料の輸送費が多くかかる」とあることから，原料産地で加工して原料を軽減してから運んだ方が輸送費は節約できるため，乳製品の原料である生乳の生産，つまり酪農が盛んな北海道に偏って多い**B**との組合せとなる。

次に**イ**は「原料と製品の輸送費はほとんど変化しない」とあることから，原料産地でも製品をたくさん購入する大消費地（市場）でもどちらにも立地が多いことになる。よって，北海道，東北，関東に偏りが少ない**A**との組合せとなる。

最後に**ウ**は「原料に比べて製品の輸送費が多くかかる」とあることから，製品をたくさん購入する大消費地（市場）近くで加工するのが好適となるため，大消費地である東京を含む関東に偏って多い**C**との組合せとなり，組合せの正解は③となる。

ちなみに**ア**と**B**の組合せはバター，**イ**と**A**の組合せは飲用牛乳，**ウ**と**C**の組合せはアイスクリームである。まず**飲用牛乳は変質しやすいため，各地域で生産がなされ市場にすぐに出荷される必要があり，原料指向型とも市場指向型ともなる**。また，**アイスクリームは冷凍輸送が必須のため原料に比べて製品の輸送費が多くかかることから市場指向型**となる。最後に**バターは飲用牛乳として市場に流通させられなかった余剰分が製品に加工されて市場へ出荷され，牛乳と比べて保存性が高いことから原料指向型**となる。

問3 東アジア・東南アジアにおける発展途上国の工業化について述べた文として最も適当なものを，次の①～④のうちから一つ選べ。 (2018年試行調査〈改〉)

① 各国・地域の工業化は，輸出指向型から，外国資本の導入による輸入代替型の工業化政策に路線を転換することで進んだ。
② 工業化にともなって，先進国との貿易が増加して，東アジア・東南アジア域内の貿易額が減少した。
③ 中国の重化学工業化は，都市人口の増加を抑制し，国内の沿岸部と内陸部との地域間経済格差を緩和した。
④ 東南アジアの自動車工業は，原材料から最終製品までの生産において，国境を越えた工程間の分業によって発展した。

問3 [答] ④

④ 正文：東南アジアを代表する自動車生産国であるタイやインドネシアでは，先進国と比べまだまだ技術水準が低いため，自国だけで原材料の調達から最終製品の組立てまで行うことは難しい。そこで日本などから部材等を輸入し，現地ではそれらの組立てなどを行う工程間分業による自動車生産が中心となっている。

① 誤文：東アジアや東南アジアの発展途上国における工業化は，輸入代替型から輸出指向型に転じることで進展してきた。輸入代替型とは，海外からの工業製品の輸入を制限したり外国企業の進出を規制したりすることで，国内企業中心の工業化を目指す動きのことである。こうした輸入代替型の工業化がうまく進まなかったことから，輸出指向型に転じる。輸出指向型は，税金等を優遇した輸出加工区を設け，外国企業を積極的に誘致し，国内の安価な労働力を活用して，輸出向けの工業製品の生産から外貨の獲得につなげる動きのことである。こうして先進国の企業からの技術移転が進み，技術水準の向上や国内企業のさらなる発展につながっていく。

② 誤文：確かに工業化にともない先進国向けの工業製品の輸出の増加から先進国との貿易が増えたといえるが，それを支える東アジアと東南アジアでは工業の域内分業が進んでおり，部品や材料，完成品の相互輸出入が活発化しており，域内の貿易はむしろ増える傾向にある。

③ 誤文：石油化学工業を代表とする重化学工業化は，広い土地や水を必要とし，海外からの原料調達にも有利な臨海立地となることが多い。また重化学工業は装置型産業であるため，大量の労働力を必要とする産業でもない。よって，都市人口の増加の抑制や沿岸部と内陸部の経済格差の緩和と関係性は薄い。

問4 次の図1は20万分の1地勢図（一部改変）に示した，茨城県北部の常陸太田市とその周辺地域，図2は常陸太田市と日立市，水戸市の製造業における事業所数の業種別割合を示したものであり，ア～ウは，印刷・印刷関連，電気機械器具，木材・木製品のいずれかである。ア～ウと業種名との正しい組合せを，下の①～⑥のうちから一つ選べ。

（2017年センター試験追試B）

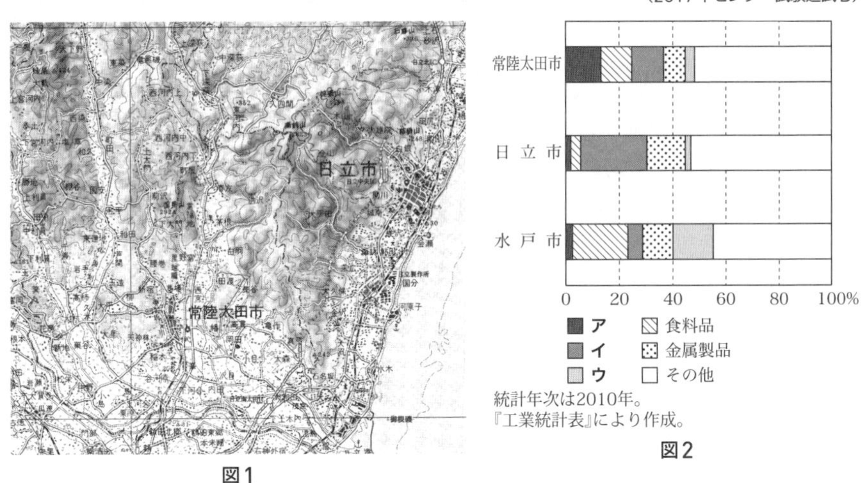

統計年次は2010年。
『工業統計表』により作成。

図2

図1

	ア	イ	ウ
①	印刷・印刷関連	電気機械器具	木材・木製品
②	印刷・印刷関連	木材・木製品	電気機械器具
③	電気機械器具	印刷・印刷関連	木材・木製品
④	電気機械器具	木材・木製品	印刷・印刷関連
⑤	木材・木製品	印刷・印刷関連	電気機械器具
⑥	木材・木製品	電気機械器具	印刷・印刷関連

問4 **[答]** ⑥

本問でまず確認しておきたいのは，**各都市がどのような場所に立地しているかという位置情報**である。常陸太田市は内陸の山あいに，日立市は東部の海沿いの港や高速道路が存在する場所にある。そして水戸市については茨城県の県庁所在都市であると認識しておきたい。その上で，すでに示されている**食料品**（**原料指向型**または**市場指向型**）や**金属製品**（**臨海部などの交通指向型**）と類似のものを探していく視点で考えてみると，常陸太田市は**ア**と食料品の割合が高い。よって，**ア**は**食料品と同じ原料指向型工業で，山あいで森林資源に恵まれるであろうことから木材・木製品**となる。次に日立市であるが，**イ**と金属製品の割合が高い。よって**イ**は，**小型軽量部品を組み立て，完成品も比較的小型であるため，地方では自動車輸送の利便性に優れた交通指向型の立地となる電気機械器具**となる。企業名から判断することも可能ではあるが，本問ではそのことだけを求めているわけではない。最後に水戸市であるが，食料品や**ウ**の割合が高い。**県庁所在都市である水戸市には中枢管理機能が集まり，情報も多く集まることから，ウは食料品と同じく市場指向型の印刷・印刷関連**となる。

18 工業の発達と現状・課題，日本の工業

1 工業立地の分布の変化

✤ **1970年代**…先進国の企業が低賃金労働力と消費市場を求める一方，**NIEs（シンガポール，韓国，ブラジル，メキシコなど）が，輸入代替型（工業製品の国産化）から輸出指向型（工業製品の輸出向け生産）へ工業化政策を転換したことで，急速に工業化が進展**⇔戦前からの工業地域であるイギリスのランカシャー地方やアメリカ合衆国の五大湖岸，ドイツのルール地方では，工場の閉鎖や失業率の上昇，人口の減少，巨大な遊休地が増加（産業の空洞化）。

✤ **1980年代**…ASEAN**諸国（マレーシア，タイ，インドネシアなど）や，1990年代からは中国やインド（社会主義計画経済から市場経済の導入へ）**が，NIEs諸国と同様に輸出指向型の政策を展開し，**急速に工業化が進展**⇔先進国では，比較的新しい臨海工業地域も衰退し，**産業構造が知識集約型産業へと転換**⇒大学などの研究機関や同種の企業（ベンチャー企業が多い）が集中する地域や，研究者の生活環境が良好な温暖な地域に新たな工業地域が展開⇒**アメリカ合衆国のサンベルト**，**ヨーロッパのサンベルト**。

✤ **1990年代**…賃金水準が上昇し，労働市場としての魅力が薄れたNIEsの韓国や台湾でも先進国と同様の動きへ。

✤ **2000年代**…安価な土地，労働力を求め先進国の企業が中国へ進出⇒**中国は世界の工場へ。その中国でも現在は賃金水準の上昇やアメリカ合衆国との貿易摩擦から，近隣の東南アジア，南アジアへ工場が移転**を始めている。

2 分業体制の変化

かつては**垂直的分業（途上国の一次産品，先進国の工業製品）や水平的分業（先進国の工業製品どうし）が中心**だった。**現在では，為替相場，貿易摩擦，国内賃金水準の上昇，製品規格の標準化によって，同一産業内や同一企業内での国際分業へ（多国籍企業の増加，産業の空洞化）**⇒多国籍企業は，進出先で販売会社→組立工場→部品工場の順に展開し，**次第に現地生産の内製化を進める**⇔**多国籍企業の本社機能がある本国では，研究開発や経営マネジメントに特化・注力**。多国籍企業は，現地需要はもちろん商慣習，労働慣習に慣れることが，成否を分ける。

3 産業の空洞化

先進国の古くからの工業地域では，**賃金や地価の上昇，設備の老朽化，交通事情の悪化，貿易摩擦などによって国際競争力が次第に低下**⇒**企業は安価な土地・労働力を求め，途上国や貿易摩擦相手国に生産拠点を新設，移転**⇒**もともと工場があった地域では産業が衰退**し，**失業者の増加**などの問題が生じる。

4 日本の工業立地と産業構造の変遷

- **1970年代**…電子部品・電子機器産業を中心に，土地や人件費が安く，用水にも恵まれ，**大都市圏の既存工場と交通網で結びついた，東北地方や長野県へ工場が分散**。
- **1980年代**…**アメリカ合衆国や西ヨーロッパ諸国との貿易摩擦**や**1985年のプラザ合意以降の円高**などをきっかけに，**海外へと工場の移転が進む**。
- **1990年代**…**バブル経済の崩壊**もあり，**工場の閉鎖や規模縮小**⇒海外へ資本財や試作品を供給する母工場へ特化・転換＆外国人労働者や非正規労働者を活用し，**人件費の削減**を進める。
- **2000年代**…海外から生産拠点の一部が回帰したものの，**集積の利益が生かせる大都市圏に工場は集中する傾向**（地方経済の長引く不況）。東京都大田区，大阪府東大阪市⇒中小企業（住工混在地域）の強固な連携，加工組立型工業に共通の基盤技術（金型製造や金属加工など）では世界トップクラス⇒しかし，**従業員の高齢化や後継者不足**から工場の閉鎖や資金力のある新興国の巨大企業へ身売りする中小企業が増加。

5 日本の工業地域

■おもな工業製品の出荷額上位都道府県（2019年）（単位：%）

	1位		2位		3位		4位		5位	
総出荷額	愛知	14.8	神奈川	5.5	静岡	5.3	大阪	5.3	兵庫	5.0
食料品	北海道	7.4	埼玉	6.8	愛知	5.8	兵庫	5.7	神奈川	5.6
パルプ・紙・紙加工品	静岡	11.3	愛媛	7.4	埼玉	6.6	愛知	5.9	北海道	5.0
印刷・印刷関連	東京	15.6	埼玉	14.3	大阪	9.4	愛知	6.4	京都	4.2
化学工業	千葉	7.5	兵庫	7.4	山口	6.8	神奈川	6.7	静岡	6.5
鉄鋼業	愛知	13.5	兵庫	11.0	千葉	9.1	大阪	8.2	広島	6.7
輸送用機械器具	愛知	39.2	静岡	6.3	神奈川	5.5	福岡	4.9	群馬	4.9
電気機械器具	愛知	15.2	静岡	13.7	兵庫	8.3	大阪	5.8	栃木	5.2
情報通信機械器具	長野	16.2	神奈川	10.5	福島	7.8	東京	7.1	兵庫	6.8

出典：『データでみる県勢』

- **中京工業地帯**…**機械が多い**（⇒**自動車などの輸送用機械**）。
- **京浜工業地帯**…総合的な工業地域。
- **阪神工業地帯**…**金属が多い**。
- **北関東工業地域**…**機械が多い**（⇒**自動車などの輸送用機械**）。
- **東海工業地域**…中京と同様に**機械が多い**（⇒**自動車などの輸送用機械**）。
- **京葉工業地域**…**化学が多い**（⇒**石油化学**）。
- **瀬戸内工業地域**…**化学や金属が多い**（⇒**石油化学**，**鉄鋼**）。
- **北九州工業地域**…金属が多い（⇒鉄鋼）。
- **北陸工業地域**…機械や繊維が盛ん。

ここが共通テストのツボだ!!

ツボ 1 発展途上国の工業化政策

発展途上国の工業化は，**輸入代替型から輸出指向型**へ移行！

① **輸入代替型**

海外からの工業製品に高関税をかけて輸入制限を行い，外国企業の進出も規制することで，**自国の企業のみで工業化を目指す政策（国産化政策）**⇒工業の基礎・基盤技術が芽生え，インフラ整備が進む一方，粗悪な工業製品が中心で輸出は難しい。

② **輸出指向型**

税金などの優遇を行った**輸出加工区や経済特区などを設けて，外国企業を積極的に誘致**し，**国内の安価な労働力を活用**して，**輸出向け製品の生産による工業化を目指す政策**⇒外貨の獲得や技術水準の向上につながる。

アジアでは，**1970年代にシンガポール，韓国**，**1980年代前半にマレーシア，タイ**，1980年代後半にインドネシア，**1990年代に中国**，2000年代に入ってベトナムなどで**輸出指向型の工業化の動きが本格化**。

ツボ 2 ファブレス企業とEMS企業

図 ファブレス企業とEMS企業

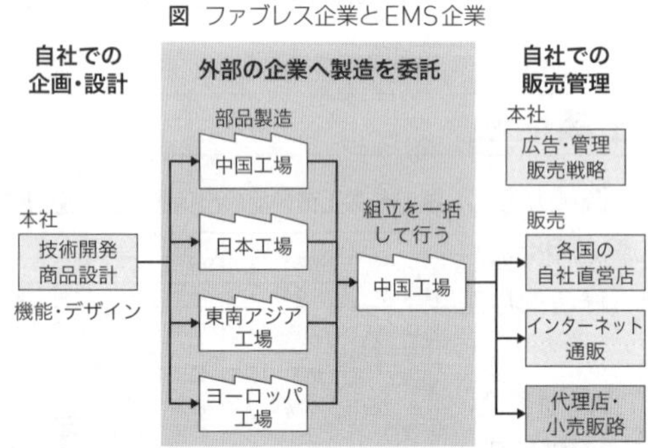

近年，**電気・電子機器産業を中心に，先進国の企業の中には自社ブランド製品の製造を他社に委託するファブレス企業が増えている**。ファブレス企業は，製品の企画，設計，市場調査は国内本社で行い，製造は外部の企業に委託し，販売は各国の販売子会社を通じて行う。一方で**複数の企業からの設計から生産のすべてを請け負う企業はEMS（Electronics Manufacturing Service）企業と呼ばれ，台湾に本社に置く企業が多く，生産拠点の多くは中国本土に設けられている**。

チャレンジテスト（大学入学共通テスト実戦演習）

問1 次の**資料**は，製紙・パルプ工場の分布と紙・板紙＊の生産の流れを示したものである。**資料**をもとに，日本の製紙・パルプ工場の特徴について述べた文として**適当でないもの**を，後の①～④のうちから一つ選べ。（令和７年度試作問題「地理総合，地理探究」）

＊板紙は，段ボールや包装に使われる厚い紙。

資料 製紙·パルプ工場の分布と紙·板紙の生産の流れ

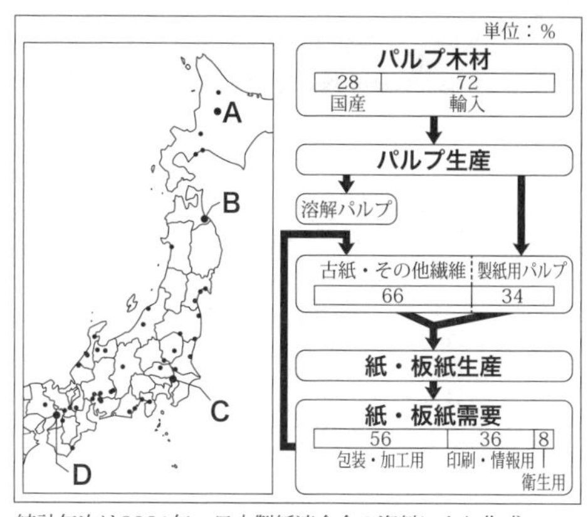

統計年次は2021年。日本製紙連合会の資料により作成。

① 工場**A**では，国産木材を調達しやすい立地条件をいかした生産をしている。
② 工場**B**では，原料を輸入しやすい立地条件をいかした生産をしている。
③ 工場**C**では，安価な労働力を得やすい立地条件をいかした生産をしている。
④ 工場**D**では，大量の古紙を調達しやすい立地条件をいかした生産をしている。

問1 ［答］ ③

一般に製紙・パルプ工場は，重量減損原料である木材を使用することから**原料指向型**であり，また水を大量に使用することから**用水指向型**の工業とされてきた。ただ近年は**資料**からわかるとおり，**国産材より安価な外国産材が原料としては大半を占めており**，また**環境意識の高まりもあって古紙を回収し再資源化した紙の生産も多い**ことがわかる。

①正文。工場**A**は**針葉樹**が豊富な北海道の内陸部に位置することから，丸太やチップの輸送に便利である。②正文。工場**B**は青森県の海岸部に位置することから，海外からの原料の輸入に便利である。③誤文。工場**C**は東京都の東部付近に位置しており，国内で最も労働費が高い場所にあたるため矛盾する。工場**C**は上述した大都市からの古紙回収に便利な再生紙の工場である。④正文。工場**D**は③で説明したものと同様，大阪府に立地することから大都市からの古紙回収に便利な再生紙の工場である。

問2 ゲンさんたちは，自動車産業のグローバル化に関する新聞記事の切抜きをまとめた次の資料を先生から提示された。資料中の記事AとBの発行年は，1992年と2005年のいずれかである。また，後の図は，資料を見てゲンさんたちが作成した2000年と2019年における国別の国内自動車生産台数*を示したものである。資料と図をもとにしたゲンさんたちによる会話文中の空欄アとイに当てはまる語句と記事との組合せとして最も適当なものを，後の①～④のうちから一つ選べ。

*2019年時点における上位12か国。　　　　（2022年共通テスト追試B）

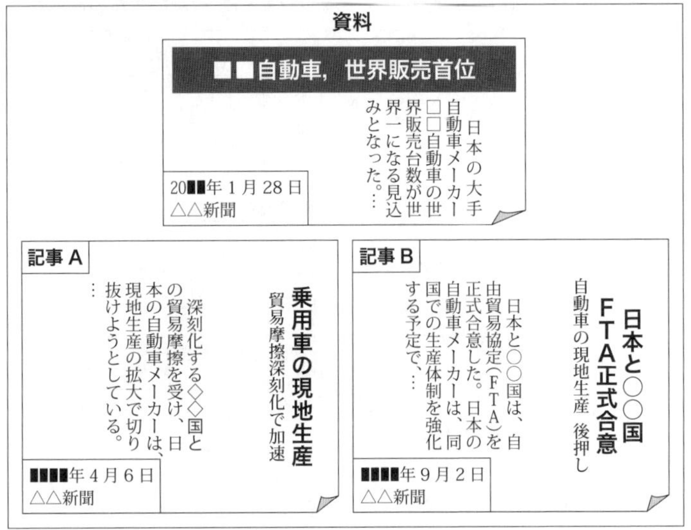

資料

■■自動車，世界販売首位

日本の大手自動車メーカー□□自動車の世界販売台数が世界一になる見込みとなった。…

20■■年1月28日
△△新聞

記事A

乗用車の現地生産
貿易摩擦深刻化で加速

深刻化する◇◇国との貿易摩擦を受け、日本の自動車メーカーは、現地生産の拡大で切り抜けようとしている。…

■■■■年4月6日
△△新聞

記事B

日本と○○国
FTA正式合意
自動車の現地生産　後押し

日本と○○国は、自由貿易協定(FTA)を正式合意した。日本の自動車メーカーは、同国での生産体制を強化する予定で、…

■■■■年9月2日
△△新聞

日本経済新聞などにより作成。

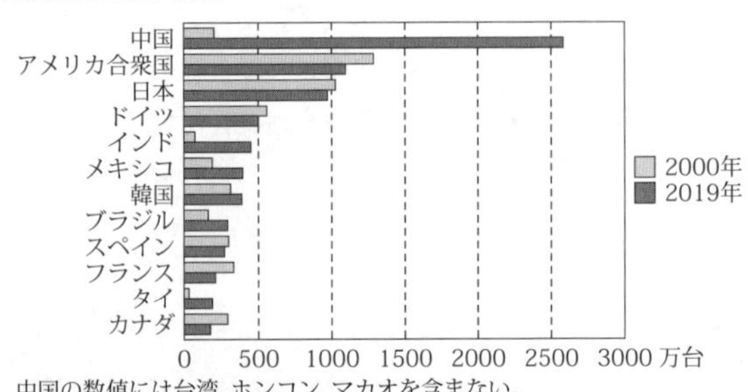

中国の数値には台湾，ホンコン，マカオを含まない。
国際自動車工業連合会の資料により作成。

図

ゲ　ン「資料から，日本の大手自動車メーカーの販売台数が世界一になったことがわかるね」

ナオコ「でも図を見ると，日本の国内生産台数は1位ではないね。また，中国やインドなどの新興工業国では国内生産台数が大きく増加しているね」

ゲ　ン「日本では国内生産台数は減少しているよ。日本の動きは，図に示した欧米の先進工業国と（　ア　）傾向だね」
リョウ「2000年以降に日本の自動車メーカーが現地生産を進めようとした主な背景も，資料の記事（　イ　）からうかがえるね」
ケイタ「製造業の生産拠点の移動が進んできたのかな。もっと調べてみよう」

	①	②	③	④
ア	共通する	共通する	異なる	異なる
イ	A	B	A	B

問2 ［答］ ②

まず空欄**ア**であるが，**図**を見ると日本と同様に欧米の先進工業国（アメリカ合衆国，ドイツ，スペイン，フランス，カナダ）の自動車生産台数は減少傾向にある。よって「共通する」を選べばよい。

次に空欄**イ**であるが，「2000年以降に日本の自動車メーカーが現地生産を進めようとした主な背景」が解答で求められており，**資料**の記事**A**は見出しの後のリード部分に「貿易摩擦深刻化で加速」とあり，**自動車の貿易摩擦が深刻化したのは1980年代**である。よって，消去法から記事**B**が正解となる。

1970年代の2度の石油危機の影響から，日本の小型で低燃費な車の需要が欧米諸国で伸びた一方，大型で燃費の悪かったアメリカ車の売れ行きが悪くなり，1980年代に入るとアメリカ合衆国の自動車メーカーの工場が縮小や閉鎖に追い込まれ大量の失業者が発生した。これが日米自動車貿易摩擦である。**日本の自動車メーカーは，1985年のプラザ合意後の円高によって輸出不振が決定的となり，その後アメリカ合衆国での現地生産を拡大し，貿易摩擦の解消に努めていく**こととなった。

2000年代に入ると，経済成長を遂げる国の増加から自動車市場が拡大し，グローバル化の進展や交通・通信技術の発達もあって自動車の国際分業がいっそう進展するようになった。その中で**FTA（自由貿易協定）は，「特定の国や地域の間で，物品の関税やサービス貿易の障壁等を削減・撤廃することを目的とする協定（外務省）」として，上述の国際分業の進展，つまり企業の海外進出を後押しする**こととなった。日本の自動車市場は人口減少や低成長から頭打ちとなっていることから，日本の自動車メーカーは新規市場の開拓を加速させており，アジアの新興国を中心に生産拠点の移転を進めている。

19 第3次産業・交通・通信と世界の観光

1 産業構造の高度化と第3次産業

✤ 産業構造の高度化とサービス経済化

経済発展にともない**第1次産業から第2次産業，第3次産業中心へと変化**（**産業構造の高度化**）。**1970年代の石油危機以降，先進国を中心に第3次産業の割合が高まるサービス経済化が進展**。

✤ 第3次産業の立地

どの国でも人間生活に必要な物資を販売する商業が中心。また，日常生活に欠かせない飲食・教育・医療・福祉も全国に広く分布する。一方，**金融業・保険業・不動産業・情報通信業は大都市の特定の地域に立地が集中**する。

✤ 日本の第3次産業就業者

日本の第3次産業就業者は商業（卸売業・小売業）が最多であるが，近年の通信販売の増加やセルフレジの導入などから減少傾向にある。一方，**超高齢社会の影響から医療・福祉の就業者は増加傾向**にある。

- 第1次産業…農業・林業・漁業。
- 第2次産業…鉱工業・建設業など。
- 第3次産業…商業・サービス業・金融業・運輸業など。
- コンテンツ産業…映像（映画，アニメなど），音楽，ゲーム，書籍等の制作・流通を担う産業の総称。日本では**東京に集中**。

■おもな国の産業構造

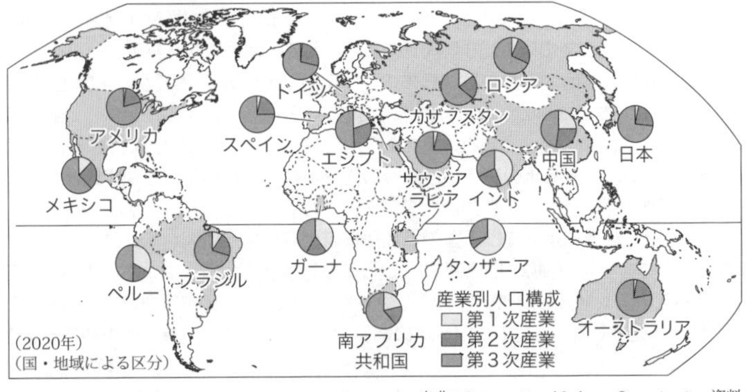

出典：International Labour Organization 資料

■タイ・日本・アメリカ合衆国の産業構造の変化

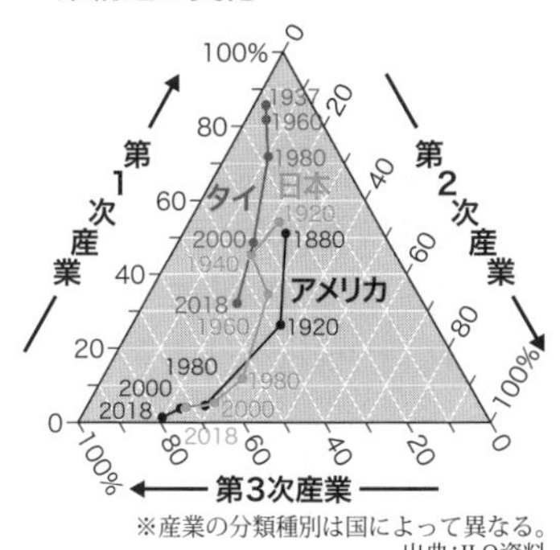

※産業の分類種別は国によって異なる。
出典:ILO資料

■日本の第3次産業就業者の業種別割合

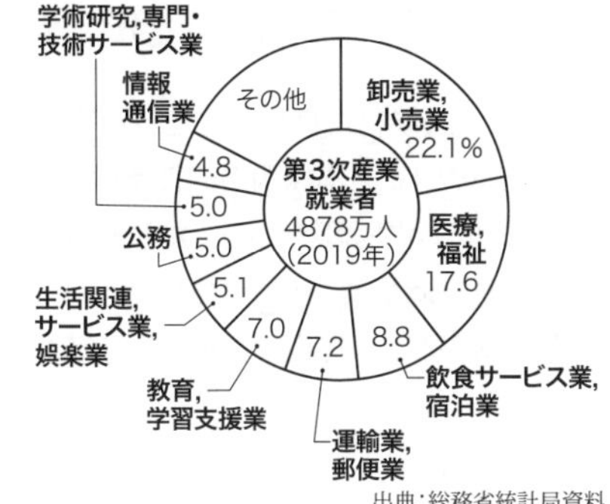

出典:総務省統計局資料

2 商業の現状と変化

✤ **商業**…第3次産業で最も大きな割合を占める。

① **商店の立地の変化**…**大都市圏の郊外や地方では，モータリゼーションの進行で行動圏が拡大**⇒最寄品（日用品）は近所の商店街で購入していたが，1960年代以降は，**郊外の幹線道路沿いに大型駐車場を完備したショッピングセンター**や**食品，衣料，日用品などの専門スーパーマーケットなどで購入**。一方で，**駅前や都心の古くからあった商店街は衰退**(「シャッター街」が増加)。

　また，**高級服や家具などの買い回り品は，以前は大都市のターミナル駅周辺に立地する百貨店での購入が中心**であった。しかし**近年は最新の流行を取り入れた低価格で良質なファストファッションや家具の台頭で，**買い回り品も郊外のロードサイドショップや通信販売での購入が増え，**百貨店の売上げが減少**している。

② **小売業と卸売業**…小売業者は，**通信販売の増加**やアジアの安価な輸入品の増加で価格競争が激しく，流通過程の複雑さの軽減を進める⇒近年，**卸売業の比重は低下傾向**。

● **小売業**…消費者に対し商品を小口販売する商業者（≒**スーパーマーケット，コンビニエンスストア，ショッピングセンター，デパートなど**）。

● **卸売業**…**生産者と小売業者の間**で生産者からの商品の仕入れや小売業者への大口販売を行う商業者（**商社，問屋，市場など**）。

■日本の業態別の販売額の推移

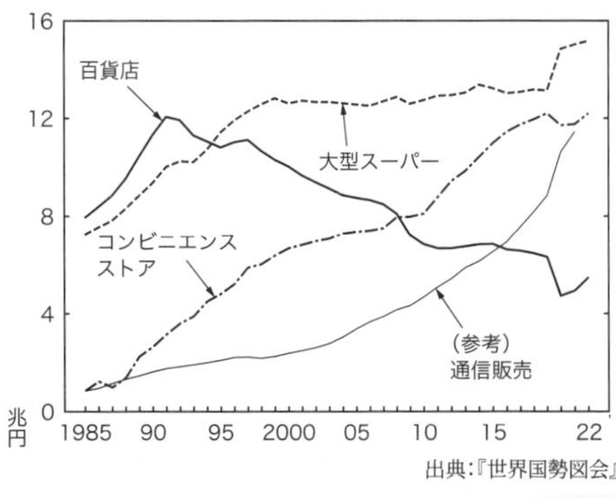

出典:『世界国勢図会』

3 交通 

✤ 鉄道

①**旅客**…**発展途上国で人口大国のインドが最大, 次いで中国**(自動車の普及で減少傾向)。**先進国の中で日本は例外的に多い**(新幹線網の整備, 大都市圏の鉄道利便性が高い)。

②**貨物**…**広大な面積をもち, 大陸横断鉄道があるアメリカ合衆国やロシア, 中国で多い。**

③**その他**…**環境負荷が小さいため, 先進国では都市内交通として再評価**されている⇒**低床の路面電車を用いた郊外と都心部を直結するLRT**やモノレールの導入など。

✤ 自動車

①**旅客・貨物**…所得水準が高く, 自動車保有台数の多い**先進国で中心**となっている。ただし, アメリカ合衆国の自動車貨物の割合は小さい。

②**その他**…**環境負荷が大きい**ため, 電気自動車, 燃料電池車, ハイブリッドカーなどの低公害・低燃費車の開発や, **モーダルシフト**, **渋滞緩和策**(**パークアンドライド, ロードプライシング**)などの**環境対策**が進められている。

●**モーダルシフト**…**自動車から環境負荷の小さい鉄道や船舶に輸送機関を転換する**こと。

●**パークアンドライド**…**郊外の駅などに整備された駐車場に駐車し, 鉄道やバスなどの公共交通機関に乗り換えて都心部へ向かう**輸送体系。

●**ロードプライシング**…**特定の道路や地域, 時間帯における自動車の利用者に対し課金する制度。自動車交通量の抑制**を図る。

✤ 航空機

①**旅客**…国土面積が広く, 所得水準が高い**アメリカ合衆国でとくに多い**。また, **EU域内では人々の移動の自由化が進み国際間の移動が多くなっている**。近年では**LCC(格安航空会社)の登場で世界的に輸送量が増えている**。

②**貨物**…量は少ないが, 高価な電子部品や医薬品などが中心のため, 貿易金額は大きい。

③**ハブ空港**…各地に放射状に延びた路線網をもつ**地域の拠点空港**(ハブ=空港, スポーク=航空路線)。**シンガポール**, **インチョン(韓国)**, **香港**, **ドバイ**, **ロンドン**, **パリ**, **アムステルダム**, **フランクフルト**, **アトランタ**など。

④**その他**…中高緯度地方では上層の偏西風である**ジェット気流の影響が大きい⇒西行きは向かい風, 東行きは追い風となるため飛行時間や燃料消費量に差が生じる**。また, 都市部では, 騒音や振動の問題が生じやすい。

✤ 船舶

①**旅客・貨物**…**貨物輸送が中心**⇒近年は**中国で急増**(**コンテナ取扱数の上位は中国の港が占有**)。とくに島国など海洋に面する国で多く, **ヨーロッパでは内航海運も盛ん。**

②**その他**…領海内でも航行が自由な国際海峡⇒**マラッカ海峡**, **ジブラルタル海峡**, **ボスポラス海峡**, **ホルムズ海峡**など。**便宜置籍船国**(べんぎちせきせん)(税金などを優遇し, 外国の船主にも登録を認めている国)の**パナマ**, **リベリア**など⇒**商船保有量が多い。**

4　通信　★☆☆

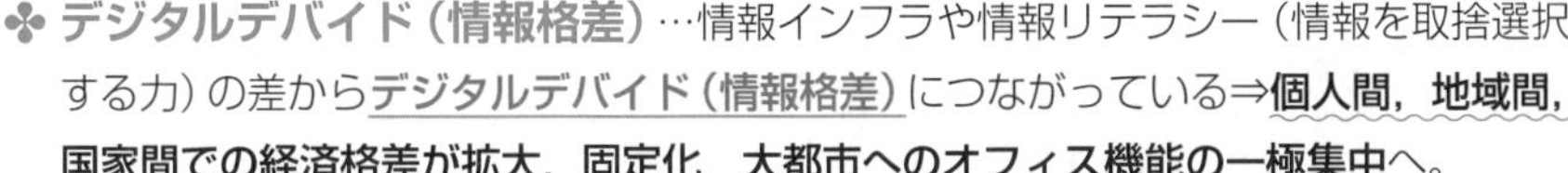

✤ **デジタルデバイド（情報格差）**…情報インフラや情報リテラシー（情報を取捨選択する力）の差から**デジタルデバイド（情報格差）**につながっている⇒**個人間，地域間，国家間での経済格差が拡大，固定化**，**大都市へのオフィス機能の一極集中**へ。

✤ **その他の通信**…固定電話，携帯電話，インターネットの普及率は，先進国で高いものの，**携帯電話は多額の設備投資を必要としないため**，**途上国でも普及率が高い**。

　また，**途上国では金融サービスが不十分なことがあり，携帯電話による電子決済が普及している国もある**（**ケニア**など）。

5　観光

✤ **観光行動**…先進国だけでなく，**最近は急速な経済成長を遂げてきた東アジアや東南アジアでも所得水準の上昇や交通インフラの整備によって観光客が急増**。また，**国境審査の廃止や共通通貨ユーロの導入を進めてきたEU域内でも観光客が多い**。

✤ **観光活動**

① **エコツーリズム**…観光客が**自然環境を実体験**する観光⇒**地域経済の活性化および環境保護へ**。

② **グリーンツーリズム**…都市生活者を中心とする観光客が，**農山漁村で伝統文化を実体験する観光**⇒過疎化が進む**地域経済の活性化，伝統文化の保護・継承へ**。

■GNIに占める観光収入の割合とおもな国の国際観光収支

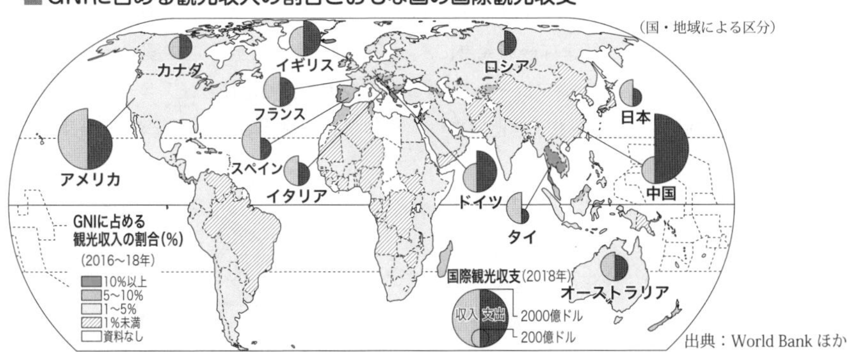

■国際観光客数の変化

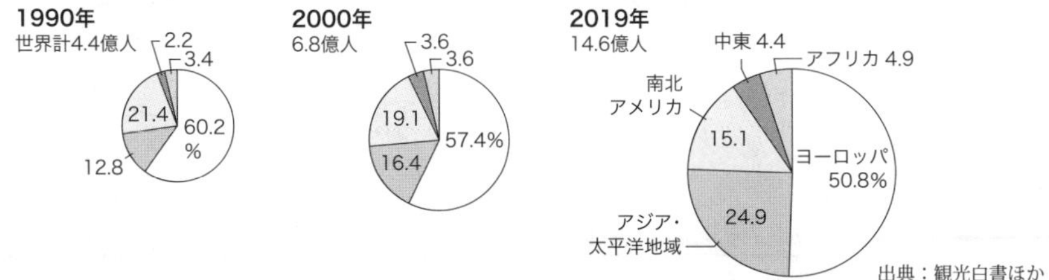

ここが共通テストのツボだ!!

ツボ 1 年間商品販売額と日本の都市

- 卸売業…**生産者と小売業者の間**で生産者からの商品の仕入れや小売業者に大口販売を行う業者(**商社・問屋・市場など**)⇒**流通拠点となる三大都市(東京・大阪・名古屋)や**広域中心都市**(札幌・仙台・広島・福岡),県庁所在都市などの都心周辺部に集中**して立地。
- 小売業…消費者に対し商品を小口販売する業者⇒**地域の人口規模に比例(分散)**して立地。

図1 卸売業・人口・小売業の都市別比較　出典：平成26年商業統計,令和2年国勢調査など

	卸売業年間商品販売額	人口(万人)2020年		小売業年間商品販売額
1位	東京23区	東京23区	973.3	東京23区
2位	大阪	横浜	377.7	大阪
3位	名古屋	大阪	275.2	横浜
4位	福岡	名古屋	233.2	名古屋
5位	札幌	札幌	197.3	札幌
6位	仙台	福岡	161.2	福岡
7位	広島	川崎	153.8	神戸
8位	横浜	神戸	152.5	京都
9位	神戸	京都	146.3	広島
10位	さいたま	さいたま	132.4	仙台

ツボ 2 訪日外国人旅行者

観光産業は他産業に比べ,地域振興につながりやすい⇒**訪日外国人旅行(インバウンド)を重視**。一方で,**観光客がもたらす騒音や混雑のために,地元の人々の静穏な生活環境が乱されるなどの**観光公害(オーバーツーリズム)**の問題**が生じ始めている。

① 日本では2008年に観光庁が設置され,観光客の受入れを積極化⇒**以前から多かった韓国や台湾**に加え,急速な経済発展によって所得水準が上昇した**中国からも急増**。また,**東南アジアのタイやマレーシア,インドネシアからも増加**⇒イスラーム文化(**祈とう場所**の確保,ハラール)など**異文化への配慮が重要**に。

② 訪日外国人旅行者数は,2013年に初めて1,000万人を突破し,2018年には3,000万人超。近年の好調な要因としては,**東・東南アジア各国の好調な経済状況,LCCを含む新規路線の就航や増便,観光ビザ発給要件の緩和**,円安による割安感など。

③ 2020年～2022年には新型コロナウイルスのまん延による影響から訪日外国人旅行者が激減。

図2 国・地域別訪日外国人旅行者数(2019年)

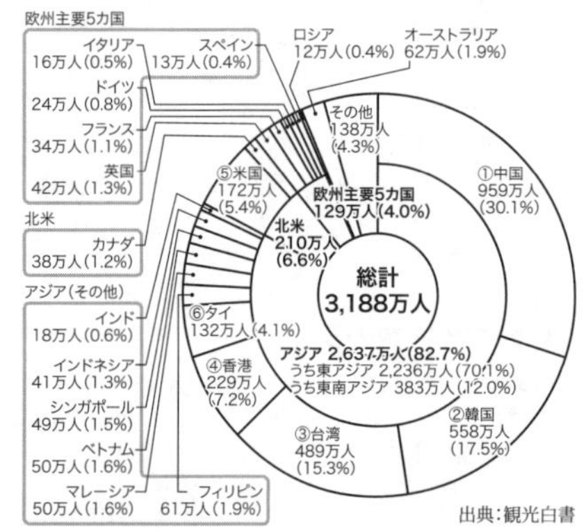

出典:観光白書

チャレンジテスト（大学入学共通テスト実戦演習）

問1 次の図中のAとBは，EU圏内の都市の空港から出発した年間の旅客数と貨物量のいずれかについて，2018年の上位12都市*を示したものである。また，図中の凡例は，旅客数または貨物量と，その目的地の内訳を示したものであり，アとイは国内またはEU圏外のいずれかである。貨物量の図とEU圏外の凡例との正しい組合せを，後の①～④のうちから一つ選べ。 （2022年共通テスト追試B）

*一つの都市に複数の空港が存在する場合は合計値。

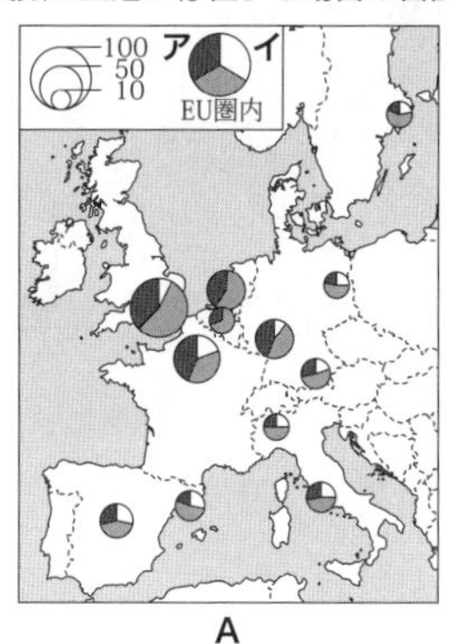

A

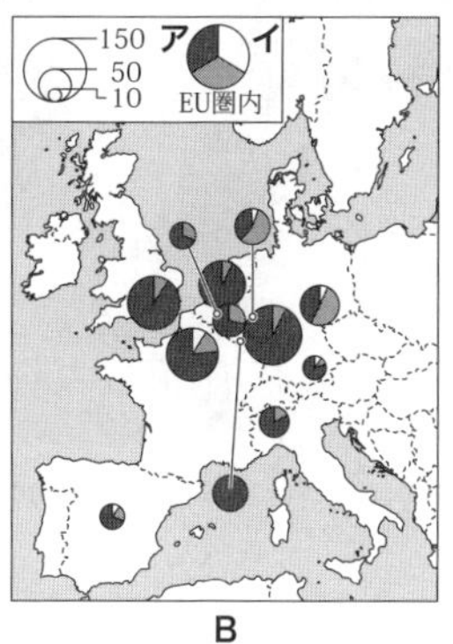

B

単位は旅客数が百万人，貨物量が万トン。
Eurostat により作成。

図

	①	②	③	④
貨物量	A	A	B	B
EU圏外	ア	イ	ア	イ

問1 ［答］ ③

まずアとイの，国内かEU圏外かの判別であるが，旅客数にせよ貨物量にせよ，面積が狭い国は国内で高運賃となる航空機を使って輸送を行うことはほとんどない。よって，A，Bとも面積が狭い小国のベルギーやオランダで割合がほとんど見られないイが国内となり，残ったアがEU圏外となる。

次にAとBの判別であるが，旅客輸送においては高速性が重視されるが，貨物輸送においては旅客ほど高速性が求められない。そのため旅客輸送では国内も含めた中・長距離で需要が高くなるが，貨物輸送では国外の長距離での需要が中心となる。よって，Bはほとんどの空港でEU圏外とEU圏内，つまり国外へがほとんどであることから貨物量となる。またAは上位12都市が各国に分散する傾向を示しており，航空機を使った旅行者が多いヨーロッパでは主要各国にハブ空港が整備されていることと合致する。一方，Bは産業が集積するヨーロッパの中心軸であるブルーバナナ（イギリス南部からベネルクス三国（ベルギー，オランダ，ルクセンブルク），ドイツとフランスの国境付近，ドイツ南部，スイス，イタリア北部にかけての地域）と呼ばれる地域に集中して立地していることからも，物資輸送の貨物量とみることができる。

問2 インターネットは世界の結びつきを変えている。次の図はインターネットの利用者数*と利用者率を示したものである。図に関することがらについて述べた文章として，下線部が最も適当なものを，下の①～④のうちから一つ選べ。

*多いほど面積が広く表現されている。　　　　（2018年センター試験追試A）

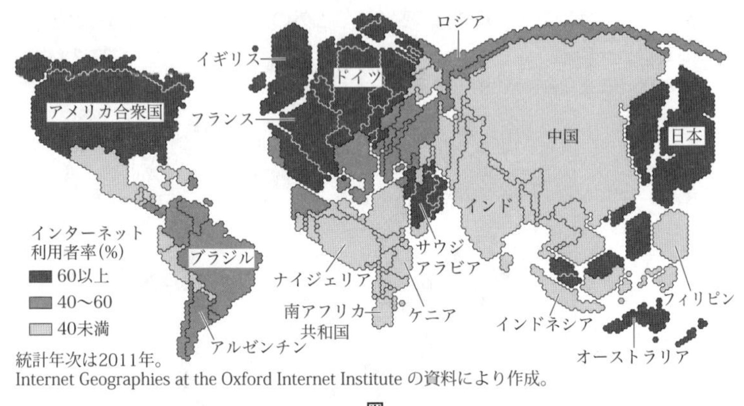

統計年次は2011年。
Internet Geographies at the Oxford Internet Institute の資料により作成。

図

情報通信技術（ICT）の発展は世界の結びつきを変化させる。インターネットは，①<u>高速で大量の情報を送受信できる人工衛星を用いて世界中をつないでおり</u>，遠隔地と瞬時に連絡をとることを可能にした。図を見ると，利用者数では，人口が世界第1位の中国より②<u>アメリカ合衆国の方が多い</u>。また，固定電話の普及率が低い③<u>サハラ以南のアフリカ諸国ではインターネット利用者率が西ヨーロッパに対して高くなっている</u>。一方，ブロードバンドの導入にかかる費用負担が必要なことから，世界的にはインターネット利用者率は差が大きく，④<u>情報へのアクセスがかたよるデジタルデバイドが生じている</u>。

問2　[答]　④

④ **正文**：デジタルデバイドとは，経済格差が情報格差を生んでいるという言葉であり，そのデジタルデバイドがいっそうの経済格差をもたらしているとされる。

① **誤文**：今日，高速で大量の情報の送受信を可能にしているのは，海底や陸上に張り巡らされた光ファイバーケーブルによるところが大きい。

② **誤文**：カルトグラムが用いられており，利用者数の絶対値は面積の大きさで表現されていることから，世界最大の人口大国である中国が最も多くなっていることがわかる。

③ **誤文**：下線部の後に「ブロードバンドの導入にかかる費用負担が必要」とあることから，アフリカは貧しい国々が多いため，先進国しかない西ヨーロッパと比べて相対値であるインターネットの利用者率が低いことは推測できるし，地図の階級による色分けからも低いことがわかる。

問3 天橋立で多くの外国人を見かけたタロウさんは，外国人観光客の動向を調べることにした。次の図は，2018年の外国人延べ宿泊者数*と，その2013年に対する比を都道府県別に示したものである。また，下の文章は，図から読み取れることがらとその背景について述べたものであり，空欄**ア**には大阪府と沖縄県のいずれか，空欄**イ**には下の文**A**と**B**のいずれかが当てはまる。空欄**ア**に当てはまる府県名と空欄**イ**に当てはまる文との組合せとして最も適当なものを，下の①～④のうちから一つ選べ。

*宿泊者数×宿泊数。

(2021年共通テストB第1日程)

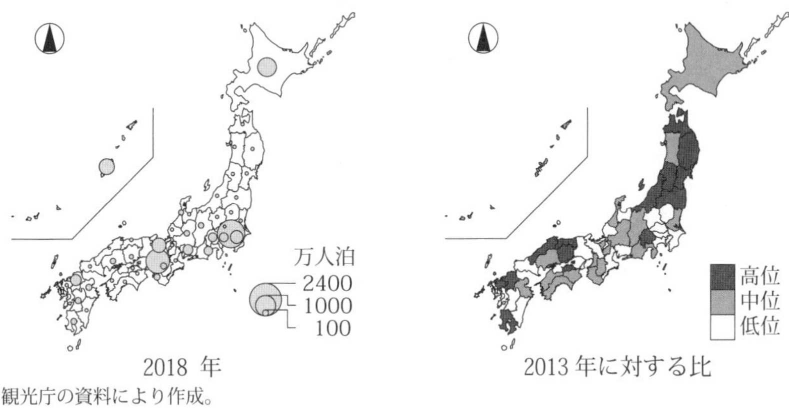

観光庁の資料により作成。

図

2018年の外国人延べ宿泊者数をみると，東京都が最多であり，次に多いのが(　**ア**　)である。また，2013年に対する比をみると，外国人延べ宿泊者数が少ない県で高位を示すところが多く，この背景として，(　**イ**　)外国人旅行者が増加し，外国人の宿泊地が多様化したことが考えられる。

A 温泉や農山漁村を訪れて体験型の観光を楽しむ
B ショッピングや大型テーマパークを楽しむ

① 大阪府－**A**　② 大阪府－**B**　③ 沖縄県－**A**　④ 沖縄県－**B**

問3 [答] ①

まず2018年の外国人延べ宿泊者数であるが，**図**から東京都に次ぐ多さとなっているのは大阪府であるとわかる。**東京を拠点に箱根や富士山をめぐり，その後，新幹線で京都に移動して観光を楽しんだ後，大阪で宿泊し帰路につくルートを通称「ゴールデンルート」と呼び，インバウンド旅行者に最も人気のある広域観光周遊ルートとなっている。**

その後，新型コロナウイルスがまん延する直前の2019年まで日本を訪れる**インバウンド**旅行者は増加を続け，次第にリピーターも多くなり，上述のゴールデンルート以外の観光を楽しむ**インバウンド**旅行者も増えるようになった。**図**の2013年に対する比を見てみると，東北地方や中国地方，四国地方，九州・沖縄地方といった地方圏で高位や中位を示している県が多い。よって，空欄**イ**には**B**の「ショッピングや大型テーマパークを楽しむ」といった都市型観光は当てはまらず，**A**の「温泉や農山漁村を訪れて体験型の観光を楽しむ」を入れるのが適当となる。

問4 次の図は，人口約40万人の日本のある市における施設の立地を示したものであり，ア～ウは大型小売店，銀行*，小学校のいずれかである。ア～ウと施設名との正しい組合せを，下の①～⑥のうちから一つ選べ。 (2014年センター試験本試B)

*信用金庫，信用組合，郵便局などは含まない。

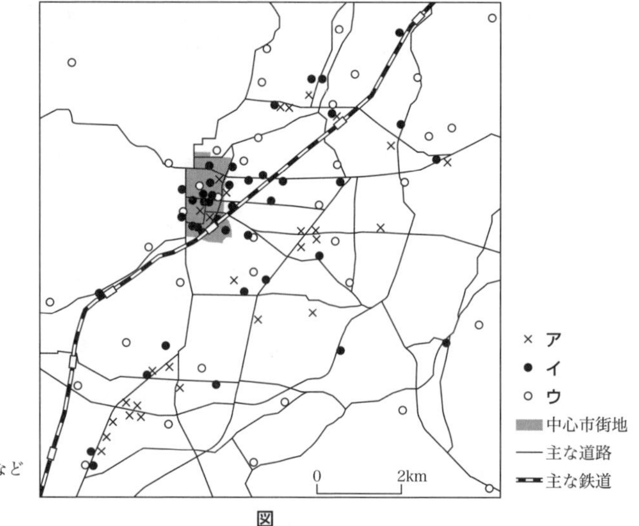

図

	①	②	③	④	⑤	⑥
ア	大型小売店	大型小売店	銀　行	銀　行	小学校	小学校
イ	銀　行	小学校	大型小売店	小学校	大型小売店	銀　行
ウ	小学校	銀　行	小学校	大型小売店	銀　行	大型小売店

問4 [答] ①

全体的な分布の集中または分散の傾向を意識したい。**ア**の分布を見てみると，一部中心市街地にも分布が見られるものの，中心市街地から離れた郊外の主な道路沿いの方がより多く分布している。よって**ア**は大型小売店となる。**大型小売店とは中心市街地に少数立地する百貨店や，モータリゼーションの進行に伴い駐車場が完備された郊外に数多く立地するショッピングセンターやロードサイドショップ**が挙げられる。本問では人口約40万人と中規模の都市で，主な鉄道が1本しか見られずモータリゼーションが進んでいる都市であると判断できる。次に**イ**の分布を見てみると，中心市街地に集中して立地し，一部郊外の道路沿いにも分散して立地している。よって，**イ**は銀行となる。銀行には注釈がつけられており，「信用金庫，信用組合，郵便局などは含まない」と書かれていることから，本問での銀行は資本力に富み，企業を主な顧客とする都市銀行や有力な地方銀行となる。それゆえ地価が高い中心市街地に立地することも可能であるし，中心市街地には中枢管理機能が集中し，顧客となる企業も数多く立地する。残った**ウ**の分布を見てみると，まんべんなく分散して立地している。よって，**ウ**は小学校となる。小学校は体力に乏しい小学生でも安全に安心して自宅から通える場所に立地していなければならない。それゆえ，特定の地域に集中して立地することはなく，分散して立地する。

問5 次の表は，いくつかの国における第3次産業就業者割合と第3次産業の業種別構成比を示したものであり，①～④は，アラブ首長国連邦，スイス，デンマーク，フィリピンのいずれかである。スイスに該当するものを，表中の①～④のうちから一つ選べ。

（2013年センターー試験本試B）

表

		①	②	③	④
第3次産業就業者割合		75.3	73.3	72.8	50.3
第3次産業の業種別構成比	流通関連サービス（卸小売・運輸・通信など）	27.7	28.9	32.2	52.7
	消費関連サービス（飲食・宿泊・家事など）	3.9	9.7	23.0	15.6
	生産関連サービス（金融・不動産など）	17.8	24.2	15.4	7.7
	社会関連サービス（教育・保健衛生・社会事業・公務など）	42.6	30.4	22.5	18.3
	その他	8.0	6.9	6.9	5.6

（単位：%）

統計年次は2008年。国際労働機関の資料により作成。

問5 ［答］ ②

早くに先進国になった国ほど第1次産業の割合が減少し，第2次産業割合が増えその後頭打ちとなった後，第3次産業が産業の中心となっていく動きを産業構造の高度化という。本問はこの視点に基づいて判断するとよい。

② 第3次産業就業者割合が高く，金融を含めた生産関連サービスの割合が最も高いことからスイスで正解となる。スイスは，古くから海外で活躍してきた傭兵からの送金による両替業が発達したことや永世中立国で世界的に信用度が高い国という立場を生かし，今日ではとくに富裕層向けの金融業が栄えていることで知られる。

① 第3次産業就業者割合が高く，教育・社会事業といった社会関連サービスの割合が最も高いことから，北ヨーロッパのデンマークとなる。デンマークをはじめ北ヨーロッパの国は，先進国の中でもとくに社会保障が充実していることで知られており，従事している人の割合も高い。

③ 第3次産業就業者割合が他の先進国並みに高く，その中では流通や消費関連サービスの割合が高いことからアラブ首長国連邦となる。アラブ首長国連邦のような中東の産油国では，政府などから与えられた第3次産業に従事している国民が多く，また海外からの出稼ぎ労働者は家政婦などに従事している。また，教育環境が不十分なこともあって熟練した技術や知識をあまり必要としない，単純労働の流通や消費関連サービスが多くなっている。つまり中東の産油国は，先進国的側面と発展途上国的側面の両方を持っていることに特徴がある。

④ 第3次産業就業者割合が最も低く，流通関連サービスが過半になっていることからフィリピンとなる。フィリピンは，4か国中では最も経済発展が遅れている発展途上国なので，産業構造の高度化が最も遅れている。

20 世界と日本の貿易

1 貿易の種類と貿易問題

✤ **保護貿易**…**輸入品に高関税をかけ自国の産業の保護・育成を図る貿易**。**保護貿易が世界大戦につながった**反省から，WTO（前GATT）による**自由貿易**を推進・拡大。

✤ **自由貿易**…関税がなく（低く），国家の干渉や制約を受けない貿易。

○**WTO（世界貿易機関）**…**GATT**（「関税と貿易に関する一般協定」）に代わり，1995年発足。**GATTが扱わなかった知的財産権やサービス貿易の問題も扱う**。近年は加盟国や対象品目の増加により，**WTOによる自由貿易の動きが行き詰まる**⇒**2000年代以降，2以上の国または地域間での自由貿易の推進へ**（**FTA（自由貿易協定）**や**EPA（経済連携協定）**）。

■FTAとEPAの違い

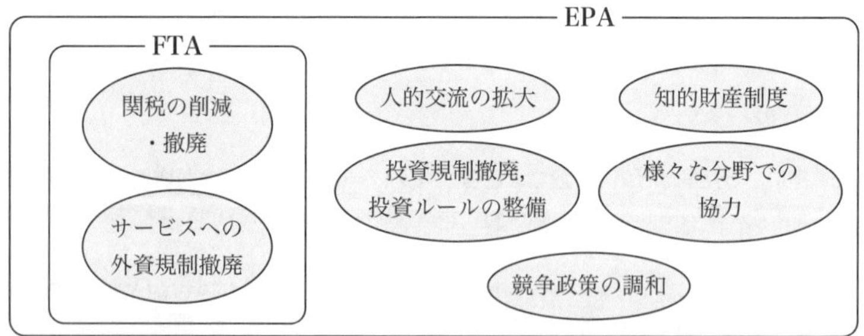

✤ **中継貿易**…在庫の保管（→手数料を得る）や輸入物資に多少手を加えて中間製品として，第三国へ再輸出する貿易。

✤ **加工貿易**…原料を輸入して加工し，製品を輸出する貿易。高度な技術と熟練した労働力を必要とする。

✤ **サービス貿易**…ある国の国民が外国に行ってサービスを受けること，外国の拠点から電話などを通じてサービスを受けること，外国企業から派遣された専門家からサービスを受けること，外国企業が支店などを設置してサービスを提供することの4種類がある。

✤ **南北貿易**…**発展途上国（南）と先進国（北）との貿易**。**発展途上国が農林水産物や原燃料などの一次産品を輸出し，先進国が工業製品を輸出する**⇒産業革命によりいち早く工業化を達成した欧米諸国が，アジア，アフリカ，ラテンアメリカを植民地として支配し，特定の農産物や鉱産物の生産に特化させてきたことで，経済格差が生まれる（南北問題）⇒**モノカルチャー経済**（**特定の一次産品の輸出に依存する経済**）**の国が多い**（経済不安定）。

近年では同じ発展途上地域の中でも中国や東南アジア諸国のように経済成長を遂げる国も現れ，発展途上国間でも格差が生じ始めている（**南南問題**）。

✤ **水平貿易**…**先進国間でおもに同種の工業製品を輸出入する貿易**。**貿易摩擦が生じやすい**。

✤ **フェアトレード**…**生産者と消費者がおもに商品作物を公平・公正な価格で売買する貿易**⇒不利な条件で農産物を輸出せざるを得ない発展途上国の**農業生産者の生活改善**や**持続可能な開発**につなげようという取り組み。

2 海外直接投資

✤ **対外直接投資**（＝企業の海外への投資）…企業が外国で子会社の設立や工場の建設，現地企業への出資・買収を行うこと。

✤ **対内直接投資**（＝海外企業からの投資の受入れ）…海外企業が子会社の設立や工場の建設，現地企業への出資・買収を行うこと。

3 日本の貿易

✤ **輸出入品目**…**戦前および戦後まもなくは生糸や綿織物などの繊維製品が輸出の中心**⇒1950年代後半からの高度経済成長期にかけては重化学工業が発達し，原油や鉱産資源を輸入して鉄鋼や機械類に加工して輸出する**加工貿易**中心へ変化⇒輸入では，最近の資源価格高騰や国内需要の増加によって資源国からの原油や鉱産資源がさらに増え，日本企業が進出したアジアから家電製品などの機械類が増える一方，輸出では自動車や建設機械など機械類の輸出が増えている⇒**輸出入とも機械類が最大**。

✤ **貿易相手国**…**戦後長年にわたって，最大の貿易相手国はアメリカ合衆国**であった⇒**1980年代には自動車や電気機械をめぐる貿易摩擦が発生**し，**アメリカ合衆国から農産物の輸入自由化を迫られる**⇒**貿易摩擦解消のため自動車などの生産拠点がアメリカ合衆国などへ流出**⇒**1990年代以降，産業の空洞化へ**⇒**2007年からは中国が最大の貿易相手国へ**。

日本は資源産出国との貿易では赤字（輸入超過），その他の多くの国との貿易では黒字（輸出超過）となっている。

■**世界の貿易額上位国（2022年）**

（単位：百万ドル）

輸出		輸入	
中国	3,593,601	アメリカ合衆国	3,376,200
アメリカ合衆国	2,064,787	中国	2,715,999
ドイツ	1,655,480	ドイツ	1,571,455
オランダ	965,518	オランダ	898,536
日本	746,920	日本	897,242
韓国	683,585	イギリス	823,866
イタリア	656,925	フランス	817,994
ベルギー	632,852	韓国	731,370
フランス	617,817	インド	723,348
（香港）	609,925	イタリア	689,452

アメリカ合衆国は世界最大の貿易赤字国

中国，ドイツ，オランダは貿易黒字国

出典：『世界国勢図会』

ここが共通テストのツボだ!!

ツボ 1 貿易依存度（GDP に対する輸出額および輸入額の割合）

貿易依存度は，**市場（≒GDP）の大きさに注目する！**

① 貿易依存度が高い国・地域

貿易は活発だが**人口が少なくGDPが小さい国**

⑴ **中継貿易**が盛んな国・地域…シンガポール，香港，オランダ，ベルギーなど。

⑵ 輸出指向型の工業が盛んな国・地域…韓国，マレーシア，タイなど。

② 貿易依存度が低い国・地域

人口が多くGDPが大きい国…アメリカ合衆国，日本，中国。

図1 主要国の貿易依存度（2021年）

	輸出（%）	輸入（%）
ベルギー	91.8	85.9
オランダ	82.6	74.8
ドイツ	38.3	33.3
カナダ	25.5	25.3
韓国	35.6	34.0
フランス	19.8	24.1
イタリア	29.0	26.5
イギリス	15.0	22.2
アメリカ	7.5	12.6
日本	15.3	15.6
ロシア	27.8	17.1
中国	19.0	15.2
ブラジル	17.5	14.6
インド	12.4	17.9

出典:『日本国勢図会』

ツボ 2 直接投資と日本企業の海外進出の推移

① 対外直接投資は，**アメリカ合衆国，EU，日本などの先進国からの投資が中心**であったが，**最近は中国からの投資も増えている。**対内直接投資は，巨大市場をもつアメリカ合衆国やEU，中国への投資だけでなく，**今後の経済成長が見込めるインドやASEANなどへの投資が増えている。**

② 日本企業は，**2000年代以降中国への進出が製造業・非製造業ともに著しく増えたが，近年は中国における人件費の上昇や米中貿易摩擦の影響からとくに製造業の伸びが鈍化**している。一方で，**急速な工業化，経済成長を続けるベトナムやインドへ進出する企業が増えている。**また，日本企業は**アジアでは安価な労働力を求めて製造業の，欧米では成熟した市場を求めて非製造業の進出の割合が高い傾向**にある。

図2 日本の現地法人企業数（国・地域別）

	2000年度				2010年度				2020年度			
	製造業	（%）	非製造業	（%）	製造業	（%）	非製造業	（%）	製造業	（%）	非製造業	（%）
中国	1,540	(20.6)	990	(13.2)	3,078	(36.6)	2,487	(24.4)	3,849	(34.8)	3,637	(24.9)
ASEAN4	1,682	(22.5)	796	(10.6)	1,852	(22.0)	1,175	(11.5)	2,703	(24.4)	2,191	(15.0)
アジアNIEs	1,318	(17.7)	1,411	(18.7)	1,049	(12.5)	2,059	(20.2)	1,084	(9.8)	2,951	(20.2)
ベトナム	94	(1.3)	34	(0.5)	263	(3.1)	127	(1.2)	677	(6.1)	511	(3.5)
インド	93	(1.2)	28	(0.4)	141	(1.7)	126	(1.2)	302	(2.7)	314	(2.1)
アメリカ合衆国	1,368	(18.3)	1,677	(22.3)	998	(11.9)	1,651	(16.2)	1,063	(9.6)	1,945	(13.3)
EU	932	(12.5)	1,498	(19.9)	724	(8.6)	1,641	(16.1)	617	(5.6)	1,430	(9.8)
全地域	7,464		7,527		8,412		10,187		11,070		14,633	

※ASEAN4…マレーシア・タイ・インドネシア・フィリピン
アジアNIEs…シンガポール・韓国・台湾・香港

出典：海外企業事業活動基本調査により作成

チャレンジテスト（大学入学共通テスト実戦演習）

問1 次の図は，輸出入品目の第１位が機械類である，いくつかの国・地域間における貿易額を示したものであり，A～Cは，ASEAN（東南アジア諸国連合），アメリカ合衆国，中国*のいずれかである。A～Cと国・地域名との正しい組合せを，下の①～⑥のうちから一つ選べ。　　（2016年センター試験本試B〈改〉）

*台湾，ホンコン，マカオを含まない。

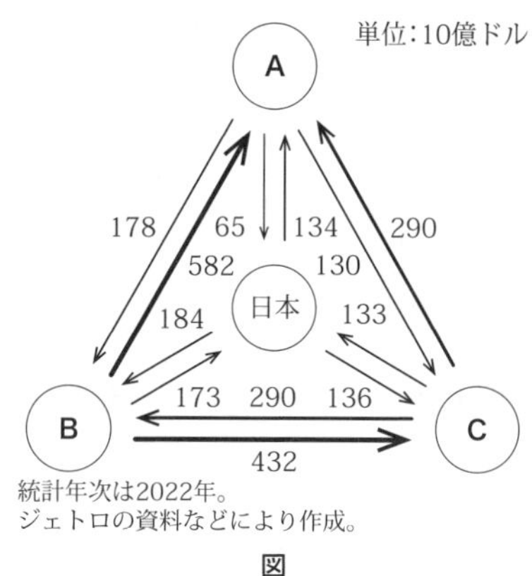

図

	A	B	C
①	ASEAN	アメリカ合衆国	中　国
②	ASEAN	中　国	アメリカ合衆国
③	アメリカ合衆国	ASEAN	中　国
④	アメリカ合衆国	中　国	ASEAN
⑤	中　国	ASEAN	アメリカ合衆国
⑥	中　国	アメリカ合衆国	ASEAN

問1［答］ ④

相互間の貿易を示した問題は，2か国・地域間の総額の多少とどちらの国・地域が赤字か黒字かに注目しよう。まずA－B間の貿易総額が最も大きく，次いで大きいのはB－C間である。次に差し引きして双方向の関係に注目してみると，Aは明かされている日本を含めた3つの相手に対して輸入超過，つまりすべての国・地域に対して貿易赤字である。よってAは，世界最大の貿易赤字国であるアメリカ合衆国となる。対してBは，A，Cの国・地域に対して輸出超過，つまり貿易黒字であることから，現在「世界の工場」となり世界各地に工業製品を輸出する中国である。残ったCはASEANとなり，組合せは④が正解となる。ちなみに中国は多くの国との貿易で黒字であるが，急速な工業化や経済成長からエネルギー・鉱産資源不足が生じており，資源産出国との貿易では赤字を示す。

問2 2国間で行われる貿易は，各国の資源や産業構造の影響を受ける。次の表は，いくつかの国について，1人当たりGDP（国内総生産）と輸出依存度*をもとに4つに分類したものであり，A～Cは，シンガポール，ベトナム，カナダのいずれかである。また，下のア～ウは，日本がA～Cのいずれかの国から輸入する主要な品目である。A～Cとア～ウとの正しい組合せを，下の①～⑥のうちから一つ選べ。　(2021年共通テストB第2日程)
*輸出額をGDPで割った値。

表

		輸出依存度	
		50%未満	50%以上
1人当たりGDP	2万ドル未満	インドネシア	A
	2万ドル以上	B	C

統計年次は2016年。『世界国勢図会』により作成。

ア　機械類（集積回路など）や医薬品　　**イ**　機械類（電気機器など）や衣類

ウ　石炭や肉類

	①	②	③	④	⑤	⑥
A	ア	ア	イ	イ	ウ	ウ
B	イ	ウ	ア	ウ	ア	イ
C	ウ	イ	ウ	ア	イ	ア

問2 [答] ④

1人当たりGDPに注目をすると，2万ドル未満の**A**には，経済成長が著しいとはいえいまだ発展が遅れるベトナムが当てはまる。残った2万ドル以上の国の**B**と**C**が，シンガポールかカナダのいずれかとなる。もう一つの指標である**輸出依存度は，中継貿易が盛んな国で高い傾向を示す**。よって，**古くからマラッカ海峡の要衝として栄え，港湾機能が発達し，中継貿易が盛んなシンガポールがC**，残った**B**がカナダとなる。

また日本が輸入する主要品目との組合せは，**Aのベトナムからは労働集約型の電気機器などを含む機械類や衣類を，Bのカナダからは広大な国土をいかした石炭などの資源や穀物や肉類を，Cのシンガポールからは他地域で生産された高機能な電子部品となる集積回路や医薬品を中継し輸入する**。よって，**ア**が**C**，**イ**が**A**，**ウ**が**B**となり，④が正解となる。

問3 ゲンさんたちは，製造業の生産拠点が国境を越えて広がっていることを知り，日本企業がどのような対応をとってきたのかを非製造業と対比しながら調べた。次の表は，いくつかの国における2000年と2019年の日本企業の海外現地法人に占める製造業と非製造業の割合を示したものであり，アとイは製造業と非製造業のいずれか，AとBはアメリカ合衆国とベトナムのいずれかである。製造業とアメリカ合衆国との正しい組合せを，後の①～④のうちから一つ選べ。 (2022年共通テスト追試B)

表 (単位：%)

	ア		イ	
	2000年	2019年	2000年	2019年
A	73.7	57.8	26.3	42.2
B	44.5	35.7	55.5	64.3
シンガポール	38.9	16.8	61.1	83.2

『海外事業活動基本調査』により作成。

	①	②	③	④
製造業	ア	ア	イ	イ
アメリカ合衆国	A	B	A	B

問3 [答] ②

日本企業の海外現地法人に占める製造業と非製造業の割合についての問題だが，このうち非製造業とは卸売・小売業やサービス業，金融・保険業，情報通信業などである。よって非製造業は，高品質で高価な日本の製品やサービスが受け入れられる市場をもつ国で割合が高くなる。一方で製造業は，貿易摩擦の解消や新規市場の開拓を目的に巨大市場をもつ国や安価で豊富な労働力をもつ国において生産拠点が多くなり，割合が高くなる。

まず既に示されているシンガポールに注目すると，都市国家として既に先進国となったシンガポールは生産拠点としての魅力よりも，金融・保険業など非製造業の拠点としての魅力が高い。よって，両年次とも割合が高い**イ**が非製造業となり，残った**ア**が製造業となる。その結果，上述の説明を踏まえると，低下しているとはいえ過半が製造業となっている**A**を安価で豊富な労働力をもつベトナム，残った**B**をアメリカ合衆国とすればよい。

21 世界の人口分布と人口増加

1 世界の人口 ★★★

✤ 地域別人口変遷・将来人口

■地域別人口変遷・将来人口 (百万人)

大陸・年	1800	1900	1950	2000	2020	2000~20年平均増加率(%)	2050	2100
アジア	602	937	1,379	3,736	4,664	1.12	5,293	4,674
アフリカ	90	120	228	819	1,361	2.57	2,485	3,924
ヨーロッパ	187	401	550	727	746	0.13	703	587
北アメリカ	16	106	217	486	594	1.01	679	670
南アメリカ	9	38	114	350	432	1.06	491	426
オセアニア	2	6	13	31	44	1.72	58	69
世界計	**906**	**1,608**	**2,499**	**6,419**	**7,841**	**1.22**	**9,709**	**10,349**
先進地域			806	1,190	1,276	0.35	1,266	1,152
発展途上地域			1,693	4,959	6,565	1.41	8,443	9,197
年平均増加率(%)	0.43	0.58	0.89	1.82	1.22		0.61	0.13

出典:『データブック オブ・ザ・ワールド』

① **アジア**…モンスーンアジアには**世界の人口の約6割**が居住。**近年は経済成長が著しいため,人口増加が鈍化**している。

② **アフリカ**…**第二次世界大戦後,公衆衛生が改善し以前より死亡率が低下**したが,**一方で貧困のため子どもを働き手として求めるなどの理由から,出生率が高い状態が続いており,現在でも人口爆発が続いている。**

③ **ヨーロッパ**…18世紀中頃から19世紀にかけての農業革命による食料増産から,第一次人口爆発を経験し,**早くから人口が増加**したが,**最近は人口が停滞・減少傾向**。

④ **北アメリカ**…**アメリカ合衆国やカナダは大量の移民を受け入れており,同じ先進地域のヨーロッパと比べて人口増加率が高い。**

✤ おもな国の人口(2022年)

① **人口1億人以上の国**…**1位中国(約14億人)**,**2位インド(約14億人)**,**3位アメリカ合衆国(約3.3億人)**,**4位インドネシア(約2.7億人)**,**5位パキスタン(約2.3億人)**の順。以下,6位**ナイジェリア**(約2.1億人),7位**ブラジル**(約2.1億人),8位**バングラデシュ**(約1.7億人),9位**ロシア連邦**(約1.4億人),10位**メキシコ**(約1.2億人),11位**日本**(約1.2億人),12位**エチオピア**(約1.2億人),13位**フィリピン**(約1.1億人),14位**エジプト**(約1.1億人)。

②各地域の人口5,000万人以上のおもな国

- アジア＝ベトナム9,818万人，トルコ8,534万人，タイ7,169万人，韓国5,181万人など。
- アフリカ＝コンゴ民主9,901万人，南アフリカ5,989万人など。
- ヨーロッパ＝**ドイツ8,337万人**，**イギリス6,750万人**，**フランス6,462万人**，**イタリア5,903万人**（スペイン4,755万人）。
- 北米＝（**カナダ3,845万人**）
- オセアニア＝（**オーストラリア2,617万人**，ニュージーランド518万人）

✤ 人口密度（人口÷面積）

①世界の人口密度は，約60.3人/km^2（2021年）。

②人口密度の高いおもな国（ミニステート〈バチカンなどの小国〉を除く）…1,153人/km^{2}の**バングラデシュ**，516人/km^{2}の**韓国**，431人/km^{2}のインド，423人/km^{2}のオランダ，335人/km^{2}の日本など。

2 人口動態

✤ 人口増減＝自然増減＋社会増減

①自然増減＝出生（数・率）－死亡（数・率）。

②社会増減＝流入（数・率）－流出（数・率）。 ※通常①の率はパーミル（‰）で表されることが多い。

✤ 合計特殊出生率…**1人の女性が生涯に産む子どもの数の平均**。**自然増減の目安**とされる。日本の場合，2.07を下回ると人口は減少する。

■人口動態と人口ピラミッドの変化

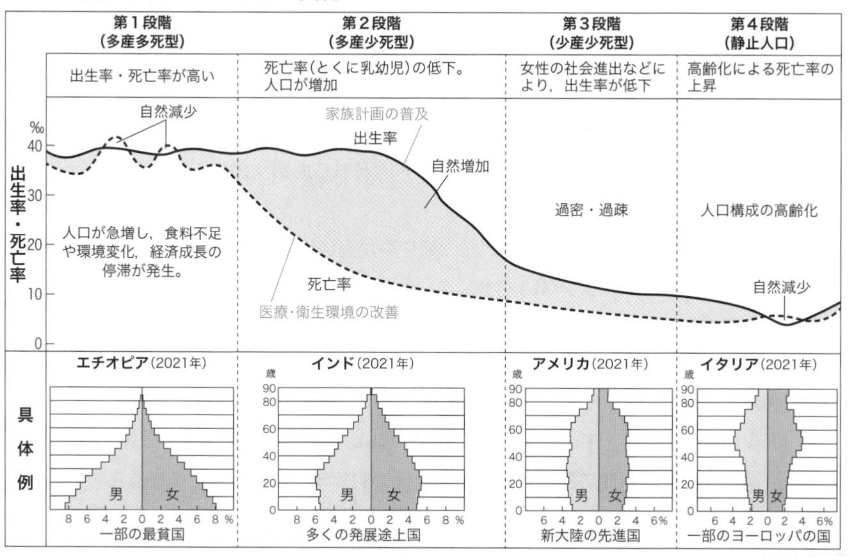

ここが共通テストのツボだ!!

ツボ ① 人口が多い国

人口1億人以上の国をおさえる！⇒1位～4位までの国（中国，インド，アメリカ合衆国，インドネシア）は，必ず順位と概算数までおさえる。**その他の1億人以上の国は地域ごとにおさえていく。**

① **アジア**：栄養価の高い米の生産が盛んなため人口が多い（**世界人口の約6割**）⇒弧状列島である**日本**と**フィリピン**，インドを挟む位置にある**パキスタン**と**バングラデシュ**。

② **アフリカ**：**アフリカ最大の人口大国はナイジェリア**（⇒主食のキャッサバやヤムイモなどの生産で世界一），ナイル川流域の**エチオピア**と**エジプト**が1億人超。

③ **ヨーロッパ**：**ロシアだけが1億人超⇒ロシアは1991年のソ連邦解体後，社会・経済が混乱し，人口が減少・停滞傾向**（東ヨーロッパの国々も同様）。

④ **新大陸**：**メキシコ**，**ブラジル**のみ。

ツボ ② 人口動態

人口ピラミッドの変化と形状をおさえる！

図1 人口ピラミッドの変化

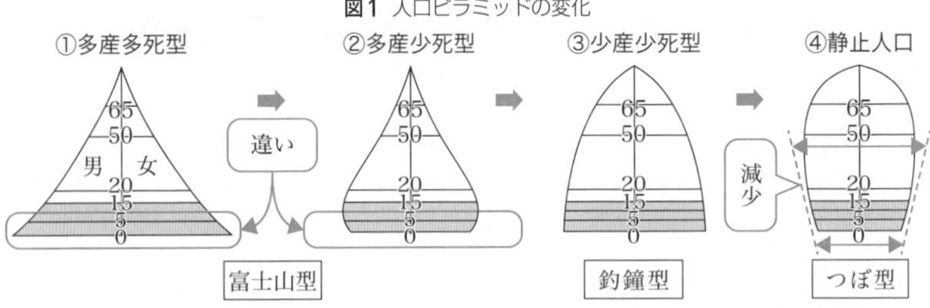

● **多産多死型**と**多産少死型**の人口ピラミッドは**どちらも富士山型**。両者の違いは0～5歳と5～10歳の数に注目。

① **多産多死型**⇒抵抗力の弱い乳幼児の死亡率が高いため，**5～10歳の人数は0～5歳と比べるとかなり少ない。**

② **多産少死型⇒乳幼児死亡率の低下**によって以前ほどはたくさんの子どもをもうけておく必要がなくなり，**0～5歳の人数が5～10歳より少なくなっている。**

● **少産少死型**は**釣鐘型**，**静止人口**は**つぼ型**。両者の違いは親子の世代に注目。

③ **少産少死型⇒親と子の世代の数に大差がない。**

④ **静止人口⇒明らかに親世代より子の世代の数が年々減少**＝少子化が進んでいる状況を示している。

図2 日本の都市機能による人口ピラミッドの違い

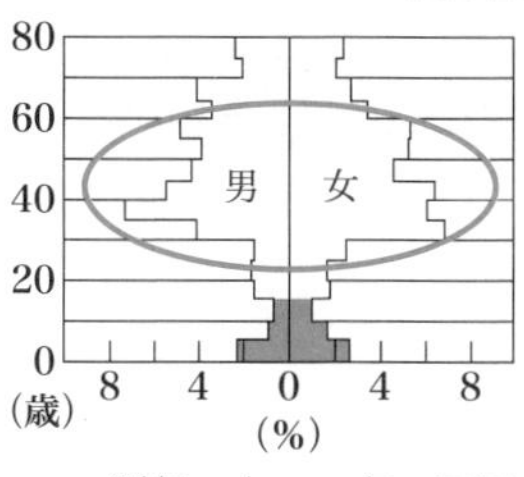

近年，ウォーターフロントに建設された高層マンション地区⇒収入の高い30～50代が中心。

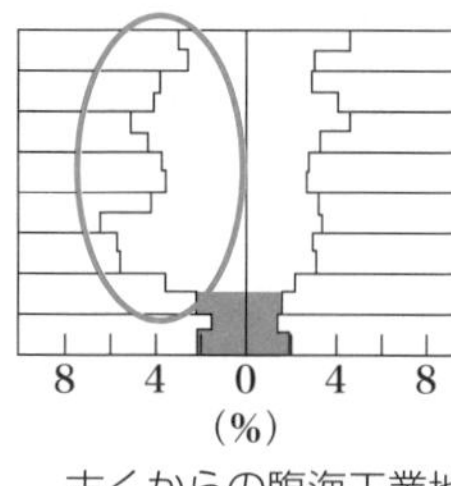

古くからの臨海工業地区⇒男性の割合が高い。

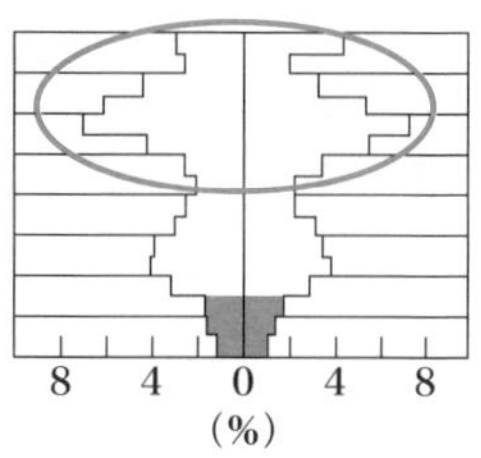

約30年前に開発された住宅団地⇒高齢化が進展中。

図3 おもな国の年齢別人口構成

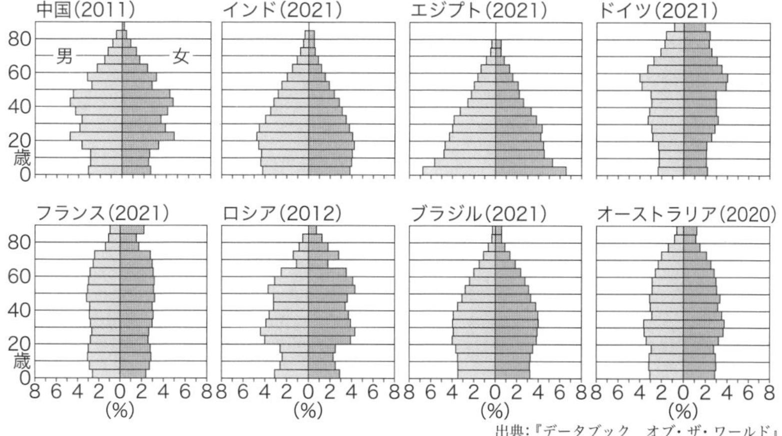

出典:『データブック　オブ・ザ・ワールド』

図4 日本の年齢別人口構成

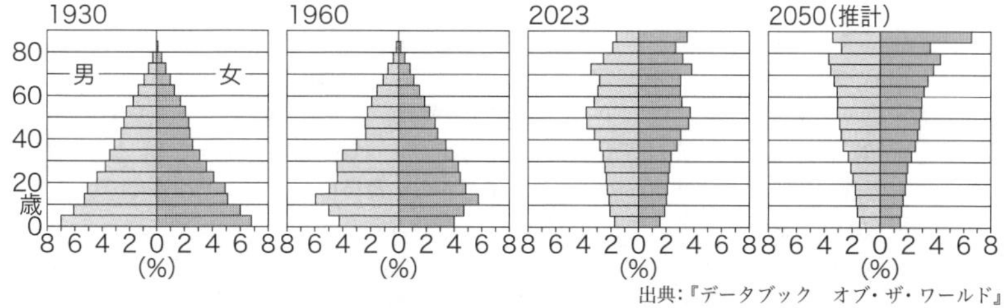

出典:『データブック　オブ・ザ・ワールド』

チャレンジテスト（大学入学共通テスト実戦演習）

問1 人口増減は，国や地域により状況が異なる。次の図は，いくつかの国における1980年，2000年，2019年の出生率と死亡率を示したものであり，①～④は，カナダ，韓国，バングラデシュ，マレーシアのいずれかである。マレーシアに該当するものを，図中の①～④のうちから一つ選べ。

（2022年共通テスト本試B）

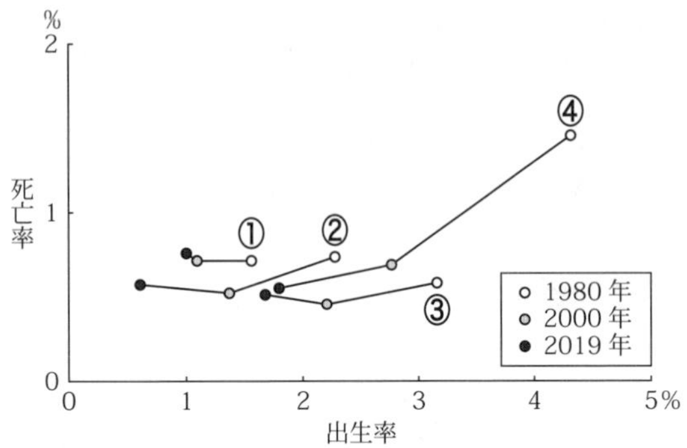

*World Development Indicators*により作成。

図

 **[答]** ③

1980年時点では最も出生率が高かった④が，かつてアジアの最貧国と呼ばれたバングラデシュとなる。貧しい国の場合，子どもを労働力として期待するなどの理由から高出生率となる。また貧しい国では衛生環境が劣悪であることから，死亡率，なかでも乳幼児死亡率が極めて高くなる。次に1980年時点で最も出生率が低い①は，4か国の中で最も早くに先進国となったカナダとなる。早くに先進国になった国ほど少子化によって出生率が低下するが，**カナダでは多文化主義を標榜し，移民を積極的に受け入れてきたことから，近年は若年層の移民の高い出生率もあって，国全体の出生率の低下に歯止めが掛かっている**。一方で**近年カナダ以上に急速な少子化が進むのが韓国**である。よって，2019年時点で最も出生率が低い②が韓国となる。**アジアNIEsと呼ばれた韓国では，急速な経済成長に伴い少子化が進んだことに加えて，学歴優先の社会構造であることから子どもの教育費にかかる負担が重くのしかかり，経済的理由から複数の子どもをもうけることが難しくなっている**。よって，残った③がマレーシアとなる。マレーシアはアジアの中では上述したアジアNIEsに次いで工業化，経済成長を遂げた国であることから，②の韓国のように少子化が進んできてはいるものの，韓国ほど出生率は低下していない。

問2 次の表は，世界のいくつかの地域における合計特殊出生率*および65歳以上人口の割合を示したものであり，①～④は，アフリカ，北アメリカ，中央・南アメリカ，東アジアのいずれかである。東アジアに該当するものを，表中の①～④のうちから一つ選べ。
*女性1人が生涯に産む子どもの数に相当する。　（2013年センター試験本試B）

表

	合計特殊出生率	65歳以上人口の割合［%］
①	4.64	3.5
西アジア	3.02	4.7
②	2.30	6.9
③	2.03	13.2
④	1.61	9.5
ヨーロッパ	1.53	16.2

統計年次は，合計特殊出生率が2005～2010年，65歳以上人口の割合が2010年。
*World Population Prospects*により作成。

問2 ［答］ ④

まず合計特殊出生率から考えてみると，**貧しい国を多く抱える地域ほど子どもを働き手として期待するなどの理由から高い合計特殊出生率を示す**。よって，最も多くの貧しい国を抱えるアフリカが①となる。

次に選択肢の中で合計特殊出生率が2番目に高い②が中央・南アメリカとなる。貧しい国が多いことに加えて，中央・南アメリカではカトリック教徒が多く，人口抑制には消極的な人々が多いからである。

最後に残った③と④であるが，③の方が合計特殊出生率は高く，④の方が65歳以上人口の割合が低い。あわせて，すでに示されている，先進国を多く抱えるヨーロッパの統計に注目すると，早くから少子化が進み最も低い合計特殊出生率を示す一方，最も高い65歳以上人口の割合を示している。**少子化がまず先に始まり，その後遅れる形で高齢化が進んでいく**。よって，③はヨーロッパに次いで65歳以上人口の割合が高い値を示していることから，ヨーロッパ並みに早い時期から少子化が進んだ，先進国のアメリカ合衆国やカナダを含む北アメリカとなる。

一方で④は，**現在では急速な経済成長，それにともなう女性の社会進出などによって少子化が顕著に進む日本や韓国，台湾，そして一人っ子政策を2015年まで行ってきた中国を含む東アジア**となる。東アジアはヨーロッパや北アメリカと比べると少子化は遅れて始まったため，65歳以上人口の割合では2地域と比べると高くはない。

22 先進国と発展途上国の人口問題

1 先進国の人口問題

✤ **少子高齢化**…**人口が停滞・減少となり若年労働力が不足**し，**国内産業の停滞**（技術の継承など）や高齢者のための**社会保障費の現役世代への負担の増加**などが生じる。

① **少子化・高齢化**…**女性の高学歴化で社会進出が増え，晩婚・非婚化による出生率の低下**などが要因⇒夫婦の出産・育児休暇，給付金，職場復帰の支援など社会保障制度の充実が重要（日本の社会保障制度は不十分なため少子化が進行）。医療技術の進歩や**少子化により高齢化が加速**⇒高齢者の年金・介護など社会保障制度の拡充と退職後の就業機会の提供などが課題。

② **ヨーロッパ諸国の社会保障制度**…フランスやスウェーデンは，先進国の中でも経済支援が手厚く，育児休暇制度や保育施設以外の育児サービスも充実。

■おもな先進国の合計特殊出生率の推移

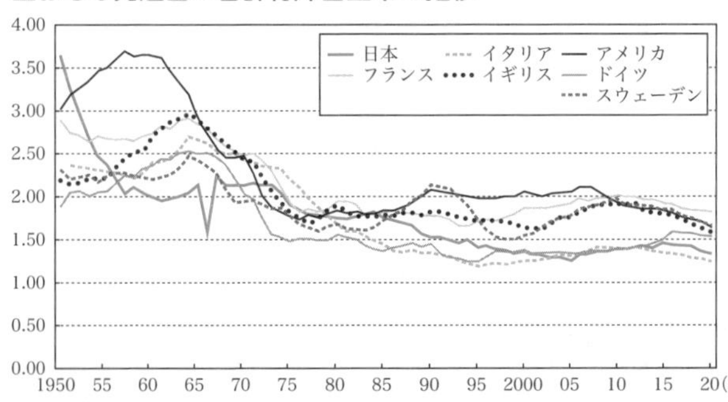

合計特殊出生率

国・地域	年次	合計特殊出生率
フランス	2020	1.82
スウェーデン	2020	1.66
アメリカ	2020	1.64
イギリス	2020	1.58
ドイツ	2020	1.53
日本	2020	1.33
イタリア	2020	1.24

■おもなアジアの国・地域の合計特殊出生率の推移

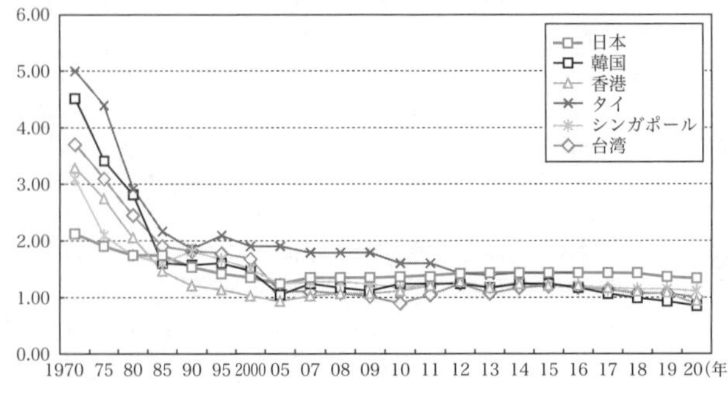

合計特殊出生率

国・地域	年次	合計特殊出生率
タイ	2013	1.40
日本	2020	1.33
シンガポール	2020	1.10
韓国	2020	0.99
香港	2020	0.88
台湾	2020	0.84

出典：『少子化社会対策白書』

アジアNIE は，学歴社 の影響が強 教育費の負 が重いため 本以上に少 化が進行。

■世界の高齢化率の推移

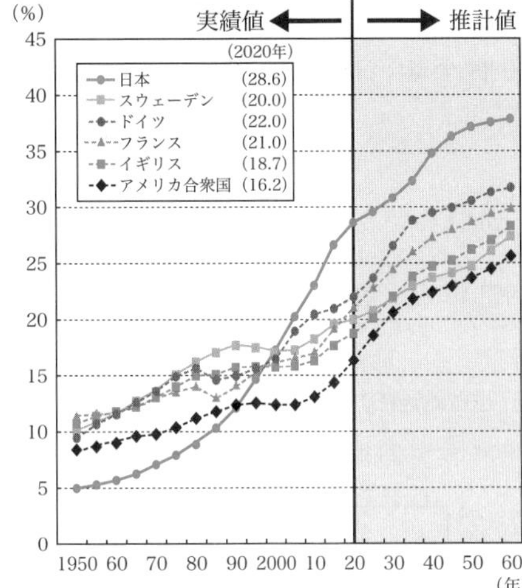

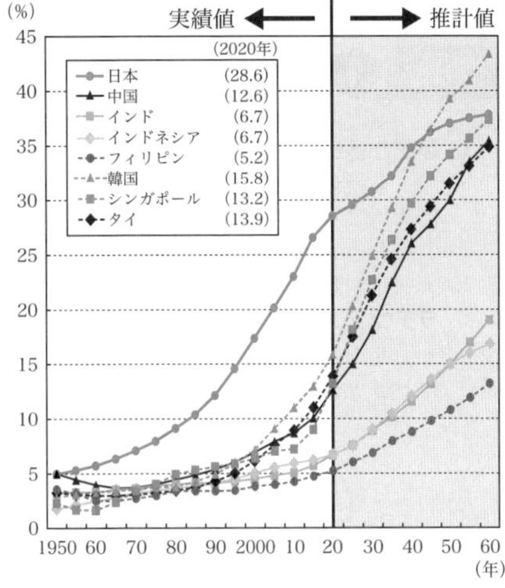

出典：『高齢社会白書』

2 発展途上国の人口問題

✤ **人口爆発**…発展途上国では，**医療・医薬品の普及や衛生環境の改善によって死亡率（とくに乳児死亡率）が低下**。一方，貧困ゆえ子どもを**働き手として期待すること**や多産を求める文化的価値観（老後の不安の解消，女性の社会的地位が極めて低いこと）が強いこと，乳児死亡率が先進国と比べるといまだに高いことにより**出生率は高いままである⇒人口爆発**，世界の総人口の約８割。

最近，**経済発展が著しい東・東南アジア諸国**では**出生率が低下**している。また，**アフリカ南部では1990年代後半からHIVの蔓延（まんえん）で死亡率が上昇**。

✤ **中国の人口抑制策**

①**「一人っ子政策」から緩和へ**…**1970年代は晩婚の奨励**，**1979年から一人っ子政策が実施**され，これまでに約４億人の増加を抑制したとされる。一人っ子には優遇措置，２子以上の出産に対しては罰則，罰金が科せられるが，**少数民族は適用外**であった。しかし，2012年には生産年齢人口（15～64歳）が初めて減少するなど，**様々な問題が懸念**されるようになった⇒2016年から第２子を認める「二人っ子政策」，さらに2021年から第３子を認める「三人っ子政策」へ**産児制限を緩和するも，教育費や住宅費の負担の重さから出生率は上向かず**。

②**問題点**…**急速な少子高齢化⇒社会保障費の負担の増加**，**戸籍に載らない「闇（やみ）っ子」（黒孩子（ヘイハイズ））の増加⇒医療・教育などが受けられない**，子どもが一人のみ⇒男子を好む価値観が強いため人工妊娠中絶の実施⇒**男女比の不均衡（男性＞女性）**，**過保護**などの問題が生じている。

ここが共通テストのツボだ!!

ツボ ① アメリカ合衆国(≒新大陸の先進国)の人口

● **移民が多い**…社会増加

⇓具体的には…

ヒスパニックやアジアなどからの**若年層**が中心

‖　　　　　　　　　　　　　　　⇓

スペイン語を話す　　　　　　**出生率が高い**…自然増加

ラテンアメリカ諸国出身者　　⇑

≒

カトリック教徒が多い≒**人口抑制に消極的**(宗教的理由)

図 年齢3階級別人口構成割合(2021年)

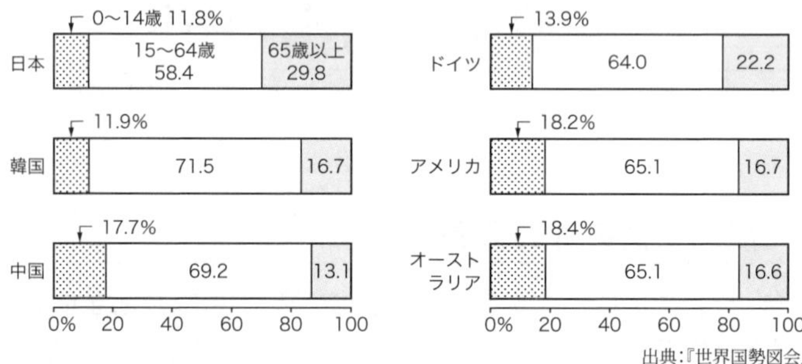

出典:『世界国勢図会』

ツボ ② 女性の社会進出の違い

女性の社会進出の状況を表す指標(労働力率，識字率，国会議員の割合など)について，国や地域の傾向を知ろう！

● 先進国…女性の社会進出は比較的進みつつある国が多いが，とくに**高度な社会保障を実現している北欧諸国(スウェーデン，フィンランド，デンマークなど)は女性の社会進出が進んでいる**(ただし労働力率の場合，手厚い年金制度のおかげで65歳以降は急激に低下)。

● **イスラーム教国**(産油国を含む)，**インド**(ヒンドゥー教徒が多い国)…**イスラーム教徒が多い国**や**ヒンドゥー教徒が多いインドでは，女性の社会的地位は宗教的な理由から極めて低い状況に置かれている**(指標は低い値を示す)。

● 途上国…**女性の社会進出は遅れている国が多い**が，**労働力率の場合**，**先進国以上に高い国が多い**(貧しいがゆえに家計を支える労働力として低年齢層から高年齢層までおもに農業従事者として働くため)。

チャレンジテスト（大学入学共通テスト実戦演習）

問1 次の図中のア～ウは，オーストラリア，韓国，ケニアのいずれかの国における，国全体の人口および人口第1位の都市の人口に占める，0～14歳，15～64歳，65歳以上の人口の割合を示したものであり，aとbは，国全体あるいは人口第1位の都市のいずれかである。オーストラリアの人口第1位の都市に該当する正しい組合せを，下の①～⑥のうちから一つ選べ。

（2021年共通テストB第1日程）

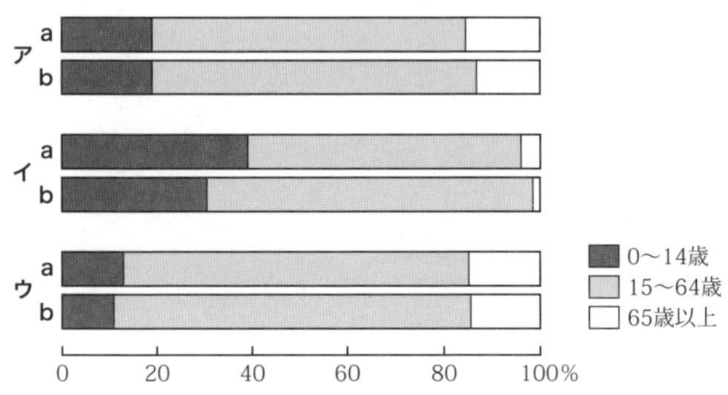

統計年次は，オーストラリアが2016年，韓国が2018年，ケニアが2019年。
Australian Bureau of Statisticsの資料などにより作成。

図

① ア－a　② ア－b　③ イ－a　④ イ－b　⑤ ウ－a　⑥ ウ－b

問1 [答] ②

まず0～14歳の年少人口割合に注目すると，**イ**が最も高いことがわかるので，3か国の中で最も貧しく高出生率が続くケニアとなる。次にa，bに注目してみると，**国全体よりも人口第1位の都市（人口最大都市）は，どの国であっても雇用機会に恵まれることから15～64歳の生産年齢人口割合が高くなる**。よって，ケニアを含めたすべての国でその割合が高いbを人口第1位の都市，残ったaを国全体とする。最後に**ア**と**ウ**の判別であるが，**韓国は現在，経済成長による女性の社会進出や教育費の負担の重さから，急速に少子化が進んでいる**。一方，先に経済成長を遂げ先進国になった**オーストラリアは，1970年代半ば頃から多文化主義を標榜し移民を受け入れてきた結果，婚期・妊娠適齢期を迎える若年層の流入が多いため，少子化の進行は抑えられている**。よって，a，bとも0～14歳の年少人口割合が低い**ウ**が韓国，逆に高い**ア**がオーストラリアと判断でき，オーストラリアの人口第1位の都市の組合せは②が正解となる。

問2 東京に戻ったミノルさんは，少子高齢化に伴う労働力不足を考える指標として，従属人口指数*があることを先生から聞き，次の図を作成した。図は，いくつかの国における，将来予測を含む従属人口指数の推移を示したものであり，①～④は，日本，エチオピア，中国**，フランスのいずれかである。日本に該当するものを，図中の①～④のうちから一つ選べ。
（2023年共通テスト本試B）

*（年少人口＋老年人口）÷生産年齢人口×100で算出。従属人口指数が60の場合，100人の生産年齢人口で60人の年少人口と老年人口を支えることを意味する。

**台湾，ホンコン，マカオを含まない。

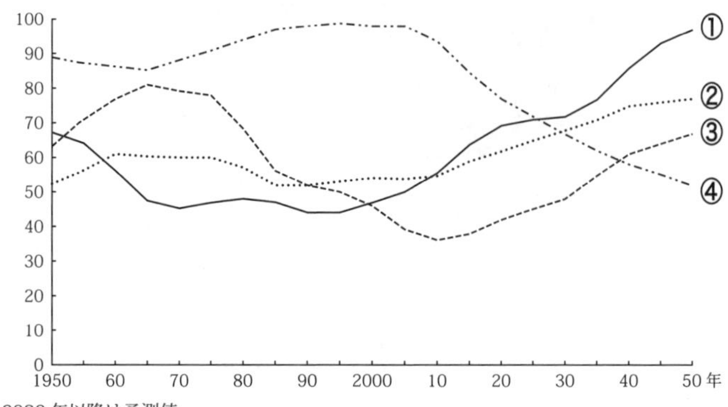

2020年以降は予測値。
*World Population Prospects*により作成。

図

問2 [答] ①

従属人口指数とは注釈にある通り，「(年少人口＋老年人口) ÷生産年齢人口×100」で示された値である。よって，日本の場合，第二次世界大戦の終戦 (1945年) から間もなくして起こった第一次ベビーブーム(1947年～1949年)で爆発的に年少人口が増え，従属人口指数は高い状態にあったが，その後，合計特殊出生率は低下傾向を示し，第一次ベビーブーム世代が15歳を越えて生産年齢人口となる1960年代には従属人口指数が低下を始め，さらにその後も合計特殊出生率の低下による少子化が続き，第一次ベビーブームの世代が65歳を越えた2010年前後から生産年齢人口が減って，代わりに老年人口が増えていくため従属人口指数が上昇に転じている①が日本となる。

ちなみに世界的にみて極めて貧しいエチオピアは，高出生率が続き年少人口割合が高く，医療や公衆衛生は改善はしているもののまだまだ低水準であるため，生産年齢人口割合はまだあまり高くない。よって，エチオピアは現時点で従属人口指数がまだ高い④となる。次に世界的にみて早くから少子化が進んでいたフランスは，早い時期から従属人口指数が低い値にあったと考えられるので②となる。最後に残った中国は1979年から導入された一人っ子政策の影響から急速に少子化が進んだことで，従属人口指数が低下したものの，2016年以降産児制限を緩和しても出生率が上昇に転じず，今後日本と同様に急速な高齢化が進んでいくと予想されることから，従属人口指数が将来的に上昇していく③となる。

問3 次の図は，いくつかの国における人口の偏在の度合い*と１人当たり総生産の国内地域間格差を示したものであり，①～④は，オーストラリア，オランダ，南アフリカ共和国，メキシコのいずれかである。オーストラリアに該当するものを，図中の①～④のうちから一つ選べ。 （2017年センター試験本試B）

*総人口のうち，人口密度の高い上位10％の地域に住む人口の比率。

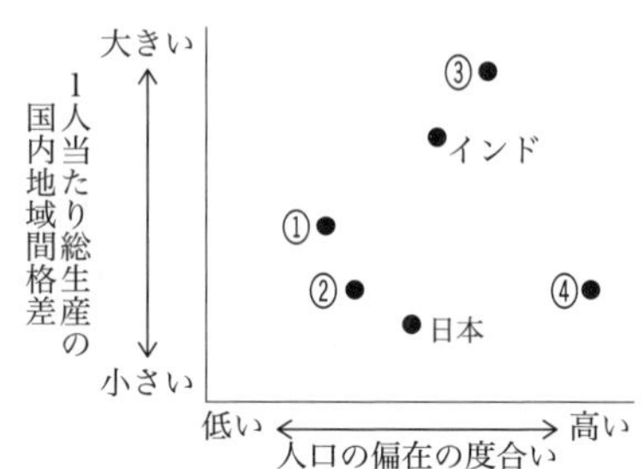

統計年次は，人口の偏在の度合いが2012年，
1人当たり総生産の国内地域間格差が2010年。
OECD，*Regions at a Glance 2013*により作成。

図

問3 ［答］ ④

あまりなじみのない指標の問題であったかもしれないが，各国の特徴を踏まえ判断に当たりたい。まず横軸の人口の偏在の度合いに注目をすると，注釈に「総人口のうち，人口密度の高い上位10％の地域に住む人口の比率」とある。**過半が乾燥環境下にあるオーストラリアや山・高原が国土の大部分を占めるメキシコ**は，自然環境が厳しいため特定の都市に人口が集中しやすいことから高い値を示す③か④のいずれかが，オーストラリアまたはメキシコとなる。縦軸の１人当たり総生産の国内地域間格差に注目をすると，③と④では③のほうが大きく，④のほうが小さい。また既に示されているインドと日本を参考にすると，③の国はインドに近い傾向をもつ国と考えられる。この意味するところは，**近年経済成長が著しい国では，時流に乗った一部の富裕層が出現する**一方，**そこから遅れた大半の貧困層がおり，その格差が広がっている**ことを意味する。メキシコでは**都市部と農村部の経済格差が存在する**ことから③はメキシコとなり，もう一方の④が，日本と同じ先進国で中間所得層などが多くなり，**1人当たり総生産の国内地域間格差が小さい**オーストラリアとなる。最後に残った①と②であるが，上述の点を踏まえると①が南アフリカ共和国，②がオランダとなる。

23 人口移動

1 人口移動

✤ 人口移動の理由

①**経済的理由**…高所得や雇用機会を求めて途上国から先進国へ，農村から都市へと移動。

②**宗教的理由**…信教の自由を求めて移動。パレスチナへと移動した**ユダヤ人のシオニズム運動**（⇒**イスラエルの建国後，パレスチナ人が難民に**）など。

③**政治的理由**…戦争・紛争による移動（難民）。**旧ソ連諸国では，強制的に民族が移動させられた⇒飛地が多い（紛争の温床）**。

✤ **国内移動**…アメリカ合衆国の西漸運動，ロシアのシベリア開拓，**北海道の開拓（屯田兵村）**など。

✤ 国外移動

①**華僑**…**中国の華南地域（福建省，広東省）出身**で商才に長けるといわれる人々。現地で国籍を取った人々を華人という。**東南アジアを中心に世界各地に居住**し，**商業や金融業に従事**し経済力を有している人々が多く，世界の多くの大都市にはチャイナタウンが形成されている（当初，東南アジアへは鉱山労働者や農業労働者として移住）。

②**印僑**…インド出身で華僑と同じく商才に長けるといわれる人々。**近隣の東南アジア諸国や旧英領の国**（**フィジー**など），**中東の産油国へ雇用機会を求めて移住した人々が多い。最近では，優秀なICT技術者などの高度人材として，アメリカ合衆国など先進国へ移住**する人々も増えている。

③**その他**…農業労働者として日本から**ブラジル**やペルー，ハワイ，カリフォルニアへ**移住**⇒現地では日系人が多い（近年は減少傾向）。

2 第二次世界大戦後のおもな国際労働力移動 ★★☆

✤ **1970年頃**…1960年代，**ドイツやフランスでは高度経済成長期**を迎え，**労働力不足**が生じたため，**外国人労働力を招き入れた**（ドイツでは「ガストアルバイター」）。**ドイツはトルコやイタリア**などから，**フランスは旧植民地の北アフリカ諸国（アルジェリアやモロッコ）**などから受け入れた。労働力不足は解消したものの，**1970年代に入ると石油危機から不況**となり**外国人労働者は失業したが，ドイツやフランスに手厚い社会保障を求めてとどまり続け**，次第に**外国人労働者に対する迫害や排斥運動**が高まりを見せていった。また，**アメリカ合衆国**では移民法の改正などにより，メキシコやカリブ海諸国からの**ヒスパニック**（＝スペイン語を話すラテンアメリカ諸国出身者）**の流入が急増**した。

✤ **1980年頃**…**1970年代には2度の石油危機**によって，**ペルシャ湾岸の産油国は原油価格高騰の恩恵から好景気**を迎えていた。現地では，石油で得た資金をもとに，インフラの整備や超高層ビルの建設などが活発化し，**労働力不足**が発生した。雇用の場を求めて，**現在でも近隣の北アフリカ諸国や南アジア，東南アジアなどから外国人労働者の流入**が続いている⇒**アラブ首長国連邦**など中東の産油国では，過酷な土木・建設作業をともなう職種が中心のため，**男性の流入者が多く，男性割合が女性割合よりはるかに高い**。また，**オーストラリアでは白豪主義を撤廃**し，**多文化主義へ**と政策転換したため，**アジアからの移民が急増**した。

✤ **1990年頃**…**日本は1980年代に貿易摩擦**や**円高**，**国内賃金水準の上昇**などで**製造業の国際競争力が低下**していた。**自動車などの製造業**において，**未熟練労働力として外国人労働者を求める動き**が高まりを見せ，**1990年に出入国管理法を改正**し，**日系人のみ国内での就労・在留資格を緩和**した。その結果，**日系移民が多くいたブラジルやペルーから外国人労働者が流入**した⇒**自動車関連産業が発達する愛知県や静岡県，群馬県などに多く居住**している（2008年以降の世界的不況や東日本大震災の影響で日系ブラジル人が解雇されるなど，最近は減少傾向）。

✤ **2000年代**

① ヨーロッパではEUの東方拡大によって，おもに**東欧諸国から西欧諸国への労働力の移動が活発化**した。受入国である西欧諸国では，1970年代と同様の文化的摩擦が生じ，各国で移民排斥運動が高まりを見せている（⇒イギリスのEU離脱問題の一因は，東欧諸国のEU加盟後にポーランドなどから大量に流入した移民問題）。一方，**送出国である東欧諸国のルーマニアやブルガリアでは若年労働力の減少と急速な高齢化**が生じている。

② 日本では，外国人が技能実習制度や「留学生30万人計画」を活用して，2012年以降急増するようになった。**とくにベトナムやネパールからの流入が急増**している。技能実習生の約8割は製造業か建設業，留学生の5割以上が卸・小売業かサービス業に従事しており，事実上の単純労働者となっている。2019年から新たに出入国管理法を改正し，人手不足が深刻な建設，介護，農業などの業種で外国人材の受入れへ。

■日本国内の在留外国人登録者数の推移（人）

	1990年		2000年		2005年		2010年		2022年	
中国	150,339	14.0%	335,575	19.9%	519,561	25.8%	687,156	32.2%	761,563	24.8%
ベトナム	6,233	0.6%	16,908	1.0%	28,932	1.4%	47,781	2.0%	489,312	15.9%
韓国·朝鮮	687,940	64.0%	635,269	37.7%	598,687	29.8%	565,989	26.5%	436,670	14.2%
フィリピン	49,092	4.6%	144,871	8.6%	187,261	9.3%	210,181	9.8%	298,740	9.7%
ブラジル	56,429	5.2%	254,394	15.1%	302,080	15.0%	230,552	10.8%	209,430	6.8%
ネパール	—	—	3,649	0.2%	6,953	0.3%	17,525	0.8%	139,393	4.5%
合計（その他共）	1,075,317	100.0%	1,686,444	100.0%	2,011,555	100.0%	2,134,151	100.0%	3,075,213	100.0%

出典：在留外国人統計

ここが共通テストのツボだ!!

ツボ 1 インド系移民の分布

インド系移民は，大きく分けて3つの場所に分布。

① 19世紀後半から20世紀前半にかけて，奴隷制の廃止などにともない人手が不足した**旧イギリス植民地**（おもにサトウキビの農業労働者として）⇒**東南アジア**（マレーシア，シンガポールなど），**アフリカ東部～南部**（南アフリカ共和国など），太平洋島嶼国（**フィジー**など），中央・南アメリカ（ジャマイカ，ガイアナなど）。この時期はインド系といっても南部のドラヴィダ系タミル人の移民が中心⇒**現地の国籍を取得した定住者が多い。**

② 英語圏の**先進国**（1960年代はおもにサービス業などの非熟練労働者として，**1990年代以降はおもにICT技術者などの高度人材**として）⇒アメリカ合衆国やカナダなど。

③ 石油危機で好景気となった**中東の産油国**（おもに1970年代以降，土木・建設労働者として）⇒**サウジアラビア**，**アラブ首長国連邦**など⇒**現地の国籍を取得することが難しいため非定住者が多い。**

図1 海外に移住するインド系の人々

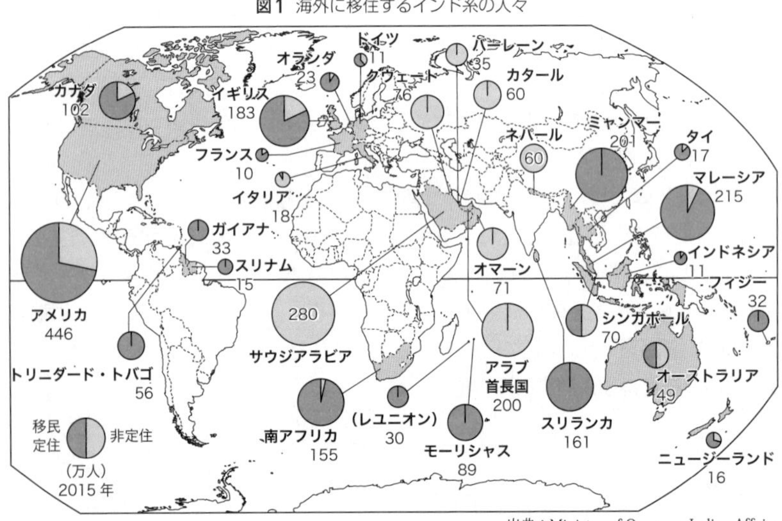

出典：Ministry of Overseas Indian Affairs

ツボ ② 難民

西アジア（シリア，アフガニスタン，イエメンなど）やアフリカのサハラ砂漠以南のサブサハラ（コンゴ民主共和国，ソマリア，南スーダンなど）では，長期間にわたる民族対立や内戦によって難民が発生している。2011年に「アラブの春」（西アジアから北アフリカにおける民主化を求める反政府運動）を機に始まった**シリア内戦では，大量の難民が隣国のトルコを経由してヨーロッパへと移動**している。

図2 世界の難民数の推移

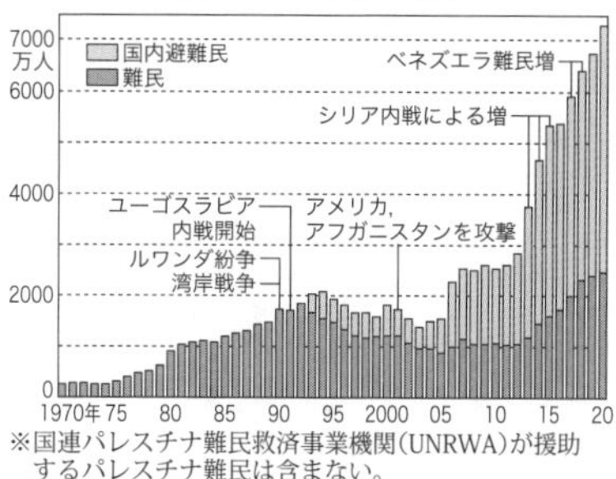

※国連パレスチナ難民救済事業機関（UNRWA）が援助するパレスチナ難民は含まない。
出典：国連難民高等弁務官事務所資料

図3 世界の難民送出国

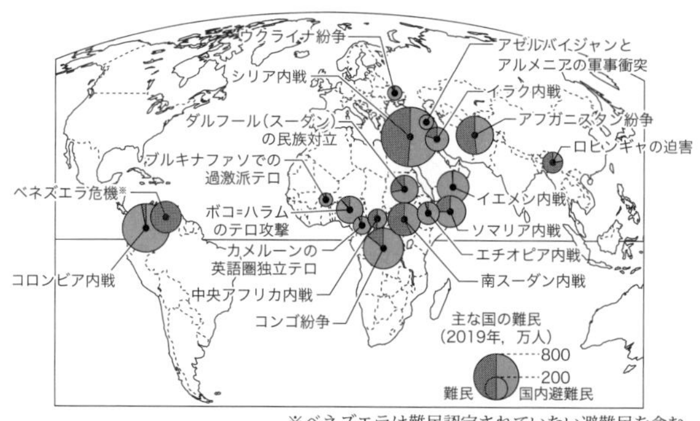

※ベネズエラは難民認定されていない避難民を含む。
出典：国連難民高等弁務官事務所資料ほか

ツボ ③ ヨーロッパにおける移民

ヨーロッパでは，**2000年代のEU加盟を機に東欧諸国からドイツへ雇用機会を求めて移民が流入**するようになった。また**ドイツには2010年代後半以降シリアから大量の難民が流入し，外国人人口の割合が急激に高まった。旧植民地からの流入も多く，イギリスにはインドやナイジェリア**などから，**フランスにはアルジェリアやモロッコ**などから，**スペインには南米**などからの流入が多い。

チャレンジテスト（大学入学共通テスト実戦演習）

問1 次の図は，インド系住民*の人口上位20か国とその国籍別の割合を示したものである。図とそれに関連することがらについて述べた文として最も適当なものを，下の①～④のうちから一つ選べ。　　（2021年共通テストB第1日程）

*インド国籍を有する者と，インド出身者またはその子孫で移住先の国籍を有する者との合計。

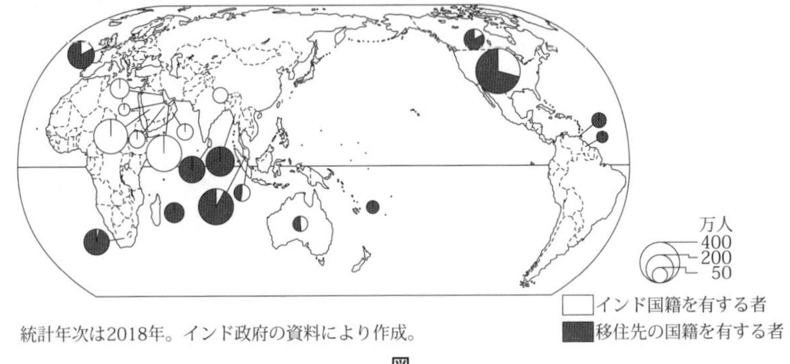

統計年次は2018年。インド政府の資料により作成。

図

① インド系住民のうち，移住先の国籍を有する者は，英語を公用語とする国やイギリスの植民地であった国に多く分布する。

② 東南アジアやラテンアメリカには，第二次世界大戦以前に，観光業に従事するために移住したインド出身者の子孫が多く居住している。

③ 1970年代のオイルショック以降に増加した西アジアのインド系住民の多くは，油田開発に従事する技術者である。

④ 1990年代以降，インド国内の情報通信技術産業の衰退に伴い，技術者のアメリカ合衆国への移住が増加している。

問1 ［答］ ①

① **正文**：**図**から英語圏のイギリスやアメリカ合衆国，カナダなどにおいては，移住先の国籍を有する者の割合が高いことが読み取れる。また同じく**図**から，**戦前にインドと同じイギリス植民地だったつながりから，サトウキビのプランテーション労働者として渡った南アフリカ共和国やモーリシャス，フィジーなどにおいても移住先の国籍を有する者の割合が極めて高い**ことが読み取れる。

② **誤文**：東南アジアのミャンマーやマレーシア，ラテンアメリカのガイアナなどに渡ったインド系住民は，観光業に従事するためではなく，①で説明したイギリス植民地のつながりからサトウキビなどのプランテーション労働に従事するために渡った人々が多い。

③ **誤文**：**1970年代以降，オイルショックによってオイルマネーを手にした西アジアの産油国は都市開発を進めるようになり，インドを含めた周辺の南アジアや北アフリカから土木・建設業に従事する目的でこれらの国に流入する人々が多い。**

④ **誤文**：**1990年代以降，インドではむしろ情報通信技術産業が発達**するようになったが，**インドよりも高賃金が得られるアメリカ合衆国にソフトウェア開発などの技術者として渡る人々が多くなっている。**

問2 次の図は，人口ピラミッドを示したものであり，アとイはシンガポールとドイツのいずれか，AとBは国全体と外国生まれのいずれかである。シンガポールの外国生まれに該当するものを，図中の①～④のうちから一つ選べ。 （2022年共通テスト本試B）

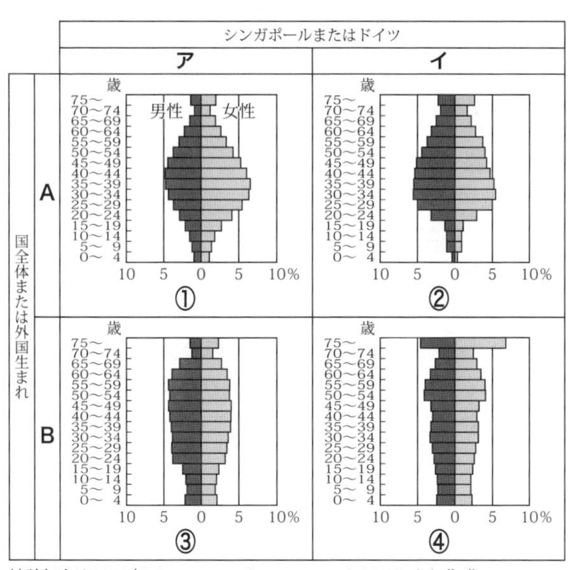

統計年次は2019年。*International migrant stock 2019*により作成。

図

問2 [答] ①

まず4つの人口ピラミッドを俯瞰すると，シンガポールにせよドイツにせよ，**外国生まれの人々は，多くの場合，労働や留学を目的として流入してくるため，20歳前後より上の世代において多くなる傾向**がある。よって，全体的に0～10歳代が少なく，20歳代よりも上の世代が多い**A**が外国生まれ，**B**が国全体のものとなる。次に国全体の傾向として，**早くに先進国となったドイツでは女性の社会進出を背景に，晩婚化，未婚化やライフスタイルの変化から少子化が進み，その後，高齢化も進展**した。よって，高齢者の割合の中でも75歳以上の割合がきわめて高い④を含む**イ**がドイツ，③を含む**ア**がシンガポールとなり，シンガポールの外国生まれの組合せは①が正解となる。

ちなみにシンガポールは，外国生まれの①の人口ピラミッドにおいて女性の割合が全体的に高い。都市国家であるシンガポールにおいては，第3次産業割合が他の先進国と比べても圧倒的に高く，飲食や接客，清掃，家政婦，ベビーシッターなど女性が従事しやすい就業機会に恵まれ，周辺の東南アジア諸国から若年層の女性の流入が多いことが影響している。また，**シンガポールは現在，日本以上に急速な少子化が進んでいる**ため，0～14歳の年少人口割合がきわめて低くなっていることも③の人口ピラミッドからうかがうことができる。

24 集落の成り立ちと村落・都市の立地・形態

地理総合　地理探究

1 集村と散村

✤ おもな集村の形態

①**塊村**…**泉や市場を中心**に**古くから自然発生的に発達**した集落。道路や地割りは不規則。**奈良盆地**や**讃岐平野**など。

②**路村**…**道路沿いに列状に発達した計画的な集落**で**家屋の背後には短冊状の地割り**が見られることが多い。中世に発達したドイツの**林地（林隙）村**やオランダのポルダーの村落，近世（江戸時代）に発達した日本の**新田集落**など。

③**街村**…**街道に沿って帯状に発達した商業機能をもつ集落**。**門前町**や**宿場町**など。

④**円村（環村）**…広場などを中心に円形・楕円形など環状に発達し，防御的機能も備えた集落。北ドイツからポーランドにかけて多い（**日本には見られない**）。

✤ 散村の形態

散村の形態…**家屋が一戸ずつ散在**している村落⇒どこでも水が得やすく，治安が良く，共同作業の必要性がなかったなどの理由から発達。**家屋の周りには屋敷林**を設けていることが多い。代表的な散村はアメリカ合衆国のタウンシップ制による開拓地，**砺波平野（富山県）**，**出雲平野（島根県）**，**北海道の開拓地**（日露戦争後の開拓村⇒北方警備の必要性が低下した）など。

■タウンシップ制

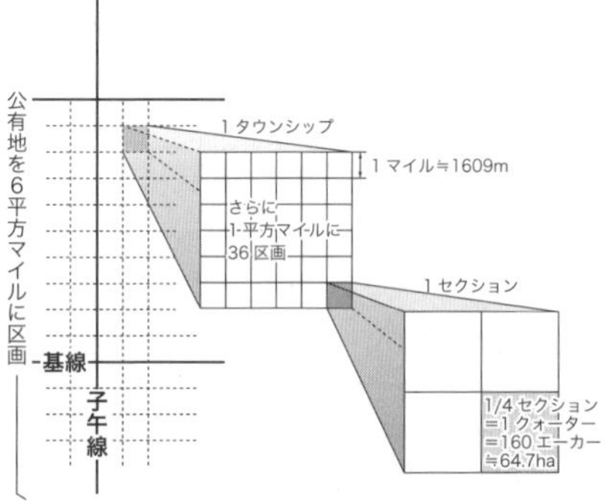

2 日本の村落・都市

✤ 村落・都市の起源

①**環濠集落**…弥生時代や戦国時代につくられた周囲を濠で囲んだ集落。

②**新田集落**…**江戸時代（近世）**，水利技術の発達とともに計画的な新田開発により発達した集落。これまで**水利が悪かった台地**や干拓地などに多く開発された。また**路村形態**が見られる。地名として**新田**・新開など。

③**輪中（集落）**…**洪水被害の多かった低湿な集落や耕地を人工堤防で囲んでできた集落**。**濃尾平野**を流れる**木曽川**，**長良川**，**揖斐川**に挟まれた地域が代表例。通常時は

非常用の食料を保存する倉として利用し，**洪水時には避難場所**も兼ねた，盛り土の上に石積みされた**水屋**も以前には多く見られた。

④ **屯田兵村**…**明治時代（近代）**，士族授産や**屯田兵**による北海道の開拓と北方警備を目的として計画的につくられた碁盤目状の地割りをもつ集落。

3 日本の都市と世界の都市

✤ 日本の都市

① **門前町**…有力な寺社の参道沿いに商業的機能が集積した都市。**成田**・**長野**・**琴平**など。

② **城下町**…領主の城を中心に**寺町，職人町，町屋，武家屋敷町など身分・職業別による地割りや地名**が見られる都市。**袋小路や鉤型の屈曲路，丁字型街路による遠見遮断形式をとっている**ものが多い。現在の県庁所在都市の多くは城下町が起源。

③ **宿場町**…参勤交代や交通の発達で主要街道沿いにつくられた都市。大名やその配下の宿泊する本陣・脇本陣，庶民の宿泊する旅籠などがあった。**遠見遮断**の形式をとることが多い。

✤ 世界の都市

○ **城塞（城郭）都市**…古代や中世に**市街地を城壁で囲んだ防御的集落**。中国やヨーロッパなどに多く，日本や新大陸には少ない。

4 都市の街路形態

✤ **直交路型**…道路が碁盤目状。**北京**・**京都**・**札幌**・ニューヨーク・**シカゴ**など。

✤ **放射環状路（同心円）型**…広場や記念建造物を中心に道路が放射状にのびる。ヨーロッパの諸都市やその植民都市に多い。**パリ**・**モスクワ**・**キャンベラ**など。

✤ **放射直交路型**…**直交路**と**放射状道路**を組み合わせたもの。現代の計画的都市に多い。**ワシントン**・ブラジリアなど。

✤ **迷路型**…自然発生的。**西アジアから北アフリカのイスラーム都市に多い。テヘラン**・**ダマスカス**など。

■都市の街路形態の模式図

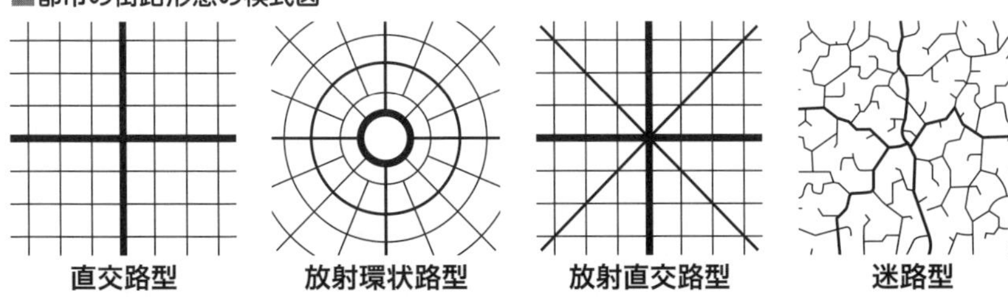

ここが共通テストのツボだ!!

ツボ 1 路村と散村

地形図上での見た目と，日本と世界の代表例を知ろう！

① **路村**…道路沿いに立地した家屋の背後に短冊状の地割りが見られることからもわかるとおり，**自然発生的ではなく計画的に開拓された集落**に見られる！

⇒ 日本の**新田集落**（近世）とドイツの**林地村**（中世）によく見られる。

② **散村**

- **フェーン現象による火災の類焼防止から散村**が形成された場所⇒**日本海側**や**ヨーロッパのアルプス山脈北斜面**など。
- **アメリカ合衆国の西部開拓**時に，入植者には大規模な土地（160エーカー）が与えられて各戸の距離が離れたため，散村が形成された場所⇒**アメリカ合衆国西部**。

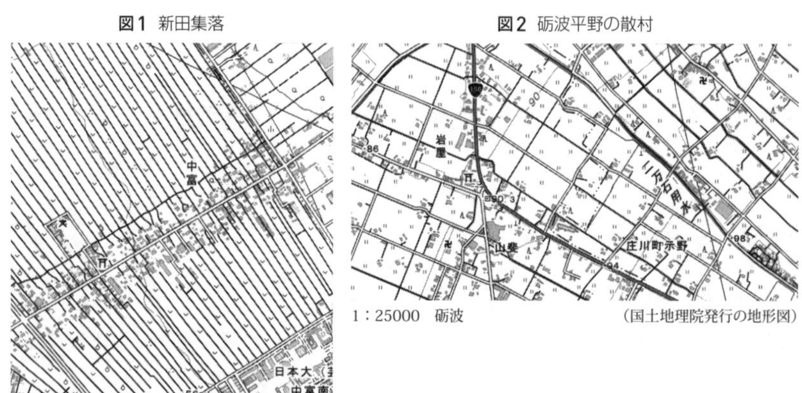

図1 新田集落

1：25000　所沢　（国土地理院発行の地形図）

図2 砺波平野の散村

1：25000　砺波　（国土地理院発行の地形図）

チャレンジテスト（大学入学共通テスト実戦演習）

問1 村落の伝統的な形態と機能について説明した次の文章中の下線部①～④のうちから，適当でないものを一つ選べ。　(2013年センター試験本試B)

村落の形態には，散村と集村がある。散村は屋敷の周りに耕地を集めやすいという農業経営上の利点をもつ。日本では，①出雲(いずも)平野や砺波(となみ)平野に典型的な散村が見られる。②アメリカ合衆国のタウンシップ制にもとづく村落も散村の一つである。集村は村落共同体としてのまとまりが良いという傾向をもつ。③防御的機能に優れた集村の例には，ヨーロッパの丘上(きゅうじょう)集落がある。また，中世以降，森林開発によって成立したドイツの林地村は，④教会を中心に，家屋や耕地・林地が同心円状に配列されている。

問1 ［答］ 

④ 誤文：中世に開拓集落として成立したドイツの林地村は，路村の形態が採用されており，教会を中心に家屋が同心円状に配列した円村ではなかった。路村は，道路沿いに家屋が列状に発達し，家屋の背後には短冊状の地割りが設けられていた。

① 正文：島根県の出雲平野と富山県の砺波平野は，日本で典型的な散村が見られる場所として知られている。散村の立地要因として，文中の耕地を集めやすいという以外に，フェーン現象が生じやすい日本海側において火災の類焼防止を考慮して成立したという説もある。

② 正文：アメリカ合衆国の開拓時に採用されたタウンシップ制では，大規模な碁盤目状の地割りがなされたほか，初期には入植者1戸に160エーカーの土地を無償で与えた。その結果，各入植者の家々の間隔が広がったため，散村の形態が見られる。

③ 正文：ヨーロッパの地中海沿岸では，聖所や防御施設を置くため，また低湿地に発生しやすいマラリアの原因となる蚊から身を守るため，丘上に集落や都市が築かれた。

問2 次の図は，富山県の砺波(となみ)平野のある地域における，1963年と2009年の同範囲の空中写真である。図に関連することがらについて述べた文章中の下線部①～④のうちから，**適当でないもの**を一つ選べ。（2022年共通テスト本試B）

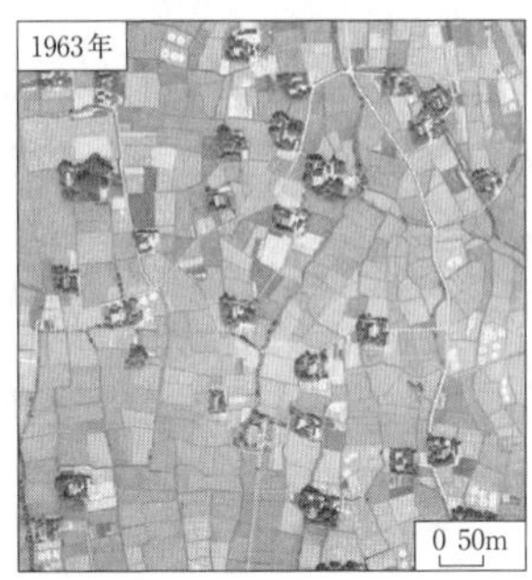

地理院地図により作成。

図

この村落では，水田や畑などの耕地の中に伝統的な家屋が数十mから数百m間隔で並んでいる。1960年代以降，①<u>農業の機械化や効率化のため，耕地は，一つの区画が広くなるように長方形状に区切り直された</u>。また，②<u>モータリゼーションに対応するため，かつての耕地を区切るあぜ道のほとんどが，舗装されて幅の広い道路に変わった</u>。この地域では，1963年から2009年の間に③<u>人口増加や核家族化の進展に伴い，耕地の一部は住宅地となった</u>。④<u>1戸当たりの敷地面積は，近年建てられた住宅よりも，伝統的な家屋の方が広い傾向がみられる</u>。

 **問2** ［答］ ②

① **正文**：**図**の1963年と2009年を見比べると，2009年のほうが長方形状の広い区画が整備されており，農業機械の搬入や農作業の効率が改善していることがわかる。よって，矛盾がないので正しい。

② **誤文**：1963年の空中写真には耕地が細かく区切られている部分にあぜ道（田の間の道）が見られるが，①で確認したとおり，耕地は長方形状の広い耕地に区画整理された影響から，2009年はほとんどのあぜ道が消滅しており，別途新たな区画整理に基づいて幅の広い道路が整備されている。

③ **正文**：まず**図**の2009年の空中写真を見てみると，中央付近の右手（東側）寄りには，1963年は耕地だった場所に住宅が複数並んでいる様子がうかがえる。次に③の下線部の前に「1963年から2009年の間に」とあることから，高度経済成長期から現在に至るまでの間と解釈すると，この間の前半はまだ出生率も高く人口が（自然）増加していたと考えられるし，**高度経済成長期以降，家族経営で行ってきた農業の衰退にともなって3世代同居などは減り，核家族化が進展**してきた。よって，正しい。

④ **正文**：④の下線部にある「近年建てられた住宅」というのは，③の下線部の前にあった「1963年から2009年の間」の時期を指し，③で見た住宅地となった場所の住宅のことである。一方，伝統的な家屋とは，文章の1行目にある「数十mから数百m間隔で並んでいる」家屋のことで，本問のような**散村の伝統的な家屋の場合，屋敷林を設けていることが多い**ので，空中写真で樹木に囲まれて見える家屋である。よって，伝統的な家屋は，近年建てられた住宅の敷地面積と比べて明らかに広いので，正しい。

問3 次の図中のア～ウは，いくつかの国の首都における街路パターンを示したものであり，ア～ウは，ペキン，モスクワ，ワシントンのいずれかである。都市名とア～ウとの正しい組合せを，下の①～⑥のうちから一つ選べ。 （2015年センター試験追試B）

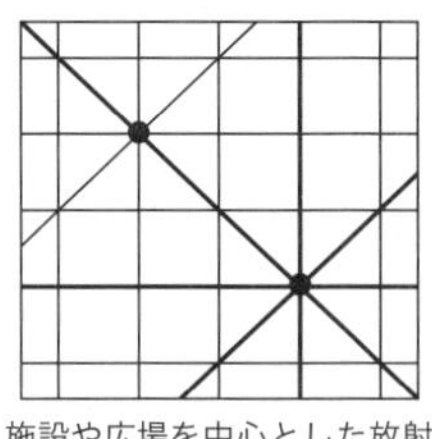

施設や広場を中心とした放射直交路型の街路パターン
ア

碁盤目状に道路が配された直交路型の街路パターン
イ

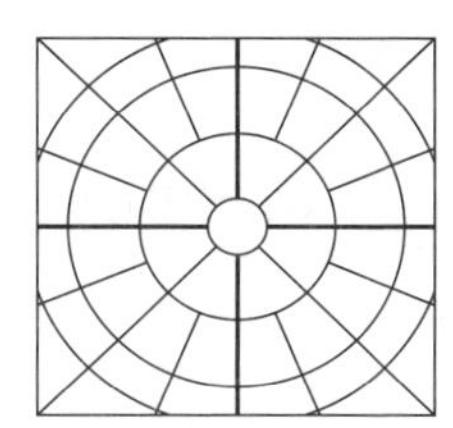

複数の環状道路をもつ放射環状路型の街路パターン
ウ

図

	①	②	③	④	⑤	⑥
ペキン	ア	ア	イ	イ	ウ	ウ
モスクワ	イ	ウ	ア	ウ	ア	イ
ワシントン	ウ	イ	ウ	ア	イ	ア

問3 ［答］  ④

アはワシントンである。**放射直交路型は，計画的な都市において見られやすい。**アメリカ合衆国の首都であるワシントン（D.C.）は，連邦議事堂を中心に南北と東西の碁盤目状の道路網と放射状道路網を計画的に組み合わせ，各所に広場や公園を設けた。

イはペキンである。**直交路型は，中国の古くから発達した都市や，中国の都を模してつくられた日本の平城京，平安京の奈良や京都**がその例である。また，**アメリカ合衆国の大都市や，屯田兵村を起源とする北海道の主要都市**もあてはまる。

ウはモスクワである。モスクワをはじめ**ヨーロッパの古くから発達した都市は，広場や教会を中心にした円村を起源にもつものが多いため，今日においても円村を基に発達した放射環状路型の街路をもつ都市が多い。**

25 都市の発達，機能と生活

1 都市の機能と立地

✤ **都市機能**…生産都市，交易都市，消費都市に大きく区分。

分類		代表的な都市
生産都市	鉱業都市	ヨハネスバーグ(金)，カルグーリー(金)，チュキカマタ(銅)，イタビラ(鉄)，メサビ(鉄)，クリヴィーリフ(鉄)，キルナ(鉄)，サドバリ(ニッケル)，フーシュン〔撫順〕(石炭)，カラガンダ(石炭)，ノヴォクズネツク(石炭)，マラカイボ(石油)，バクー(石油)，ターチン〔大慶〕(石油)
	工業都市	北九州(鉄鋼)，川崎(鉄鋼)，ウーハン〔武漢〕(鉄鋼)，ゲーリー(鉄鋼)，ピッツバーグ(鉄鋼)，エッセン(鉄鋼)，マグニトゴルスク(鉄鋼)，豊田(自動車)，デトロイト(自動車)，ヴォルフスブルク(自動車)，グラスゴー(造船)，君津(化学)，四日市(化学)，グルノーブル(アルミニウム)，マンチェスター(綿工業)，ムンバイ(綿工業)，リヨン(絹織物)，苫小牧(製紙)，富士(製紙)
	林産都市	能代，新宮，シトカ
	水産都市	銚子，釧路，焼津，ベルゲン，セントジョンズ
交易都市	商業都市	大阪，ニューヨーク，ブエノスアイレス，シャンハイ〔上海〕，ロンドン
	交通都市	ウィニペグ(鉄道)，パナマ(港，鉄道)，タシケント(鉄道)，横浜(港)，神戸(港)，シンガポール(港，航空)，ホンコン(港，航空)，ドバイ(港，航空)，アンカレジ(航空)
消費都市	政治都市	ワシントン，ブラジリア，キャンベラ，オタワ，イスラマバード，アブジャ
	軍事都市	横須賀，ポーツマス，ジブラルタル，ウラジオストク
	宗教都市	エルサレム(キリスト教・ユダヤ教・イスラーム)，バチカン(キリスト教)，メッカ(イスラーム)，メディナ(イスラーム)，ヴァラナシ〔ベナレス〕(ヒンドゥー教)，ブダガヤ(仏教)，ラサ(チベット仏教)，伊勢(神道)，琴平(神道)，ソルトレークシティ(新宗教)
	住宅都市	立川(東京周辺)，多摩(東京周辺)，船橋(東京周辺)，高槻(大阪周辺)，茨木(大阪周辺)，豊中(大阪周辺)，芦屋(大阪周辺)，レッチワース(ロンドン周辺)，ベルサイユ(パリ周辺)
	文化・学術都市	つくば，国立，ケンブリッジ，オックスフォード，ライプチヒ，ボストン
	観光都市	京都，奈良，日光，ローマ，アテネ，ヴェネツィア，ナポリ，インターラーケン，ジュネーヴ，ラスベガス
	保養都市	軽井沢(避暑)，箱根(温泉)，草津(温泉)，熱海(温泉)，別府(温泉)，バンドン(避暑)，カンヌ(避寒)，ニース(避寒)，モナコ(避寒)，ヤルタ(避寒)，マイアミ(避寒)

✤ **都市の立地**

立地の場所	代表的な都市
河口	ニューヨーク(ハドソン川)，ニューオーリンズ(ミシシッピ川)，ロッテルダム(ライン川)，ハンブルク(エルベ川)，マルセイユ(ローヌ川)
渡津(河川の両側，双子都市)	ブダペスト(ドナウ川)，島田・金谷(大井川)
滝線	リッチモンド，ローリー
湖岸	シカゴ(ミシガン湖)，ジュネーヴ(レマン湖)
海峡・地峡	イスタンブール(ボスポラス海峡)
峠の麓	三島(箱根峠)

2 都市機能 ★☆☆

✤ **中心地機能**…都市が周辺地域に対して教育・医療などのサービスや雇用の場や消費物資などを供給する機能。

■中心地機能の指標

	小都市	中都市	大都市
中心地機能	・スーパーマーケット，小商店 ・卸売業，金融業の支店 ・高校 ・保健所，病院	・大型小売店 ・都市銀行の支店，地元企業の本社 ・短期大学　・総合病院 ・役所の出先機関	・百貨店，高級専門店 ・全国企業の本社　・大学，博物館 ・専門病院　・広域の行政機関

✤ **都市圏**…日常生活において，中心都市の影響・勢力の及ぶ範囲≠行政的区分。通勤・通学圏・商圏・サービス圏などによって決定。大都市圏は，都市が空間的に拡大し周辺の都市と密接なつながりをもつ範囲。

✤ **コナーベーション（連接都市）**…**隣接する２つ以上の都市の市街地が，行政的境界を越えて連続する都市群**。東京周辺や**ドイツのルール地方**。

✤ **メガロポリス**…中枢管理機能の集積する**大都市圏が交通・通信網によって結びつけられ，帯状に連なった地域**。**東京から神戸にかけて**の東海道メガロポリス，ボストンからワシントンにかけての**アメリカ合衆国北東部**のメガロポリス。

✤ **日本の都市階層**…**東京・大阪・名古屋の三大都市圏**を頂点に，**広域中心都市（地方中枢都市）である札幌（さっぽろ）・仙台・広島・福岡**が続き，その後に**高松**や**金沢**，**新潟**，岡山，鹿児島，さらにその他の県庁所在都市へと続く。

■各主要都市の階層

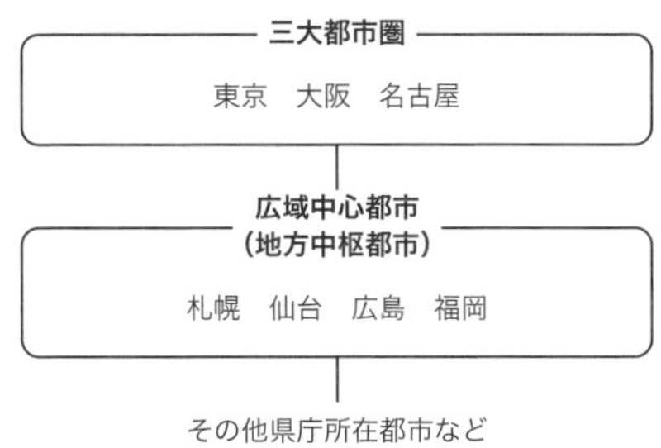

3 都市人口率と農村人口率 ★★☆

早くから第二次・第三次産業が発達し，雇用の場が多い都市に多くの人々が居住してきた**先進国**や，入植者が厳しい自然環境を避け，貿易の利便性も高い海岸部に多くの人が集住してきた**新大陸の国**において，**都市人口率は古くから高い**。一方，農業従事者割合が高い**途上国は，都市人口率は低く，農村人口率はいまだに高い**（ただし**都市人口率**は次第に上昇中）。

ここが共通テストのツボだ!!

ツボ 1 政治都市

計画的に開発された政治都市の例を知ろう！

① イスラマバード（パキスタン）…**海岸部に位置する人口最大都市のカラチから，内陸部でインドとの領土問題を抱えるカシミール地方に近いイスラマバードに遷都**（**独立を象徴**，イスラームの象徴）。

② アブジャ（ナイジェリア）…**海岸部に位置する人口最大都市のラゴスから国土の中央付近のアブジャに遷都**（**民族融和**，国土の均衡ある発展）。

③ オタワ（カナダ）…**イギリス系住民が多いオンタリオ州とフランス系住民が多いケベック州の州境付近に立地**（**民族融和**）。

④ ブラジリア（ブラジル）…**海岸部に位置する人口第二の都市のリオデジャネイロからブラジル高原のほぼ中央に位置するブラジリア**（**飛行機型の街路形態**）に遷都（**国土の均衡ある発展**）。

⑤ キャンベラ（オーストラリア）…**旧首都で人口第二の都市のメルボルンと最大都市のシドニーが首都をめぐり争った後，両都市のおよそ中間付近のキャンベラに遷都**（**首都争いの折衷策**）。

ツボ 2 首都が人口最大の都市ではない国

① アジア…中国(首都：**北京**，最大都市：**重慶**(郊外人口を含む場合))，**ベトナム**(首都：**ハノイ**，最大都市：**ホーチミン**)，ミャンマー（首都：ネーピードー，最大都市：ヤンゴン)，インド(首都：**デリー**，最大都市：**ムンバイ**)，スリランカ(首都：スリジャヤワルダナプラコッテ，最大都市：コロンボ)，**パキスタン**（首都：**イスラマバード**，最大都市：**カラチ**)，カザフスタン（首都：アスタナ，最大都市：アルマトイ)，**トルコ**(首都：**アンカラ**，最大都市：**イスタンブール**)。

② アフリカ…モロッコ(首都：ラバト，最大都市：カサブランカ)，コートジボワール(首都：ヤムスクロ，最大都市：アビジャン)，**ナイジェリア**(首都：**アブジャ**，最大都市：**ラゴス**)。

③ 新大陸…**アメリカ合衆国**（首都：**ワシントンD.C.**，最大都市：**ニューヨーク**)，**カナダ**（首都：**オタワ**，最大都市：**トロント**)，**ブラジル**（首都：**ブラジリア**，最大都市：**サンパウロ**)，**オーストラリア**(首都：**キャンベラ**，最大都市：**シドニー**)，**ニュージーランド**(首都：ウェリントン，最大都市：オークランド)。

チャレンジテスト（大学入学共通テスト実戦演習）

問1 次の①～④の文は，カイロ，ハンブルク，ベネチア（ヴェネツィア），ベルゲンのいずれかの都市の立地とその特徴について説明したものである。ハンブルクに該当するものを，次の①～④のうちから一つ選べ。　（2015年センター試験本試B）

① 三角江（さんかくこう）（エスチュアリー）をなす河口から約100kmほど内陸に発達した都市で，国内最大の港湾都市となっている。
② 潟湖（せきこ）（ラグーン）の中に形成された都市で，近年では高潮による水没の被害に悩まされている。
③ 大河川の三角州（デルタ）の頂点に立地する都市で，現在の市街地は河川の分岐点に発達している。
④ 両側を急斜面に挟まれた入り江に位置する都市で，国内有数の海運業の拠点となっている。

問1 [答] ①

①がハンブルクで正解となる。ハンブルクは，河口がエスチュアリ（エスチュアリー）となっているエルベ川に面したドイツ最大の港湾都市である。問題文中にも国内最大とあることから，どこかで聞き覚えのある都市を選ぶというのも，解法として大事である。

②はイタリア北東部の水の都と称されるヴェネツィアである。ヴェネツィアは，潟湖（ラグーン）に面しており，街の中には数多くの運河が築かれ，そのきれいな街並みは多くの観光客を惹きつけてきた。ただ，近年は地球温暖化による海面上昇の影響などもあり，高潮による被害が深刻化している。

③はエジプトの首都であるカイロである。カイロは，ナイル川三角州の円弧状（扇状）となっている要（かなめ）部分に位置する。

④はノルウェーの港町として知られるベルゲンである。「両側を急斜面に挟まれた入り江」とあるとおり，フィヨルドに面している街でかつては漁港として知られていた。

ハンブルクを判断する際に，①と④で迷ったかもしれないが，①は「国内最大」，④は「国内有数」とあることから，④の都市はあまり聞き覚えのない都市である可能性が高いことを匂わせている。

問2 次の図は，いくつかの国における1人当たりGDP（国内総生産）と都市人口率の推移を示したものであり，①～④はアルゼンチン，イギリス，ナイジェリア，マレーシアのいずれかである。アルゼンチンに該当するものを，図中の①～④のうちから一つ選べ。

（2016年センター試験本試B〈改〉）

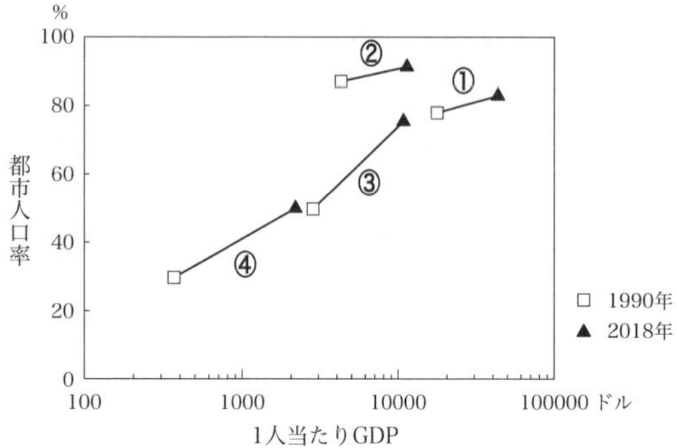

World Urbanization Prospects などにより作成。

図

問2 [答] ②

都市人口率は，早くから産業構造の高度化が進んだ先進国で高かった。また**都市人口率は，**旧宗主国（そうしゅこく）のヨーロッパとの貿易が行いやすく，厳しい自然環境を避け，海岸部に早くから人々が集住，つまり都市が早くから発達した**新大陸の国でも高い**。よって，都市人口率が高い①と②がアルゼンチンかイギリスとなる。もちろん先進国であるイギリスは，1人当たりGDPがアルゼンチンより高いので，①がイギリス，②がアルゼンチンとなる。

残った③と④であるが，1人当たりGDPが低く，まだまだ農業中心であるため都市人口率が最も低い④がアフリカのナイジェリアとなる。最後に残った③が，近年急成長を遂げ，産業構造が高度化し都市人口率が急速に上昇するマレーシアとなる。

問3 次の表は，いくつかの国について，人口規模の上位4都市における人口を示したものであり，首都を★で表している。表中の①～④は，イタリア，オーストラリア，トルコ，メキシコのいずれかである。トルコに該当するものを，表中の①～④のうちから一つ選べ。

（2012年センター試験本試B〈改〉）

表　（単位：万人）

順　位	①	②	③	④
1位	★2180.4	1584.0	496.9	★278.9
2位	534.1	★574.7	496.6	139.0
3位	526.8	442.5	274.5	93.5
4位	319.9	314.7	208.3	85.8

統計年次は，イタリア，オーストラリアが2020年，トルコ，メキシコが2021年。
『データブック　オブ・ザ・ワールド』により作成。

問3 ［答］ ②

知識があれば容易な問題であるが，トルコの最大都市は首都のアンカラではなく，ボスポラス海峡に面したイスタンブールである。よって，首都が最大の都市にはなっていない②か③となる。また，同様に首都が最大の都市になっていない国はオーストラリアである。オーストラリアでは二大都市であるシドニーとメルボルンが，かつて首都をめぐる対立をおこしたことから別途，計画的な首都であるキャンベラが両都市の中間地点につくられた。こうして考えると，オーストラリアの首都であるキャンベラは，人口の上位には上がってこないと考えることができるので，③がオーストラリアとなり，②がトルコとなる。

また次のように考えることもできる。各国の都市の人口の順位が示された場合は，都市機能や人口が一極集中するプライメートシティをもつ国かどうかが問われている可能性が高い。一般にプライメートシティは，経済成長が著しい途上国やかつて植民地化によって拠点とされた都市をもつ国において見られやすい。それゆえ①と②は，人口規模が1位と2位の都市で大きな差を示していることも判断根拠となる。よって①と②は，近年経済成長が著しいトルコかメキシコのいずれかとなる。ちなみに①は首都が最大の都市であり，プライメートシティをもつことから，急速な経済成長を遂げ，行政機能や商工業が都市に集中する中央集権国家のメキシコ，④は同様に首都が最大都市ではあるものの2位との格差が小さく，都市・工業の発達の歴史が古いイタリアとなる。

26 世界の都市・居住問題

1 都市問題

✤ **先進国の都市問題**…**雇用の場が多く，賃金水準も高い都市へと農村から人口が流入**し，都市人口が急増することで問題が発生（**Pull要因**）。

① **ドーナツ化現象**…**都心や都心周辺部での地価の高騰，居住環境の悪化で郊外へと人口が移動し，都心部の人口が減少・空洞化**する現象（都心部には都市機能が集中⇒**都心部＝昼間人口＞夜間人口，郊外＝昼間人口＜夜間人口**）。

② **インナーシティ問題**…空洞化した**都心部に高齢者**が取り残され，**低所得者や外国人労働者が流入**し，産業や商店街の衰退を招き，治安の悪化や**劣悪な居住環境をもつスラム**を形成。

③ **スプロール現象**…土地が安価な郊外に工場や住宅地が**無秩序・虫食い状に発達**し，**都市が無計画に拡大する**現象。

④ **セグリゲーション**…**都市内部で人種・民族・生活水準などによって住み分け**がなされている現象⇒アメリカ合衆国の大都市などでは，**白人やアジア系の富裕層が郊外に，ヒスパニックや黒人の貧困層が都心周辺部に集住**。

✤ **発展途上国の都市問題**…農村からの余剰人口が都市に流入し，都市人口が急増することで問題が発生（**Push要因**）。人口増加にインフラの整備が追いつかず，**交通渋滞や大気汚染，水質汚濁などの環境問題が発生**し，**スラムが都市郊外を中心に形成されやすい**。**住民の多くは定職に就けず**，露天商や日雇いなどのインフォーマルセクターの仕事に従事しているホームレスやストリートチルドレンが多い。

● **プライメートシティ（首位都市）**…人・モノ・金・サービスが一極集中し，**人口規模で第2位以下の都市を大きく引き離している都市（メキシコシティ〈メキシコ〉など）**（⇒都市問題が発生しやすい）。最大都市のインフラ整備が優先されるため，先進国の企業や大使館などが集中し雇用機会が多いことから，農村だけでなく他都市からも人口流入。

① 行政機能や商工業が集中する**中央集権的な国**（日本，韓国など）。

② **出生率が高い状態にあり若年人口率も高い国**≒経済成長中の**途上国**（≒ただし人口大国の中国やインドなどを除く）。

③ **中央・南アメリカやサハラ以南のアフリカなどの旧植民地国**。

2 ロンドンの都市計画

ロンドンでは，工業化による大気汚染やドーナツ化現象やスプロール現象などが発生し，20世紀初めにハワードが「田園都市構想」を提唱して，レッチワースなどの職住近接型の都市を建設。第二次世界大戦直後,「田園都市構想」を基に大ロンドン計画を実施。**ロンドンの市街地周辺にグリーンベルト**（緑地帯）を設け，その外縁部に**職住近接型のニュータウン**（⇔**日本のニュータウンは職住分離型**）を建設した（スティーブニジ，ハーローなど)。これによりロンドンの人口は停滞，そして減少傾向となった。

3 再開発

✤ **再開発の手法**…歴史的な建造物や空間などをそのまま生かす**修復・保全型**（⇒**ヨーロッパの大都市の都心・都心周辺部で多い**）と，一度更地にした上で近代的建造物を建造する**一掃型**（⇒**アメリカ合衆国・日本の大都市の都心・都心周辺部**や**ヨーロッパの郊外で多い**）に分けられる。

① **ウォーターフロント開発**…**河川沿いや臨海部**などの**水際の遊休地を再開発**。

② **ジェントリフィケーション**…旧市街地の**高級化**（⇒富裕層の流入による活性化）⇒既存の住民の追い出しにより，住民どうしや住民と行政との対立を招きやすい。また，**不動産価格の上昇**によりセグリゲーションが進行しやすい。

✤ **世界のおもな再開発**

● ロンドンの**ドックランズ**の再開発…ロンドンの都心地区であるシティの東に位置し，**かつては世界的な港湾地域**として栄えていた**ドックランズ**では，1960年代に倉庫群や建造物の老朽化，**コンテナ埠頭の整備の後れから衰退**した。1980年代に入り，大規模な**ウォーターフロント開発による再開発**を行い，オフィスビル，高級マンション，**国際金融センター**，レジャー施設などが完成し，活気が戻った。

■都市の立面形態

中心部には景観や土地利用の観点から，中・低層の歴史的建造物を保全。周辺部には高層ビルが並ぶ副都心が形成。

シカゴ

中心部には中心業務地区をなす高層ビルが並ぶ。郊外には一戸建ての住宅地域。

ここが共通テストのツボだ!!

ツボ ① 都市の内部構造

都市の内部構造と機能を理解して，ツボ2の理解を深めよう！

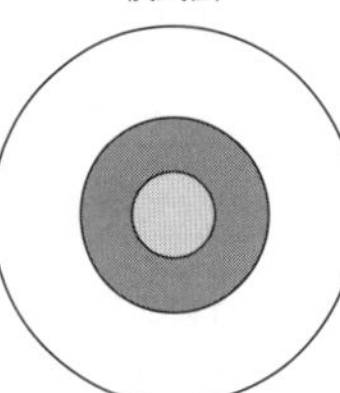

図 都市の内部構造の模式図

◎…都心部（**CBD〈中心業務地区〉**）

官公庁や企業などの中枢管理機能が集中。

●…都心周辺部（**旧市街地，インナーシティ**）

住宅地，商業地，工場が混在。

○…郊外（**≒日常生活において，都心部や都心周辺部に依存する範囲〈通勤圏に近い〉**）

住宅地中心（一部，工場あり）。

※郊外の外側は農村。

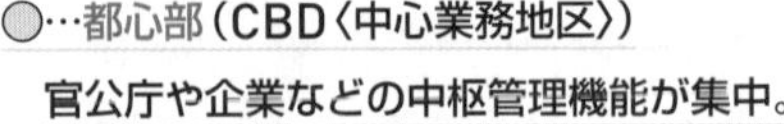

ツボ ② ドーナツ化現象とインナーシティ問題

都心部や都心周辺部（旧市街地，インナーシティ）では，人口流入が続くと**地価の高騰**や**居住環境の悪化**を招く。

良好な居住環境を求めて**郊外へと人口が流出**し，**都心部や都心周辺部**が空洞化（ドーナツ化現象）。

おもに流出するのは，

① **日本**：**若年層（子育て世代の20代～30代）**中心。

② **アメリカ合衆国**：**富裕層**の白人中心（一部アジア系も）。

その結果，

ⓐ **都心部**：居住者は少ないが，通勤・通学者は流入⇒**昼間人口＞夜間人口（常住人口）**（**人口密度は低下**）。

ⓑ **都心周辺部（旧市街地，インナーシティ）**…**日本**の場合：**高齢者**が取り残される。また，大都市においては，**若年層の単身世帯が多い。アメリカ合衆国**の場合：**低所得者層や移民**が流入（**ヒスパニックや黒人**）⇒**都心周辺部がスラム化**しやすい（インナーシティ問題）。

チャレンジテスト（大学入学共通テスト実戦演習）

問1 次の図は，20世紀以降の先進国における大都市の空間的な拡大過程を時系列に沿って模式的に示したものであり，下の文A～Cは，ア～ウの地区のいずれかにおいて，多くの都市でみられた問題や取組みについて述べたものである。ア～ウとA～Cとの組合せとして最も適当なものを，下の①～⑥のうちから一つ選べ。　(2021年共通テストA第2日程)

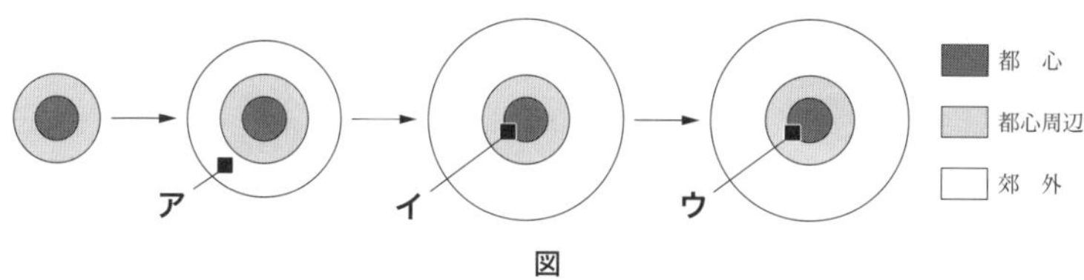

図

A　居住人口の減少や建物の老朽化により，居住環境が悪化した。
B　高層マンションや商業施設の建設などにより，市街地の再生が進められた。
C　無秩序で急速な都市化により，宅地，工場，農地の混在が進んだ。

	①	②	③	④	⑤	⑥
ア	A	A	B	B	C	C
イ	B	C	A	C	A	B
ウ	C	B	C	A	B	A

問1 [答] ⑤

Aは「居住人口の減少や建物の老朽化により，居住環境が悪化」とあることから，都心や都心周辺で生じるインナーシティ問題の説明である。よって，イまたはウが該当する。

Bは「高層マンションや商業施設の建設などにより，市街地の再生」とあることから，Aでみたインナーシティ問題が生じた後に行われる，問題の解決・改善の試みである再開発についての説明である。よって，BはAと同じ都心，都心周辺が該当し，時系列ではAよりも後になることから，Bはウ，そしてAがイとなる。

Cは「無秩序で急速な都市化により，宅地，工場，農地の混在」とあることから，郊外で生じるスプロール現象の説明である。よってCはアが該当し，組合せは⑤が正解となる。

問2 メキシコシティには農村から大量の人口が流入し，不良住宅地（スラム）が形成されている。次の図中の①～④は，メキシコシティにおける高級住宅地，中級住宅地，低級住宅地，不良住宅地のいずれかの分布を示したものである。不良住宅地に該当するものを，図中の①～④のうちから一つ選べ。　（2013年センターー試験本試B）

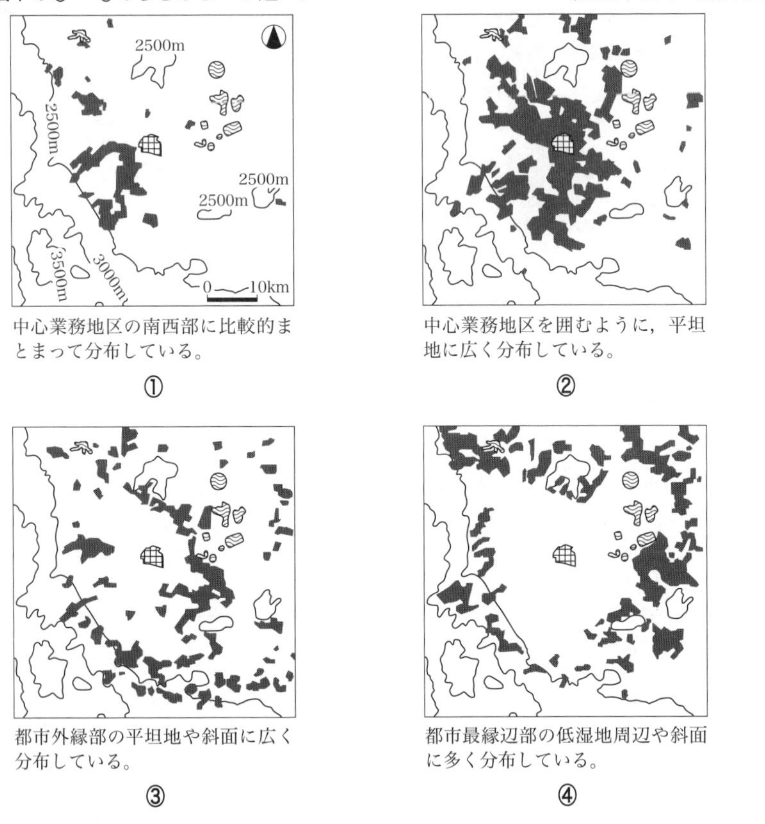

中心業務地区の南西部に比較的まとまって分布している。
①

中心業務地区を囲むように，平坦地に広く分布している。
②

都市外縁部の平坦地や斜面に広く分布している。
③

都市最縁辺部の低湿地周辺や斜面に多く分布している。
④

Diercke Weltatlas, 2002により作成。　住宅地　湿地・水辺　中心業務地区

図

問2 ［答］ ④

メキシコの首都であるメキシコシティのような発展途上国の大都市においては，原則として不良住宅地つまりスラムは，都市の郊外に形成されることが多い。またスラムは，郊外の中でも本来であれば人が住む環境に適さない，インフラが未整備な山地の急斜面や低湿地などに形成されやすい。よって，④が正解となる。

①は中心業務地区に近く，面積も他と比べて狭いことから，途上国の中では至極限られた高級住宅地となる。②は①と同様に中心業務地区に近く，面積は①と比べて広いことから，次の階級の中級住宅地となる。よって残った③は，郊外の中でも④ほど外れには位置していないことから，低級住宅地となる。

問3 先進国の大都市内部の衰退した地区において，専門的職業従事者などの経済的に豊かな人々の流入と地区の再生が進む現象は，ジェントリフィケーションという概念で説明される。次の図は，ある先進国の大都市の中心業務地区付近の概要といくつかの指標を示したものである。ジェントリフィケーションがみられる地区として最も適当なものを，図中の①～④のうちから一つ選べ。 （2022年共通テスト本試B）

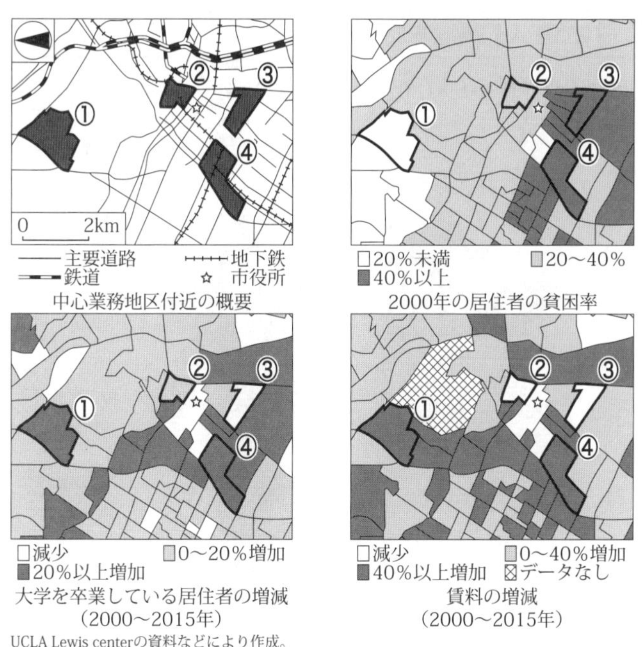

図

問3 ［答］ ④

ジェントリフィケーションとは，問題文の１行目にあるとおり「先進国の大都市内部の衰退した地区」で「専門的職業従事者などの経済的に豊かな人々の流入と地区の再生が進む現象」のことである。よって，まずは「衰退した地区」を選択しなければならないので，その指標として「2000年の居住者の貧困率」があり，その中で衰退つまり貧困率が高かった地域を選択したいので③か④に絞りたい。

次に上述のジェントリフィケーションの説明の後半にあたる「経済的に豊かな人々の流入」を表すのが「大学を卒業している居住者の増減」の指標であり，「地区の再生」を表すのが「賃料の増減」の指標である。よって，両指標とも増加率が高いものを選択したいので，①と④に絞ることができ，既述の説明とあわせると④が正解となる。

27 日本の人口・人口問題，都市と都市・居住問題

1 日本の人口動態

■日本の人口ピラミッド（2021年10月1日現在）

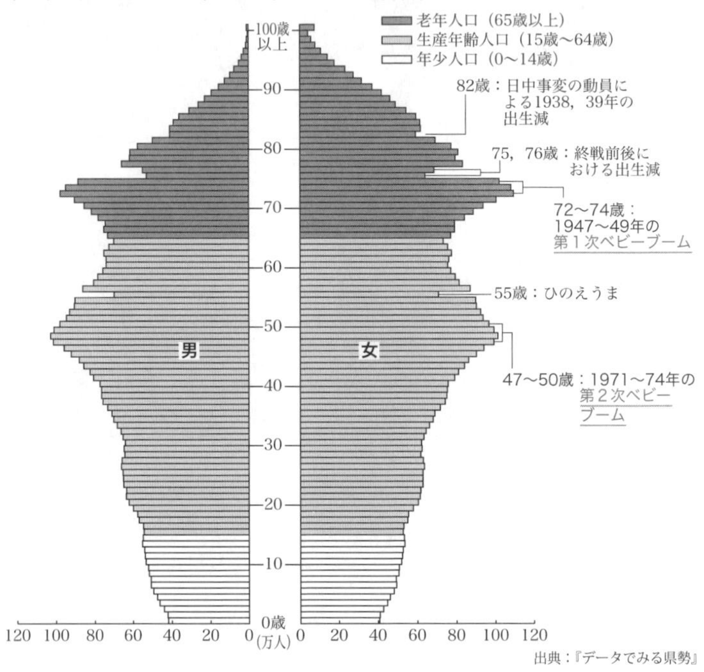

出典：『データでみる県勢』

第二次世界大戦後の高度経済成長以降，多産少死型から少産少死型へ。1970年代半ば以降，急速に少子高齢化が進行し，1990年代後半に老年人口割合は年少人口割合を上回り，2005年には**世界で初めて老年人口率が20%を超え**，人口の自然減少が予測より早く始まった（2023年9月の老年人口率は29.1%）。

2 都道府県別人口の変遷

✤ **1960年代**…**1960年代には地方から大都市部（とくに三大都市圏）へ**就業の場を求めて人口が大量に流入（**向都離村**）した結果，地方では過疎化が進展し，**1960年代後半からは東京圏や大阪圏では**ドーナツ化現象が顕在化した。

✤ **1970年代**…**1973年の石油危機後**，地方から大都市部への人口流入は沈静化。**Uターンや J ターンなど人口還流現象**が生じ，**1970年代後半には，地方圏でも人口が増加**に転じた。

✤ **1980年代**…1980年代になると，サービス経済化やグローバル化の進展から**東京圏への一極集中**が進み，再び地方の県では過疎化が進むこととなった。1980年代後半には，バブル経済による地価の高騰で東京圏でのドーナツ化がさらに加速した。

✤ **1990年代～現在**…**バブル経済の崩壊後，地価が次第に下落**し，**1990年代後半**からは人口流出が続いていた**東京都心部で再開発**が行われ，住宅供給が増加。その結果，人口流出が停滞，**1990年代後半に入ると，東京都心部では夜間（常住）人口が増加へと転じる「都心回帰」**が生じ，2000年代にはいっそう都心居住の志向が強まっている。**人口が増加しているのは，東京圏の一都三県（東京都，埼玉県，千葉県，神奈川県），愛知県，滋賀県，大阪府，福岡県，沖縄県**に限られる（2020年国勢調査）。

3 日本の都市

✤ **日本の都市階層**…三大都市圏（東京，大阪，名古屋），広域中心都市（札幌，仙台，広島，福岡）などの階層。

✤ **市町村合併**…**2000年代には地方分権を推進し，少子高齢化による自治体の財政難を改善するため，「平成の大合併」を推進して公共サービスの効率化**を図った⇒3,200ほどあった市町村数は約半減。しかし，効率が優先され，もともと財源の乏しかった，**人口の少ない市町村の公共サービスは切り捨てられ，住民の意見が届きにくくなる**などの問題が一部の自治体で生じている。

✤ **コンパクトシティ構想**…小規模化した市街地に公共交通機関を整備し，徒歩や自転車でも移動可能な範囲に都市機能を集積させ，コミュニティの再生や住みやすいまちづくりを目指す構想⇒とくに財政難が深刻な地方の中規模都市を中心にこうした動きがある。

✤ **都市のスポンジ化**…**都市内部に人口減少から空き地や空き家が増え**，スポンジ状に穴があいたかのように人口密度が下がる現象。**治安・景観・居住環境の悪化，災害危険性の増大，生活利便性・行政サービスの低下などの問題**につながる。

4 日本のニュータウン

日本では**高度経済成長期**に，**都市郊外**に**職住分離型のニュータウン**が建設された。その後も**ドーナツ化現象**や人口流入により，**郊外にニュータウンなどの新興住宅地の開発**が進められ，**郊外人口は増加**した。しかし当時のニュータウンでは，現在**「オールドタウン化」現象**が生じ，**居住者の高齢化**や**建物の老朽化**が進み，**人口減少**，**商店街の撤退**などの問題が生じている。

ここが共通テストのツボだ!!

ツボ 1 昼夜間人口比率と東京圏の「都心回帰」

① 昼夜間人口比率（昼間人口÷夜間人口×100）

(1) 100超⇒**大都市または各地域の中心都市（の都心部）を含む地域**，工業都市。

(2) 100未満⇒**大都市または各地域の中心都市の郊外地域の都市を含む地域**。

(3) ほぼ100⇒地方の中小都市。

② 東京圏の「都心回帰」

(1) **高度経済成長期以降，大都市を中心にドーナツ化現象が発生（都心部では昼間人口が増加，夜間人口は減少＝昼夜間人口比率は上昇）**。

(2) **1990年頃にバブル経済が崩壊し，地価が次第に下落**。

(3) とくに東京圏では，**1990年代後半から通勤に便利な都心や都心周辺部で住宅供給中心の再開発**が活発化⇒**都心・都心周辺部の東京23区を中心に人口増加（都心部では昼間人口も増加**しているが，**夜間人口はそれをも上回るペースで増加＝昼夜間人口比率は低下）**。

(4) **2000年代以降，いっそう都心居住の志向が強まるようになっていたが，近年，東京都心部では不動産価格の高騰から人口増加が鈍化**しつつある。

図 東京大都市圏・名古屋大都市圏・大阪大都市圏の昼夜間人口比率

	1985		1995		2005		2020（年）	
	昼間人口（千人）	昼夜間[1]人口比率	昼間人口（千人）	昼夜間[1]人口比率	昼間人口（千人）	昼夜間[1]人口比率	昼間人口（千人）	昼夜間[1]人口比率
茨城	2,661	97.7	2,853	96.6	2,886	97.0	2,798	97.6
栃木	1,862	99.8	1,976	99.7	1,998	99.3	1,913	99.0
群馬	1,918	99.8	1,996	99.6	2,021	99.9	1,939	100.0
埼玉	5,110	87.2	5,726	84.8	6,159	87.5	6,434	87.6
千葉	4,509	87.6	4,998	86.3	5,340	88.5	5,549	88.3
東京	13,998	118.4	14,572	124.2	14,978	120.6	16,751	119.2
神奈川	6,761	91.0	7,367	89.4	7,905	90.3	8,305	89.9
岐阜	1,962	96.7	2,018	96.1	2,019	95.9	1,906	96.3
静岡	3,574	100.0	3,731	99.8	3,783	99.9	3,627	99.8
愛知	6,554	101.6	6,979	101.7	7,341	101.7	7,637	101.3
三重	1,701	97.3	1,789	97.1	1,824	97.8	1,742	98.4
滋賀	1,102	95.4	1,223	95.1	1,327	96.2	1,366	96.6
京都	2,614	101.1	2,637	100.7	2,651	100.8	2,629	102.0
大阪	9,121	105.3	9,318	106.1	9,241	105.5	9,227	104.4
兵庫	5,037	95.5	5,150	95.4	5,299	95.1	5,209	95.3
奈良	1,137	87.1	1,230	86.0	1,259	88.7	1,195	90.2
和歌山	1,072	98.6	1,052	97.4	1,012	97.8	907	98.4

各年10月1日現在。[1]常住人口100人当たりの昼間人口の割合。　出典：『日本国勢図会』など

チャレンジテスト（大学入学共通テスト実戦演習）

問1 子育て環境や出生率に日本国内でも地域差があることを知ったユミさんたちは，いくつかの指標を都道府県単位で調べた。後の図中のア～ウは，単独世帯の割合，夫婦共働き世帯の割合，平日の平均通勤・通学時間のいずれかについて，全国を100とした場合の各都道府県の値を示したものである。項目名とア～ウとの正しい組合せを，後の①～⑥のうちから一つ選べ。

（2023年共通テスト追試B）

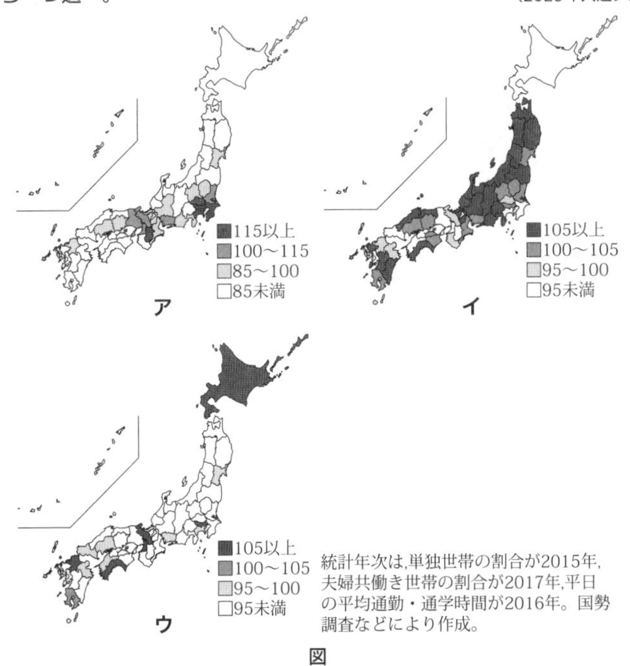

統計年次は，単独世帯の割合が2015年，夫婦共働き世帯の割合が2017年，平日の平均通勤・通学時間が2016年。国勢調査などにより作成。

図

	①	②	③	④	⑤	⑥
単独世帯の割合	ア	ア	イ	イ	ウ	ウ
夫婦共働き世帯の割合	イ	ウ	ア	ウ	ア	イ
平日の平均通勤・通学時間	ウ	イ	ウ	ア	イ	ア

問1 ［答］ 

アは三大都市圏を中心に大都市圏を抱える都府県で100以上となっていることから，平日の平均通勤・通学時間となる。**大都市圏では都心や都心周辺部にオフィス機能が集積する一方，鉄道網の整備によって都心から離れた他市町村にまで住宅地が広がることから人々の行動圏は広くなっており，平日の通勤・通学時間が長くなる傾向**にある。一方，鉄道網が発達していない地方圏では，同一の市町村内での通勤・通学が中心であり人々の行動圏は狭く，平日の通勤・通学時間が短くなる傾向にある。

イは全国的に高い一方，東京圏や大阪圏で低くなっていることから夫婦共働き世帯の割合となる。現在，日本全体の共働き世帯の割合は約7割となっており，とくに給与水準が低い地方圏では世帯収入を確保するために共働き世帯が多いとされる。一方，地方出身者が多い東京圏や大阪圏では近隣に頼れる親族がいない世帯も多く，育児の負担から多くの場合女性が離職せざるを得ない状況（「ワンオペ育児」）に陥っており，夫婦共働き世帯の割合が低くなっている。

ウは大都市圏の中心である東京都，大阪府，福岡県や過疎化が進む高知県などで105以上と高いことから単独世帯の割合となる。大都市圏の中心である東京都，大阪府，福岡県では大学への進学や就職などで若年層の一人暮らしが多く，また居住環境や就業機会に恵まれることなどから生涯未婚率が高いこともあって，単独世帯の割合が高くなっている。他方，過疎化が進んだ中山間地域が多い高知県などでは高齢者の一人暮らしが多く，単独世帯の割合が高くなっている。

問2 ミノルさんは，カヲルさんから過疎化の進行によって全国で様々な問題が起きていることを聞いた。次の図は，過疎市町村*の面積が都道府県面積に占める割合，老年人口の増加率，老年人口に占める食料品へのアクセスが困難な人口**の割合を示したものである。図を見てミノルさんたちが話し合った会話文中の下線部①～④のうちから，**誤りを含むものを一つ選べ。** （2023年共通テスト本試B）

*総務省が定める要件を満たす市町村。

**自宅から店舗まで500m以上，かつ自動車利用が困難な老年人口。

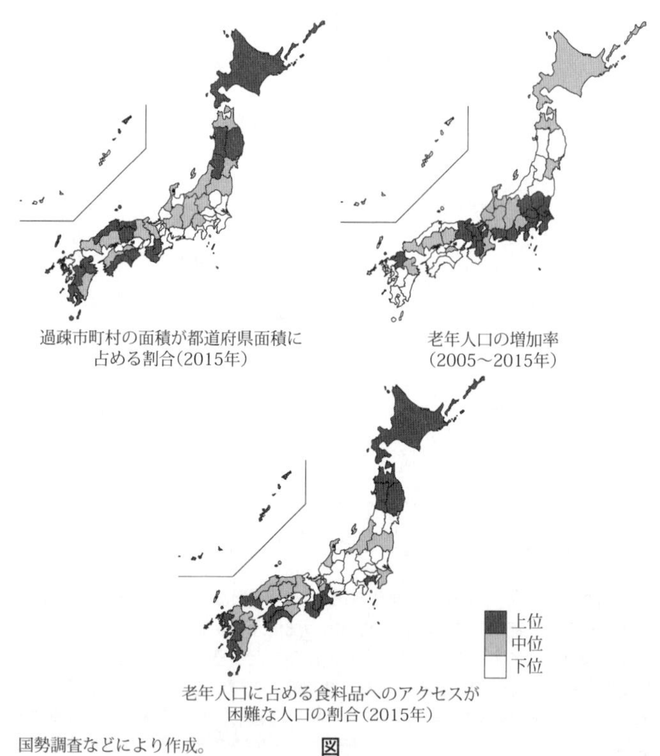

国勢調査などにより作成。

図

ミノル　「過疎市町村は，人口減少率や高齢化の進展度合いなどで決まると学校で習ったよ。全体的な傾向として，①過疎市町村の面積が都道府県面積に占める割合は，三大都市圏よりも三大都市圏以外の地域で高い傾向にあるね」

カヲル　「最近の老年人口の増加率は，三大都市圏の方が高い傾向にあるね」

ミノル　「②三大都市圏における老年人口の増加傾向は，三大都市圏以外からの高齢者の流入が主な原因であると考えられるよ」

カヲル　「老年人口に占める食料品へのアクセスが困難な人口の割合が高い都道府県は，三大都市圏以外に多いよ」

ミノル　「農山村地域では，③移動が困難な高齢者のために，食料品を積んで集落を回る移動販売車があると聞いたよ」

カヲル　「老年人口に占める食料品へのアクセスが困難な人口の割合が高い都道府県は，神奈川県などの三大都市圏にもみられるね」

ミノル　「これは，④駅から離れた丘陵地に1970年代前後に開発された住宅地に住む高齢者が多いことも理由の一つだと思うよ」

カヲル　「過疎化・高齢化に伴う問題の解決は，日本全体の課題といえるね。高齢化は，日本の人口構造の変化とも関係しているよ。調べてみたらどうかな」

問2 ［答］ ②

①は正文である。図中の過疎市町村の面積が都道府県面積に占める割合を見てみると，三大都市圏よりも三大都市圏以外の地域で高い傾向を示しているので正しい。

②は誤文で正解となる。三大都市圏における老年人口が増加傾向にあるのは，三大都市圏以外からの高齢者の流入が主な原因ではなく，**高度経済成長期に大量に流入した当時の若年層が，現在，加齢によって65歳を超え急速に高齢化が進展していることが主な原因**である。

残った選択肢の③と④は，どちらも「**フードデザート**」と呼ばれている現象に関する説明であり正しい。確かに③のように**農山村地域では，過疎化が急速に進み，食料品を販売する商店などもほとんど存在しなくなっていることから，一部の自治体では行政サービスの一環として地域に移動販売車を巡回させるような取り組みをしている**。また④の選択肢のように，**大都市圏郊外の丘陵地や台地に開発された住宅地においても，上述した通り当時の若年層であった居住者の加齢による高齢化が進み，現在となっては職住分離で通勤や通学に不便な立地の住宅地も多いことから，居住者の世代更新が進まず，居住者の減少に伴って商店が撤退し，食料購入が難しくなる地域も現れている。**

問3 次の図は，いくつかの時期における東京圏（島嶼(とうしょ)部を除く東京都，神奈川県，埼玉県，千葉県）の市区町村別人口増加率を示したものであり，ア～ウは，1985年～1990年，1995年～2000年，2005年～2010年のいずれかである。図中のア～ウについて古いものから年代順に正しく配列したものを，下の①～⑥のうちから一つ選べ。

（2017年センター試験本試Ｂ）

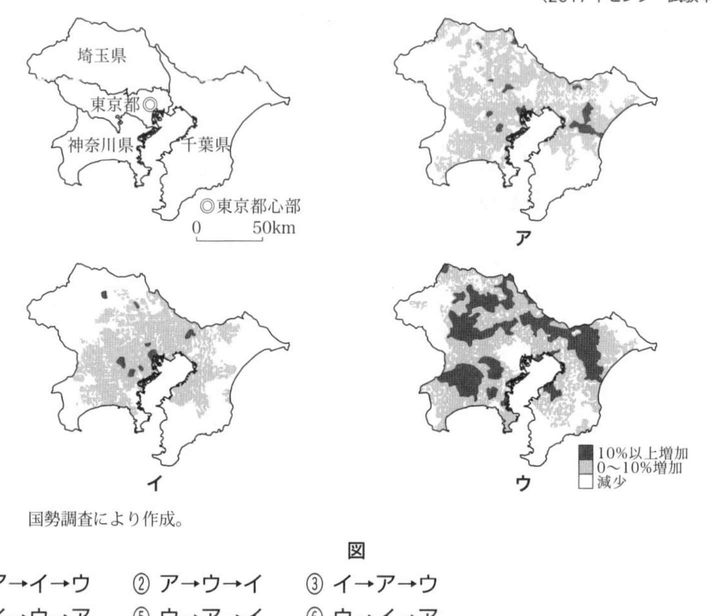

国勢調査により作成。

図

① ア→イ→ウ　② ア→ウ→イ　③ イ→ア→ウ
④ イ→ウ→ア　⑤ ウ→ア→イ　⑥ ウ→イ→ア

問3 ［答］ ⑤

都市圏の内部構造の問題では，図中に示されたスケールを半径とし，その図の中心を軸として円を描いてみると，その場所が大きな境目となり，判断しやすくなることを知っておきたい。

本問でも**図**中の東京都心部から50kmのスケールを半径として円を描いてみると，**ア**は50kmを超えて0～10%増加の地域が広がっている。**イ**は50kmを超える人口増加地域の広がりはほとんど見られず，50km圏内では東京都心部からほぼ隙間なく0～10%増加の地域が見られる。**ウ**は東京都心部とその周辺では減少を示しており，50kmを超えた地域では10%以上増加の地域を見ることができる。各期間の時代の背景を考えてみると，**1985年～1990年はバブル経済期にあたり，東京都心部では地価の高騰からドーナツ化現象が生じていた時期**である。よって，東京都心部では人口減少，一方の郊外地域では顕著な人口増加を示す**ウ**が対応する。次に**1995年～2000年であるが，バブル経済が崩壊してから数年経った時期にあたり，地価が下がり始め，東京都心部では住宅供給の再開発が始まる時期**である。よって，**東京都心部でも人口が増加に転じるが，一つ前の1985年～1990年の時代背景を引きずっており，まだ50kmを超えた地域でも人口増加地域が見られるア**が対応する。最後に**2005年～2010年であるが，さらなる地価下落から東京都心部での再開発がいっそう進み，住宅供給も増えて人々の都心志向が強まるようになった時期**である。よって，人口増加がほぼ50km圏内までとなっている**イ**と対応する。

問4 ヨウジさんたちは，福岡市都心の始発駅から電車に乗り，景観の変化を調べてみた。次の**写真**中の**A**～**C**は，ヨウジさんたちがいくつかの駅の周辺で景観を撮影したものである。また，以下の**表**中の**ア**～**ウ**は，**A**～**C**の**写真**を撮影した地点を含む市区町村のいずれかにおける，2005年から2015年の人口増加率と老年人口増加率を示したものである。**A**～**C**と**ア**～**ウ**との正しい組合せを，以下の①～⑥のうちから一つ選べ。

（2021年共通テストB第2日程）

A　始発駅から数分で着く駅であり，新しいマンションが建ち並んでいた。

B　始発駅から30分ほどで着く駅であり，丘の上に古い戸建ての住宅が並んでいた。

C　始発駅から1時間ほどで着く駅であり，駅周辺に田畑が広がっていた。

写真

表　（単位：%）

	人口増加率	老年人口増加率
ア	15.3	46.2
イ	－0.7	24.1
ウ	3.6	49.0

統計年次は2005～2015年。
国勢調査により作成。

	①	②	③	④	⑤	⑥
A	ア	ア	イ	イ	ウ	ウ
B	イ	ウ	ア	ウ	ア	イ
C	ウ	イ	ウ	ア	イ	ア

問4 **[答]** ②

Aは，「始発駅から数分で着く駅」，「新しいマンションが建ち並んでいた」とあることから，**都心に近い都心周辺部で，再開発が行われたことなどから人口増加率が高い**と考えられる。

Bは，「始発駅から30分ほどで着く駅」，「古い戸建ての住宅が並んでいた」とあることから，**住宅地が広がる郊外で，近年では居住者の高齢化が進んでいる**と考えられる。

Cは，「始発駅から1時間ほどで着く駅」，「駅周辺に田畑が広がっていた」とあることから，**B**よりもさらに都心から離れた**農村で，過疎化が早くから進み，人口増加率が低い**と考えられる。

これらの情報をもとに**表**と照合させてみよう。**ア**は人口増加率が最も高いことから**A**と対応する。**イ**は人口増加率が最も低く（唯一減少），早くから老年人口が増加してきたため近年ではその増加率は鈍化し，老年人口増加率が最も低いことから**C**と対応する。**ウ**は人口増加率があまり高くなく，近年では老年人口増加率が最も高くなっていることから**B**と対応する。

28 世界の衣食住と言語・宗教

1 世界の衣服

熱帯から温帯にかけては麻や木綿，絹などが，冷涼・寒冷な地域や乾燥帯では毛織物や獣皮革が素材として用いられることが多い。

✤ **チマ・チョゴリ**…**朝鮮民族の伝統衣服**の上衣をチョゴリといい，女性はチマと呼ばれる袴を身につける。保温性に長け，近年では明るい色が好まれる。

✤ **アオザイ**…**ベトナムの民族衣装**。隣国の中国や旧宗主国のフランスの影響などから，女性の身体のラインを強調する薄手の生地で仕立てた，上下分割した長い衣服。

✤ **サリー**…**おもにインド**において，**ヒンドゥー教徒の成人女性が身につける一枚布の衣服**。放熱性と吸湿性に富んだ絹や綿を素材とした衣服。

✤ **チャドル**…各国によって呼び名は異なるが，**厳格なイスラーム教徒の女性が身体を覆い隠す黒地の衣服**。他にも女性が頭髪を隠すスカーフ（イランのヒジャブなど）がある。

✤ **ポンチョ**…**おもにアンデス高地**で，先住民が身につける防寒・防風を兼ねた貫頭衣。

チマ・チョゴリ

チャドル

アオザイ

ポンチョ

サリー

2 宗教と食生活

✤ **イスラーム**…**豚肉を食することや，飲酒が禁じられている**⇒イスラーム法に則って処理・調理された**ハラール**（「許されている」の意）フードを食する。ラマダン（断食月）もある。

✤ **ユダヤ教**…豚などの胃袋で反芻しない動物を食すること，イカやタコのように鱗のない魚介類を食することなどが禁じられている。

✤ **ヒンドゥー教**…**聖なる動物である牛を食さない**だけでなく，不殺生の教えから**肉・魚類を食さず，菜食主義**の人が多い⇒**インド**。

3 世界の気候と住居 ★☆☆

✤ **熱帯地域の家屋**…**年中，高温多雨**な気候環境下にあるため，**風通しや排水に優れた，急傾斜の屋根を持つ高床式の杭上（こうじょう）家屋**や樹上家屋が見られる（一部には水上家屋も）。

✤ **乾燥帯地域の家屋**…樹木が少ないため，暑さ対策として，**日干しレンガ（アドベ）**や石造りで窓が小さい家屋が多い。また，**遊牧民は移動可能なテント式住居**（**モンゴルではゲル**，中国ではパオ，中央アジアではユルト）などを用いている。

✤ **温帯地域の家屋**…樹木が多いため，木造家屋が中心。日本の**東北・北陸地方**では**豪雪のための雪よけ**として軒先を長くした雁木（がんぎ）や，**沖縄地方など**では**台風による強風対策**として家を強固な**石垣**で囲った家屋が見られる。ただし，**地中海沿岸では，夏の高温乾燥が厳しいため，窓を小さくした白色の石造りの家**が多い。

✤ **亜寒帯（冷帯）・寒帯地域の家屋**…亜寒帯（冷帯）地域は，樹木が多いため，**丸太を組んだ木造家屋**（イズバなど）が中心。永久凍土上では，**家屋からの放射熱が永久凍土を融解し地盤を軟弱化させ，家屋が傾くのを防ぐため高床式家屋**が見られる。また，**朝鮮半島や中国東北部**では台所からの廃熱を利用した**床暖房設備のオンドル**などがある。

高床式家屋（熱帯地域）

日干しレンガ（乾燥地域）

白壁の家（ギリシャ・温帯地域）

高床式家屋（寒冷地域）

4 世界のおもな言語

✤ **インド・ヨーロッパ語族**…ほとんどのヨーロッパ系言語とイラン～インド北部，バングラデシュにかけて分布（**ゲルマン語派**，**ラテン語派**，**スラブ語派**，ケルト語派，**ヒンディー語**，**ペルシア語**など）。

✤ **ウラル語族**…**フィンランド語**，**ハンガリー（マジャール）語**。

✤ **アルタイ諸語**…モンゴル語，**トルコ語**。

✤ **シナ・チベット諸語**…中国語，チベット語，タイ語，ミャンマー語。

■**世界の言語分布**

インド・ヨーロッパ語族
シナ・チベット諸語
インディアン・インディオ諸語
アフリカ・アジア語族
ウラル語族
アルタイ諸語
オーストロネシア語族
ニジェール・コルドファン諸語
その他

✤ **アフリカ・アジア語族**…アラビア語，エチオピア語，ヘブライ語，トゥアレグ語。

✤ **ニジェール・コルドファン諸語**…中南アフリカにかけて分布。

✤ **オーストロネシア（マレー・ポリネシア）語族**…マダガスカル～東南アジアの島嶼部～太平洋の島々にかけて分布（マレー語，ポリネシア語など）。

✤ **その他**…ドラヴィダ系，コイ＝サン系，カフカス系など。

5 世界のおもな宗教 

■世界の宗教分布

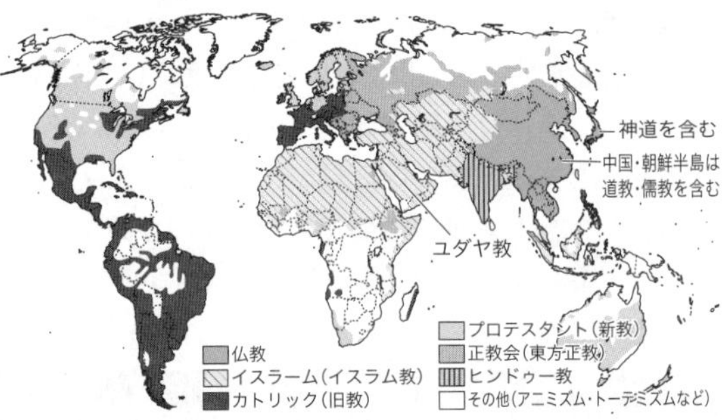

✤ **キリスト教（イエス＝キリスト／エルサレム／一神教）**

①**カトリック（旧教）**…ラテン系民族（南欧・ラテンアメリカ）・アイルランド・ポーランド・フィリピンなど。

②**プロテスタント（新教）**…ゲルマン系民族（ドイツより西部・北部）・新大陸（アメリカ合衆国・オーストラリアなど）。

③**正教会（東方正教）**…スラブ系民族（東欧・ロシアなど）。

④**その他**…エチオピアのコプト派，レバノンのマロン派。

✤ **ユダヤ教（エルサレム／一神教）**：ユダヤ人の民族宗教…イスラエルなど。

✤ **イスラーム（ムハンマド／メッカ・メディナ・エルサレムなど／一神教）**

①**スンナ（スンニー）派**…多数派，西アジア・中央アジア・北アフリカ。サウジアラビアのワッハーブ派。

②**シーア派**…少数派，イラン，アゼルバイジャンなど。

✤ **仏教（シャカ／ブッダガヤ）**

①**上座（南伝）仏教**…インドシナ半島・スリランカなど。

②**大乗（北伝）仏教**…東アジアの日本など，ベトナムなど。

③**ラマ教（チベット仏教）**…チベット・モンゴル・ブータン。聖地はラサ（拉薩）。

✤ **ヒンドゥー教（ヴァラナシ）**：インドの民族宗教…インド，ネパールなど。

✤ **儒教（孔子）・道教（老子）**…中国など大乗仏教の文化圏。

ここが共通テストのツボだ!!

ツボ 1 ヨーロッパの言語と宗教分布

● 分布の傾向をおさえる！

ゲルマン語派はプロテスタント（ドイツを含めて北部・北西部にかけて），ラテン語派はカトリック（ドイツを含まず南部・南西部にかけて），スラブ語派は正教会（東方正教）（ドイツを含まず東部にかけて）。

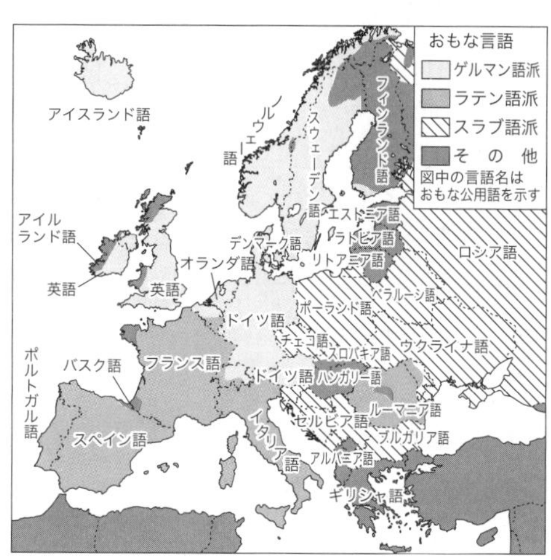

図1 ヨーロッパの言語分布
出典：国立民族学博物館資料ほか

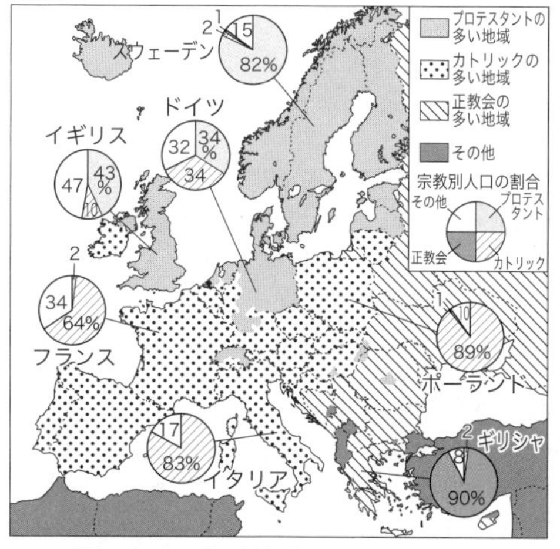

図2 ヨーロッパの宗教分布と宗教別人口の割合
出典：Diercke Weltatlas 2008ほか

● 例外

① アイルランド島やフランスのブルターニュ半島は，ケルト系。

② ポーランド～チェコ・スロバキア～スロベニア・クロアチア（東経20度付近）のおもに東ヨーロッパは，スラブ語派。

③ ルーマニアは，国名の由来が「ローマニアン＝ローマ人が移住した土地」の意味なので，イタリアのローマからやってきたラテン語派。

④ フィンランドとハンガリーは，ウラル語族。

チャレンジテスト（大学入学共通テスト実戦演習）

問1 ミズホさんたちは，世界の宗教がどのようにして現在のような分布になったのか，各宗教が伝播する経路を展示資料の図中に書き込むことにした。それについて話し合った会話文中の下線部①～④のうちから，適当でないものを一つ選べ。　（2018年試行調査〈改〉）

ミズホ「世界各地の宗教のなかでも，キリスト教とイスラームと仏教は世界各地に広く分布しているね」

アズサ「①キリスト教はヨーロッパの人々が他の大陸へ入植したり，植民地支配を進めたりしたことで広まったのではないかな」

ツバサ「同じキリスト教でも，②東方正教はゲルマン語派の言語を話す国々を中心に伝わっていったようだね」

ミズホ「③イスラームは交易や領土の拡大によってアラビア半島から北アフリカに伝わったと考えられるよ。その後は中央アジアや東南アジアにも拡大しているね」

アズサ「インドで生まれた仏教は，中国を経由して東アジアへ伝わった経路のほかに，④南アジアから東南アジアへ伝わった経路があるんじゃないかな」

展示資料「世界の宗教」

図　主な宗教の分布　*Alexander Schulatlas* により作成。

問1 [答]　②

② 誤文：東方正教（正教会）は，ヨーロッパ東部からロシアにかけて，おもにスラブ系言語を話す人々によって信仰されているキリスト教の宗派である。これらの国々は植民地化を行った歴史はほとんどないので，他地域へは広がっていない。

① 正文：プロテスタントはゲルマン系言語を使用する人々を中心に広がった宗派で，それらの人々が入植したアメリカ合衆国やオーストラリアへと広まった。カトリックは，ラテン系言語を使用する南ヨーロッパが中心で，とくにスペインやポルトガルが植民地化の際，自分たちの宗教であるカトリックに強制改宗させた結果，ラテンアメリカやフィリピンに広がった。

③ 正文：イスラームは西アジアを起源に，交易や領土の拡大で，北アフリカから中央アジア，その後東南アジアや南アジアの一部にも拡大した。

④ 正文：もともとインドの地で生まれた仏教は，北回りで中国から朝鮮半島，日本へと伝わった大乗仏教と南回りでスリランカやインドシナ半島へと伝わった上座(部)仏教がある。

問2 カナエさんたちは，異なる文化を持つ人々が互いの文化を尊重し，地域でともに生活するためには人々の価値観とかかわる宗教への配慮が必要であると考えた。そこで，宗教の視点から多文化共生の取組みを次の**資料**のポスターにまとめて学校の文化祭で紹介した。多文化共生の取組みとして**適当でないもの**を，**資料**中の①～④のうちから一つ選べ。

（2021年共通テストA第2日程〈改〉）

資料

国際空港で複数の宗教に対応した礼拝室を設置する。

①

国際試合で宗教の慣習である頭髪や肌を覆うユニフォームを認める。

②

街の中で仏教の修行僧に信者が食べ物などを寄付する。

③

店で宗教上認められていることを示すマークがついた食品を販売する。

④

問2 ［答］ ③

①は適当である。空港などの公共施設を利用する人々の中には，様々な宗教を信仰する人々がおり，とくにイスラームの文化圏の空港や駅には礼拝室（祈禱室）が設けられていることが多い。**イスラームを信仰する人々は，1日5回の礼拝を聖地のメッカに向かって行うことが義務**となっているため，多文化共生を目指す社会にとっては不可欠な施設である。

②は適当である。国際化が進んだスポーツにおいても，様々な宗教を信仰する人々がプレーするので，**イスラームを信仰する女性が頭髪を隠すために身につけるヒジャブ**の使用を認めることも多文化共生につながる。ちなみに国際サッカー連盟（FIFA）は，2014年に初めて試合中のヒジャブ着用を認めた。

③は適当ではない。仏教の修行僧などが行う托鉢（たくはつ）は，お経を唱えながら各戸の前に立って食物や金銭を鉢に受けて回る行為である。信者からするとお布施の一つ，つまり寄付行為であり，この行為を推進することは特定の宗教の信仰を促すことにあたり，多文化共生にはつながらない。

④は適当である。**食に関する禁忌が多いイスラームの場合，イスラーム法に則って処理・調理されたハラール認証を受けた食品であれば，イスラームを信仰する人々も食すことができる**ため，多文化共生につながる。

29 世界の民族・領土問題

1 おもな民族問題

■おもな民族問題の地域とその特徴①

紛争地域	背景
Ⓐミンダナオ紛争	フィリピンの**ミンダナオ島南部に居住するイスラーム教徒のモロ族による分離・独立運動**。40年近く続いた紛争の結果，ミンダナオ島の住民の6割が貧困層となった。2012年に政府と合意後，2019年にイスラーム教徒による暫定自治政府が設立（2022年から開始）。
Ⓑカシミール紛争	**カシミール地方の帰属をめぐるインド（ヒンドゥー教徒）とパキスタン（イスラーム教徒）の対立**。第二次世界大戦後，イギリスからの独立に際し，**この地を支配していたヒンドゥー教徒の藩王と住民の約8割を占めていたイスラーム教徒がそれぞれの国へ帰属を求めたことで戦争に発展**。過去に3度の印パ戦争が起こり，両国とも核兵器保有国に。インドがほとんどの地域をジャンム・カシミールとして支配。
Ⓒスリランカ民族紛争	**多数派の上座（部）仏教徒のシンハリ（シンハラ）人と少数派のヒンドゥー教徒のタミル人との対立**。政府軍はタミル人の過激派組織LTTE（タミル・イーラム解放の虎）の掃討作戦を実行し，2009年にLTTEのトップが死亡したことで26年間の内戦終結を宣言。
Ⓓパレスチナ紛争	1948年，**パレスチナ地方にユダヤ人国家イスラエルが誕生**し，**この地から追放されたパレスチナ人と彼らを支援するアラブ諸国がイスラエルと対立**，紛争へ。それぞれの宗教である**ユダヤ教とイスラームの対立**が根底にある。現在，ガザ地区とヨルダン川西岸地区は，パレスチナ自治政府によって管理されているが，対イスラエルの方向性をめぐり，穏健派のファタハと

	強硬派のハマスに分かれて，パレスチナ人どうしが対立し，ファタハがヨルダン川西岸地区を，ハマスがガザ地区を実効支配している。2023年にはハマスによるイスラエルへのテロ行為によって，イスラエルがガザ地区へ軍事侵攻。深刻な人道危機が生じている。
Ⓔ**シリア内戦**	**2010～11年に西アジアから北アフリカで生じた民主化運動「アラブの春」**を機に，シリアでも長期独裁政権の打倒を目指す反政府運動が発生し，その後政府による厳しい弾圧から内戦に発展した。**大量の難民が発生し，隣接するトルコなどに流入**。
Ⓕ**クルド人の独立運動**	**イラン，イラク，トルコ，シリアの国境付近に居住するクルド人の独立運動**。各国の国境でクルド人は分断されて少数派となり，迫害･弾圧を受けている。
Ⓖ**キプロス紛争**	**南部のギリシャ系住民(正教会)と北部のトルコ系住民(イスラーム)の対立**。南部のギリシャ系キプロスのみがEUに加盟。北部はトルコ軍が駐留し，トルコのみ承認の北キプロス・トルコ共和国の独立を宣言。和平交渉は難航。
Ⓗ**ソマリア紛争**	1991年に内戦が勃発し，北部は「ソマリランド」と自称して独立国家の様相を呈する。中南部には2012年に21年ぶりに統一政府が樹立されたが，国内は三分割（北部，中南部，南部）の状態となっている。
Ⓘ**ダルフール紛争**	スーダン西部のダルフール（ダールフール）地方において2003年に勃発した，反政府勢力である2つの黒人勢力と政府からの支援を受けたアラブ系民兵組織による紛争。
Ⓙ**スーダン，南スーダンの問題**	スーダンでは，**アラブ系イスラーム教徒中心でイスラーム化を推進する北部とアフリカ系キリスト教徒中心の南部との間で半世紀以上にわたって内戦**が続いてきた。その後2011年に，**スーダンから石油資源が豊富な南スーダンが分離独立**した。**南スーダン**では，最大のディンカ系住民と非ディンカ系住民との間の対立から**内戦が続いており，大量の難民が発生**している。両国の国境付近は石油資源に恵まれるため帰属が決まっていない。
Ⓚ**ルワンダ内戦**	**支配勢力であるフツ族（多数派）とツチ族（少数派，旧支配層）の対立**。フツ族によるツチ族の無差別大量虐殺によって大量の難民が発生した。しかし現在では，すずやタングステンなどの資源開発やICT産業を中心に国の復興がなされ**「アフリカの奇跡」と呼ばれる急速な経済成長を遂げている**。
Ⓛ**アパルトヘイト**	**南アフリカ共和国における，黒人など非白人に対する人種差別政策**。非白人の参政権を認めず，異人種間の結婚の禁止や公共施設・交通機関の区別がなされ，**アフリカ系黒人に，ホームランド（バントゥースタン）と呼ばれる不毛の地を割り当て居住区**とした。国際社会からの非難を受け，経済制裁が強められるようになったことから，**1991年より撤廃**。しかし現在でも白人と黒人の経済格差が残っている。
Ⓜ**ビアフラ戦争**	ナイジェリアでは，**少数派で迫害を受けてきたイボ族の居住する南東部のビアフラ地方で，油田（ポートハーコート油田など）が開発されたことな**

■おもな民族問題の地域とその特徴②

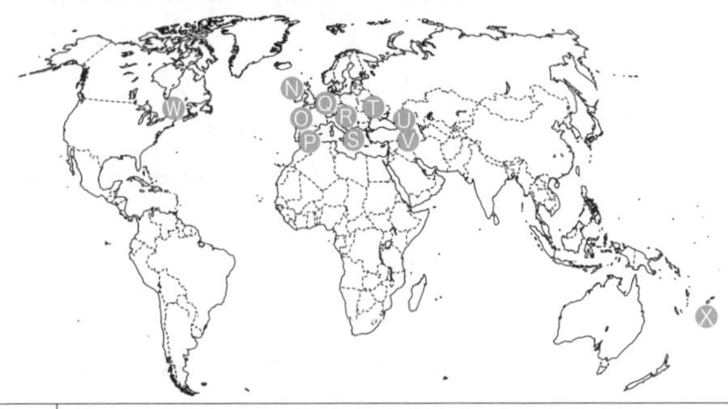

	どから，イボ族が分離独立を宣言し，紛争に発展。北部のハウサ族，フラニ族，南西部のヨルバ族からの攻撃を受けたイボ族は，無条件降伏に追い込まれ，大量の難民を周辺国に流出させる結果となった。その後，**特定の民族集団に偏らないようにするため，1991年に首都をラゴスから内陸部のアブジャ（主要民族から等距離に位置する）へ遷都**した。
Ⓝ北アイルランド紛争	**イギリスの北アイルランド地方における多数派のプロテスタントと少数派のケルト系カトリック教徒との対立**。1999年に北部の統合を掲げて戦ってきたケルト系カトリック教徒のIRA（アイルランド共和国軍）が武装解除に応じ，自治政府が発足。現在は順調に和平の道を歩んでいる。
Ⓞバスク人の独立運動	**スペインとフランスの国境であるピレネー山脈の西部におもに居住するバスク人の分離・独立運動**。かつて抑圧を受けたスペイン側では，過激派組織が中心となり，活発な分離・独立運動を展開。近年は一部自治が認められ，独立運動の気運は低下。
Ⓟカタルーニャの独立問題	**スペインのカタルーニャ州はバルセロナを中心とする地域**で，**住民は独自の言語と歴史に強いアイデンティティをもち**，議会主義を重んじてきた。また，**自動車や化学などの工業が盛ん**で，**スペインのGDPの約2割を稼ぐ最も豊かな州**。しかし2008年の世界的な金融危機後の不況の中で中央政府から十分な税の配分がなされず，また自治権拡大も認められず，それらの不満から**近年独立の気運が高まった**。
Ⓠベルギーの言語問題	**北部にオランダ系フラマン人，南部にフランス系ワロン人**が居住し，**南北の経済格差が言語対立を助長**している。**首都ブリュッセルを両言語共通地域**にし，1993年からは**連邦制へ移行**するなどしてきたが，近年は経済が好調な北部のオランダ語圏で独立の気運が高まっている。
Ⓡボスニア＝ヘルツェゴビナ紛争	**ボシュニャク人（ムスリムと呼ばれるイスラーム教徒），セルビア人（正教徒），クロアチア人（カトリック教徒）の三者が**，互いに領土を主張して譲らず，1992年から1995年にかけて**激しい内戦**となった。現在はボシュニャク人とクロアチア人を主体とするボスニア＝ヘルツェゴビナ連邦とセルビア人を中心とするスルプスカ共和国の2つから構成される国となり，統一国家を目指している。

Ⓢコソボ自治州独立運動	セルビア共和国内のコソボ自治州で，自治権を抑圧されてきた約9割を占めるアルバニア系住民が，セルビア共和国からの分離独立運動を展開。2008年にコソボ共和国として独立を宣言。
Ⓣウクライナ問題	2014年にロシア人が多かったウクライナ領のクリミア自治共和国において，住民投票でロシアへの編入が多数を占めたことで，ロシアが軍事侵攻し，一方的にロシア領に編入した。さらに2022年にはロシア系住民が多く居住するウクライナ東部を中心にロシアがウクライナ領へ軍事侵攻。背景にはウクライナとロシアの間に，エネルギー資源や親欧米政策（NATO加盟など）をめぐる問題などがある。
Ⓤチェチェン紛争	ロシア連邦内のチェチェン共和国における，チェチェン人の独立派武装勢力とロシア政府との紛争。
Ⓥナゴルノカラバフ問題	トルコ系イスラーム教徒が多数を占めるアゼルバイジャン領内において，アルメニア系キリスト教徒が多く居住するナゴルノカラバフの帰属をめぐって，アゼルバイジャンとアルメニアがソ連解体前後から続けてきた紛争。2023年にアゼルバイジャンが勝利し，ナゴルノカラバフからアルメニア系住民を排除。
Ⓦケベック州独立運動	イギリス系住民が多いカナダで，フランス系住民が8割を占めるケベック州での分離・独立運動。これまで2度の州民投票ではいずれも独立反対が上回るが，年々その差は縮小。フランス系住民最大の都市はモントリオール。
Ⓧフィジー	先住民のメラネシア系のフィジー人と，サトウキビプランテーションの労働力として移住し，経済的実権を握るインド人との対立。

2 おもな領土問題

紛争地域	対立国・地域	背　景
南沙(なんさ)群島（スプラトリ諸島）	中国／台湾／ベトナム／フィリピン／マレーシア／ブルネイ	6つの国・地域が領有権を主張。海底油田・ガス田の存在が確認されて以後，領有権をめぐり対立。
カシミール地方	インド／パキスタン	1947年印パ分離・独立の際，その帰属をめぐり対立。武力紛争。
イラクのクウェート侵攻	イラク／クウェート	1990年，イラクはクウェートを自国領と主張して全土を制圧。米英軍を中心とする多国籍軍がクウェートを解放。湾岸戦争（1990年～1991年）。
西サハラ	モロッコ／西サハラ	1976年にスペインが領有権を放棄した西サハラの主権をめぐる紛争。
英領ジブラルタル	イギリス／スペイン	1713年ユトレヒト条約で英領。スペインは返還を要求。軍事的要衝。

ここが共通テストのツボだ!!

ツボ 1 民族問題は 3W！

民族問題では，Who＝だれが，Where＝どこで，Why＝何が理由かをつかむ！

① **カシミール紛争，スリランカ民族紛争，ビアフラ戦争**→イギリス領だった地域では，植民地時代に，**少数派住民に多数派住民を統治させる**という方法を採っていたため，**イギリスからの独立後，多数派住民の少数派住民への不満が高まり，少数派と多数派の対立へ**とつながった。

図1 スリランカの民族分布

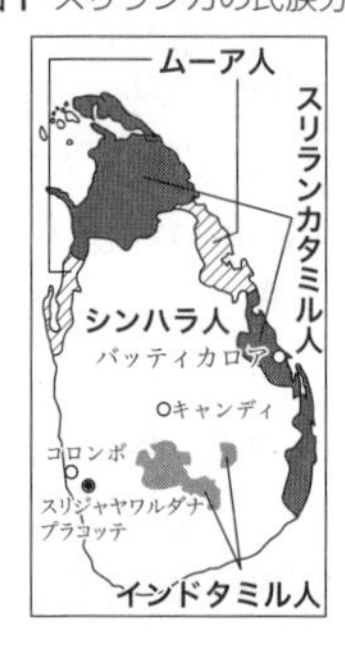

図2 ナイジェリアの民族分布

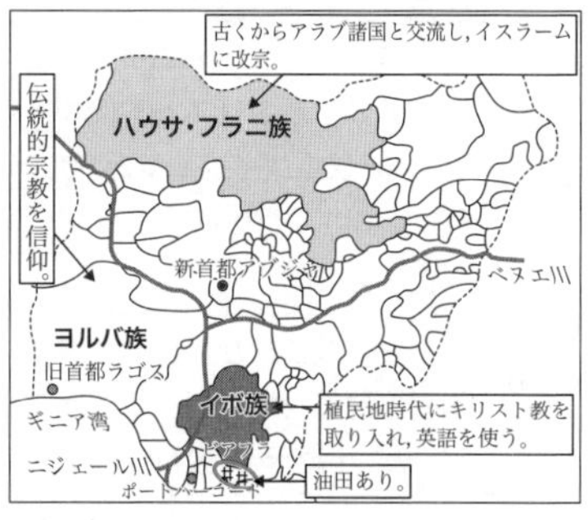

- **カシミール**➡宗教対立＝**イスラーム教徒**【多】VS **ヒンドゥー教徒**【少】
- **スリランカ**➡宗教対立＝**上座（部）仏教徒シンハラ人**【多】VS **ヒンドゥー教徒タミル人**【少】
- **ビアフラ**➡資源（原油）争い・宗教対立が背景＝ハウサ族・ヨルバ族など【多】VS **イボ族**【少】

図3 クルド人の居住地域

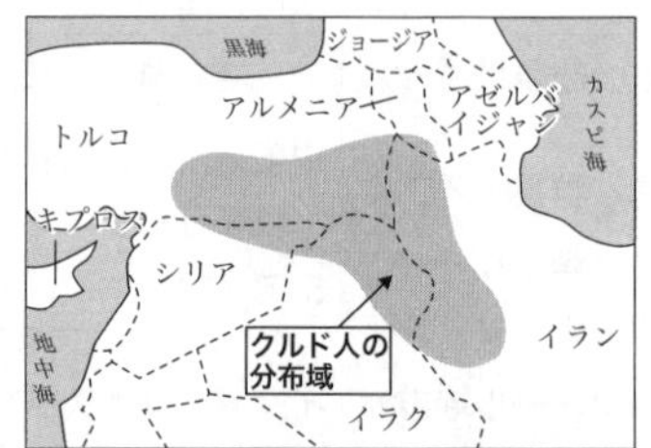

② **クルド人➡どこの国に分断**されているのか

クルド人は決して少数民族ではないが，**複数の国によって分断されているために，どの国でも少数派となり迫害**を受けている。

③ **ケベック州➡場所と代表的な都市**を知ろう

カナダ全体ではイギリス系住民が多数派（カナダ最大，イギリス系住民最大の都市はトロント）だが，**東部のケベック州ではフランス系住民が多数派**（**ケベック州最大，フランス系住民最大の都市はモントリオール**）。そのほか，アジア系移民なども多いことから，**カナダでは多文化主義**を推進し，公文書や標識などでは英語とフランス語が併記されている。ただ，その中にあって**分離独立運動の気運があるのがケベック州**である。

チャレンジテスト（大学入学共通テスト実戦演習）

問1 民族の文化的・歴史的背景の違いが，時として紛争に結びつくことがある。下のア～ウの文は，次の図中のA～Cのいずれかにおける地域紛争を説明したものである。A～Cとア～ウとの正しい組合せを，下の①～⑥のうちから一つ選べ。（2017年センター試験追試B）

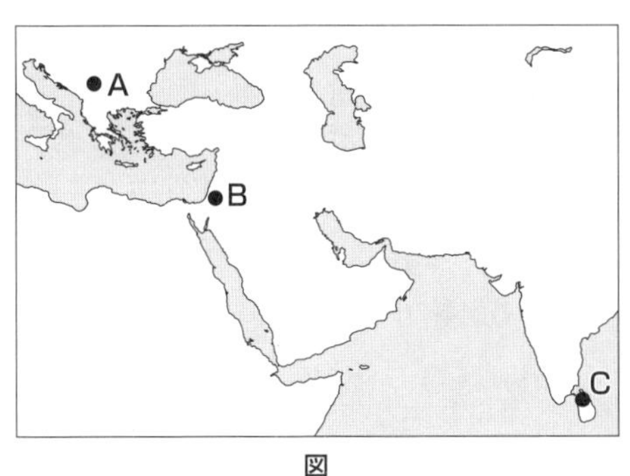

図

ア 1948年に建国を宣言した民族と，これに反対する周辺諸国との間で，紛争が起きている。

イ ヒンドゥー教徒であるタミル人と，仏教徒であるシンハリ（シンハラ）人との間で，紛争が起きた。

ウ ムスリム（イスラーム教徒）を中心とした民族が独立運動を起こし，紛争を経て独立に至った。

	①	②	③	④	⑤	⑥
A	ア	ア	イ	イ	ウ	ウ
B	イ	ウ	ア	ウ	ア	イ
C	ウ	イ	ウ	ア	イ	ア

問1 ［答］ ⑤

アは，Bにおける**パレスチナ問題**の説明である。戦後，イギリスなどの支援を受けてユダヤ人国家を樹立したイスラエルは，同じ土地に住んでいたパレスチナ人との領土問題を現在でも抱えている。イスラエルと，建国直後からパレスチナ人を支援する周辺のアラブ諸国との間で**中東戦争**が勃発し，紛争が繰り返されてきた。

イは，Cにおける**スリランカの民族問題**の説明である。スリランカでは，多数派上座（部）仏教徒のシンハリ（シンハラ）人と少数派ヒンドゥー教徒のタミル人との間で長らく対立が続いてきた。しかし，近年では和平が進み，民主化が順調に進みつつある。

ウは，Aにおける**コソボ紛争**および独立の説明である。セルビア共和国にあったコソボ自治州には隣国のアルバニア系のムスリム（イスラーム教徒）が多く，独立を画策する中でセルビア人と紛争状態に入った。コソボはおもにアメリカ合衆国や西欧諸国の支援を受けてセルビアからの独立を果たしたが，国連では独立国の承認には至っていない。

問2 民族と国家をめぐる紛争には，いくつかのパターンがある。次の図は，そのパターンを模式的に示したものである。クルド人にかかわる紛争に最も近いパターンを，図中の①～④のうちから一つ選べ。（2013年センター試験本試B）

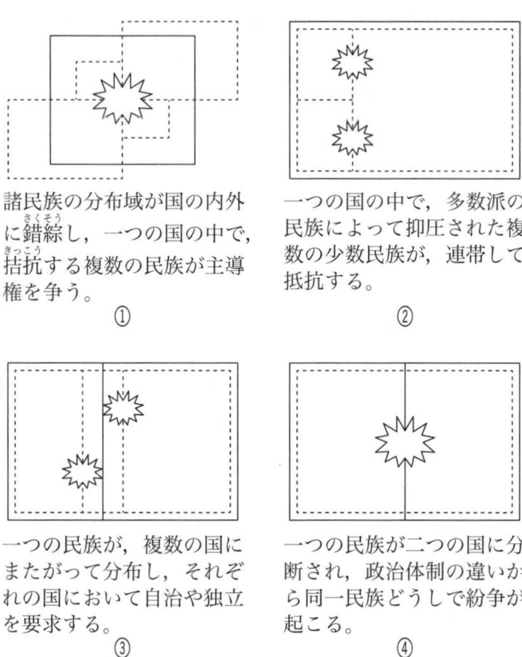

図

問2 ［答］ ③

クルド人は，おもにトルコ，イラン，イラク，シリアなどの国境付近にまたがって居住する民族で，総人口は3,000万人近いとされる。しかし，どの国でも少数派となっているため，自治や独立の要求は認められず，弾圧や迫害を受け続けている。よって，③が正解となる。

ちなみに①のパターンはかつてのルワンダやブルンジの内戦，②のパターンはかつてのボスニア＝ヘルツェゴビナ紛争，④のパターンは朝鮮半島（北朝鮮と韓国）の問題に近似する。

問3 人口の国際移動には，教育・雇用機会の獲得や紛争からの逃避など，様々な背景がある。次の図1中の凡例AとBは，ヨーロッパ各国に居住するトルコ人とモロッコ人の数のいずれかを示したものである。また，以下の図2中のアとイは，トルコとモロッコのいずれかが受け入れている難民数の推移を示したものである。モロッコに該当する正しい組合せを，以下の①～④のうちから一つ選べ。（2021年共通テストB第2日程）

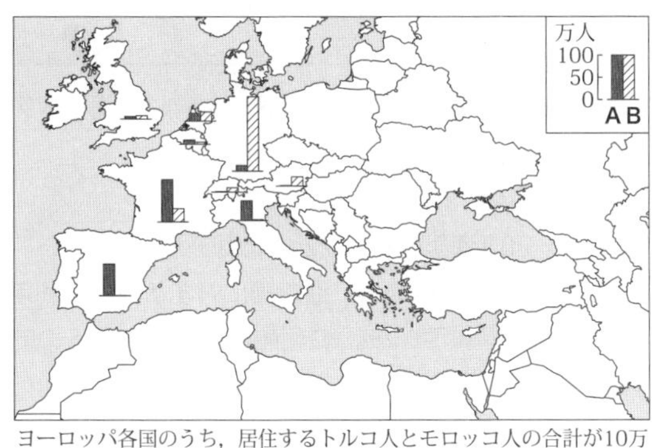

ヨーロッパ各国のうち，居住するトルコ人とモロッコ人の合計が10万人以上の国を示した。
統計年次は2017年。UN Population Division の資料により作成。

図1

10000000
1000000
100000
10000
1000
100
10
1
ア
イ
2005 2010 2015 2017年

UNHCRの資料により作成。

図2

	①	②	③	④
ヨーロッパ各国に居住するモロッコ人の数	A	A	B	B
モロッコが受け入れている難民数	ア	イ	ア	イ

問3 ［答］ ②

まず国際労働力の移動は，距離が近いことや旧宗主国と旧植民地国との歴史的つながりを優先して移動先が選ばれやすい。よって，モロッコからは同じ地中海に面する南ヨーロッパ諸国，なかでも旧宗主国であったフランスに移動する人々が多いので，**図1**の**A**がヨーロッパ各国に居住するモロッコ人の数を表している。また，1960年代の高度経済成長期に労働力不足が生じていたドイツは，トルコから外国人労働者を積極的に受け入れたため，現在でもドイツにおいてトルコ人は多くなっている。よって，**図1**の**B**はトルコ人の数となる。

次に両国の難民受入数の推移であるが，**図2**の**ア**はグラフの目盛に注目すると，2012年以降急増していることがわかる。これは2010年頃からアラブ諸国において始まった「アラブの春」と呼ばれた出来事が影響している。「アラブの春」は当初は大規模な反政府デモであったが，長期間独裁政権下にあった国では次第に内戦へと発展し，政情が悪化する国が現れるようになった。その例がトルコに隣接するシリアであり，シリアからは長期間にわたる内戦によって多くの難民が発生した。シリア難民はまず隣国のトルコへ大量に押し寄せ，その後，多くがより豊かなヨーロッパを目指した。よって，**ア**がトルコとなり，残った**イ**をモロッコが受け入れている難民数とすればよい。

30 国家・国家群

1 国家

国家の3要素＝**主権**・**国民**・**領域**（**領土**・**領海**・**領空**）。**領海**の外側は公海，大気圏外は宇宙空間の扱いとなり，領有はどの国にも認められていない。

✤ **領海**…最低潮位線から**12海里**の範囲をとるのが一般的。

✤ **排他的経済水域**…最低潮位線から**200海里**の範囲をとるのが一般的。

①**天然資源（水産資源，エネルギー・鉱産資源）のみ，沿岸国に対する独占的利用が認められている水域**。漁業専管水域とは水産資源のみ。②船舶の航行，水域上の航空機の航行，海底電線・光ファイバーケーブル・パイプラインの敷設は自由（公海自由の原則が適用）。③**国連海洋法条約**（1982年採択，1994年発効，日本は1996年批准（ひじゅん））で条文化。

2 国境の種類

✤ **自然的国境**…海・湖沼・山脈・河川を境に分けた国境。河川の場合，流路が変わることで，国境紛争を引き起こすことがある。

● **国際河川**…**2か国以上の国を貫流し，航行の自由が認められている河川**。

✤ **人為的国境**…人為的，恣意的に引かれた**経線や緯線による数理的国境**や人工物で分けられた国境⇒**民族分布と一致しないため，民族対立や紛争の温床**となりやすい。

自然的国境	山脈	スカンディナヴィア山脈	ノルウェー・スウェーデン
		ピレネー山脈	フランス・スペイン
		カフカス山脈	ロシア・ジョージア・アゼルバイジャン
	河川	アムール川（黒竜江）	ロシア・中国
		メコン川	ラオス・タイ
		ドナウ川	モルドバ・ブルガリア・ルーマニア・セルビア・クロアチア・ハンガリー・スロバキア・オーストリア

自然的国境	河川	ライン川	フランス・ドイツ・スイス
		リオグランデ川	アメリカ合衆国・メキシコ
	砂漠	大インド砂漠（タール砂漠）	インド・パキスタン
	湖沼	チチカカ湖	ペルー・ボリビア
		ヴィクトリア湖	ウガンダ・タンザニア・ケニア
人為的国境	緯度・経度	北緯49度，西経141度	アメリカ合衆国・カナダ
		東経141度	インドネシア・パプアニューギニア

3 国家群

✤ **国際連合（United Nations）**…1945年に設立。**本部はニューヨーク**。国際平和の維持，国家間の経済・社会・文化・人道的問題の解決，基本的人権の尊重，諸国間の友好関係の促進を目指す。安全保障理事会は，5か国（アメリカ合衆国，イギリス，フランス，ロシア，中国）の常任理事国と10か国の非常任理事国によって構成。独立国197か国中（2023年10月現在），バチカン市国と**コソボ共和国（国連未承認）**，

クック諸島，ニウエを除く**193か国が加盟**（2011年南スーダン共和国が加盟）。

✤ **NATO（北大西洋条約機構）**…本部はブリュッセル。東西冷戦の脅威にともない**アメリカ合衆国と西ヨーロッパ諸国が結成した軍事的同盟**。

✤ **OECD（経済協力開発機構）**…第二次世界大戦後，アメリカ合衆国によるヨーロッパ復興に当たり，西ヨーロッパと北アメリカ諸国が経済協力体制の強化を図る目的で発足させ，現在は貿易の拡大と財政・金融の安定の維持および**発展途上国の援助が主な目的**。**「先進国クラブ」**とも呼ばれる。**加盟国は世界の先進国の大部分**。

✤ **EU（ヨーロッパ連合）**…**本部はブリュッセル**，**議会はストラスブール**，司法裁判所はルクセンブルク，中央銀行はフランクフルト。**加盟数は27か国**（2023年10月現在）。石炭などの資源をめぐり世界大戦につながった反省から，第二次世界大戦後，ベネルクス関税同盟，その後ECSC（**ヨーロッパ石炭鉄鋼共同体**）が結成されたのが始まり。その後，**EC（ヨーロッパ共同体）を経て，1993年のマーストリヒト条約発効によりEU（ヨーロッパ連合）へ**。原加盟国はフランス，ドイツ，イタリア，ベルギー，オランダ，ルクセンブルク。ヨーロッパの主要国では，**ノルウェー，アイスランド，スイスが非加盟**（イギリスは2020年1月に離脱）。EUは，**経済的統合**（**域外共通関税の実施**，**域内関税の撤廃**など）を中心に発展した**EC（ヨーロッパ共同体）**を基礎に，**通貨統合（ユーロ導入）**や外交・安全保障，警察・刑事司法協力なども図る政治的統合も目指す。また，自由な人の移動のために国境審査を廃止する**シェンゲン協定**を実施（⇒**域内の労働力や観光客の移動が活発化**）。

✤ **USMCA（アメリカ合衆国・メキシコ・カナダ協定）**…**アメリカ合衆国**，**メキシコ**，**カナダの3か国で1994年にNAFTA（北米自由貿易協定）が発効**。**加盟国間の関税の引き下げ**，金融・投資の自由化，知的財産権の保護などを取り決め，**円滑な貿易を行うため**に結ばれた。**NAFTA発効後**，**域内の貿易は拡大⇒アメリカ合衆国の貿易赤字も大幅に拡大**⇒協定が見直されUSMCAが2020年発効。

✤ **ASEAN（東南アジア諸国連合）**…加盟国は東ティモールを除く東南アジア10か国。**原加盟国はインドネシア**，**マレーシア**，**フィリピン**，**シンガポール**，**タイ**の5か国（1967年）⇒**東南アジアにおいて社会主義国をけん制する狙いから結成**。その後，イギリスからの独立をきっかけにブルネイが加盟し，**1990年代にはベトナム**，**ラオス**，**ミャンマー**，**カンボジア**が加盟⇒**加盟国間の経済格差が大きい**。現在では域内経済統合を推進⇒**AFTA（ASEAN自由貿易地域）**を締結，**ASEAN経済共同体**（**AEC**，2015年末に約6億人の巨大単一市場が完成）。

✤ **AU（アフリカ連合）**…アフリカ統一機構（OAU）が2002年に新機構として発足。**アフリカの全独立国54か国と1地域（西サハラ）が加盟**。EU型の政治·経済の統合を進める。

✤ **MERCOSUR（南米南部共同市場）**…EU型自由貿易市場を目指し，1995年発足。**アルゼンチン**，**ブラジル**，**ウルグアイ**，**パラグアイ**，**（ベネズエラ**，**ボリビア）**の6か国が加盟。

✤ **APEC（アジア太平洋経済協力）**…EUをはじめとする経済ブロックに対抗するため，アジア・太平洋圏の経済関係強化を目指して発足。

ここが共通テストのツボだ!!

ツボ 1 EUの政策

① **シェンゲン協定**…より自由な人の移動を実現するために国境審査を廃止（国境でのパスポートやビザの提示が不要）する取り決めのこと。特に**2000年代には旧社会主義地域の東ヨーロッパ諸国も加盟**するようになり，**EU域内において観光客の移動や労働力の移動が活発化**⇒中でも労働力の移動において，**賃金水準が低い東ヨーロッパ諸国から賃金水準が高い西ヨーロッパ諸国へ⇒受け入れ側の西ヨーロッパ諸国では文化的摩擦や治安の悪化が顕在化**（移民を排斥する動き）。

② **共通農業政策（CAP）**…**新大陸の国々と比べてEU諸国は農業の競争力が弱い**⇒農家の所得を確保するため，1960年代から**国際市場価格より高価格で農産物の買い取り**を実施⇒**1970年代にはヨーロッパ各国（イギリスやフランスなど）で生産過剰が生じ**，農業予算だけで年間のEC予算の3分の2を占めるまでになり，**アメリカ合衆国やオーストラリアとの貿易摩擦**も発生⇒現在では農産物の買い取り価格（統一価格）を下げ，**農家の所得保障**と**EU加盟国間・地域間の経済力や生産条件などの格差を是正するための農村開発政策**中心へ転換⇒零細で生産性の低い農家が多い新規加盟国の東欧諸国に予算が配分されやすくなり，**これまでより政策の恩恵が小さくなったフランスなどは不満**を見せている。また，温室効果ガス排出量の削減，持続可能な食品供給，生物多様性の保全のための**有機農業を推進**。

ツボ 2 各地域経済統合組織の比較

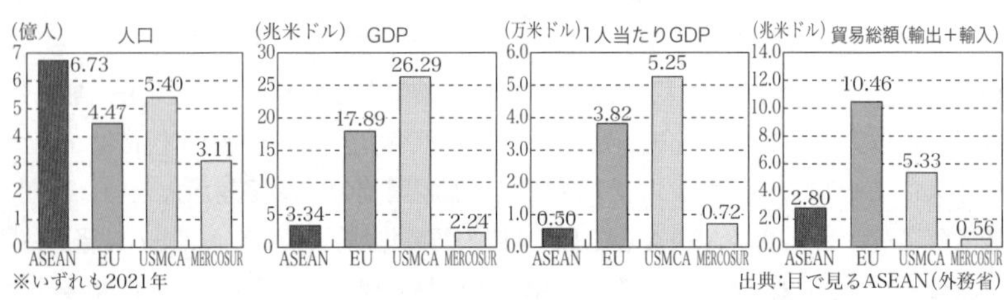

・人口はASEANが最大，ただし**発展途上国**が多いため，1人当たりGDPは最も低い。

・USMCAはEUよりGDP，1人当たりGDPとも多いが，貿易総額は早くから経済統合を進めてきたEUのほうが多い。

・世界最大の**貿易赤字**（輸入超過）国であるアメリカ合衆国を含むUSMCAは，USMCA全体で見ても大幅な**貿易赤字**（輸入超過）を示す。

チャレンジテスト（大学入学共通テスト実戦演習）

問1 国家や領域について述べた文として下線部が適当でないものを，次の①～④のうちから一つ選べ。

（2019年センター試験本試A）

① 国家は，国民と領域と主権の三つの要素からなる。
② 国境には，緯線や経線にもとづいて設けられた人為的国境がある。
③ 世界には，国境線が定まっていない地域がある。
④ 排他的経済水域は領海に含まれ，日本におけるその海域の面積は，領土のそれを上回る。

問1 ［答］ 

① **正文**：国家の3要素とは主権・国民・領域（領土・領海・領空）を指す。

② **正文**：経緯線による数理的国境は人為的国境の一つである。一般に数理的国境は，アメリカ合衆国のアラスカ州とカナダとの国境の西経141度など，人口密度が低い地域において用いられることが多い。ただアフリカで見られるように，植民地時代に宗主国が民族分布を無視して経緯線などを用いて恣意的に境界を分けたものの場合，宗主国からの独立後も各国はその境界線を国境として使用することが多いため，民族を分断させ複数の民族を国内に抱えることが多く，民族対立の温床となっている。

③ **正文**：インド，パキスタン，中国の国境付近に広がるカシミール地方が現在でも国境線が未画定な代表例である。

④ **誤文**：国連海洋法条約では，排他的経済水域は領海の外側の海域とされており，最低潮位線から最大で200海里までが沿岸国に認められている。

問2 EU各国において国際的な人口移動が活発であることを知ったユウさんは，移民の流れを示した次の図を作成し，このような移動がみられる理由について考えた。次のA～Cは，ユウさんが考えた仮説を示したものであり，ア～ウは仮説を確かめるために集めたデータを示したものである。A～Cとア～ウの組合せとして最も適当なものを，下の①～⑨のうちから一つ選べ。　(2017年試行調査〈改〉)

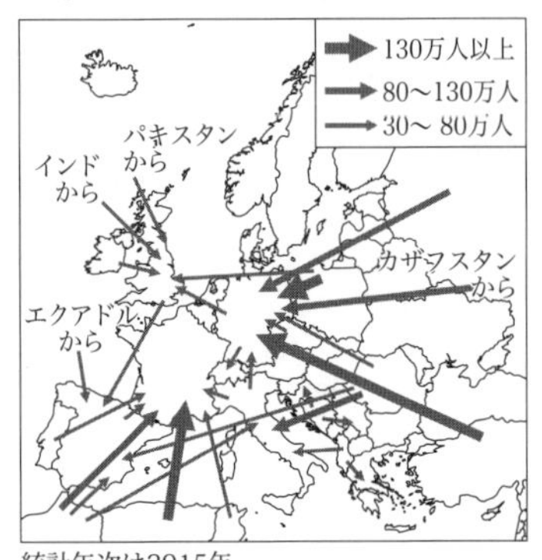

統計年次は2015年。
Trends in International Migrant Stock により作成。

図

【仮説】

A　旧宗主国と旧植民地の国々との間では言語の障壁が比較的低く，雇用機会が不足し治安が悪い旧植民地から旧宗主国への人口移動がみられた。

B　国境での審査なしで自由に出入国ができるようになり，先進国どうしの人々の相互移動が活発化し，大量の人口移動につながった。

C　産業が発達している先進国とその他の国々との間の賃金格差が大きくなり，賃金水準の低い国々から先進国に向けて移民が流出した。

【データ】 ア　EU加盟国および周辺国における食料自給率についてのデータ

イ　EU加盟国および周辺国における大学進学率についてのデータ

ウ　EU加盟国における1人当たり工業付加価値額についてのデータ

① A―ア　② A―イ　③ A―ウ　④ B―ア　⑤ B―イ　⑥ B―ウ
⑦ C―ア　⑧ C―イ　⑨ C―ウ

問2 [答] ⑨

まずAの仮説であるが，**図**を見ると，確かに北アフリカの旧植民地から旧宗主国への人口移動の理由説明としては正しいが，**図**中で見られる旧ソ連諸国や東欧諸国からドイツやイギリスへの移動の理由には当てはまらない。次に**B**の仮説であるが，**シェンゲン協定**によって**国境審査が廃止され，人々の移動が自由化されて活発化したことは間違いないが，あくまでEU加盟国を中心とするヨーロッパ域内の移動に限ったもの**であり当てはまらない。最後に**C**の仮説であるが，上述のとおり，**旧植民地から旧宗主国への移動も，旧ソ連諸国や東欧諸国からの移動も共通して，賃金水準の低い国々から先進国への移動**であり最も適当である。その検証データとしては，賃金格差がわかるものはウの１人当たり工業付加価値額のデータである。よって，**C**と**ウ**の組合せが正解となる。

問3 チリとニュージーランドでは，貿易を通じた他地域との結びつきが変化している。次の表は，チリとニュージーランドの輸出総額に占める鉱産物の割合と，1985年と2018年における輸出総額の地域別割合を示したものである。表中のアとイはチリとニュージーランドのいずれか，AとBは北アメリカ*と西ヨーロッパ**のいずれかである。チリと西ヨーロッパとの正しい組合せを，下の①～④のうちから一つ選べ。

（2022年共通テスト本試B）

*メキシコを含まない。

**アイルランド，イギリス，イタリア，オーストリア，オランダ，スイス，スペイン，ドイツ（1985年は西ドイツと東ドイツとする），フランス，ベルギー，ポルトガル，ルクセンブルク。

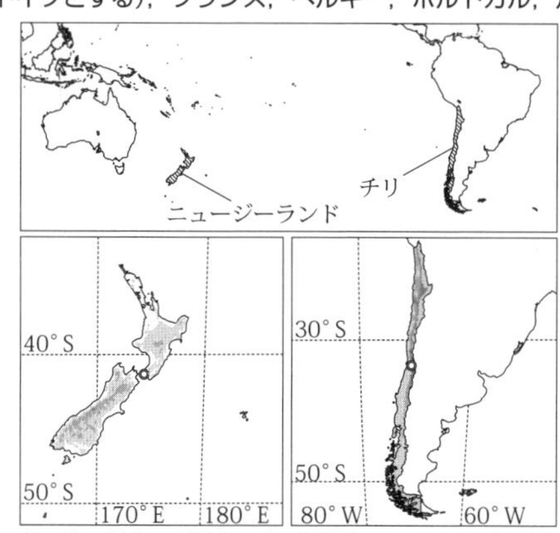

色の濃い部分ほど標高の高い地域を示している。◎は首都の位置を示している。

図

表

（単位：%）

	鉱産物の割合（2018年）	輸出総額の地域別割合					
		1985年			2018年		
		東アジア	A	B	東アジア	A	B
ア	30.4	17.3	23.8	35.5	50.5	15.2	10.8
イ	2.2	21.3	16.2	19.5	37.4	10.9	8.1

東アジアの数値は，日本，韓国，台湾，中国，ホンコン，マカオの合計。
UN Comtradeにより作成。

	①	②	③	④
チリ	ア	ア	イ	イ
西ヨーロッパ	A	B	A	B

問3 ［答］ ②

チリとニュージーランドが環太平洋地域にあることと，**1985年と2018年の間に世界貿易の面でどのような変化があったのか**を，意識することが重要である。

まず，**表**の鉱産物の割合が高い**ア**は，**世界の銅鉱生産の約3割を誇るチリ**となる。一方のニュージーランドは鉱産資源には恵まれていないので，**イ**がニュージーランドとなる。

次に輸出総額の地域別割合だが，両国の1985年と2018年の変化に注目すると，両国とも共通して，1985年時点では**A**地域よりも**B**地域への輸出が多かったが，2018年には**A**地域のほうが**B**地域よりも輸出が多くなっていることがわかる。**貿易が盛んになる背景には，地理的に近いことや旧宗主国と旧植民地のつながり，地域経済統合の進展など**が上げられる。チリとニュージーランドは，かつては旧宗主国のスペインやイギリスとのつながりが深かったので西ヨーロッパ地域との貿易が盛んであったと考えられるが，その後，**ヨーロッパではEC（ヨーロッパ共同体）から今のEU（ヨーロッパ連合）へと，ヨーロッパ域内での経済統合が深化し，相対的に他地域とのつながりは薄れた**。一方，それに対抗する形で他地域でも経済統合が進められるようになった。その一つが，1989年に発足したAPEC（アジア太平洋経済協力）である。**APECは，環太平洋地域に位置するチリやニュージーランドを含めた21の国・地域が貿易・投資の自由化を進める地域経済統合**であり，もちろんこの中にはアメリカ合衆国やカナダも参加している。よって，**A**，**B**の両地域とも中国を含めた東アジア地域とのつながりが増して相対的に地位は下がっているものの，**A**と**B**を比較した際に，地位低下が少なくすんでいる**A**を北アメリカとし，地位低下が著しい**B**を西ヨーロッパとするとよい。よって，組合せは②が正解となる。

第2章 地誌

「地誌」では，「系統地理」で学んだ「自然環境」，「産業」，「文化」を各地域ごとに深く掘り下げて見ていきます。その際，意識をしたいことは2つです。
1つは，各地域における共通点と相違点を捉えることです。例えば，西アジアの場合，「大部分で乾燥した気候が広がりイスラームの文化が見られるが，例外となる国や地域はどこか」と，捉えるようにしましょう。また主要国の場合は，「同じ国の中でも地域によってどのような違いが見られるのか」ということも捉えておくのがよいでしょう。
2つめに，完璧主義に陥らないことです。共通テストではさまざまな国や地域が出題されますが，一部の私大入試で見られるような重箱の隅をつつくような細かい知識は絶対に問われません。仮にその国やその地域に関する知識や情報が少なくても，隣接する国や地域の影響を考慮すれば，類似の自然環境，産業，文化が見られるものと類推して解答にのぞむことが求められます。
そのためにも，各地域の主要国の特徴をしっかりおさえておくようにしましょう。

31 東アジア

1 東アジアの自然環境

✤ **地形**…中国の地形は**西高東低**（大シンアンリン山脈（ヘイホー）～ユンコイ高原（ルーシー）が境目）。**プレートの衝突に伴い隆起したヒマラヤ山脈と断層運動で再隆起した古期造山帯。環太平洋造山帯は，日本から台湾にかけて。朝鮮半島の西岸・南岸にはリアス海岸。中国南東部にはカルスト地形（タワーカルスト）**。

✤ **気候**…**夏季に南東季節風**が太平洋上から吹き込むため，湿潤。**冬季はシベリア高気圧からの北西季節風**が強まるため，乾燥。東部は夏から秋にかけて台風に襲われる。**中国は東が湿潤，西が乾燥**（≒大シンアンリン～ユンコイ線）。

■東アジアの地形　　■東アジア（中国）の気候

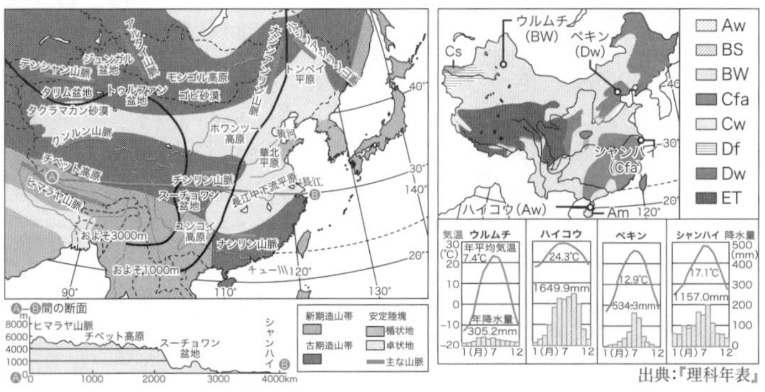

出典:『理科年表』

2 東アジアの社会

✤ **朝鮮半島**…1910年に日本による韓国併合⇒日本語の強制使用や**創氏改名**など。第二次世界大戦後，米ソによって分割統治され，朝鮮戦争後，**北緯38度線によって南北朝鮮が分断**。1990年代には両国とも国連加盟。朝鮮民族固有の**表音文字のハングル**を使用。**民族衣装のチマとチョゴリ**。キムチ⇒野菜の摂取量が多い。儒教文化。

✤ **中国**

① **政策の変遷**…1966～1976年の文化大革命（社会主義の強化）⇒経済が停滞。1978年から**市場経済を導入する改革・開放政策を実施**し，**4つの近代化（農業・工業・国防・科学技術）**を推進。1993年より「社会主義市場経済」を提唱し，改革・開放政策を推進⇒2000年から**東部（沿海部）に比べ開発の遅れた西部（内陸部）との経済格差**

の是正を目指す西部大開発を実施。2001年にはWTOにも加盟。2013年から中国とヨーロッパやアジアを結ぶ広域経済圏構想の**一帯一路**を推進。

② **人口分布**…人口分布は，地形とは逆の東高西低。**内陸部の農村から沿岸部の都市へと人口移動（民工潮）**⇒最近，沿海部では，出稼ぎ労働者の減少や賃金の高騰が進み，企業は安価で豊富な労働力を求めて内陸部へ。また，以前農業戸籍と非農業戸籍に分けられていた戸籍は現在統一されたものの，**一部の大都市ではいまだに旧農業戸籍をもつ人が定住するには制約がある。**

3 東アジアのおもな国・地域 

✤ 中国（面積約960万km²，人口約14億人，首都ペキン）

① **漢民族9割超＋55の少数民族。**23省・**4直轄市**（⇒**ペキン**…**首都**，**テンチン**…ペキン外港，**シャンハイ**…**長江河口付近の中国最大都市**で経済の中心，**チョンチン**…**長江上中流部**，西部内陸最大都市）。**5自治区**（⇒**シンチヤンウイグル自治区**…**イスラーム**/自治区中面積最大/**オアシス農業**，**チベット自治区**…**チベット仏教**⇒**聖地ラサ**/**ヤクの遊牧**，**内モンゴル自治区**…**チベット仏教**/**馬の遊牧**，**コワンシーチョワン族自治区**…**自治区中人口最大**，**ニンシヤホイ族自治区**…牧畜）。2特別行政区（**ホンコンはイギリスから，マカオはポルトガルから返還⇒一国二制度**＝資本主義と社会主義を維持）。

② **1979年から一人っ子政策**⇒人口増加を抑制，しかし様々な問題が懸念されるようになり，**2016年から二人っ子，2021年から三人っ子政策へ産児制限を緩和。**

■東アジア（中国）の農業地域

③ **中国の農牧業**

1980年代には**人民公社の解体，生産責任制の導入**で農民の労働意欲が向上し**農作物生産が増大。**裕福な農家も登場したが，**農民間の貧富の差が拡大し余剰労働力（≒安価な労働力）が発生**⇒「**民工潮**」の動きへ。西部は乾燥地域で牧畜中心，東部は湿潤地域で農耕中心⇒**チンリン山脈―ホワイ川線（＝年降水量約1,000mm）を境に北部は畑作，南部は稲作。**

● 西部（牧畜中心）：シンチヤンウイグル自治区では，オアシス農業（**綿花**，小麦，野菜など）や遊牧（羊，ヤギなど），**内モンゴル自治区**（**馬**，羊，ヤギ⇒酪農による乳生産）や**チベット自治区**（**ヤク**，牛，ヤギ）では**遊牧**が行われている。

● 東部（農耕中心）：東北地方…とうもろこし，大豆など。ヘイロンチヤン（黒竜江）省では**灌漑による稲作**も盛ん。華北地方…冬小麦，**綿花**。華中…稲作中心，米と小麦の二毛作。華南…米の二期作（チュー川以南），**フーチエン省付近にかけては茶の栽培**も盛ん。スーチョワン盆地…稲作。都市近郊…野菜生産が増加（⇒交通の要衝のシャントン省からは日本へも輸出)。

④ **鉱工業**…かつては**国有企業による原料立地型の重化学工業が中心**であった⇒三大鉄鋼コンビナートの**アンシャン(鞍山)**・**ウーハン(武漢)**・**パオトウ(包頭)**など。**シャンハイ近郊**に日本企業の援助でできた**パオシャン(宝山)製鉄所**は**原料を海外から輸入する臨海立地型**である。**1978年から改革・開放政策を実施，外資の導入を積極化**⇒**安価で豊富な労働力**と**国内市場の拡大を背景に，急速な工業化を達成**し，さまざまな工業製品で世界最大の生産国となった。一方で急速な工業化から，**エネルギー資源の不足**や**環境問題**などの懸念。**再生可能エネルギーや電気自動車の普及を推進**。

■東アジア(中国)の工業地域

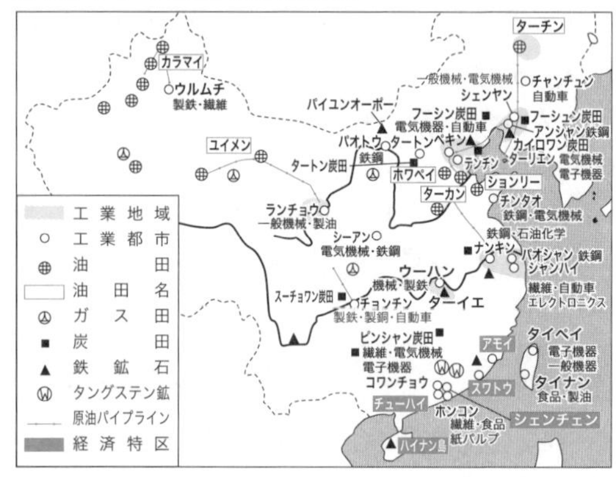

● **経済特区**…外国企業に関税・所得税の低減，土地や用水の優先使用などを認めた総合特区⇒**南部沿岸部の5つのみ**設置，**シェンチェン**(**初の特区**，**ホンコンと隣接**)，アモイ，スワトウ，チューハイ，ハイナン島⇒その後は**沿岸部だけでなく内陸部にも経済特区**に準ずる**経済技術開発区**を設置。

● **郷鎮企業**…農村の余剰労働力を活用して，**地方行政**や個人単位で**軽工業**を行う組織。

✤ 韓国(人口約5,000万人，首都ソウル)

① **南部にリアス海岸**，日本海側にテベク山脈。

② 1960年代後半から輸入代替型の工業化，**1970年代から輸出指向型の工業化**を推進⇒1970年代以降の急速な経済発展で**アジアNIEs**へ。1997年のアジア通貨危機後は，家電や情報通信産業への選択と集中を進め，各国・地域とのFTAを推進⇒インターネット普及率・利用率も高い。**近年，音楽や映画などコンテンツ産業の輸出を推進**。

③ 1970年代から**セマウル(＝新しい村)運動＝農村の開発**⇒米の自給率向上に貢献⇒農村には他産業が乏しく，急速に農村から都市に人口が流入⇒ソウルの一極集中。

④ **ソウル**(ハン川，**一極集中による過密化**⇒行政機能の一部を他都市へ移転)，**ポハン**(**鉄鋼**)，**ウルサン**(**自動車**・**石油化学**)，**プサン**(**造船**，**第2の都市**)，マサン(輸出自由区)，**インチョン**(**ソウルの外港**，**ハブ空港**)。

✤ 東アジアのその他の国・地域

① **北朝鮮**…鉱産資源が豊富，チョンリマ運動による工業化⇒失敗。国連開発計画(UNDP)によるトマン川開発⇒停滞。

② **モンゴル**…**内陸国**(⇒**魚介類の消費量少**)，馬の**遊牧**(**移動式住居ゲル**)，**チベット仏教**(**ラマ教**)。

③ **台湾**…タイペイが中心，環太平洋造山帯⇒**地震が多い**，**北回帰線が通過**，**電子工業**(**集積回路**，**液晶パネルなど**)**が盛ん**⇒**アジアNIEs**，カオシュン(**輸出加工区**)。

ここが共通テストのツボだ!!

ツボ① 中国の一帯一路構想

図 中国の「一帯一路」構想

出典：MERICS資料ほか

中国が2013年に「一帯一路」（海と陸とのシルクロード経済圏）を提唱し推進をはかっている構想。中国を起点に，**中央アジアからヨーロッパへ陸路でつながる経済ベルトを「一帯」，南シナ海，インド洋からアフリカやヨーロッパに向かう海路でつながる経済ベルトを「一路」**とする，かつての交易路であるシルクロードに見立てている。**関係諸国の港湾，道路，鉄道などインフラ整備に融資し，域内の経済発展につなげる狙い**と**中国の外交や軍事面での影響力の強化**を目的にしている。

最近では中国から融資を受けた国の中に，中国への返済が困難になった「債務のワナ」を抱える国も見られはじめ，国の信用力低下から経済発展を阻害する要因になっている。

ツボ② 中国の工業立地の特徴

① 食料品加工業（集中or分散立地）

原料指向（製糖）または**市場指向（ビール）**。

② 鉄鋼業（分散立地）

急速な経済成長，工業化にともなうインフラ整備で鉄鋼の需要が多くなったため，**盛んな省が多い**。その中でも首都の**ペキン周辺の省（ホーペイ省，シャンシー省，リヤオニン省など）で生産量が多い**。

③ 自動車工業（集中立地）

部品工業が集積する大市場をもつ大都市とその周辺（ペキン，シャンハイ，チョンチンなど）。

④ 電気機械工業（集中立地）

部品工業が集積する大都市周辺または**部品の輸入・完成品の輸出に便利な臨海部の大都市**（**シャンハイ周辺**，**経済特区**など）。

チャレンジテスト（大学入学共通テスト実戦演習）

問1 イオリさんたちは，東アジアの気候について調べ，次の図1と後の図2にまとめた。図2中のア～エは，図1中のラサ，シーアン，タイペイ，プサンのいずれかの地点における最暖月と最寒月の月平均気温，および最多雨月と最少雨月の月降水量を示したものである。プサンに該当するものを，後の①～④のうちから一つ選べ。（2022年共通テスト本試A）

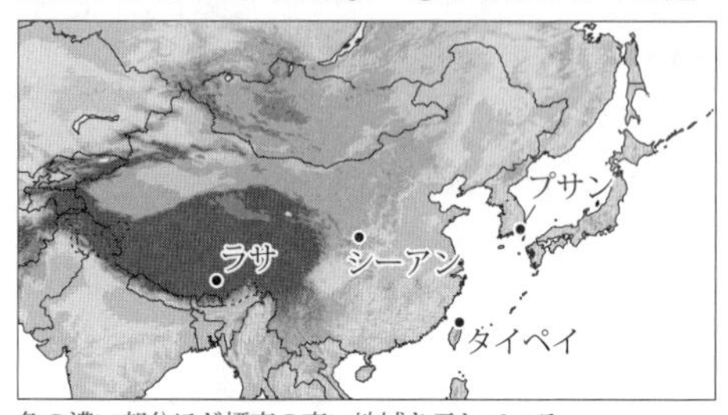

色の濃い部分ほど標高の高い地域を示している。
国土地理院の資料などにより作成。

図1

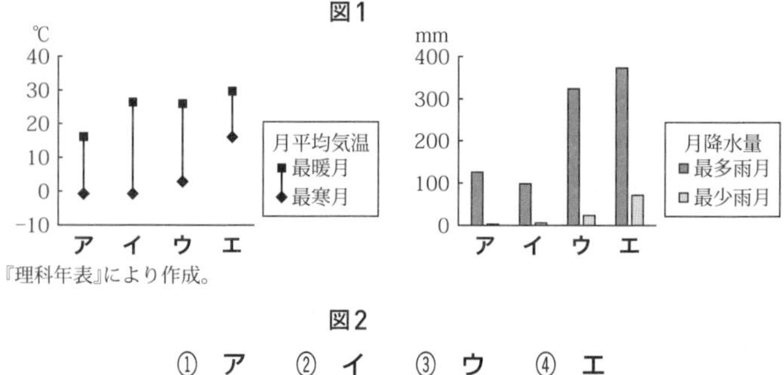

『理科年表』により作成。

図2

① ア　② イ　③ ウ　④ エ

問1 ［答］ ③

最暖月と最寒月の月平均気温の差である年較差の大小が最初のポイントとなる。まず最も気温の年較差が小さい**エ**は，４地点中で最も低緯度かつ海洋に近いタイペイとなる。ただこれ以上の気温の年較差による判断は危険である。同じ緯度帯であれば，海洋に近いか内陸かという隔海度の違いから判断できるが，本問の場合，低緯度内陸のラサ，高緯度で海洋近くのプサンとなっており，これでは判断はつかない。

では次に降水量に注目しよう。**東アジアはモンスーン（季節風）の影響を受ける地域**であるから，一般に**夏は湿潤または多雨（≒最多雨月），冬は少雨（≒最少雨月）**となる。そして，**中国の東北地方の西方を南北に走る大シンアンリン山脈と中国南部内陸のユンコイ高原を結んだ付近は，年降水量250～500mmの等降水量線に近く，この線を境に西部乾燥，東部湿潤**となる。よって，プサンはこの大シンアンリン山脈とユンコイ高原を結んだ線より東方に位置することから，夏の**モンスーン**による降水はより多くなるので，残りの選択肢から**ウ**となり③が正解となる。一方，ラサとシーアンは，概ね西方に位置するため夏のモンスーンによる最多雨月の降水量は他２地点と比べて少なめとなり，そのうち**ラサはチベット高原上に位置**するため気温の逓減から最暖月が最も低い**ア**となり，残った**イ**がシーアンとなる。

問2 次にイオリさんは，サービスに関する日本の貿易を調べた。次の表は，いくつかの国・地域に対する日本の国際収支のうち，知的財産使用料*と文化・娯楽等サービスの収支を示したものであり，表中のマとミは知的財産使用料と文化・娯楽等サービスの収支のいずれか，MとNは韓国と中国**のいずれかである。文化・娯楽等サービスの収支と中国との正しい組合せを，後の①～④のうちから一つ選べ。　(2022年共通テスト本試A)

*著作権料や特許料など。

**台湾，ホンコン，マカオを含まない。

表　(単位：億円)

	マ	ミ
M	5,284	84
台　湾	759	6
N	388	－280

2015～2019年の平均値。
日本銀行の資料により作成。

	①	②	③	④
文化・娯楽等サービスの収支	マ	マ	ミ	ミ
中　国	M	N	M	N

問2 ［答］ ③

表を見ると，すべての国・地域に対して値が大きい**マ**は知的財産使用料となる。日本はアジア地域の中では最も早くに工業化を遂げてきたことから，主に工業に関する特許権や実用新案権，ノウハウ（技術情報）を持つ企業が多い。そのため，他国・他地域の企業や現地に進出した日本企業はそれらに対して使用料を支払うことが多くなる。その結果，3つの国・地域で圧倒的な値を計上している**M**は，現在，世界の工場として様々な工業製品を生産する上で必要な日本企業がもつ知的財産に対し使用料を支払っている中国となる。よって**N**が韓国，**ミ**は文化・娯楽等サービスの収支となるわけだが，韓国は近年，音楽や映画，ドラマなどコンテンツ産業の輸出を推進しており，世界的に有名なアーティストや作品を数多く目に，耳にするようになった。その結果，日本が文化・娯楽等サービスなどに対して支払う額が多くなっており，唯一マイナスを示していることからもわかる。

32 東南アジア

1 東南アジアの自然環境

✤ **地形**…**インドシナ半島**とマレー半島や小スンダ・大スンダ列島，フィリピン諸島などの**島嶼部**からなり，**間には大陸棚が広がる南シナ海**。小スンダ・大スンダ列島（**インドネシア**），**フィリピン諸島**は，**大陸プレートと海洋プレートの狭まる境界**によって形成された**弧状列島⇒地震や火山が多い**。

✤ **気候**…**赤道直下はAf（熱帯雨林気候），その周辺部はAw（サバナ気候）**。**季節風（モンスーン）**の影響を受ける⇒西部は南アジア，東部は東アジアと同様の風向⇒インドシナ半島の**河川流量は，季節変化が大きい**。**フィリピン北部のルソン島は台風**による，**ミャンマーはベンガル湾からのサイクロン**による被害が大きい。

■東南アジアの地形

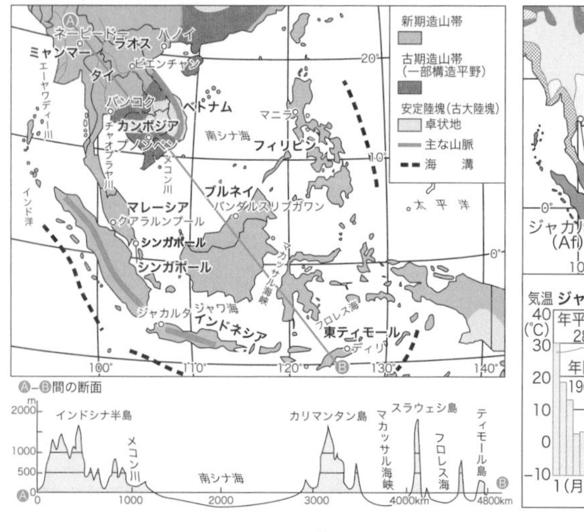

■東南アジアの気候

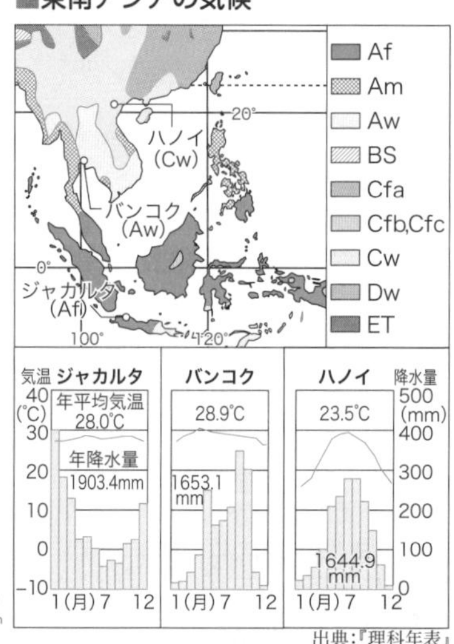

出典：『理科年表』

2 東南アジアの社会

✤ **旧宗主国**…**タイ**（＝**緩衝国**，**東南アジアで唯一の独立を維持**した国）を中心におさえる。**タイより東側（ベトナム，ラオス，カンボジア）が旧フランス領**，**タイより西側（ミャンマー）と南側（マレーシア，シンガポール，ブルネイ）が旧イギリス領**。**インドネシアは旧オランダ領**，**フィリピンは旧スペイン領→旧アメリカ合衆国領**，東

ティモールは旧ポルトガル領。

✤ 宗教…インドシナ半島は仏教徒が多数⇒ベトナムのみ大乗仏教，その他は上座（部）仏教（ラオス，カンボジア，タイ，ミャンマー）。マレー半島より南側はイスラーム教徒が多数（マレーシア，インドネシア，ブルネイ）。バリ島はヒンドゥー教徒が多い。フィリピン，東ティモールはカトリック教徒が多数。フィリピンのミンダナオ島南部にはイスラーム教徒のモロ族が居住。

第2章 地誌

3 東南アジアのおもな国

✤ ベトナム（人口約9,500万人，首都ハノイ）

①北部ホン川，南部メコン川のデルタ⇒稲作。

②1986年からドイモイ政策（市場経済の導入）を実施⇒1990年代以降急速に経済発展，米やコーヒーの生産量が増加，繊維産業や情報通信機械などの製造業も発達。

③南沙（なんさ）群島付近では原油が産出⇒群島の領有をめぐり周辺の国・地域と対立。

④ベトナムの最大都市は，南部のホーチミン。

✤ タイ（人口約7,000万人，首都バンコク）

①バンコク⇒プライメートシティ，交通渋滞や大気汚染などの都市問題。

②第二次世界大戦前，東南アジア唯一の独立国。敬虔な上座（部）仏教国，王制。

③チャオプラヤ川⇒稲作（輸出は世界有数），下流で浮稲。天然ゴムの生産世界一。鶏肉など輸出向けの食料品加工業も盛ん。エビの養殖池⇒マングローブ林の破壊。

④日本を中心とした外国企業による電気機械・自動車産業の生産拠点。

✤ マレーシア（人口約3,000万人，首都クアラルンプール）

①少数派の中国系が経済的実権を握る⇒多数派のマレー人を優遇するブミプトラ政策（マレー語のみ公用語，イスラームを国教，政府機関の雇用の優先など）を実施。

②輸出加工区（ペナン島など）を設置し，1970年代後半から輸出指向型の工業化を推進。日本やアジアNIEsからの工場進出により，1980年代後半以降，電気・電子機械産業を中心に急速に工業化が進展⇒天然ゴム（⇒パーム油（油ヤシ）へ），すずのモノカルチャー経済から脱却。現在は半導体産業を中心とする情報通信産業などを推進中。

③日本の天然ガス輸入相手先，熱帯材供給地。

✤ シンガポール（面積は淡路島程度，人口密度高）

①中国系の割合が高い（約75%）⇒中国語，マレー語，インド系のタミル語，英語が公用語，公教育の中心は英語。これまで積極的に移民を受け入れてきたが，現在は移民を制限する政策へ転換。

②ジュロン工業団地（東南アジア最大，石油化学工業など）を中心に輸出指向型の工業化を進め，東南アジアで最も早く工業化を達成⇒アジアNIEs。現在はアジアの金融センターへ。

③中継貿易が盛ん⇒貿易依存度が高い。ハブ空港（チャンギ国際空港）。

✤ インドネシア（人口約2.7億人，首都ジャカルタ⇒カリマンタン島東部へ，新首都ヌサンタラを建設中）

①**地震や火山が多い**。

②**人口の約2/3がジャワ島に集中⇒移住政策**。**世界最多のイスラーム教徒を抱える**。東ティモールが2002年分離独立。

③**ジャワ島**などで**棚田による稲作**，**緑の革命**の好影響⇒**世界上位の米生産量**。**天然ゴム**，**パーム油（油ヤシ）⇒熱帯林の破壊**。**エビの養殖池⇒マングローブ林の破壊**。丸太輸出規制⇒木材は，**合板類での輸出**が中心⇒**熱帯林の破壊**。

④原油（**国内消費量の増大，資源の枯渇⇒産出量減少，OPEC脱退**）⇒代わりに**石炭の採掘が近年急増**。

✤ フィリピン（人口約1億人，首都マニラ）

①**地震や火山（ピナトゥボ山など）が多い⇒地熱発電**

②**キリスト（カトリック）教徒が多い⇒ミンダナオ島南部**で**イスラーム教徒のモロ族が分離独立運動**⇒和平交渉が進展し政情が安定。**公用語は**タガログ語と**英語⇒アメリカ合衆国など外国への出稼ぎ労働者が多い**（＝海外からの送金が多い）。また，最近では国内でコールセンターやデータ処理業が発達。

③**ルソン島などで棚田による稲作**（ただし米の上位輸入国）。コプラ（ココヤシ）の生産世界一。**バナナは南部のミンダナオ島中心⇒日本の最大輸入相手先**。

④セブ島などで**銅鉱**。

✤ その他の東南アジアの国

①**カンボジア**…アンコールワットの遺跡。

②**ミャンマー**…エーヤワディー川流域の**稲作**。サイクロンの被害大。軍事政権下にあったが近年は民主化が進み，外国企業の進出が見られたが，2021年に軍事クーデターにより再び外国企業の進出が停滞（繊維工業など）。

■東南アジアの農業地域

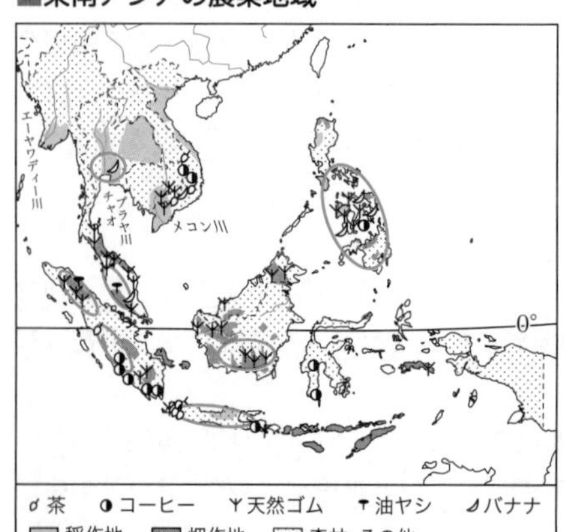

■東南アジアの鉱工業地域

ここが共通テストのツボだ!!

ツボ 1 東南アジアの旧宗主国と宗教の分布

① **唯一の独立維持国「タイ」を中心に旧宗主国をつかむ！**

- 西側の**ミャンマー**，南側の**マレーシア**，**シンガポール**，**ブルネイ**…**旧イギリス領**。
- 東側の**ベトナム,ラオス,カンボジア**…**旧フランス領**。
- フィリピン…**旧スペイン領⇒旧アメリカ領**。
  結果，現在は**キリスト教徒(カトリック)が多く**，**英語が公用語の一つ**。

② **宗教分布の原則をつかむ！**

- **インドシナ半島の国々**（ベトナム，ラオス，カンボジア，ミャンマー）…**仏教**。
- **マレー半島以南の国々**（マレーシア，インドネシア）…**イスラーム**。
- **フィリピン**，東ティモールは**キリスト教**（カトリック）⇒**フィリピンは南部のイスラーム教徒との対立**をかかえ，東ティモールはイスラーム教国のインドネシアから分離独立。

図1 植民地支配

図2 宗教分布

ツボ 2 華僑人口とマレーシア・シンガポール

- **華僑人口総数1位**…**インドネシア**（人口総数が多いため割合は低い）。**割合1位**…**シンガポール**。

シンガポールは元々マレーシアやブルネイと1つの国だった。しかし，**経済的実権を握る華僑への**国民の反発から，**マレー語のみ公用語**，行政機関への雇用を優先するなどの**マレー人優遇政策**（**現在マレーシアで行われているブミプトラ政策**に近い政策）**が実施**されたため，**不満を持った華僑**が多く**住むシンガポールが分離独立**。**シンガポールは**，マレーシアとは対照的に**主な民族の母語である中国語**，**マレー語**，**インド系のタミル語をすべて公用語**にした上で，**旧宗主国の言語である英語も公用語にすることで民族対立を緩和**している。

図3 東南アジアの華僑の分布

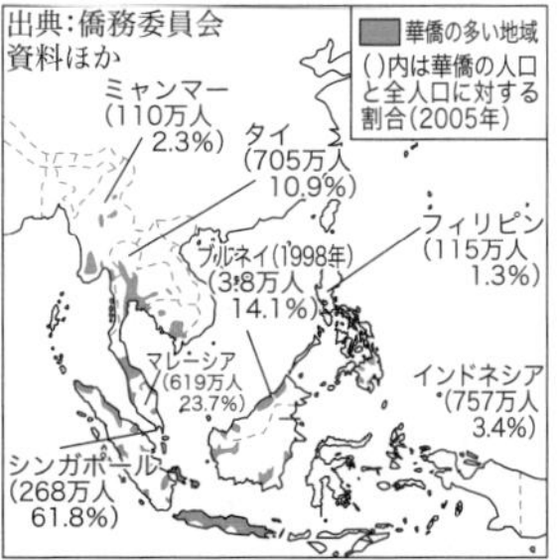

チャレンジテスト（大学入学共通テスト実戦演習）

問1 次の図は，シンガポール，フィリピン，ベトナム，マレーシアにおける宗教別人口の割合を示したものであり，①～④はイスラーム（イスラム教），キリスト教，ヒンドゥー教，仏教のいずれかである。イスラームに該当するものを，図中の①～④のうちから一つ選べ。

（2014年センター試験追試A）

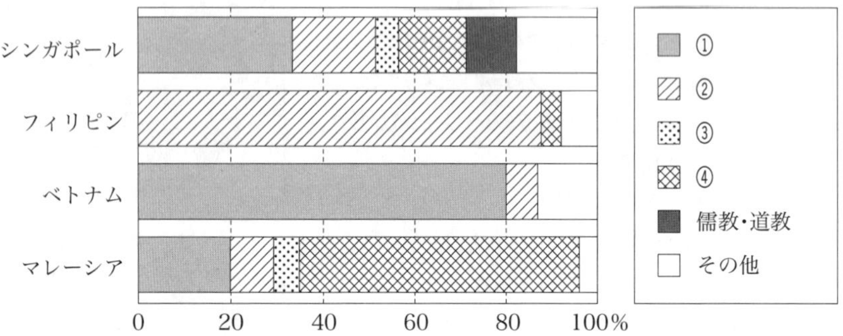

宗教別人口の割合が5%以下の場合にはその他に含めた。
統計年次は2010年。
ASEAN-JAPAN Centre の資料により作成。

図

問1 ［答］ ④

東南アジアでは，インドシナ半島では仏教，マレー半島以南ではイスラーム（イスラム教），フィリピンではキリスト教（カトリック）を信仰する人々が多い。よって，マレーシアで最も高い割合を占める④が，イスラーム（イスラム教）となる。マレーシアでは経済的地位が低いマレー系の人々を優遇するブミプトラ政策が行われており，イスラームが唯一の国教となっている。

次に，フィリピンで最も高い割合を占める②がキリスト教となり，ベトナムで最も高い割合を占める①が仏教となる。ちなみに，インドシナ半島に位置する国はすべて仏教徒が多数を占めるが，ベトナムだけ大乗仏教中心で，他は上座（部）仏教が多くなっている。そして，最後に残った③がヒンドゥー教となる。シンガポールとマレーシアには，イギリス植民地時代に移住したインド系のヒンドゥー教徒のタミル人が1割弱ほど居住している。

問2 次の図中の①～④は，東南アジアにおける，第1次産業就業者の割合，1人当たりGNI，GDPに占める製造業の割合，GDPに占める石油収入の割合のいずれかを国別に示したものである。第1次産業就業者の割合に該当するものを，図中の①～④のうちから一つ選べ。
（2023年共通テスト追試A）

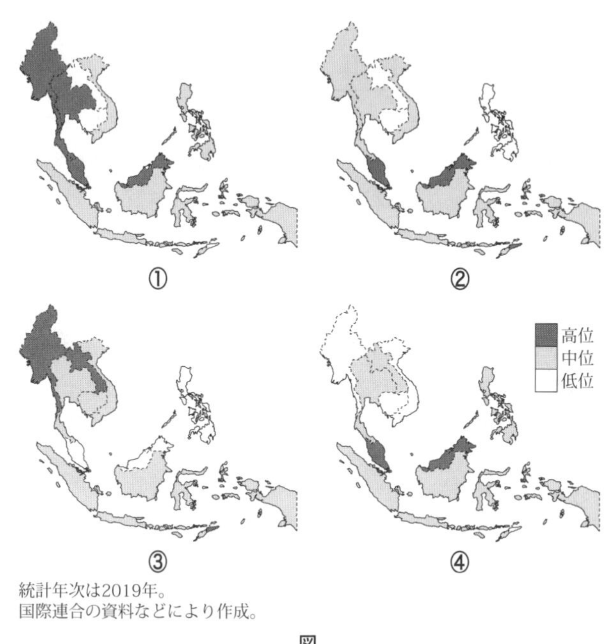

図

問2 ［答］ ③

まず東南アジア全体として，早くからの資本主義国であるシンガポール，マレーシア，タイ，インドネシア，フィリピンの経済発展が早く，社会主義国のベトナム，ラオス，ミャンマー，カンボジアの経済発展が遅れている点は意識しておこう。よって，解答で要求されている第1次産業就業者割合は，社会主義国のベトナム，ラオス，ミャンマー，カンボジアが高位や中位を示し，逆にシンガポール，マレーシアは低位を示す③が正解となる。

①は工業化が早かったマレーシアやタイで高位を示し，開発が遅れるラオスやカンボジア，いまだにASEAN加盟が認められない東南アジアの最貧国である東ティモールで低位を示すことからGDPに占める製造業の割合となる。②は産油国として有名なブルネイに加え，ブルネイ同様にカリマンタン（ボルネオ）島北部に国土を持つマレーシアも高位を示すことからGDPに占める石油収入の割合となる。④は既述のとおり経済発展が早かったシンガポールやマレーシア，産油国のブルネイが高位を示し，逆に経済発展が遅れたベトナム，ミャンマー，カンボジアや東南アジアの最貧国である東ティモールで低位を示すことから1人当たりGNIとなる。

33 南アジア

1 南アジアの自然環境

✤ **地形**…**プレートの移動**に伴って，ゴンドワナランドの一部だった**溶岩台地のインド亜大陸がユーラシア大陸と衝突**し，**ヒマラヤ山脈を形成**（**火山はない**）。インド亜大陸側には低地が広がり，**ガンジス川**や**インダス川**が流れる。

✤ **気候**…**季節風**（**モンスーン**）の影響が大きい（インド半島より東側）⇒**夏季に南西季節風の影響**を受け，**山脈の風上側となる西ガーツ山脈の西麓**や**ヒマラヤ山脈の南麓**（アッサム地方やガンジス川デルタ）では地形性降雨が生じ，**多雨**となる。一方，**冬季には北東季節風の影響を受けるため少雨**となるが，**インド半島の東部では風上側となり，多雨**となる。また，**ベンガル湾上で熱帯低気圧のサイクロンが発生**し，**ガンジス川デルタ一帯に洪水や高潮**などの被害をもたらす。**北西部の内陸部は乾燥地域**が広がる。

■南アジアの地形

パミール高原
ヒンドゥークシ山脈
カラコルム山脈
カブール
カイバー峠
イスラマバード
チベット高原
ヒマラヤ山脈
ラサ
デリー
大インド(タール)砂漠
エヴェレスト山
ヒンドスタン平原
カトマンズ
インダス川
ダッカ
インド半島
アラビア海
西ガーツ山脈
デカン高原
東ガーツ山脈
ガンジス川
インド洋
ベンガル湾
アンダマン諸島
エーヤワディー川
モルディブ諸島
セイロン島
スリジャヤワルダナプラコッテ
新期造山帯
安定陸塊
楯状地
卓状地
主な山脈

■南アジアの気候

デリー(BS)
カラチ(BW)
ムンバイ(Aw)
Am Aw BS BW Cs Cw Df ET

	カラチ	デリー	ムンバイ
年平均気温	26.7℃	25.2℃	27.7℃
年降水量	183.4mm	767.7mm	2181.9mm

出典：『理科年表』

■モンスーンと降水量の変化

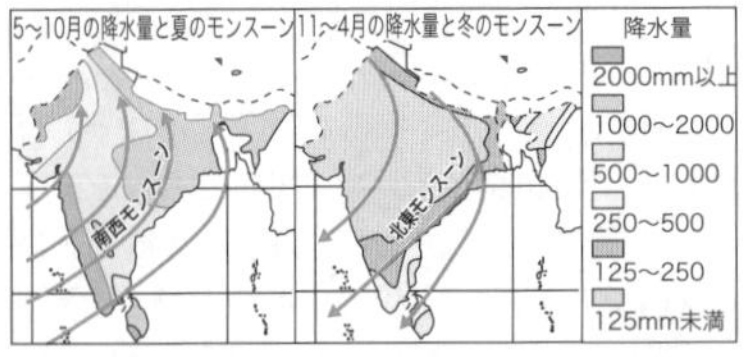

2 南アジアの社会と農牧業

✤ **民族と宗教**…大部分はインド・ヨーロッパ語族のヒンディー語，インド半島南部はドラヴィダ系言語。イギリスからの独立の際(1947年)，宗教の違いによって国境線が決定⇒**ヒンドゥー教徒中心**…**インド**・ネパール，**イスラーム教徒中心**…**パキスタン**(**ウルドゥー語**)・**バングラデシュ**(**ベンガル語**)・モルディブなど，**仏教徒中心**…**スリランカ**・ブータン(チベット仏教)。

■南アジアの農業地域

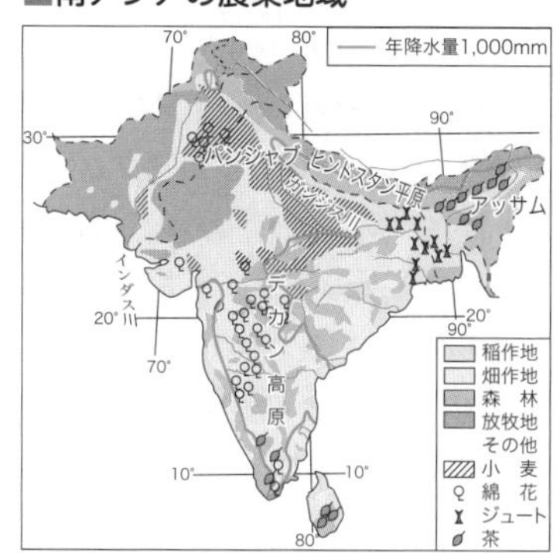

✤ **農牧業**…平坦地が広く，**インドやバングラデシュでは耕地率が高い⇒年降水量1,000mm以上の沿岸寄りの地域では稲作**が盛ん。その他地域は，畑作が中心。

①**ガンジス川下流域で米・ジュート，中流域のヒンドスタン平原**…**サトウキビ**・米，**上流域では小麦**・サトウキビの栽培が盛ん。

②**アッサム地方**やヒマラヤ山麓(ダージリン)，**スリランカ**…**茶の栽培**が盛ん。

③インダス川支流のサトレジ川上流域の**パンジャブ地方**…**灌漑が整備**され，**小麦や綿花**，**輸出向けの米**の栽培が盛ん。

④**デカン高原**⇒**肥沃なレグール(黒色綿花土)**…**綿花**や落花生の栽培。

3 南アジアのおもな国

✤ **インド(人口約14億人，首都デリー)**

①**ヒンドゥー教徒が大半**(牛が聖なる動物⇒**牛肉は禁忌**(きんき)(**菜食主義**)だが，**牛乳・乳製品を食し**，牛糞を燃料や建築材としても利用，**牛の頭数が多い**。**ガンジス川**⇒**沐浴**(もくよく))。ただし人口の約1割がイスラームを信仰するため，国内のイスラーム教徒人口は多い。憲法上は禁止されているが，インド社会においては，現在でも**カースト制**が残存。

②**ヒンディー語が公用語**，**英語が準公用語**，他にも州ごとに複数の公用語。**カシミール地方の領有をめぐって，パキスタンと対立**(**ヒンドゥー教徒VSイスラーム教徒**)。

③ザミンダール(大地主)制の残存により農業の生産性は低かった⇒**1960年代後半からの「緑の革命」による高収量品種の導入**で，1980年代には**米(世界で生産第2位)と小麦(世界で生産第2位)の自給を達成**。1970年代からは「白い革命」⇒「緑の革命」の恩恵を受けなかった地域を中心に，**水牛を中心とする生乳とバターの生産が増加**。

④**石炭**(**ダモダル炭田**)や**鉄鉱石**(**シングブーム鉄山**)**の産出は世界有数**。**イギリスからの独立後は混合経済体制**(≒社会主義体制)を採用し，**外国からの輸入を制限**し，豊かな鉱産資源を用いて自給自足型の工業発展を目指した⇒**1991年から経済自由化**を進め，企業の設立や活動が自由に，また100%外国資本の事業も可能に⇒**近年で**

は自動車生産の伸びが著しい。1990年代後半からはICTやソフトウェア産業が発達⇒ベンガルール（「インドのシリコンヴァレー」）。また，英語圏の国の企業から委託されたコールセンターやデータ処理業務も盛ん。

⑤ダモダル川流域で多目的ダム建設による総合開発⇒洪水防止，灌漑の整備，電力供給＋国内の鉄鉱石・石炭を活用し，民族資本や国主導の鉄鋼業（ジャムシェドプルなど）。

⑥都市…デリー（首都，人口規模第二の都市，旧市街地のオールドデリーと首都機能を持つニューデリー），ムンバイ（人口最大の都市，綿工業，映画産業），コルカタ（東部最大の都市，ジュート工業），チェンナイ（植民地時代からの貿易港，日系の自動車産業が集積），ヴァラナシ（ヒンドゥー教の聖地）。

✤ パキスタン（人口約2.3億人，首都イスラマバード）

①イスラーム，ウルドゥー語⇒バングラデシュは分離独立，カシミール地方をめぐりインドと対立。

②2022年に氷河湖決壊洪水が発生（インダス川上流域での季節風による多雨＆異常気象による気温上昇で山岳氷河の融解）。

③パンジャブ地方⇒灌漑による小麦・綿花，輸出向けの米の栽培，集散地はラホール。

④都市…イスラマバード（首都，人口最大都市で海岸部にあるカラチからカシミール地方に近い内陸部へ）。カラチ（パキスタン最大の都市，旧首都）。

✤ バングラデシュ（人口約1.6億人，人口密度高，首都ダッカ）

①イスラーム，ベンガル語⇒パキスタンから分離独立。

②国土の大部分が低地⇒サイクロンや雨季には洪水や高潮による被害が大きい（河川上流域での森林伐採や高い人口密度，治水・防水対策の未整備も被害を助長）。

③ガンジスデルタ⇒米，ジュート栽培。近年は政情が安定したことから，外国企業による縫製業が発達し衣類の輸出が盛ん。

✤ スリランカ（首都スリジャヤワルダナプラコッテ，人口最大都市はコロンボ）

①多数派，仏教徒のシンハラ人VS少数派，ヒンドゥー教徒のタミル人（ドラヴィダ系）⇒最近は政情が安定，中継貿易立国へ。

②南西部，南西季節風の風上側で多雨⇒中央部の山地斜面で茶，低地斜面で天然ゴム，低地でココヤシを栽培。

✤ その他の南アジアの国々

①ネパール…ヒンドゥー教，ヒマラヤ登山の拠点。②ブータン…チベット仏教（ラマ教）。

③モルディブ…サンゴ礁（環礁（かんしょう））でできた観光の島⇒国土の大部分が海抜高度１m未満の地域のため，地球温暖化による海水面の上昇で水没の危機。

ここが共通テストのツボだ!!

ツボ 1 南アジアの気候

南アジアの気候から季節風(モンスーン)を理解する!

● 南アジアの気候

季節風の影響が大きい(インド半島より東側)⇒インド北西部からパキスタンにかけては影響が小さい(=乾燥)

① 夏季…南西季節風の影響から,**インド半島西岸部やインド北東部からヒマラヤ山脈の南麓**にかけては,**夏に多雨。**

② 冬季…北東季節風の影響から,多くの地域は少雨だが,**インド半島東岸部ではベンガル湾からの湿潤風により,冬に多雨。**

図 南アジアの気候

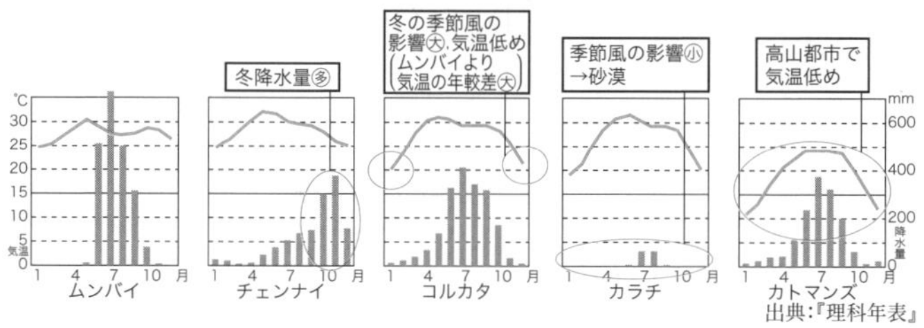

ツボ 2 インド,パキスタン,バングラデシュの輸出

3か国とも衣類,繊維品が上位だが…

● インド:**産出は少ないが,古くからダイヤモンドの加工・研磨業が発達⇒ダイヤモンドが輸出の上位。**

● パキスタン:**米が輸出の上位**(小麦を主食にする人が中心であることや,インダス川流域での灌漑による輸出向けの米栽培が盛んなことによる)。

● バングラデシュ:**米は輸出の上位にあがらない。**衣類,はきもの,革類といった外国企業による軽工業製品の輸出が上位。

インド(2021年)

輸出	億ドル	%
石油製品	548	13.9
機械類	446	11.3
ダイヤモンド	247	6.3
鉄鋼	236	6.0
繊維品	222	5.6
計	3,948	100.0

パキスタン(2021年)

輸出	億ドル	%
繊維品	91.9	31.9
衣類	84.6	29.4
米	21.5	7.5
野菜・果実	8.9	3.1
鋼	7.8	2.7
計	288.0	100.0

バングラデシュ(2015年)

輸出	百万ドル	%
衣類	26,720	84.2
繊維品	1,626	5.1
はきもの	697	2.2
魚介類	447	1.4
革類	298	0.9
計	31,734	100.0

出典:『世界国勢図会』

チャレンジテスト（大学入学共通テスト実戦演習）

問1 南アジアには様々な気候帯や農業地域が分布している。次の図1中のア〜ウは，図2中の地点A〜Cのいずれかにおける最多雨月と最少雨月の月降水量を示したものである。地点Aに該当する月降水量と，図2中のE州において小麦と米のうち生産量が多い作物との正しい組合せを，下の①〜⑥のうちから一つ選べ。 （2021年共通テストA第1日程）

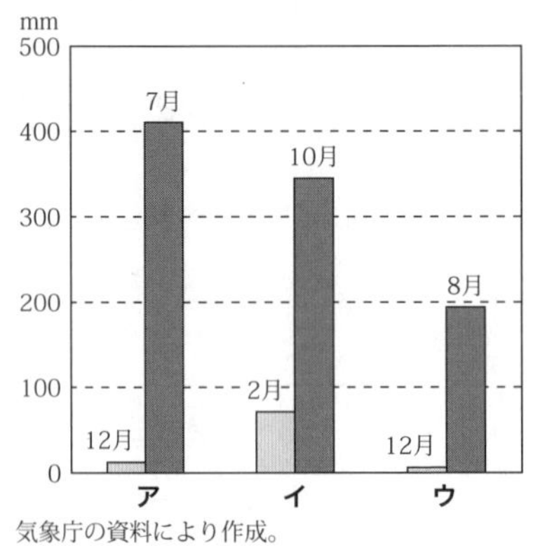

気象庁の資料により作成。

図1

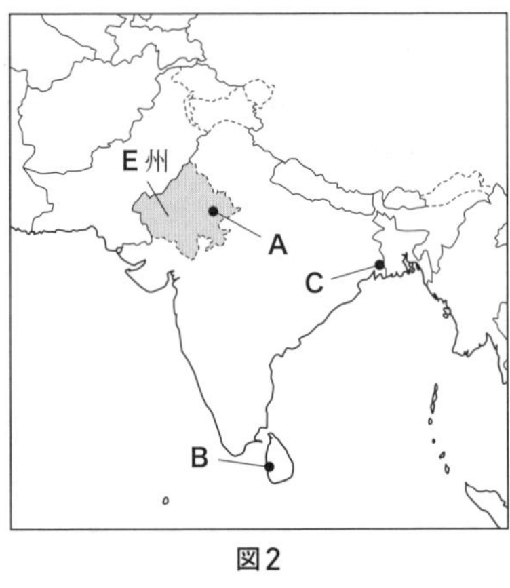

図2

	①	②	③	④	⑤	⑥
地点Aに該当する月降水量	ア	ア	イ	イ	ウ	ウ
E州において生産量が多い作物	小麦	米	小麦	米	小麦	米

問1 ［答］  ⑤

まずは月降水量の判別から行うと，南アジアは夏季に海洋からの湿潤な南西季節風（モンスーン）によって多雨または湿潤，冬季に北東季節風（モンスーン）によって少雨となるが，インド半島東岸やスリランカの位置するセイロン島では，ベンガル湾上で水分供給を受け湿潤となった北東季節風が吹くため，冬季の降水も生じやすい。よって，冬季の2月に3地点中で最も降水量が多い**イ**が地点**B**となる。

また地点**A**を含む**E**州が隣接するパキスタンとの国境付近までは，亜熱帯高圧帯の影響が強く乾燥が厳しい。よって，南西季節風で雨季となる夏季の時期でも降水量が3地点中最も少ない**ウ**が地点**A**となり，同時に乾燥を好む小麦が**E**州において生産量が多い作物となる⑤の組合せが正解。

問2 経済が急速に成長しているインドでは，地域間の経済格差が大きい。次の図は，インドにおける1人当たり州*内総生産を示したものであり，表は，図中のA州とB州における人口増加率，2001年と2011年の都市人口率，都市の失業率と，それらの指標の全国平均を示したものである。図と表から読み取れることがらとその背景について述べた下の文章中の下線部①～④のうちから，適当でないものを一つ選べ。

（2021年共通テストA第1日程）

*連邦直轄地を含み，島嶼部と国境係争地を除く。

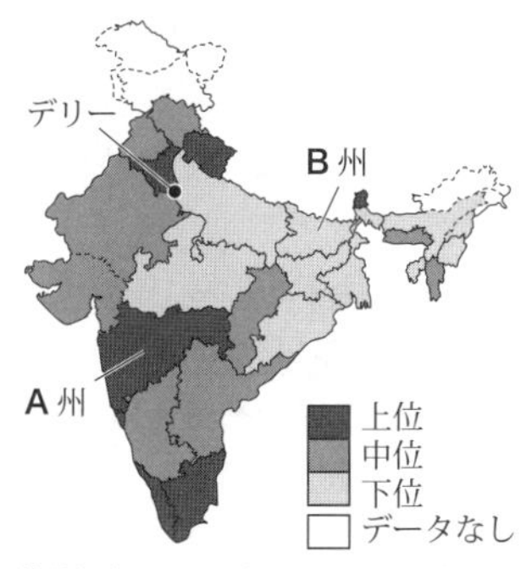

統計年次は2011年または2012年。
インド政府の資料により作成。

図

表　（単位：%）

		A州	B州	全国平均
人口増加率		16.0	25.4	17.7
都市人口率	2001年	42.4	10.5	27.8
	2011年	45.2	11.3	31.1
都市の失業率		2.3	5.6	3.4

統計年次は，人口増加率が2001～2011年，都市の失業率が2011年。インド政府の資料により作成。

インドでは，①自動車産業や情報通信技術産業の成長を背景として，西部やデリー周辺などに経済発展が顕著な地域がみられる。それらの地域では，A州のように都市への人口集中が進み，②雇用機会が豊富であると考えられる。③東部や内陸部には経済発展が遅れた地域が広くみられ，B州では④農村部の人口が減少している。

問2 ［答］ ④

① **正文**：インドは1991年以降の経済自由化政策によって，外国企業の進出が進み自動車産業や情報通信産業が大都市部を中心に発達するようになった。

② **正文**：A州（マハーラーシュトラ州）は人口最大都市のムンバイを含むことからさまざまな産業が発達し，**図**からもわかるとおり1人当たり州内総生産で上位を示していることや，**表**で都市の失業率が全国平均よりも低くなっていることから雇用機会が豊富であることは間違いない。

③ **正文**：**図**で東部や内陸部の1人当たり州内総生産が下位を示していることから，経済発展が遅れていることがわかる。

④ **誤文**：**表**でB州は2001年，2011年とも都市人口率が10%程度であることから，残りの90%弱が農村人口となる。その農村人口率が高いB州において2001年～2011年の人口増加率は25.4%と高い値を示すことから，農村部での人口減少は誤りである。1人当たり州内総生産が低いB州は，まだまだ農業が中心のため子どもを労働力として期待するなどの理由から，とくに農村部において高い出生率が続いていることが影響している。

34 西アジアと中央アジア

1 西アジアと中央アジアの自然環境

✤ **地形**…**西アジア**は北部に**アルプス＝ヒマラヤ造山帯の山脈や高原（⇒地震・火山が多い）**，**南部のアラビア半島は安定陸塊**。両者の間の低地に**外来河川のティグリス川**，**ユーフラテス川**。**紅海がプレートの広がる境界部分**にあたる。**中央アジア**は大部分が古期造山帯や安定陸塊に属する。

✤ **気候**…**アラビア半島の中央部を北回帰線が通過**し，**年中亜熱帯（中緯度）高圧帯**に覆われるため，**大部分がBW(砂漠気候)**，**地中海沿岸や黒海，カスピ海の南部にCs(地中海性気候)**。**全体的に標高の高い北部**は，同じ**乾燥帯でも気温は年中低め**。**北緯50度以南の中央アジアには乾燥帯(内陸砂漠)**が広がる。

■西アジアの地形　■西アジアの気候

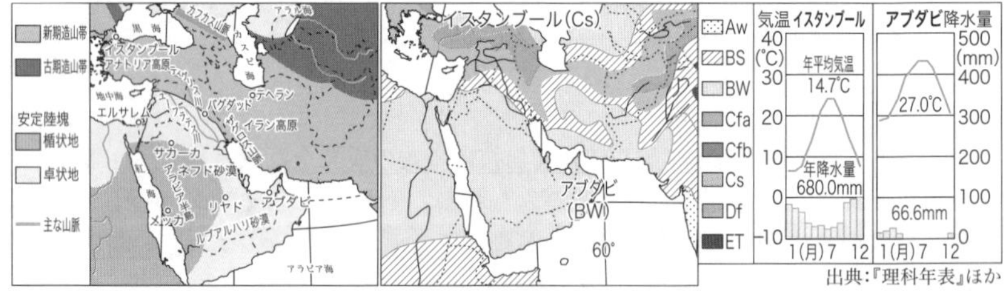

出典:『理科年表』ほか

2 西アジアと中央アジアの社会

✤ **西アジア**…西アジアでは**イスラエル(ユダヤ教)を除き，大部分がイスラーム**⇒イスラームは大きく，2つの宗派に分かれ，**大部分はスンナ（スンニー）派**だが，**イランは少数派のシーア派が大多数**。**イスラエルはユダヤ教・キリスト教・イスラームが対立**する地域⇒**エルサレムはこの3つの宗教の聖地**。

アラブ諸国はイスラームを信仰，アラビア語を公用語⇒**西アジアの非アラブ諸国**に，**トルコ（トルコ語）**，**イラン(ペルシア語)**，アフガニスタン(パシュトゥー語)，**イスラエル(ヘブライ語)**がある。

■西アジア・中央アジアの言語

出典:『世界の国一覧表』ほか

✤ **中央アジア**…**中央アジア諸国は**，タジキスタンを除いて**トルコ系イスラーム教徒が**

多い(ソ連時代の宗教的抑圧から解放)。しかし，現在でもキリル文字を使う国が多い。**黒海とカスピ海の間に位置するカフカス諸国は**，かつてのソ連時代の影響から，民族が入り乱れて居住し飛地が多く，**内戦や紛争が絶えない地域**となっている。

第2章 地誌

3 西アジアのおもな国

✤ イラン(人口約8,000万人，首都テヘラン)

①**公用語はペルシア語≠アラブの国⇒OPEC加盟，OAPEC非加盟**，イスラーム(シーア派)。

②**地下水路のカナート⇒オアシス農業**(ナツメヤシと小麦)。

✤ イラク(人口約4,000万人，首都バグダッド)

①外来河川のティグリス川，ユーフラテス川流域＝「**肥沃(ひよく)な三日月地帯**」⇒**オアシス農業**(小麦やナツメヤシ)，**人口集中**。

②イスラーム(シーア派が多い)，アラブ人が大半，**北部油田地帯**にクルド人⇒クルド人問題。

✤ サウジアラビア(人口約3,000万人，首都リヤド)

①**ほぼ全域が砂漠⇒センターピボット農法により小麦**や野菜を栽培。

②遊牧民族のベドウィン，イスラーム教スンナ派(戒律が厳しいワッハーブ派が多数)，イスラーム**最大聖地のメッカ**(カーバ神殿)，近年はイランとの関係が悪化。

③**世界最大の原油輸出国⇒日本の原油輸入相手先第1位**。最近では石油精製業も。**石油産業に従事する外国人労働者が多い**(約4割，東南アジア，南アジアが多い，最近は制限)。

✤ アラブ首長国連邦(人口約1,000万人，首都アブダビ)

①**日本の原油輸入相手先第2位**⇒最近では**アルミニウム工業**や石油精製業も発達。**南アジアからの外国人労働者が多い⇒男性割合が高い**(建設業従事者が多い)。

②**都市**…ドバイ(自由貿易区，中継貿易港，ハブ空港⇒**中東の金融センター**，ICT企業の誘致，**物流拠点**，**リゾート開発**)。

✤ トルコ(人口約8,000万人，首都アンカラ)

①第一次世界大戦敗北後から政教分離(**世俗主義**)へ⇒憲法からイスラームを国教とする条文を削除。**文字はアラビア文字に代わってアルファベットを使用**。また，**親欧米路線へ⇒NATOやOECDにも加盟**し，**EUとの加盟交渉中⇒ヨーロッパ向けの労働集約型製造業(繊維・電気機械・自動車)の拠点**へ。「**東西文明の十字路**」と呼ばれる。**クルド人の分離独立の気運が高い**。

②西部は地中海式農業中心，東部は羊とヤギの飼育が盛ん。

③カスピ海周辺で産出される**原油や天然ガスのヨーロッパ向けパイプラインの要衝**。工業化は北西部や首都アンカラ周辺に限られ，東部は農業中心⇒**東西の経済格差が大**。

④**都市**…**イスタンブール**(**トルコ最大の都市**，アジアとヨーロッパの結節点)。

✤ キプロス…**南部**ギリシャ系(正教会)※EU加盟 **VS 北部**トルコ系(イスラーム)※トルコ軍駐留。

✤ イスラエル

①エルサレムは，ユダヤ教・キリスト教・イスラームの**3つの一神教の聖地**。

■西アジアの農業地域

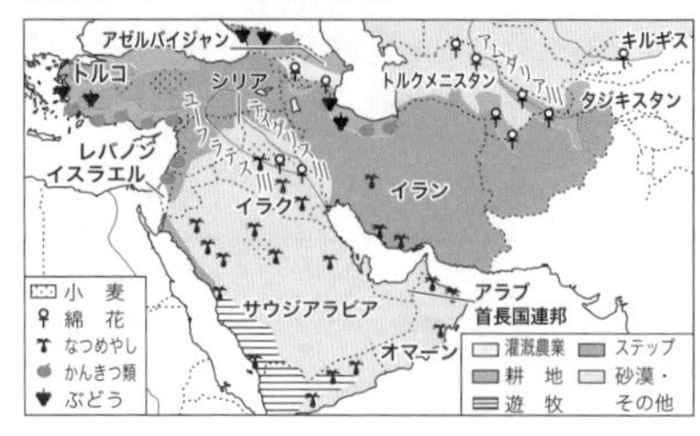

■西アジアの鉱工業地域

②**ヘブライ語**（**公用語**），**ユダヤ教中心だが，イスラーム教徒でアラブ系のパレスチナ人も多い**＝**パレスチナ問題**⇒パレスチナ人自治区（ガザ地区，ヨルダン川西岸⇒イスラエル政府への対応をめぐり対立）。第二次世界大戦後の独立に際して，**イギリスやアメリカ合衆国の支援があったことで，両国とは現在でもつながりが深い**。

③**ダイヤモンド加工**に加え，情報通信産業や医療・光学機器など**先端技術産業が発達**。

✤ 西アジアのその他の国々

①**アフガニスタン**…**地下水路**の**カレーズ**，アメリカ合衆国の同時多発テロ⇒米軍による空爆でタリバン政権が崩壊，政情不安が続く⇒難民が多い。

②**シリア**…首都の**ダマスカス**は**迷路型都市**。2011年からはじまった民主化を求める反政府運動を機に，事実上の内戦状態に⇒**ヨーロッパなどへ大量の難民**が発生。

4 中央アジアの主な国とカフカス諸国

✤ 中央アジアの主な国

①**カザフスタン**…トルコ系，イスラーム。北部は**ウクライナから続くチェルノーゼム**＝**穀倉地帯**（**小麦**）。**石油**や**天然ガス，ウラン鉱**，クロム鉱が豊富。**カラガンダ炭田**＋テミルタウの鉄鉱石＝**鉄鋼**。バイコヌール宇宙基地。

②**ウズベキスタン**…首都**タシケント**（**綿花の集散地**）。トルコ系，イスラーム。**アムダリア川から取水**し，灌漑整備が進み，**綿花栽培**が可能に（**綿花の生産量は世界有数**）⇒**アラル海の水位低下**で**漁業資源の死滅**や**周辺住民の健康被害**など発生。

③**トルクメニスタン**…トルコ系，イスラーム。**綿花栽培が盛んになったものの，過度な灌漑による土壌の塩類化などの問題**が発生。**天然ガス**や**原油**に恵まれる。

✤ カフカス諸国

①**ジョージア（グルジア）**…南オセチアをめぐりロシアと断交⇒2009年CISを脱退。現在，南オセチアは事実上の独立状態。

②**アゼルバイジャン**…首都**バクー**。イスラーム（シーア派）が多い⇒ナゴルノカラバフ（東方正教アルメニア人が多い）の帰属をめぐりアルメニアと対立，2023年再統合へ。ソ連解体後，外国資本を誘致して**カスピ海の油田開発**を推進⇒**原油が輸出の中心**。

ここが共通テストのツボだ!!

ツボ 1 イランとトルコ

● **イラン**…**イスラーム教徒が多い**ことはトルコと共通するが，**イラン**は他の西アジア諸国とは異なり，**少数派のシーア派が中心**の国（⇔**多数派はスンナ派**）。1979年のイラン革命によってシーア派が中心となった結果，**徹底したイスラーム化**が進められ，女性は頭から体全体をチャドルと呼ばれる黒布でかくすようになるなど，文化や教育にも大きな影響を与えている。こうして，この頃から**反欧米路線**を掲げるようになった。また，**公用語もペルシア語**であり周辺の西アジア諸国と異なる（⇔**多くの国はアラビア語が公用語**）⇒**OPEC（石油輸出国機構）には加盟**するが，**OAPEC（アラブ石油輸出国機構）には非加盟**。

● **トルコ**…アジアとヨーロッパの間に位置することから，「**東西文明の十字路**」と呼ばれる。**最大都市のイスタンブール**は，**ボスポラス海峡**を挟んでヨーロッパ側とアジア側にまたがって位置しており，まさにそれを象徴している。とくに第一次世界大戦でオスマントルコ帝国が敗北すると，**トルコは政教分離を進め**イスラームを国教とせず，一夫多妻制も禁止することになり，文字もアラビア文字からアルファベットに変えていった。**親欧米路線の立場**を取り，**イスラーム教徒が多数を占める国で唯一NATO（北大西洋条約機構）やOECD（経済協力開発機構）にも加盟**している。また，1980年代から**EU加盟を目指し交渉を続けている**が，加盟には至っていない（①EU加盟国はすべてキリスト教国⇒**イスラームに対する抵抗感**，②**所得水準が低く，人口規模が大きい**⇒既存の加盟国が社会保障費などの負担を強いられる，③**キプロス問題・クルド人問題**など）。

ツボ 2 パレスチナ問題の背景

第一次世界大戦中，**イギリス**は敵対していたオスマントルコ帝国の支配下にあった地中海東部に住む**アラブ人（＝パレスチナ人）に，国家建設を約束**した。一方で，戦費がかさんでいたイギリスは，ヨーロッパで差別に苦しんでいたユダヤ人から援助を受ける代わりに，**かつてユダヤ人の王国があった地中海東部にユダヤ人国家を建設することを認めた**。その後，ドイツのナチスによる迫害で，多くの**ユダヤ人はかつてユダヤ人王国があった地中海東部のパレスチナへ安住の地を求めて移動**し，第二次世界大戦後**ユダヤ人国家イスラエルが建国**された。その結果，古くから居住していたパレスチナ人は猛反発し，**支援する周辺のアラブ諸国とイスラエルとの間で中東戦争**が起こった。こうして，今日に至るまで両者が納得する解決に至っておらず，**多くのパレスチナ難民が発生**している。

チャレンジテスト（大学入学共通テスト実戦演習）

問1 次の図1は，西アジアの地形を示したものであり，下の図2は，図1中のA～Dのいずれかの地点における1月と7月の月平均気温および月降水量を示したものである。Cに該当するものを，図2中の①～④のうちから一つ選べ。 （2021年共通テストB第2日程）

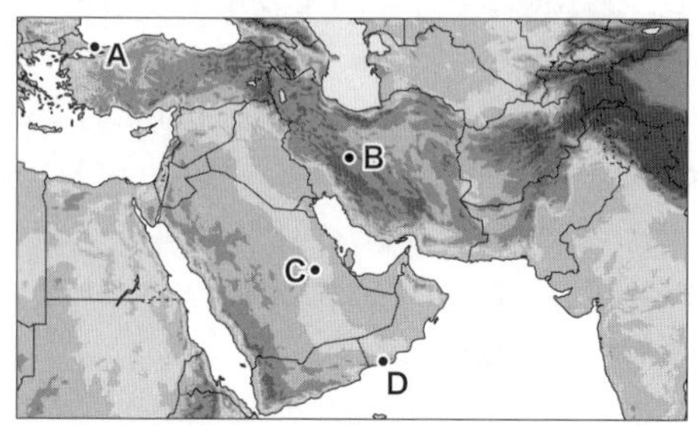

色の濃い部分ほど標高の高い地域を示し，陰影を付けている。

図1

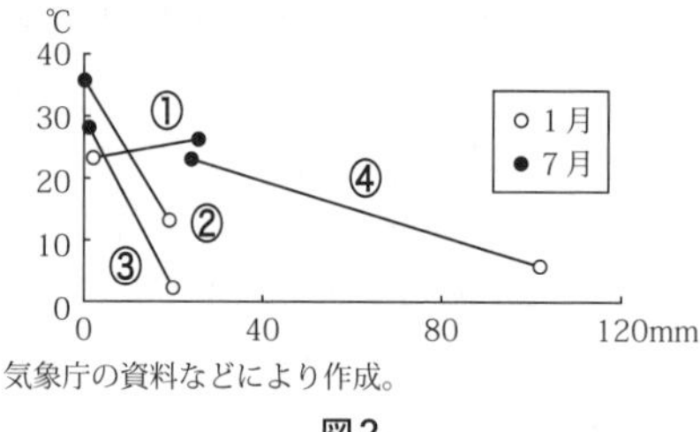

気象庁の資料などにより作成。

図2

問1 ［答］ ②

図2を見てみると，まず④は1月，7月とも降水量が多い，つまり年中湿潤な環境下にある地域となるので，**黒海付近に位置しCs（地中海性気候）が広がるA**となる。

次に1月，7月とも気温変化が小さい，つまり気温の年較差が小さい①に注目すると，**4地点で最も低緯度かつ残りの3地点の中で唯一海岸部に位置し，海洋性気候となることからD**となる。

最後に残った②と③を比べてみると，③のほうが②より全体的に気温が低い。残った**B**と**C**の地図情報を見てみると，**Bは高緯度かつ色の濃い陰影が付いていることから標高が高く，Cは低緯度かつ標高が低い**。よって**Bは，気温の逓減の影響からCより年中気温が低くなる**ので③となり，残った②が**C**となり正解となる。

問2 次の写真中のア～エは，アラブ首長国連邦の都市ドバイにおける特徴的な景観を撮影したものである。写真中のア～エが示していることがらとその背景について述べた文章として下線部が適当でないものを，下の①～④のうちから一つ選べ。

（2018年センター試験本試B）

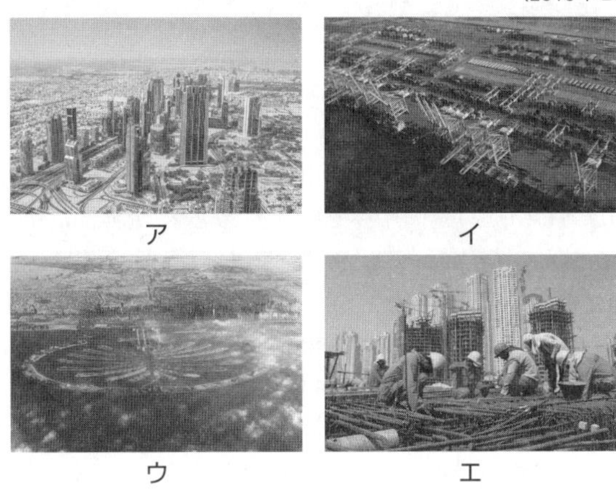

写真

① アは，林立する高層ビル群を示したものである。国際的な金融拠点としての発展にともない，世界中から多くの投資が集中している。

② イは，臨海部に整備された人工港を示したものである。輸出指向型の工業化の結果，西アジア最大の自動車生産・輸出拠点が形成されている。

③ ウは，海上に建設された居住・リゾート施設を示したものである。非石油部門での経済発展をめざし，大規模な観光開発が急速にすすめられている。

④ エは，外国人労働者が働く建設現場を示したものである。不動産開発ブームを背景に労働力需要が高まり，国外から多くの労働者が採用されている。

問2 ［答］ ②

② **誤文**：アラブ首長国連邦は労働力人口が少ない。そのため，多くの労働力を必要とする組立工業の自動車生産はほとんど行われておらず，よって**輸出指向型**の工業化も目指していない。

① **正文**：**ドバイは**，世界金融の中心である欧州と東・東南アジアをちょうど補完する地理的位置にあることから，**中東地域の金融センター**としての役割を担っている。また，**イスラーム**の文化圏にあることで，独特の商慣習をもつ**イスラーム**金融の中心にもなっている。さらに，ドバイでは外国企業に対する税金を優遇し，オイルマネーを背景にインフラ整備も進めてきたことで，世界各国から投資が集まるようになっている。

③ **正文**：上述のとおり，オイルマネーを生かして，新たな外貨獲得源として**海浜リゾートなどの観光産業**にも力を入れている。

④ **正文**：こちらも上述のとおり，インフラ整備に伴う労働力不足を補うため，**南アジアのインドなどから外国人労働者が流入し，主に土木・建設作業に従事**している（**流入者の多くが男性**）。

35 アフリカ

1 アフリカの自然環境

✤ **地形**…**全体的に台地状の地形**（⇒河川は**下流付近で急流**をなすことが多いため，**外洋船の遡航は難しい**）が広がり，**大部分が安定陸塊**。**北西部に新期造山帯**（**火山はない**），**南部に古期造山帯**が見られ，**東部にアフリカ大地溝帯**が南北に走り，その**周辺部では標高が高く，地震や火山が多い。**

✤ **気候**…アフリカ大陸は**赤道を挟んで南北に対称な広がり**をもち（緯度南北40度にほぼおさまる），**赤道から離れるにつれて，Af→Aw→Cw→BS→BW→BS→Cs**となる。南端にはその他の温帯（Cfb，Cfa）も見られる。**アフリカ大陸の北半分と南半分のそれぞれ中央付近は，南北回帰線が通過**している位置にあたり，**一年中，亜熱帯（中緯度）高圧帯に覆われる**ため，**世界最大のサハラ砂漠**やカラハリ砂漠が見られ，**乾燥帯が広い範囲に分布**する。南西部を北流する**ベンゲラ海流の影響**によって形成された**海岸砂漠のナミブ砂漠**も見られる⇒**西岸沖は南北半球とも寒流が流れる**ため，気温は低め。**サハラ砂漠はワジ（涸れ川）が多く**，**地下水路のフォガラ**などを利用したオアシス農業が盛ん。**サハラ砂漠の南縁部にあたるサヘル地域では砂漠**

■アフリカの地形

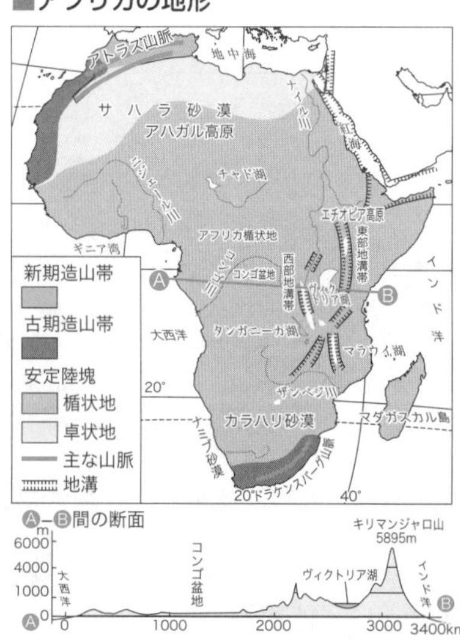

■アフリカの気候

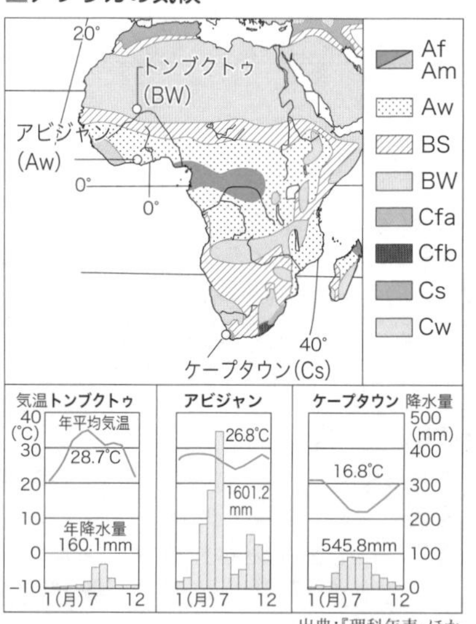

出典:『理科年表』ほか

化が著しい（原因⇒**異常気象による干ばつ**や温暖化による降水量の減少，**人口爆発による過耕作・過放牧・薪炭材の過伐採・過度な灌漑（塩害）**）。

2 アフリカの社会

✤ アフリカの民族

①**サハラ砂漠以北**：**アラビア語＆イスラーム**（**公用語はアラビア語のみ**となっている国が多い）。

②**サハラ砂漠以南**：**多民族**＆自然崇拝の伝統的な宗教（**公用語を旧宗主国の言語**にすることで**民族対立の融和**につなげている国が多い）。

③**エチオピアはキリスト教徒が多数**。サハラ砂漠やアラビア半島に近い国では，イスラーム教徒が比較的多い。

④**東アフリカ**（ケニア・タンザニアなど）は，アラビア半島との交易が古くから盛ん⇒現地語＆アラビア語が融合した，交易語の**スワヒリ語を公用語**としている。

✤ 独立国と旧宗主国

…**第一次世界大戦以前からの独立国**は，**エチオピア，リベリア，南アフリカ共和国。フランスは「横断政策」（北西部一帯⇒アルジェリア，モロッコなど＆マダガスカル）**，**イギリスは「縦断政策」（東部を縦方向⇒ケニアなど＆ギニア湾岸のガーナ，ナイジェリアなど）**をもとに植民地化。**ベルギーは中央部のコンゴ民主共和国**，ルワンダ，ブルンジ。**イタリアはリビア**，ソマリア，エリトリア。ポルトガルはアンゴラ，モザンビーク。スペインは西サハラを植民地化。

✤ 独立後の状況

①**1960年の「アフリカの年」**に，旧フランス植民地を中心に17か国が独立し，それ以後独立国が増加。独立は北部が早く，南部が遅い。**独立後も，植民地時代の民族分布を無視した数理的国境を維持**したため，**多くの国で多民族を抱えており，国内における民族対立や国境紛争を誘発**し，**経済発展を阻害**⇒とくに**サハラ以南のアフリカ諸国**では顕著であり，**旧宗主国の言語を公用語**としていることが多い。

■アフリカの独立国

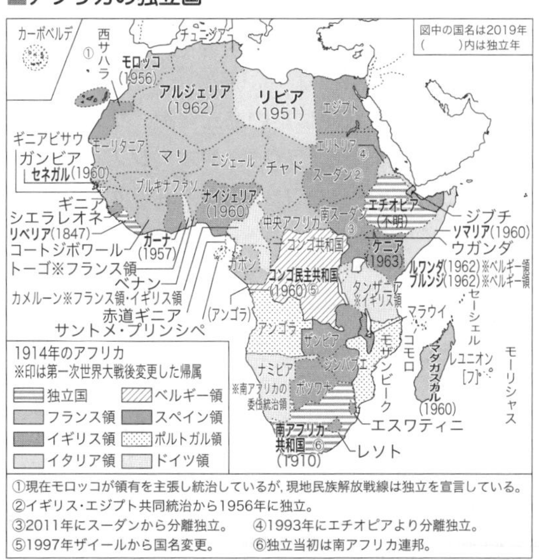

①現在モロッコが領有を主張し統治しているが，現地民族解放戦線は独立を宣言している。
②イギリス・エジプト共同統治から1956年に独立。
③2011年にスーダンから分離独立。　④1993年にエチオピアより分離独立。
⑤1997年ザイールから国名変更。　⑥独立当初は南アフリカ連邦。

②植民地化の影響から資本の蓄

積が進まず，インフラの未整備，政治の不安定，金融制度の未発達，就学率の低さなどが工業化を阻害。そのため，**現在でもモノカルチャー経済の国がほとんど**である。**1990年代後半**には，**赤道以南のアフリカ諸国を中心にHIVがまん延**し，**死亡率が上昇**，**平均寿命が縮まった**国が多い。

③最近では，「**アラブの春**」(2010年末～2011年) と呼ばれる，北アフリカのアラブ諸国での民主化運動が活発化し，長期独裁政権が崩壊⇒その後は政情不安を抱える国が多い。また，**資源価格の上昇から**，資源を豊富にもつ南アフリカ共和国やナイジェリア，政情が安定するケニアなどでは中間層が増えつつあるものの，貧富の差は拡大している。

3 アフリカの産業 

✤ 農牧業

①**プランテーション**…**熱帯・亜熱帯地域**では，植民地時代からのプランテーションにより，**現在でも商品作物栽培中心**の農業⇒**主食となる作物栽培に耕地がまわらない**。輸入する余力が無いため自給率は高いが，1人当たりの栄養供給量が不足し，**飢餓や貧困から抜け出せない**。**ギニア湾岸ではカカオ豆**や天然ゴム，油ヤシ，**北部では落花生や綿花**の栽培が盛ん。一方，**排水良好な高原の広がる東アフリカでは，茶やコーヒー豆**，綿花の栽培が盛ん。

②**その他**…**南北両端は地中海式農業**，**サハラ砂漠では遊牧（ラクダ）やオアシス農業（⇒地下水路のフォガラ）**，**外来河川のナイル川流域では灌漑による綿花や小麦，米**の栽培，**熱帯アフリカでは主食となるキャッサバ**やヤムイモなどのイモ類，**モロコシなどの雑穀（主に東部）**，南アフリカ共和国のハイベルトでは商業的混合農業や企業的牧畜，**マダガスカル島東部で稲作**。

■アフリカの農業地域

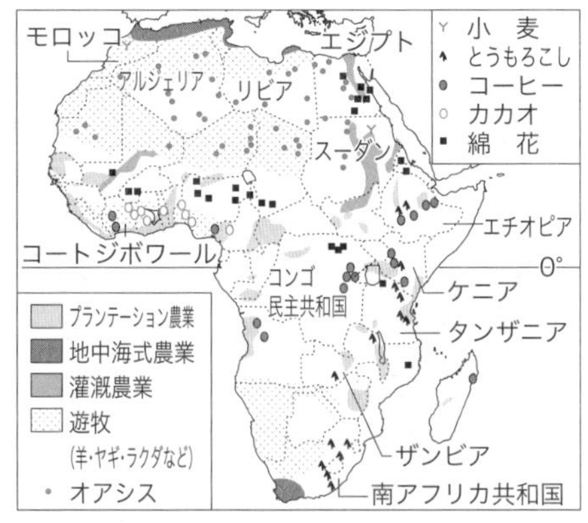

■アフリカの鉱産資源

✤ 鉱産資源

①**原油**…北部の**リビアやアルジェリア，**

ギニア湾岸のナイジェリア，ガボン，赤道ギニア，コンゴ共和国（⇒以上OPEC加盟国）や内戦が終結し近年産出を増やしているアンゴラ，エジプト（OAPEC加盟）や，スーダンなど（⇒主に中国向け）。

② 銅鉱…コンゴ民主共和国・ザンビアにまたがるカッパーベルト⇒近年，資源の枯渇や内戦で産出量が減少。レアメタルのコバルト鉱の産出が増加。

③ その他…石炭は南アフリカ共和国（古期造山帯ドラケンスバーグ山脈付近のトランスヴァール炭田），鉄鉱石はリベリアやモーリタニア，ボーキサイトはギニアやガーナ，金鉱は南アフリカ共和国やガーナ，ダイヤモンドはボツワナやコンゴ民主共和国，南アフリカ共和国，ウラン鉱はニジェールやナミビア，クロム鉱，白金は南アフリカ共和国で産出が多い。

4 アフリカのおもな国

✤ 北アフリカ

① エジプト…首都カイロ（BW）。人口約1億人。外来河川のナイル川⇒オアシス農業（綿花や小麦）。旧ソ連の援助によって，急増する人口に対して食料を確保するための灌漑による耕地拡大を主な目的に，発電，洪水防止などの多目的ダムとしてアスワンハイダムを建設⇒海岸線の後退，漁業資源の減少，地力低下，塩害，歴史的遺産の水没の危機などの問題が発生。スエズ運河（水平式運河）。

② リビア…旧イタリア領，OPEC加盟。1人当たりGNIはアフリカでトップクラス。

③ チュニジア…地中海式農業，マグレブ三国（「西の端」の意味）。

④ アルジェリア…旧フランス領，マグレブ三国。トゥアレグ族（ベルベル人）⇒遊牧。OPEC，OAPEC加盟。

⑤ モロッコ…首都ラバト（最大都市はカサブランカ），西サハラを事実上領有，マグレブ三国。タコ・イカなどの水産資源，リン鉱石⇒化学肥料の輸出。

⑥ スーダン…首都ハルツーム（白ナイルと青ナイルの合流点），アラブ系イスラーム教徒中心でイスラーム化を推進する北部とアフリカ系キリスト教徒中心の南部との間で激しい対立⇒南スーダンの分離独立へ（南スーダンは石油資源をめぐり内戦状態）。また，スーダン西部のダルフール地方では，北部のアラブ系民兵と西部に居住する黒人による内戦が激化し，多くの難民が発生。大規模灌漑⇒綿花栽培。

✤ 西アフリカ

① セネガル…首都ダカール，旧フランス領，落花生。

② チャド…砂漠化の進行でチャド湖が縮小中。

③ リベリア…アフリカ初の黒人主権国家，鉄鉱石，便宜置籍船国（べんぎちせきせん）⇒船舶保有量第2位。

④ コートジボワール…カカオ豆の生産世界一。

⑤ ガーナ…首都アクラ（経度0度付近），カカオ豆，金鉱（ガーナの輸出品1位），ヴォルタ川の開発（アコソンボダムの水力発電⇒アルミニウム精錬）。

⑥**ナイジェリア**…首都アブジャ。ニジェール川デルタ。**アフリカ最大の人口大国（約2億人）**。**産油国**（OPEC加盟）。ビアフラ戦争⇒**南東部の石油資源の豊富なビアフラ地方に居住するイボ族が分離独立しようとした**ことで，他民族と戦争へ⇒イボ族の無条件降伏，**民族融和のため最大都市ラゴスから国土中央のアブジャへ遷都**。

✤ 中央・東アフリカ

①**コンゴ民主共和国**…旧ベルギー領，カッパーベルト（**銅鉱**，近年は**コバルト鉱**が多い）。

②**ザンビア**…カッパーベルト（**銅鉱**，コバルト），ザンベジ川のカリバダムによる**水力発電⇒銅の精錬**。

③**ルワンダ**…1994年に**多数派フツ族VS少数派ツチ族の内戦**⇒現在は，出身部族を示す身分証明書の廃止，汚職の廃止など部族を超えた**融和政策が順調に進展中**。ツチ族が帰国し，経済復興に注力⇒「アフリカの奇跡」（高付加価値なコーヒー・茶やすず鉱の生産，IT立国へ）。

④**エチオピア**…**アフリカ最古の独立国**，**キリスト教徒が多い**（コプト派），**コーヒー豆の原産地**。**大規模ダムの建設⇒ナイル川下流のエジプトなどと水資源をめぐり対立**。

⑤**ソマリア**…国土の形から「**アフリカの角**」，内戦状態で周辺海域では海賊が多発⇒世界各国の取締りなどにより安定。

⑥**ケニア**…首都**ナイロビ**（高原上，UNEPの本部），**旧イギリス領⇒茶**やコーヒー，**公用語はスワヒリ語**（⇒**アラビア語の影響**）**と英語**。

⑦**タンザニア**…**キリマンジャロのコーヒー豆**，近年**金鉱の産出増加**。

⑧**マダガスカル**…東部は南東貿易風の影響で年中多雨，**旧フランス領**，**マレー系**のメリナ族，**稲作**。

✤ 南アフリカ

①**アンゴラ**…**内戦終結で産油量増加**（アフリカ最大級）。

②**ジンバブエ**…独裁政権の失政⇒経済は壊滅的状態だったが，近年は安定。

③**ボツワナ**…**ダイヤモンド**。

④**南アフリカ共和国**…**少数の白人によるアパルトヘイト（人種隔離政策）⇒1991年に廃止⇒経済制裁の解除**から，鉄鋼・機械・**自動車工業**が発達し，周辺諸国からの出稼ぎ労働者も多い（**アフリカ唯一の工業国**）。**南西部で地中海式農業**，**ドラケンスバーグ山脈西部**のハイベルトで**混合農業**，鉱産資源が豊富（**金**，**ダイヤモンド**，**石炭**など），**ケープタウン**（Cs），**ヨハネスバーグ**（**金鉱**，商業都市）。

■主な国の輸出品に占める一次産品の割合

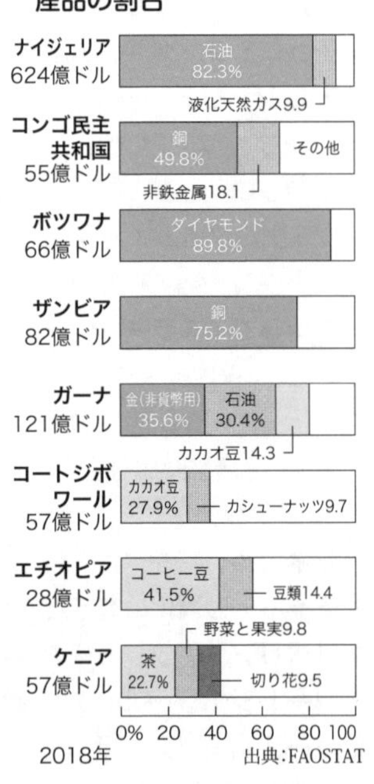

ここが共通テストのツボだ!!

ツボ 1 民族と旧宗主国の分布

① 民族…隔絶性の高い**サハラ砂漠が境目**。

(1) **サハラ砂漠以北**≒**アラブ人(アラビア語)&イスラーム**。

※ **公用語はアラビア語のみ**となっている国が多い。

(2) **サハラ砂漠以南**≒多民族&自然崇拝の伝統的な宗教。

※ **公用語を旧宗主国の言語**にすることで**民族対立の融和**につなげている国が多い。

※ **エチオピアはキリスト教徒が多数**。サハラ砂漠やアラビア半島に近い国では，イスラーム教徒が比較的多い。

② 独立国と宗主国

(1) 独立国(第一次世界大戦以前)…**エチオピア，リベリア，南アフリカ共和国(旧イギリス領)**。

(2) 旧宗主国

● **旧フランス領**(「横断政策」)⇒**ギニア湾からフランスに近い北西部一帯**。

※ 例外として**マダガスカル**も。

● **旧イギリス領**(「縦断政策」)⇒**エジプトと南アフリカを結ぶ東部一帯**

※ 例外として**ギニア湾岸のガーナ，ナイジェリア**なども。

● **旧ベルギー領⇒中央部のコンゴ民主共和国**など。

● **旧イタリア領⇒地中海の対岸のリビア**など。

図 アフリカの旧宗主国

ツボ 2 中国のアフリカ進出

近年，**経済大国になった中国は，アフリカ諸国へのインフラ整備などの援助を積極的に実施**。理由は大きく2つある。1つは**援助の見返りに地下資源を優先的に回してもらう**こと。もう1つは**中国が進める「一帯一路」構想によって国際社会における影響力を強める**こと。「一帯一路」構想とは，港湾，鉄道，発電施設などインフラ投資を強化し，アジアに自国中心の経済圏をつくり，中国から欧州へ抜ける陸路と，中国沿岸から中東，アフリカに至る海路の2ルートで経済圏を築く国家戦略である。2015年に設立したAIIB(アジアインフラ投資銀行)も活用して，この構想を積極的に推進している。

チャレンジテスト（大学入学共通テスト実戦演習）

問1 アフリカの都市は，地域の自然環境の特徴を背景とした歴史的な成り立ちの違いによって類型化できる。次の図中のA～Cは，アフリカのいくつかの都市について，その成り立ちの特徴ごとに分類して示したものであり，下のア～ウの文は，そのいずれかを説明したものである。A～Cとア～ウとの正しい組合せを，下の①～⑥のうちから一つ選べ。

（2011年センターー試験本試B）

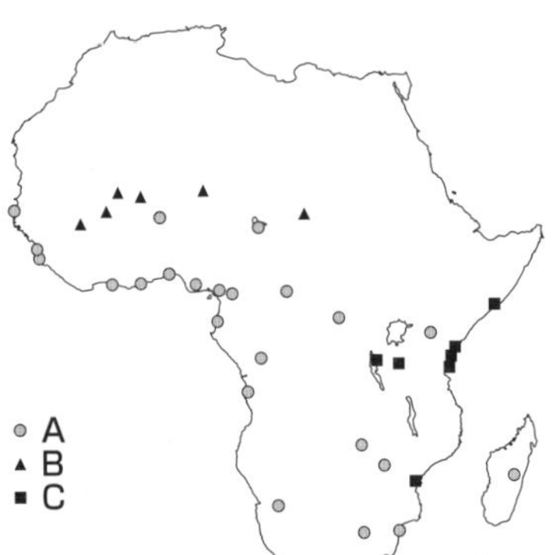

嶋田義仁ほか編『アフリカの都市的世界』により作成。

図

	①	②	③	④	⑤	⑥
A	ア	ア	イ	イ	ウ	ウ
B	イ	ウ	ア	ウ	ア	イ
C	ウ	イ	ウ	ア	イ	ア

ア　象牙(ぞうげ)などを商品とした交易の拠点として成長し，これらの都市を介してスワヒリ語が広がり地域の共通語となった。

イ　二つの異なる気候帯の境界付近に位置し，それらの一方からは岩塩など，他方からは金や森林産物などを商品とした交易の拠点となった。

ウ　ヨーロッパ諸国による植民地経営の行政機能をになうものとして発達した都市であり，ヨーロッパ風の建築や街路パターンなどが残っている。

問1 [答] ⑥

まずはA～Cの分布の特徴を捉えよう。Aは圧倒的に数が多く，ギニア湾岸から主に南部において多く分布する。Bはサハラ砂漠の南寄りに近いところに，横並びで少数分布する。CはBと同様に数が少なく，大陸の東部の低緯度地域に集中する。これらの分布の特徴を踏まえると，まずアはCとなる。象牙とあることから，象など野生動物の宝庫となっている低緯度のサバナ気候環境下と想定できる。また，スワヒリ語はアフリカ大陸東部において，アラビア半島からやってきたアラビア語を話すイスラーム商人との間で生まれた交易語である。イはBとなる。2つの異なる気候帯の境界付近とあることから，概ね横並びに分布するはずである。また，一方からは岩塩，他方からは森林産物とあることから，それぞれ乾燥帯と熱帯との境目付近であることも見えてくる。ウはAとなる。ヨーロッパ諸国による植民地経営の行政機能とあることから，ヨーロッパから来やすかった大西洋に面する沿岸部を中心に分布が見られると考えられる。また，アフリカ大陸の大部分がヨーロッパからの植民地化を受けたので，植民地の拠点数は多くなり，それらの拠点となった都市が現在の各国の首都と対応していることも見えてくる。

問2 次の図は，アフリカの地域区分*と，いくつかの国におけるアフリカの各地域からの輸入額を示したものであり，ア～ウは，イギリス，中国**，フランスのいずれかである。国名とア～ウとの正しい組合せを，下の①～⑥のうちから一つ選べ。（2020年センター試験追試B）
*マダガスカル以外の島嶼(とうしょ)国を除く。　**台湾，ホンコン，マカオを含まない。

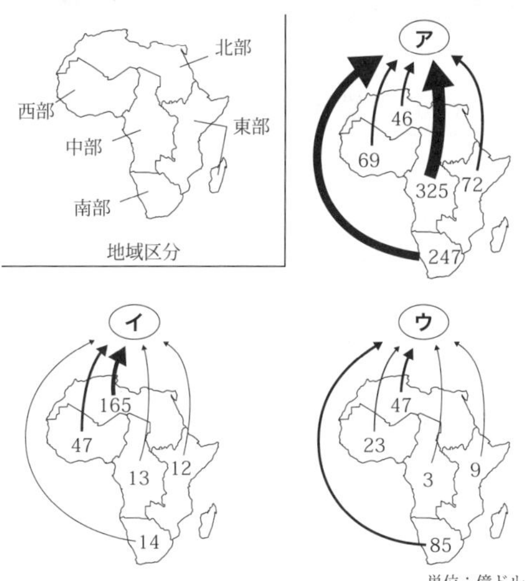

統計年次は 2017 年。
International Trade Centre の資料により作成。

図

	①	②	③	④	⑤	⑥
イギリス	ア	ア	イ	イ	ウ	ウ
中国	イ	ウ	ア	ウ	ア	イ
フランス	ウ	イ	ウ	ア	イ	ア

問2 ［答］ ⑤

アは北部アフリカを除いたすべてのアフリカ地域で最も大きな値が示されていることから中国となる。急速な工業化によってエネルギー・鉱産資源が不足する中国は，原油や金鉱，銅鉱などを大量に輸入している。

イは北部アフリカで最も大きな値を示し，西部アフリカでも大きな値を示すことからフランスとなる。北部アフリカはフランスに近く，また西部アフリカと同じくかつてフランス植民地だった国が多い。そのため現在でも経済的つながりが深く，フランスはこれらの地域から原油に加え，労働集約型の機械類，衣類などを中心に輸入している。

ウは全体的に少ない値だが，南部アフリカからの値が大きいことからイギリスとなる。南部アフリカの南アフリカ共和国やボツワナなどは，かつてイギリスの植民地であったことから，フランスと同様に現在でも経済的つながりが深い。イギリスはこれらの地域から原油や金，白金などを輸入している。

36 ヨーロッパ

1 ヨーロッパの自然環境

✤ **地形**…**北緯50度以北**は，かつて**バルト海を中心に広がっていた大陸氷河の影響**によって，**低平で腐植に乏しいやせた土地**が分布している（バルト楯状地など）。その影響から**バルト海周辺部には氷河湖やモレーン**が多く，**ノルウェー西岸やイギリス北部のスコットランド地方ではフィヨルド**が見られる。**大西洋中央部にはプレートの広がる境界である大西洋中央海嶺**が存在し，その一部が陸化した**アイスランド島には火山や地溝**が多く見られる。**南部の北緯40度～45度付近には，アルプス＝ヒマラヤ造山帯が東西方向**に連なり，**地震や火山が多い**。**その間には古期造山帯**が広がる。**ハンガリー平原**やルーマニア平原には，**肥沃なレスが分布**している。また，**パリ盆地やロンドン盆地**には**ケスタ**が見られる。**海岸は沈水海岸**が多く，**北部にはフィヨルド**，**中部にはエスチュアリ（エスチュアリー）**（**ライン川**と**ドナウ川**，**地中海に注ぐ川は三角州**），**南部にはリアス海岸（スペイン北西部）**やダルマティア式海岸（アドリア海東岸部）が見られる。**地中海沿岸には石灰岩が風化したテラロッサ**が多く分布し，**カルスト地形（スロベニアなど）**も見られる⇒**白い住居が多い**。

✤ **気候**…**ヨーロッパ西部**は，**暖流の北大西洋海流と偏西風の影響**で，高緯度の割に**冬季でも温暖⇒ノルウェーの北部やアイスランドの南部までCfb～Cfc（西岸海洋性**

■ヨーロッパの地形

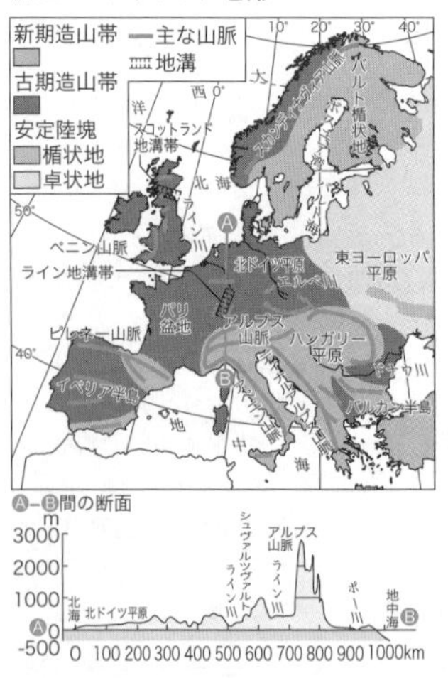

■ヨーロッパの気候

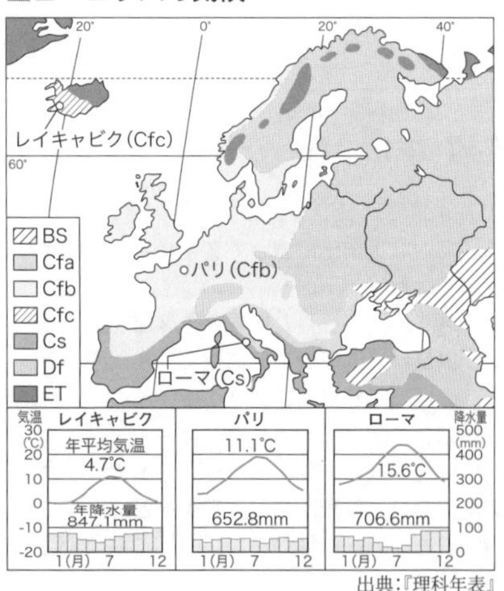

出典：『理科年表』

気候)。**ヨーロッパ東部**は，シベリア高気圧の影響を受け，**冬季に寒冷となるDf(亜寒帯(冷帯)湿潤気候)**⇒ヨーロッパの等温線は，**冬は緯線に対して垂直，夏は緯線にほぼ平行**。西部から東部に向かって，次第に降水量は減少。**地中海沿岸はCs(地中海性気候)**。黒海沿岸やハンガリー平原のプスタ，パダノヴェネタ平野はCfa(温暖湿潤気候)。局地風の**寒冷乾燥風のボラ**やミストラル，**高温乾燥風のフェーン**などが吹く。

■ヨーロッパの平均気温

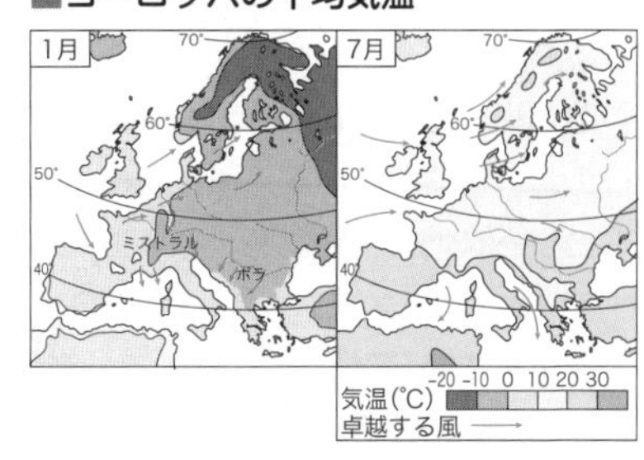

2 西部ヨーロッパのおもな国 ★★★

✤ イギリス(面積24万km²，人口約6,700万人，首都ロンドン)

① 首都ロンドン…**テムズ川**(河口部**エスチュアリ**)，**ロンドン盆地**は**ケスタ**，**職住近接型のニュータウン**。都心地区のシティの東側にある**ドックランズは，ウォーターフロント開発**による再開発で活性化。

② **偏西風**と**暖流の北大西洋海流の影響でCfb**⇒**ペニン山脈の西側で多雨，東側で少雨**。

③ **北アイルランド問題**＝**ケルト系カトリック**と**アングロサクソン系プロテスタント**の対立⇒現在は和平が順調に進展。2014年には**スコットランドの独立問題**が発生。2020年に**イギリスはEU離脱**(2000年代以降の東欧拡大による移民の急増やEUのエリート官僚への不満が背景，シリア難民の流入などがきっかけ)。

④ 氷食を受けたやせた土地⇒**酪農中心(牧場・牧草地率が高い)**，**第1次産業人口率は低い**。

⑤ **産業革命発祥**，**北海油田の発見⇒原油輸出国**だが，近年枯渇が進む。工業地域は，**ランカシャー(マンチェスター**，リヴァプール…**綿織物)**，**ヨークシャー**(リーズ…**毛織物)**，**ミッドランド**(**バーミンガム**…鉄鉱石＆石炭の原料立地型の**鉄鋼**，コヴェントリ…自動車)，南ウェールズ(**カーディフ…臨海立地の鉄鋼**)，**スコットランド**(グラスゴー，エディンバラ…**造船⇒先端技術産業**，**シリコングレン**)，イングランド北東部(**ミドルズブラ**…北海油田からの**石油化学**)，ロンドン(総合工業地域)。

⑥ **都市**…**ケンブリッジ・オックスフォード(学術都市)**など。

✤ アイルランド(首都ダブリン)

① **ケルト系カトリック教徒が多い**。

② IT分野の外資系企業に対して法人税を優遇し誘致⇒**1990年代に急速な経済成長**。

✤ フランス(面積約55万km²，人口約6,500万人，首都パリ)

① 首都パリが面する**セーヌ川**(河口は**エスチュアリ**)，**パリ盆地**は**ケスタ**。

② **冬季にローヌ川**沿いに**寒冷乾燥風のミストラル**。

③ **ブルターニュ半島にケルト系**のブルトン人。また，**旧植民地の北アフリカ諸国(アル**

ジェリア，モロッコ≒イスラーム諸国）からの移民流入の問題⇒移民に厳しい政教分離策を実施。

④欧州最大の農業国⇒パリ盆地周辺では企業的穀物農業，地中海地方では果実や野菜の栽培が盛ん。小麦，ぶどうの生産は世界有数。

⑤ロレーヌ地方…鉄鉱石⇒原料立地型の鉄鋼業（メス，ナンシー）⇒輸入に便利な臨海部（ダンケルク，フォス）へ，フランドル地方…毛織物，リヨン…絹織物，トゥールーズ…航空機（部材はEU域内で分業生産）・電子。

⑥原子力発電の割合が高い（7割強），サンマロ湾のランス潮汐発電所。高速鉄道のTGV。

⑦都市…マルセイユ（最大の貿易港），ストラスブール（EU議会）など。

✤ ドイツ（面積約36万km²，人口約8,300万人，首都ベルリン）

①北部の北ドイツ平原は氷食のやせ地，南部は肥沃なレス，ライン地溝帯地域は温和⇒北部は酪農，中南部は混合農業，ライン地溝帯ではぶどうの栽培，経営規模は小さい。豚の飼育頭数・豚肉の生産では欧州最大級。

②1990年に東西ドイツが統一⇒東西間の経済格差大，外国人労働者（東欧諸国やトルコなど）の流入の問題。2010年代にはシリア難民が流入。

③欧州最大の工業国⇒EUの盟主として，自動車関連産業を中心に製造業の分野で世界的な競争力を有する企業が多い。工業の中心は，ルール工業地帯（⇒ルール炭田＋ライン川などの水運）。そのなかでも，炭田立地型のエッセン・ドルトムントの鉄鋼，輸入原料依存型のデュースブルクの鉄鋼，デュッセルドルフの機械など，最近では先端技術産業が中心となっている。南部のミュンヘンの自動車，ビール，IC産業。

④環境先進国⇒風力発電，太陽光発電が盛ん。2023年に原発停止。

⑤都市…フランクフルト（金融，ハブ空港），ハンブルク（ドイツ最大の貿易港，石油化学，エルベ川のエスチュアリ）。

✤ ベルギー（首都ブリュッセル，EU・NATOの本部）

①言語対立が激しい＝北部フラマン人（オランダ語，経済好調）VS南部ワロン人（フランス語，不況）⇒連邦制，ブリュッセルは両言語併用。

②北部はフランドル地方の毛織物，ダイヤモンド加工，先端技術産業⇔南部は原料立地型の鉄鋼業中心で斜陽化（＝南北間の経済格差が大きい）。

✤ オランダ（首都アムステルダム）

①約1/4が海面下⇒干拓地のポルダー（酪農，風車），海岸砂丘で園芸農業（野菜・花卉（かき））。農産物輸出額は世界有数。

②天然ガス，中継貿易で発展⇒多国籍企業が多く，貿易依存度が高い。

③都市…ロッテルダム（ユーロポート⇒ヨーロッパ最大の貿易港，石油化学）。

✤ ルクセンブルク

①金融業が中心で，1人当たりGDPが世界トップクラス。EUに加盟。

✤ スイス

①永世中立国，EU非加盟。

②ドイツ語・フランス語・イタリア語・ロマンシュ語（すべて公用語）⇒早くから連邦制に移行し言語対立が少ない。
③移牧（夏＝高地で放牧，冬＝山麓で舎飼い）による酪農が盛ん。
④医薬品工業，電子・時計など精密機械工業が発達。国際機関の本部，金融機関が多い⇒1人当たりGDPが世界トップクラス，外国人で高度な技術を持った人材が多い。
⑤都市…チューリッヒ（最大都市，金融），ジュネーブ（国際機関）。

✤ オーストリア（首都ウィーン，ドナウ川沿い）

①永世中立国，EUに加盟。

3 北部ヨーロッパのおもな国

✤ ノルウェー（首都オスロ）

①フィヨルド＆偏西風による降水⇒水力発電割合が高い⇒アルミニウム精錬。
②偏西風と北大西洋海流⇒冬季でも凍結しない（不凍港のナルヴィクなど）。
③EU非加盟，高福祉国。
④ヨーロッパ最大の漁獲国（タラ，サケ，サバなど）。
⑤ヨーロッパ最大の産油国⇒北海油田。

✤ スウェーデン（面積約45万km^2，首都ストックホルム）

①森林面積率が高い（国土の約6割）⇒製紙・パルプ。
②世界屈指の高福祉高負担。
③北部にサーミ（⇒トナカイの遊牧）。
④鉄鉱石（キルナなど）⇒冬季はボスニア湾が結氷⇒ノルウェーの不凍港ナルヴィクから輸出。
⑤製紙・パルプ工業や自動車など高度な技術産業が発達。

✤ フィンランド（首都ヘルシンキ）

①森と湖の国⇒森林面積率が高い（国土の約7割）⇒製紙・パルプが発達，氷河湖⇒酸性雨で湖沼が酸性化。
②ウラル語族のフィン人，北部にサーミ（⇒トナカイの遊牧）。
③教育や研究・開発に力を入れる⇒IT，通信関連企業が発達。

✤ デンマーク（首都コペンハーゲン）

①低平⇒風力発電（約5割），グリーンランドを領有。
②酪農国（肉類中心）⇒農業教育の普及や農業協同組合の発達，耕地で飼料作物を栽培し舎飼いが中心⇒牧場・牧草地率は低く，耕地率は高い。

✤ アイスランド（首都レイキャビク）

①大西洋中央海嶺⇒火山と氷河の国⇒地熱発電と水力発電⇒アルミニウム精錬。
②偏西風と北大西洋海流の影響⇒南部はCfc（北部はET気候）。
③水産国（タラなど）⇒魚介類の消費が多い。近年は観光産業を推進。

4 南部ヨーロッパのおもな国

✤ イタリア(面積約30万km^2，人口約5,900万人，首都ローマ)

①新期造山帯⇒地震や火山(シチリア島のエトナ山，ナポリ近郊のヴェズヴィオ山)⇒地熱発電。

②北部パダノヴェネタ平野⇒混合農業や稲作，南部は大土地所有制残存⇒生産性の低い地中海式農業。

③北部の工業三角地帯＝ミラノ(繊維⇒水力発電)，トリノ(自動車)，ジェノヴァ(鉄鋼・石油化学)⇒南北格差が大きい⇒タラントに臨海立地型の鉄鋼。近年第3のイタリア(サードイタリー)が注目⇒職人を抱える中小企業が緊密な連携を取り，高付加価値，少量多品種の工業製品の生産に特化，イタリア中北部のフィレンツェやボローニャ，北東部のヴェネツィアなど。

④都市…ナポリ(ヴェズヴィオ山⇒ポンペイの遺跡)，ヴェネツィア(水の都⇒ラグーン周辺部，温暖化で水没の危険性)。

✤ スペイン(面積約50万km^2，人口約4,700万人，首都マドリード)

①乾燥した高原(メセタ)が大部分，ピレネー山脈はフランスとの国境，北西部はリアス海岸。

②かつてはフランスとの国境であるピレネー山脈西部のバスク地方で分離独立運動の動きが激しかったが，現在は北東部のカタルーニャ地方で分離独立運動が盛ん。

③メセタ(羊の移牧)，北部(混合農業)，南部(地中海式農業)，エブロ川流域などで稲作。豚の飼育頭数・豚肉の生産では欧州最大級。

④バルセロナ(カタルーニャ地方の中心，外国企業によるEU市場向けの自動車)。2008年の世界的な金融危機を機に経済が悪化⇒若年層を中心に高い失業率が続いている。

✤ ギリシャ(首都アテネ)

①観光産業が中心。2008年の世界金融危機後，景気が悪化し，2011年には金融危機により大不況へ⇒若年層を中心に高い失業率。

5 東部ヨーロッパのおもな国

✤ ポーランド(首都ワルシャワ)

①国土は氷食を受け土地が低平⇒モレーンや湖沼が多い⇒やせ地。

②スラブ系，カトリック教徒。

③酪農，混合農業⇒ライ麦，ばれいしょ。

④シロンスク炭田⇒原料立地型の鉄鋼。EU加盟後，電気機械や自動車産業が立地。

✤ チェコ(首都プラハ)・スロバキア(首都ブラチスラバ)

①経済格差(ボヘミア地方のガラス，ビールなど工業中心のチェコVS農業中心のスロバキア)⇒分離独立。

②ユーロ導入が早かったスロバキアでは，**電気機械や自動車産業の工場が立地**。

✤ハンガリー（首都ブダペストは双子都市）

①東部に**プスタと呼ばれる温帯草原**⇒**肥沃なレス**⇒**混合農業**が盛ん。

②**ウラル語族**が中心⇒民族島を形成（周囲はインド・ヨーロッパ語族のスラブ語系）。

✤ルーマニア

①**ラテン語系の民族**⇒民族島を形成（周囲はスラブ語系）。

②東欧随一の原油産出（プロエシュティ油田）。

✤旧ユーゴスラビア（ユーゴ＝「南」，スラビア＝「スラブ人」の意）のおもな国

①**スロベニア**…スロベニア人，カトリック教徒が多い。**カルスト地形**，**EU加盟**。

②**クロアチア**…クロアチア人，カトリック教徒が多い。**EU加盟**。

③**ボスニア・ヘルツェゴビナ**…**セルビア人（正教会），ムスリム（イスラーム），クロアチア人（カトリック）が対立⇒内戦で荒廃**，政情不安定。

④**セルビア**…セルビア人，**正教徒**が多い，**南部にはアルバニア系（イスラーム教徒）が多い⇒コソボ共和国として分離独立**（国連未加盟）。

■ヨーロッパの農業地域

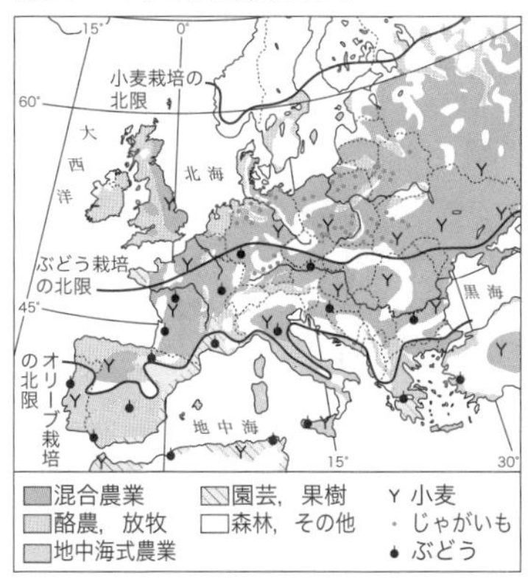

■ヨーロッパの鉱工業の分布

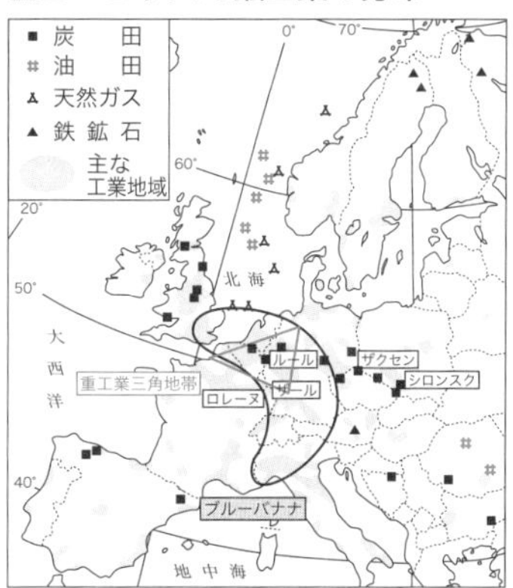

■ヨーロッパにおける労働力の移動

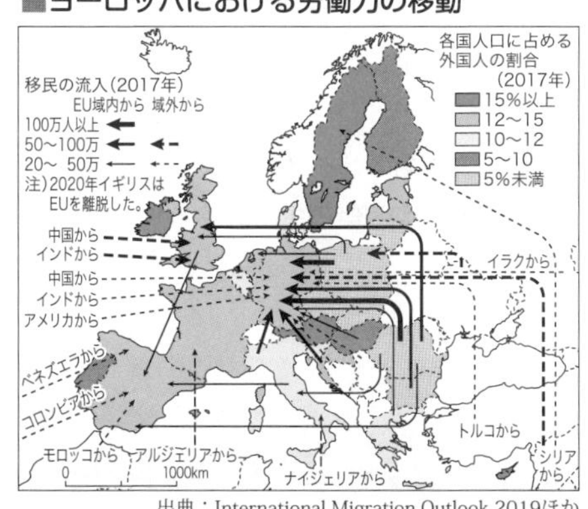

出典：International Migration Outlook 2019ほか

■おもなEU加盟国の外国生まれ人口割合

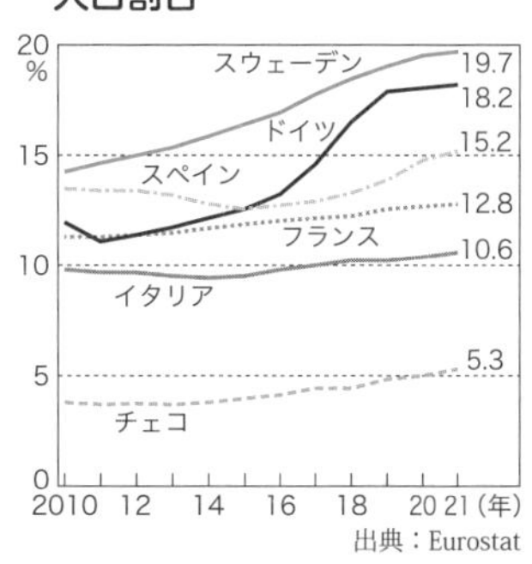

出典：Eurostat

ここが共通テストのツボだ!!

ツボ ① EUの加盟国の格差

EUについて加盟国間格差とともに理解する。

① 加盟国…**加盟数は27か国**（2023年1月現在）。ヨーロッパは歴史上，戦争が絶えなかった地域で，**石炭などの資源をめぐり世界大戦につながった反省**から，第二次世界大戦後，ベネルクス関税同盟，その後ECSC（ヨーロッパ石炭鉄鋼共同体）を結成したことが統合の始まり。

② ECからEUへ…経済統合（**域内関税の撤廃**など）や**共通農業政策**を中心に発展してきた**EC（ヨーロッパ共同体）**を基礎に，**通貨統合（ユーロ）**や**国境審査の廃止**（**シェンゲン協定**），外交・安全保障，警察・刑事司法協力など，より幅広い協力をはかる超国家的組織の**EU（ヨーロッパ連合）**へ。

③ EUが抱える課題…**2000年代以降の東欧諸国の加盟により，格差が拡大。**

⇒ **西欧・北欧＞南欧＞東欧＞2007年以降の加盟国**（**ルーマニア，ブルガリア，クロアチア**）。

※ ただし，**失業率は南欧やクロアチア，ブルガリアで高く，チェコ，ハンガリー，ポーランドは低い。**

なぜ？⇒**南欧諸国より安価な労働力**を持ち，**大市場のドイツに隣接**し早くから政情・経済が安定。**西欧諸国の企業による労働集約型工業の生産拠点**に（＝雇用機会が多い）。

図1 EUと周辺諸国の地域別1人当たり域内総生産

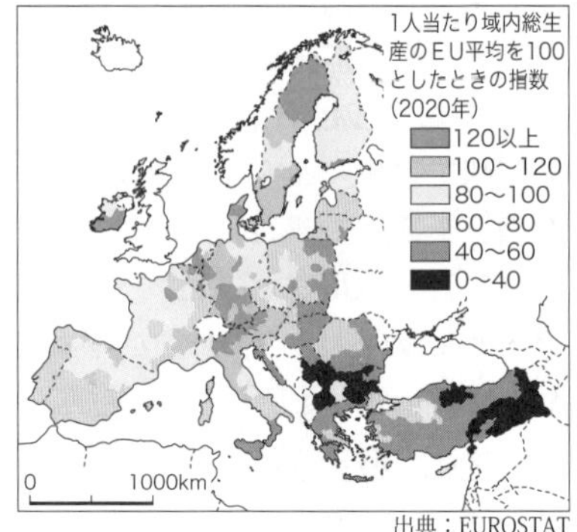

出典：EUROSTAT

図2 EUと周辺諸国の地域別雇用率

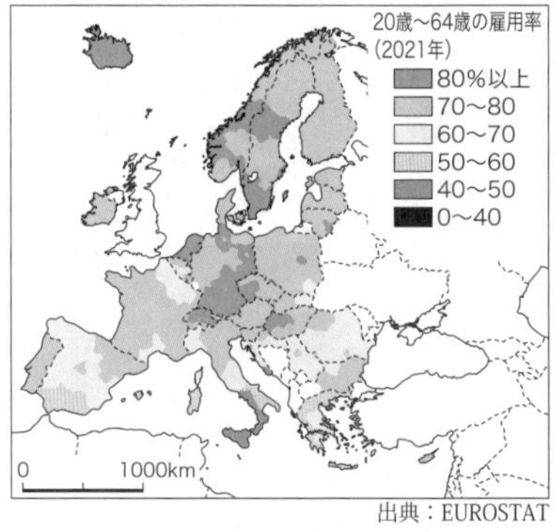

出典：EUROSTAT

チャレンジテスト（大学入学共通テスト実戦演習）

問1 次の図中のA～Cは，人口密度，外国生まれの人口の割合，第1次産業就業者割合のいずれかを示したものである。項目名とA～Cとの正しい組合せを，後の①～⑥のうちから一つ選べ。

（2022年共通テスト追試B）

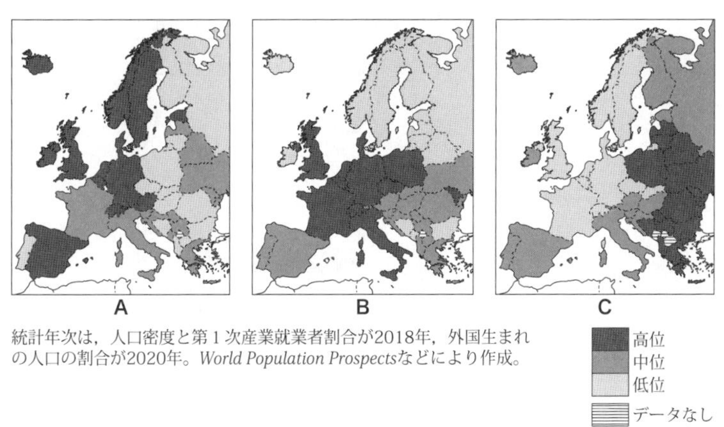

統計年次は，人口密度と第１次産業就業者割合が2018年，外国生まれの人口の割合が2020年。*World Population Prospects*などにより作成。

図

	①	②	③	④	⑤	⑥
人口密度	A	A	B	B	C	C
外国生まれの人口の割合	B	C	A	C	A	B
第1次産業就業者割合	C	B	C	A	B	A

問1 ［答］ ③

まず分布の大きな傾向を読み取ると，Cは資本主義地域で経済発展が早かった西ヨーロッパや北ヨーロッパで低位，旧社会主義地域で発展が遅れる東ヨーロッパで高位となっていることから，第1次産業就業者割合となる。一般に他産業と比べて付加価値が低い第1次産業の就業者割合は，貧しい国で高く，豊かな国で低くなる。

次に残ったAとBを比べてみると，AはCとは対照的に西ヨーロッパや北ヨーロッパで概ね高位から中位，東ヨーロッパで低位を示していることから，外国生まれの人口の割合となる。外国生まれの人口，つまり移民はEU域内外から豊かな西ヨーロッパや北ヨーロッパへ雇用機会や高賃金を求めて多く流入してくるが，発展が遅れる東ヨーロッパには雇用機会が少ないため移民の流入は少ない。

よって，残ったBが人口密度となるが，Bの傾向として冷涼，寒冷な北部ヨーロッパで低位となっており，食料生産が難しく多くの人を養うことが難しかったために人口密度が低くなっていると考えることができる。組合せは③が正解となる。

問2 次の図は，ヨーロッパ西部に位置するX国とY国における言語による地域区分を示したものである。X国とY国の言語にかかわる特徴について説明した下の文章中の空欄アとイに当てはまる語の正しい組合せを，下の①～④のうちから一つ選べ。

（2010年センター試験本試B）

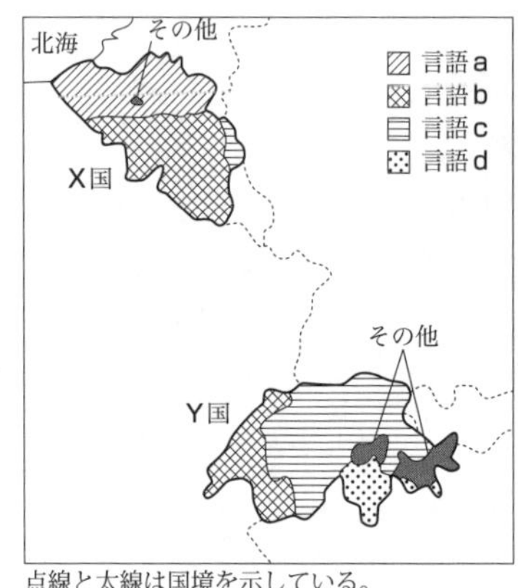

点線と太線は国境を示している。
Statesman's Yearbook などにより作成。

図

言語aとcはともに（　ア　）語派に属し，言語bとdはともにラテン語派に属する。X国とY国とは，国内で複数の言語が用いられている点で共通している。Y国では公用語を（　イ　）制定している。

① アーゲルマン　　イー一つ
② アーゲルマン　　イー複数
③ アースラブ　　イー一つ
④ アースラブ　　イー複数

問2 ［答］ ②

ヨーロッパにおける言語問題を抱える地域については，接している国を考えるとよい。

X国のベルギーは，北部がオランダに接し，南部がフランスに接している。よって，北部はゲルマン語派のオランダ語（a）が，南部はラテン語派のフランス語（b）が話されている。Y国のスイスは，北部がドイツに，西部がフランスに，南部がイタリアに接している。よって，北部がゲルマン語派のドイツ語（c），西部がラテン語派のフランス語（b），南部が同じくラテン語派のイタリア語（d）となる。ちなみにスイスのその他の言語とは，先住の人々が話しているロマンシュ語（レートロマン語）であることも知っておきたい。両国とも言語問題の対応策として，複数の言語を公用語に制定したり，連邦制に移行したりして対応しているが，南北の経済格差が大きいベルギーでは言語による民族対立が激しくなっている。

問3 ハルさんは，船旅を続けるうちに，各国で経済状況が異なることに気づいた。EU加盟国は，主に各国の経済力に応じてEUに拠出金を支払い，EUは予算の一部を域内格差是正のために配分している。次の図は，ドナウ川沿いの国々におけるEUとの経済的なかかわりを示したものであり，**ア**と**イ**は，オーストリアとルーマニアのいずれかである。また，図中の凡例aとbは，1人当たりのEUからの配分金と1人当たりのEUへの拠出金のいずれかである。オーストリアと1人当たりのEUからの配分金との正しい組合せを，下の①～④のうちから一つ選べ。 (2021年共通テストA第2日程)

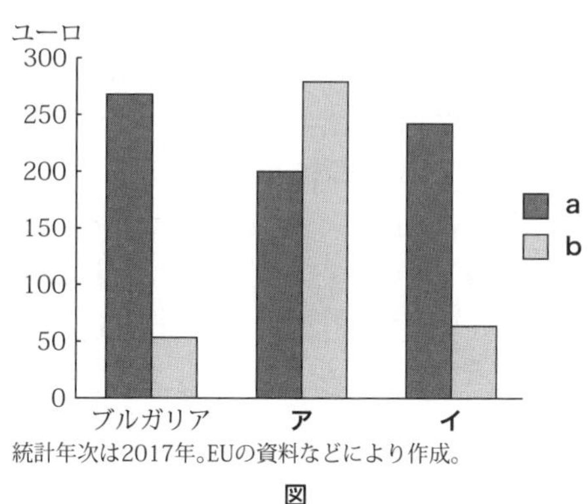

統計年次は2017年。EUの資料などにより作成。

図

	①	②	③	④
オーストリア	**ア**	**ア**	**イ**	**イ**
1人当たりのEUからの配分金	a	b	a	b

問3 **[答]** ①

EUは加盟国間の経済格差を是正するため，予算は相対的に貧しい国に多く配分される。既に明かされているブルガリアはEU加盟国の中で最も経済発展が遅れていることから，拠出金より配分金のほうが多いと考えることができ，aが配分金，bが拠出金となる。よって，ブルガリアと同じく東欧諸国の中でもEU加盟が遅れたルーマニアも経済発展が遅れており拠出金より配分金の方が多いと考えることができるので，**イ**がルーマニアとなり，残った**ア**がオーストリアとなる。ちなみに各国の経済水準の指標である1人当たりGNIは，オーストリアが54,082ドル，ルーマニアが14,416ドル，ブルガリアが11,889ドルとなっている(2021年)。

37 ロシアと周辺諸国

1 ロシアと周辺諸国の自然環境

✤ 地形…**地形は南高北低⇒多くの河川が北極海側へ北流⇒融雪洪水**。**古期造山帯のウラル山脈を挟む地域は，氷食による低平な土地**を形成し，大部分が安定陸塊の構造平野。**エニセイ川からレナ川の間**には，安定陸塊の中央シベリア高原が広がり，**レナ川以東は環太平洋造山帯**。**黒海とカスピ海の間には，アルプス＝ヒマラヤ造山帯のカフカス山脈**。ウラル山脈を境に，西部のヨーロッパロシアと東部のシベリア，極東地域。

✤ 気候…**北緯50度以南は乾燥帯**が広がり，**以北は大部分が亜寒帯（冷帯）**で，**シベリア東部はDw（亜寒帯（冷帯）冬季少雨気候）**（⇒**気温の年較差が極めて大きい**），**それ以外はDf（亜寒帯（冷帯）湿潤気候）**。**レナ川流域に北半球の寒極**（オイミャコン，ヴェルホヤンスク－71.2℃）がある。**北極海沿岸はET（ツンドラ気候）**，黒海，カスピ海の周辺部にCfa（温暖湿潤気候）。**ウクライナからシベリア西部**にかけては，**世界で最も肥沃な土壌のチェルノーゼムが分布**。シベリアには広く**タイガ（針葉樹林帯）**が分布し，**地中には永久凍土⇒家屋からの放射熱が永久凍土を融解し地盤を軟弱化させ，家屋が傾くのを防ぐため高床式家屋**が見られる。また，近年では**森林伐採や地球温暖化の影響から永久凍土が融解**し，**湿地の形成による生態系の破壊**や地下にあった**温室効果ガスのメタンの放出による地球温暖化**が懸念されている。

■ロシアと周辺諸国の地形

出典：『理科年表』

■ロシアと周辺諸国の気候

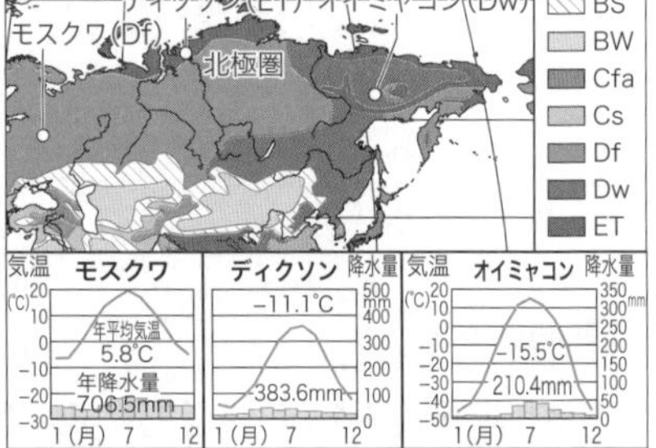

2 ロシアと周辺諸国の社会

✤ ソ連の誕生と解体

① 1922年に**世界初の社会主義国**として，ソビエト連邦が誕生したが，**計画経済の失敗**

で労働意欲が低下し次第に産業が停滞。東ヨーロッパ諸国との国際分業体制を推進したが，**西欧に比べると発展が遅れ，東西間で大きな格差**が生じた。1980年代半ばから，ペレストロイカ（改革），グラスノスチ（情報公開）を行い，市場経済の導入を行った。1989年，バルト三国で民主化・自由化運動が活発化し，1991年に独立。同年，旧ソ連が解体し，CIS（独立国家共同体）へと変更。**バルト三国はCISには入らず**。

② **1990年代は，市場経済への移行にともなう社会や経済の混乱から不況**に陥り，物価上昇や生活物資の不足，**失業者の増大**，**所得格差の拡大**などを引き起こした。**2000年代に入ると，エネルギー資源価格の上昇を追い風に経済は回復**した。また，第三次産業が進展し，軍事技術を背景に情報通信分野の成長も著しい。しかし，**資源依存型経済のため，資源価格の変動によって景気が左右されやすい**。

✤ **民族**…**ロシアの人口の多くは正教徒**で，その多くはウラル山脈以西の地域やシベリア南部に居住している。また，かつてソ連を構成していた国にはロシア系住民も居住しており，ロシアへの移住や編入を求める動きから内戦や紛争に発展することがある。

3 ロシアと周辺諸国の産業

✤ **農牧業**…コルホーズ（集団農場），ソフホーズ（国営農場）は解体⇒**1990年代農業生産は低迷していたが，2000年代に入ると**民間企業の**農業法人による生産性の向上で農業生産は回復，拡大**。また，ダーチャと呼ばれる**都市生活者が郊外にもつ菜園付きの別荘地**での，野菜・果実・肉類の生産が農業を支えている。

農業地域は気候・土壌・植生とほぼ一致⇒イルクーツクを頂点にオデーサ（**黒海北側**）・キーウ（キエフ）・サンクトペテルブルク（すべて東経30度付近）を結んだ線で農牧業が分けられる。

■ロシアと周辺諸国の農業地域

① **イルクーツク～オデーサ～キーウ（キエフ）**…**BS気候**≒チェルノーゼム⇒**小麦の企業的穀物農業**。

② **イルクーツク～オデーサより南**…**BW気候⇒羊やヤギの遊牧，オアシス農業（綿花**，野菜）。

③ **イルクーツク～キーウ（キエフ）～サンクトペテルブルク**…Df⇒混合農業（**ライ麦**，大麦，ばれいしょ，豚）。**※西部の大都市周辺では近郊農業や酪農**。

④ **北極海沿岸**…**ET気候⇒トナカイの遊牧**。

⑤ **それ以外の地域**…非農業地域（Dw）≒**タイガ（針葉樹林帯）⇒林業**。

✤ **鉱工業**…原料立地型のコンビナート方式で計画的に生産が行われていたが，**1991年のソ連邦解体後，社会主義体制の崩壊により工業は停滞**。しかし，2000年代に入ると原油・天然ガス価格高騰の恩恵を受け，経済が回復。ロシアは今後中国など東側向けの輸出を増やしていく方針。だが，**資源開発にともなう環境問題も深刻化**。**ヨーロッパロシアのサンクトペテルブルクなど一部の大都市には，外国資本による製造業の拠点が形成**された。ロシアは，2012年にはWTO加盟を達成したが，**2022年のウクライナへの軍事侵攻**の影響による欧米諸国からの経済制裁などで外国企業の撤退が相次ぐ⇒中国との関係性強化へ。

■ロシアと周辺諸国の鉱工業

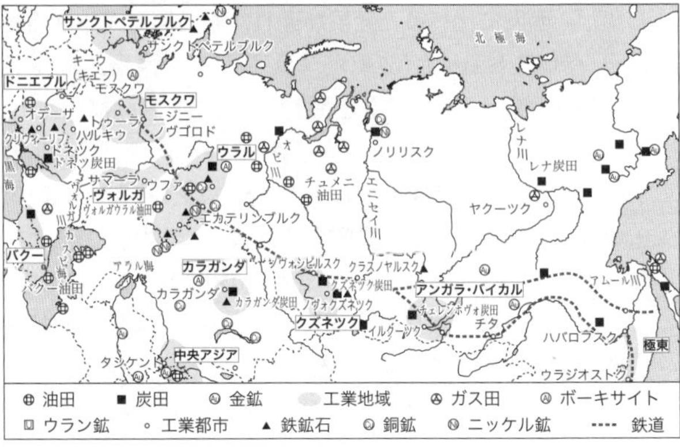

4 ロシアと周辺のおもな国

✤ **ロシア連邦（面積約1,700万km²，人口約1.4億人，首都モスクワ）**

①世界最大の面積（東経20度〜西経170度，11の等時帯），飛び地のカリーニングラード。

②**ヨーロッパロシア（ウラル山脈以西）**…サンクトペテルブルク（第2の都市，軍港）。

③**ウラル工業地域**…ヴォルガウラル油田，マグニトゴルスク（鉄鋼）など。

④**クズネツク工業地域**…クズネツク炭田⇒鉄鋼業，**中心はノヴォクズネツク**，チュメニ油田⇒ノヴォシビルスク**（シベリア最大の都市）**で石油化学。

⑤**アンガラ・バイカル工業地域**…エニセイ川などの**水力発電**&**タイガ⇒アルミニウム精錬**や**製紙・パルプ工業**，イルクーツク（木材），ブラーツク，クラスノヤルスク（**アルミニウム**）。

⑥**極東地域**…環太平洋造山帯⇒カムチャツカ半島〜千島列島⇒火山・地震，中心はハバロフスク，ウラジオストク（軍港，水産加工），サハリン**の原油・天然ガス開発**。

✤ **バルト三国（ソ連から最初に離脱⇒EU，NATO加盟）**

①**エストニア**…**ウラル語族**，プロテスタント。　②**ラトビア**…バルト系，プロテスタント。

③**リトアニア**…バルト系，カトリック。

✤ **ウクライナ（首都キーウ（キエフ））**

①チェルノーゼム⇒**穀倉地帯**（**小麦**，ひまわり）。　②ドニエプル工業地域（**旧ソ連最大の鉄鋼**地帯）＝ドネツ炭田＋クリヴィーリフ鉄山。チョルノービリ（チェルノブイリ）（**原発事故**）。

③2014年に**ロシア系住民が多い**クリム（クリミア）半島**がロシアに事実上編入**され，**2022年にはウクライナ東部を中心にロシアが大規模軍事侵攻**（背景には**天然ガス供給をめぐる問題**や**NATO加盟をめぐる問題**がある）。

ここが共通テストのツボだ!!

ツボ 1 ロシアの鉱工業

地形を境に各地域の特色をおさえる！

① エネルギー・鉱産資源

(1) **西部（オビ川より西側）**：**原油・天然ガス**（とくにカスピ海**周辺からウラル山脈周辺**にかけて）を多く産出。

(2) **東部（オビ川より東側）**：**石炭・金鉱**を多く産出。

⇒ 近年では東アジア向けの原油・天然ガスのパイプラインの敷設や，極東・サハリンでの油田・天然ガス田開発を推進（⇒**ヨーロッパ依存からの脱却を目指す動き**）。

② 工業

(1) ヨーロッパロシア：**モスクワ**や**サンクトペテルブルク**など**大都市を中心に**総合的な工業地域**を形成**。ソ連解体後は**外国企業による自動車**・電気機械工業が発達。

(2) ヴォルガ川〜ウラル山脈周辺：ヴォルガウラル油田や石炭・鉄鉱石が豊富なことにより工業化が進展⇒**石油化学工業・鉄鋼業の重工業地域**。

(3) 西シベリア（ウラル山脈〜エニセイ川）：オビ川上流の**クズネツク炭田**を中心に，**南部を走る**シベリア鉄道**周辺**で鉄鋼業**が発達**。

(4) 東シベリア：**エニセイ川などの水力発電**を背景にしたアルミニウム工業や，**豊富な森林資源**による製紙・パルプ工業が，**南部を走る**シベリア鉄道**沿いで発達**。

(5) 極東地域：日本海に面するウラジオストクではアジア企業の進出による木材・水産加工業が発達。

ツボ 2 かつてソ連を構成していた中央アジア諸国

① 位置：「ん」の文字の書き順に「カトウタキ」と覚える。

② 民族：**トルコ系**，**イスラーム教徒**が多い（＝かつてのオスマントルコ帝国の影響）

③ 地形：北部・西部⇒低平。南東部（キルギス，タジキスタン）⇒高峻な山岳国。

④ 気候：大部分が**乾燥帯**。

⑤ 産業：**遊牧**（羊・ヤギ），綿花・小麦を栽培する**オアシス農業**。

⑥ 資源：カザフスタン（**石炭**，石油，天然ガス，**ウラン**），トルクメニスタン（石油，天然ガス），ウズベキスタン（天然ガス，**ウラン**）⇒3か国は**レアメタル**も**豊富**。

図 中央アジアの国々

チャレンジテスト（大学入学共通テスト実戦演習）

問1 次の図中に示したA～Dにおける自然環境や人間活動について述べた文として下線部が最も適当なものを，下の①～④のうちから一つ選べ。　(2013年センター試験追試A)

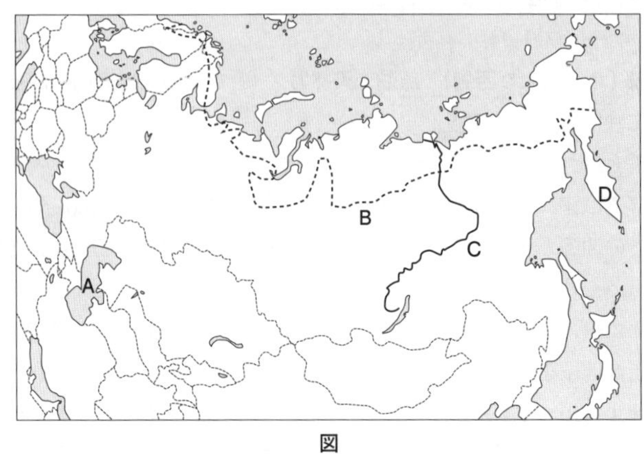

図

① Aの湖はワタ（綿花）の栽培などの灌漑（かんがい）農業によって河川からの流入水量が大きく減少し，湖の陸化が著しい。

② Bの線は北緯60度以北の地域において描かれており，永久凍土の南限を示している。

③ Cの河川は厳冬期に結氷し，春になると河口部から解氷がすすむために洪水が頻発する。

④ Dの半島の南部は，プレートの境界に近接しているために地震が頻発する。

問1 [答] 

④ 正文：ユーラシア大陸東端のカムチャツカ半島は，日本列島と同じく沈み込むプレートの狭まる境界に近接している。よって，地震が頻発し，火山も見られる。

① 誤文：Aの湖は世界最大のカスピ海を示しているが，①の内容はその東側に位置するアラル海についての記述である。地図上での位置の違いには十分注意したい。

② 誤文：ユーラシア大陸において，永久凍土はBのような北極海沿岸部だけではなく，もっと低緯度側まで広がっており，とくにユーラシア大陸北東部ではロシアと中国の国境付近まで広がっている。

③ 誤文：Cの河川では，より温暖な低緯度側にある上・中流部から解氷（融氷）が始まる。Cの河川の下流部は，より高緯度側に位置するため，解氷が始まっても結氷していることが多く，増水した河川水が氾濫し，融雪洪水が発生することがある。

問2 次の表は，1～4の数字をいくつかの言語で示したものであり，アとイは，ウクライナ語とウズベク語のいずれかである。また，下の写真中のAとBは，図中のXとYのいずれかの地点における街並みを撮影したものである。ウクライナ語とXの地点における街並みとの正しい組合せを，下の①～④のうちから一つ選べ。（2019年センター試験本試B〈改〉）

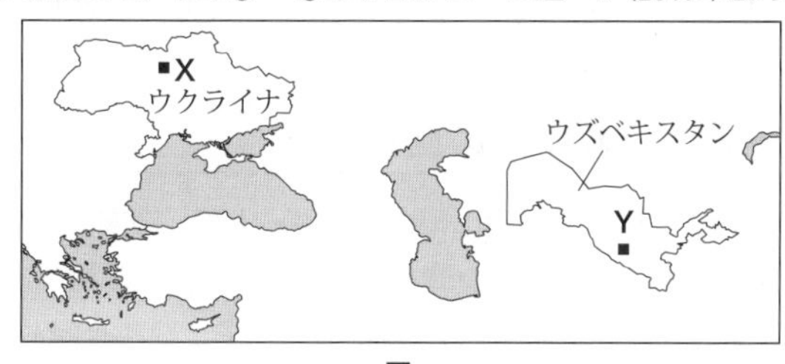

図

表

	数字			
	1	2	3	4
トルコ語	bir	iki	üç	dört
ア	bir	ikki	uch	to'rt
ロシア語	odin	dva	tri	četyre
イ	odin	dva	tri	čotiri

一部の言語の文字はラテン文字に置き換えている。
吉村大樹『トルコ語のしくみ』などにより作成。

	①	②	③	④
ウクライナ語	ア	ア	イ	イ
Xの地点における街並み	A	B	A	B

A

B

写真

問2 [答] ④

ウクライナ語は，インド＝ヨーロッパ語族のスラブ語派なのでロシア語と類似する表記となることからイとなる。他方，ウズベク語は，アルタイ諸語のトルコ語と類似する表記となることからアとなる。

X地点を含むウクライナは，正教会（東方正教）を信仰する人々が多いことから，建物に十字架（正教会では八端十字架が多い）が掲げられている写真Bとなる。他方，Y地点を含むウズベキスタンはイスラームを信仰する人々が多いことから，モスクの外観の特徴であるドーム型の主堂があり，建物に数本のミナレット（尖塔）が見られる写真Aとなる。

38 アングロアメリカ

1 アングロアメリカの自然環境

✤ **地形**…**大陸の西部に環太平洋造山帯のロッキー山脈，東部に古期造山帯のアパラチア山脈が南北に連なる。ハドソン湾を中心にかつて大陸氷河**が広がっていたことから，**氷食によるやせ地**，**氷河湖**（**五大湖**やウィニペグ湖など）**が多く分布**し，**安定陸塊**のカナダ（ローレンシア）楯状地（たてじょうち）が広がっている。**中央部には大平原のプレーリー**，**アラスカからカナダにはフィヨルド**，アメリカ合衆国の大西洋岸からメキシコ湾岸にかけては海岸平野，大西洋岸のチェサピーク湾では溺れ谷が見られる。

✤ **気候**…西部と東部に山脈が南北に延びるため，**大気は中央部を南北方向に移動**しやすい（遮蔽（しゃへい）物が少ないので）⇒等温線の形は，**1月が下向きに凸型，7月が上向きに凸型**となる。アメリカ合衆国の**西経100度≒年降水量500mm**⇒西部が乾燥帯，東部が湿潤な気候。**北緯40度**≒最寒月気温0℃，年平均気温10℃⇒**以北がDf（亜寒帯（冷帯）湿潤（しつじゅん）気候），以南がCfa（温暖湿潤気候）。太平洋岸はCs（地中海性気候），フロリダ半島は唯一の亜熱帯。カナダの大部分**はDf（亜寒帯（冷帯）湿潤気候）で，**タイガ**が広がっている。**北極海沿岸はET（ツンドラ気候）**，カナダからアラスカの

■アングロアメリカの地形

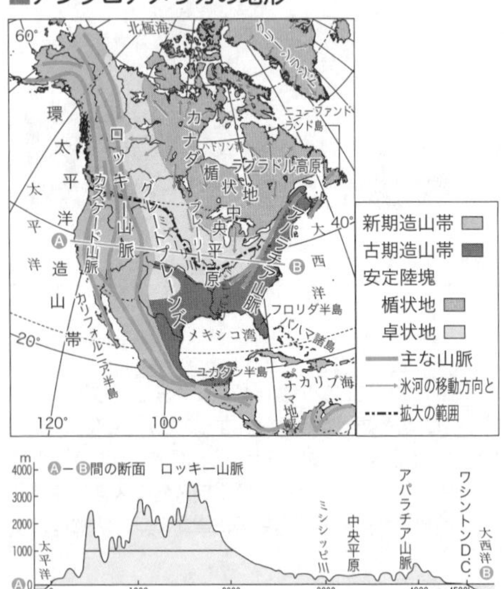

■アングロアメリカの気候

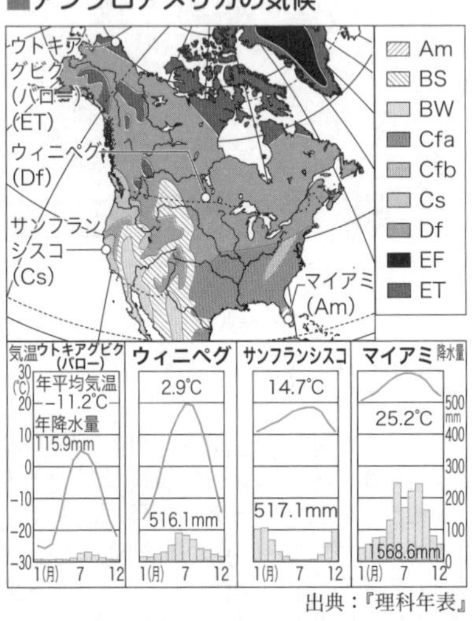

出典：『理科年表』

太平洋岸は，暖流のアラスカ海流と偏西風の影響で，Cfb（Cfc）（西岸海洋性気候）となっている。メキシコ湾やカリブ海で発生する熱帯低気圧のハリケーン，局地風として冬季に吹雪をともない北から南に向かって吹く強風のブリザードなどがある。

第2章 地誌

2 アングロアメリカの社会 

アジア系人種（モンゴロイド）のネイティブアメリカンやイヌイット（エスキモー）が先住民。1492年にコロンブスが新大陸発見。**北東部のニューイングランド地方から入植⇒現在でも白人が多い**。東からはイギリス，北東からはフランス，南からはスペインが入植。その後，西漸運動で，西部や北部へと移動。アメリカ合衆国では，WASP（ワスプ）（ホワイト・アングロサクソン・プロテスタント）**が中心**。アフリカ系（黒人）**は南部や北部の大都市**に，ヒスパニック**はメキシコとの国境沿い**に，アジア系**は太平洋岸**に比較的多い⇒**大都市では人種や民族ごとの住み分け**（セグリゲーション）が進んでいる。

■アメリカ合衆国の人種・民族分布（左図）と貧困率（右図）

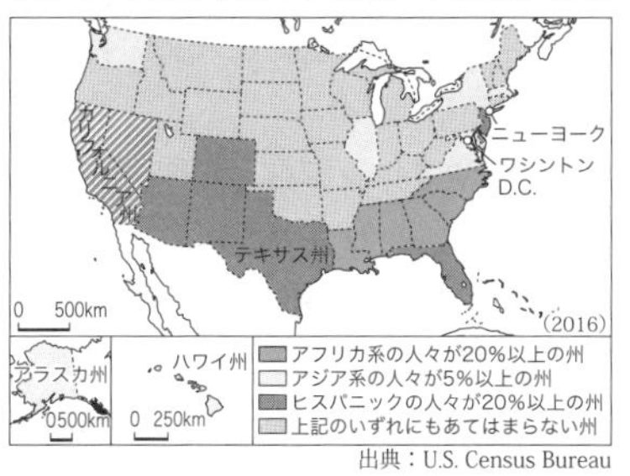

出典：U.S. Census Bureau

（最低）ニューハンプシャー州 6.4%
（最高）ミシシッピ州 ルイジアナ州 19.8%
0 500km
アラスカ州 0 500km
ハワイ州 0 250km
貧困率（2016～18年の平均値）
15%以上　9～11
13～15　9%未満
11～13
＊国全体の平均は12.3%

出典：U.S. Census Bureau

3 アングロアメリカの農牧業 

適地適作**主義⇒大規模農業で特に労働生産性が高い**が，**近年は生産過剰**。穀物メジャー**が**アグリビジネス**を展開**し，農作物の流通・販売だけでなく，種子（ハイブリッド種）の開発から化学肥料，農薬の生産・販売までを行い，農家への支配を強めている。

✤ **農牧業地域**…**西経100度（≒年降水量500mm）**と**北緯40度**（≒1月の平均気温0℃/年平均気温10℃⇒**亜寒帯（冷帯）と温帯の境目**）が大きな境目。**西経100度以西の乾燥地域は牧畜，以東の湿潤地域は耕作**。

① **西経100度付近（≒年降水量500mm，プレーリー，「世界のパン篭（かご）」）**…小麦の企業的穀物農業地帯。**北緯40度以北は**春小麦，**以南は**冬小麦の栽培。

● 春小麦地帯（**北緯40度以北**）…**カナダの平原（プレーリー）三州（アルバータ州，サスカチュワン州，マニトバ州）**からアメリカ合衆国の南北ダコタ州，ミネソタ州。**カナダの**春小麦**の集散地は，**マニトバ州の州都ウィニペグ（大陸横断鉄道の結節点）。

● 冬小麦地帯（**北緯40度以南**）…アメリカ合衆国のカンザス州からオクラホマ州が中心。集散地はオマハ，カンザスシティ。また，灌漑（かんがい）が整備され，冬でも比較的温暖なコロンビア盆地では冬小麦の栽培も見られる（春小麦も）。

② **北緯40度沿い（≒肥沃なレスなどが分布）**…**とうもろこし地帯（コーンベルト）⇒大豆との輪作，家畜の飼料として利用**し，**養豚や肉牛の肥育**を行っている⇒近年では**バイオエタノールの原料作物としてとうもろこし栽培を拡大⇒森林破壊**や**土壌侵食**が生じている。

■アングロアメリカの農牧業地域

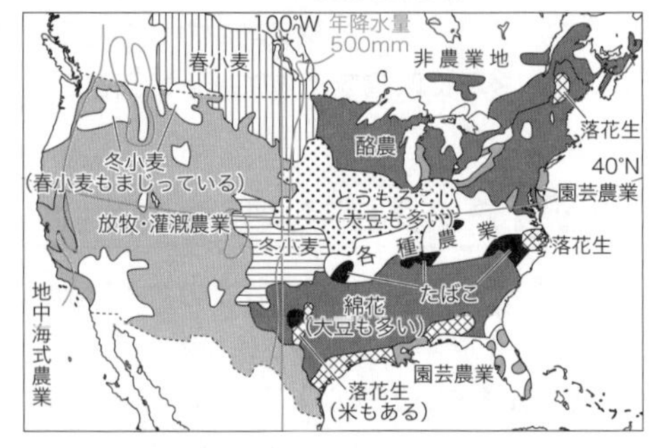

③ **ニューイングランド地方から五大湖周辺**…**冷涼な気候**（Df），**氷食を受けたやせ地，大市場に近接⇒酪農**が盛ん。

④ **アメリカ合衆国南東部～テキサス州，カリフォルニア州**…**綿花栽培**が盛ん。かつての**黒人奴隷によるプランテーション農業から発展**。近年では**連作障害から，灌漑の整備されたテキサス州やカリフォルニア州など西部へと移動傾向**。以前の栽培中心地の南東部では，大豆との輪作や混合農業，園芸農業に転換中。

⑤ **カリフォルニア州（≒Cs（地中海性気候））**…**ぶどうやオレンジなどの果実や野菜**を中心とした**地中海式農業**⇒輸出も盛ん。灌漑の整備された**セントラルヴァレーでは稲作，インピリアルヴァレーでは綿花**が栽培されている。**収穫作業はメキシコからのヒスパニックに依存**している。

⑥ **グレートプレーンズ～グレートベースン（西経100度以西）**…**肉牛の企業的牧畜**地帯。以前は肉牛をコーンベルトへ移送し肥育していたが，豊富な地下水を利用した**センターピボット農法による灌漑農業（とうもろこし栽培）**が確立⇒**フィードロットによる肉牛の肥育**が行われている。しかし，**近年では過剰揚水による地下水の枯渇や過度な灌漑による塩害が問題化**。

⑦ **大都市近郊，フロリダ半島（大市場に近接，亜熱帯性気候）**…**園芸農業**地帯。アメリカ合衆国北東部の大都市周辺では，花卉・野菜栽培を行う近郊農業，**温暖な気候を活かしたフロリダ半島ではオレンジなど果実栽培**を行う遠郊農業（輸送園芸）が盛ん。

4　アメリカ合衆国とカナダ

✤ アメリカ合衆国（面積約960万km²，人口約3.4億人，首都ワシントンD.C.）

① 数理的国境（カナダ⇒**北緯49度，西経141度**），自然的国境（メキシコ⇒**リオグランデ川**）。

② **テネシー川**⇒TVA（テネシー河谷開発公社）による**多目的ダムの建設**，**コロラド川**（フーバーダム）⇒ロサンゼルスへの導水・送電，**インピリアルヴァレーの灌漑⇒園芸農業（野菜・果実・綿花）**，**コロンビア川⇒発電**（アルミニウム，**シアトルの航空機**）や**灌漑（冬小麦）**，**セントラルヴァレー**⇒灌漑による**園芸農業**，**稲作**。

③**北東部（ニューイングランド地方）**…ボストン～ワシントンが**メガロポリス**。**ボストン**（**綿工業，学術都市，IC⇒エレクトロニクスハイウェイ**），**ニューヨーク**（**最大の都市**，ハドソン川），フィラデルフィア（独立宣言）。

④**中西部**…**メサビ鉄山**＋**アパラチア炭田**＋**五大湖の水運⇒鉄鋼や自動車などの重工業**⇒1970年代以降，**衰退**（＝**フロストベルト**）。**シカゴ**（**穀物取引所⇒農畜産物の集散地**），**デトロイト**（**自動車⇒現在は衰退，自動車工業の中心は，近接する南部の州やカナダの五大湖岸**へ移動），**ピッツバーグ**（**かつて鉄鋼**⇒再開発＆**医療産業・金融業**へ）。

⑤**南部**…**黒人奴隷による綿花栽培**⇒**連作障害**で多角化（大豆），**栽培地域は西部へ**。**サンベルト**＝**北緯37度以南**において，**温暖な気候，安価な土地や労働力，石油・天然ガスなどの資源**を活かして，**1960年代以降，宇宙・航空機産業などの先端産業を誘致**⇒**IC産業などが発達し，人口増加・成長著しい地域へ**⇒**シリコンプレーン**（**ダラスなどIC産業集積地**），**ヒューストン**（**石油化学，宇宙産業**），**ニューオーリンズ**（農産物の積出港，ハリケーン被害，石油化学），**アトランタ**（綿工業，情報メディア産業）。

⑥**西部・太平洋岸**…**シアトル**（木材加工，**航空機**），**ロサンゼルス**（**第2の都市**，宇宙・航空機産業，**映画産業**），**サンフランシスコ**（⇒**近郊のサンノゼには，世界最大のICT産業集積地のシリコンヴァレー**，最近は不動産価格や物価の上昇が問題），**ラスベガス**（オアシス，**カジノ**）。

⑦アラスカ…**アンカレジ**（中継地として地位低下），ハワイ…**日系人**，**ホットスポット**。

✤ カナダ（面積約1,000万km²，人口約3,800万人，首都オタワ）

①**多文化主義**⇒**アジア系の移民が多い**。**ケベック州**＝**フランス系住民が多い，最大の都市はモントリオール**⇒**英語圏のオンタリオ州との州境付近に首都のオタワ**。北部の**ヌナブト準州**（**イヌイット（エスキモー）初の自治州**）。

②**平原三州**（**アルバータ州**，サスカチュワン州，**マニトバ州**）⇒**春小麦**（集散地はウィニペグ）。**太平洋岸⇒林業が盛ん**。

③ロッキー山脈東部の**アルバータ州**では**原油やオイルサンドの産出**⇒エドモントン（石油化学），カナダ東部の**ラブラドル半島**では**鉄鉱石**。北部内陸では金鉱やウラン鉱。**五大湖岸のオンタリオ州**では，**自動車産業**。

④**都市**…**トロント**（**カナダ最大，イギリス系住民最大の都市**），**ヴァンクーヴァー**（サケ・マス，アジア系）。

■アングロアメリカの鉱工業の分布

ここが共通テストのツボだ!!

ツボ ① アメリカ合衆国のシェール開発による変化

アメリカ合衆国は，2006年頃から**シェールオイル**や**シェールガス**の開発が本格化した結果，原油や天然ガスの輸入量が減少し，一次エネルギー自給率が約20%向上した。また，アメリカ合衆国では，発電用燃料として石炭から天然ガスへの転換が進められた結果，国内での石炭消費は減少傾向にあり，代わってヨーロッパや中国向けの石炭の輸出が拡大した。

図1 アメリカの石油産出・消費・輸入量の推移

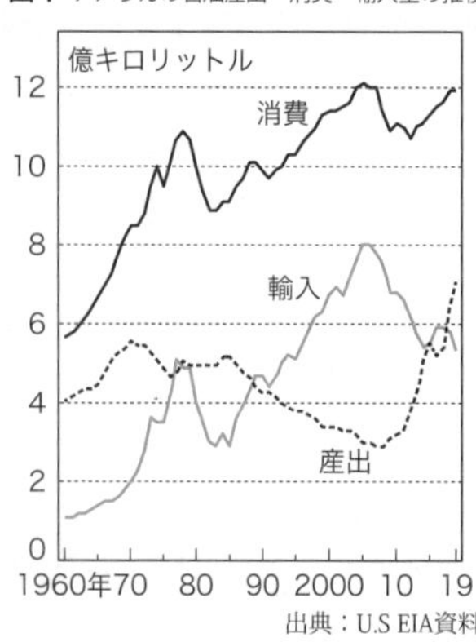

出典：U.S EIA資料

図2 一次エネルギー自給率の変化

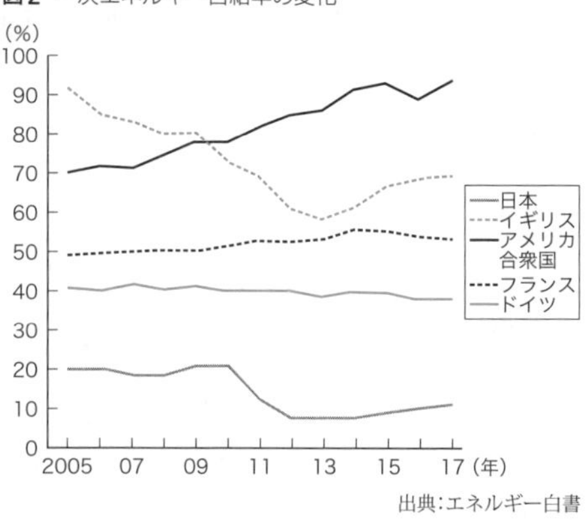

出典:エネルギー白書

ツボ ② カナダのおもな都市の特徴

① **オタワ**：**首都**。**英語圏**の**オンタリオ州**と**フランス語圏**の**ケベック州**の**州境**付近に位置（民族対立を融和）。

② **トロント**：五大湖のオンタリオ湖に面し，**カナダ最大都市**。オンタリオ州の州都。**イギリス系住民最大都市**。自動車産業が発達。

③ **モントリオール**：**フランス系住民が多いケベック州最大都市**。繊維産業が発達。

図3 カナダのおもな州・準州

④ **ヴァンクーヴァー**：フレーザー川の河口。**サケ・マス漁**，**木材加工業**。**アジア系が多い**。

⑤ **エドモントン**：春小麦の大産地である平原三州の，アルバータ州（他はサスカチュワン州，マニトバ州）の州都。**原油（オイルサンド）・天然ガス**の産地に近い。**石油精製・化学工業**。

チャレンジテスト（大学入学共通テスト実戦演習）

問1 (1) **図1中のア～エの地点と矢印のうち，1950年のアメリカ合衆国の人口分布の重心と2010年の重心への移動方向を示したものとして最も適当なものを，次の①～④のうちから一つ選べ。** (2021年共通テストB第1日程)

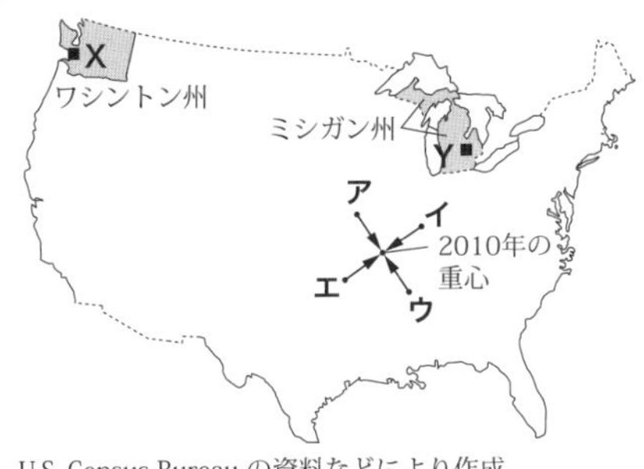

U.S. Census Bureau の資料などにより作成。

図1

① ア　② イ　③ ウ　④ エ

(2) (1)で示された，1950年から2010年にかけての重心の移動が生じた要因として最も適当なものを，次の①～④のうちから一つ選べ。 (2021年共通テストB第1日程)

① 安価な労働力を指向した工場の進出と先端技術産業の成長

② 製鉄業や自動車産業の成長と雇用の増加

③ 大陸横断鉄道の開通と開拓の進展

④ 農村部から大都市圏への大規模な人口の移動

問1 **[答]** (1) ② (2) ①

(1) 1970年代以降，アメリカ合衆国では北緯37度以南の**サンベルト**と呼ばれる地域へ企業進出が進み，南部，とくに**ヒスパニック**の流入が多いメキシコとの国境沿いやアジア系の流入が多い太平洋側で人口増加が続いている。よって，1950年と比べると南西部に人口の重心（人口分布の中心）が寄っていると考えられるので，②の**イ**が正解となる。

(2) (1)で解説したとおり，企業が安価な土地や労働力を求めて中西部の五大湖周辺の重工業地域から**サンベルト**へ移動したことが理由として大きいので①が正解となる。**サンベルト**は温暖な気候で住みやすく，光熱費も安い。また，**サンベルト**は石油資源が豊富なことや州政府による企業誘致策を背景に，先端技術産業が発達するようになった。

問2 問1の図1中のミシガン州とワシントン州は，ほぼ同緯度に位置しており，面積もほぼ同じである。次の図2中のサとシは，図1中のXとYのいずれかの地点における月平均気温と月降水量をハイサーグラフで示したものである。また，下の表中のAとBは，ミシガン州とワシントン州のいずれかにおける小麦とテンサイの年間生産量を示したものである。地点Xに該当するハイサーグラフとワシントン州に該当する作物の年間生産量との正しい組合せを，下の①～④のうちから一つ選べ。 (2021年共通テストB第1日程)

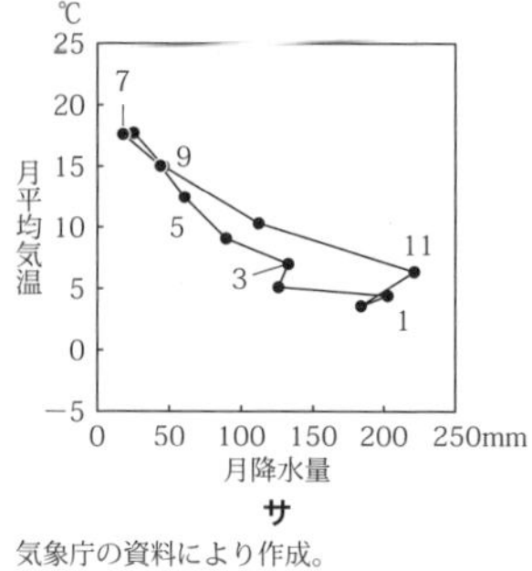

サ

℃
25
20
15
10
5
0
−5
月平均気温
7
9
5
11
3
1
0 50 100 150 200 250mm
月降水量

シ

気象庁の資料により作成。

図2

表

	小麦(万ブッシェル)	テンサイ(千トン)
A	15,321	87
B	3,572	4,278

ブッシェルは穀物の計量単位で，1ブッシェルは約35リットルに相当する。
統計年次は2017年。USDAの資料により作成。

	①	②	③	④
ハイサーグラフ	サ	サ	シ	シ
作物の年間生産量	A	B	A	B

問2 [答] ①

ワシントン州のX地点は，アメリカ合衆国北西部で地中海性気候（Cs）の地点に位置することから，気温が高い夏乾燥，気温が低い冬湿潤の右下がりのハイサーグラフを示すサとなる。他方，ミシガン州のY地点は，アメリカ合衆国の中央付近を南北に走る西経100度より東側かつ五大湖の南側を東西に走る北緯40度以北に位置することから，年降水量500mm以上の年中湿潤かつ冷涼な亜寒帯（冷帯）の気候（最寒月気温が−3℃未満）を示すシとなる。

次に作物の統計との対応であるが，アメリカ合衆国は適地適作なので気候環境などにあわせた作物栽培が行われていることを前提に判別しよう。表中で大きな差があるのはテンサイの方である。テンサイは冷涼な気候環境下を好む作物であることから，テンサイ生産量が圧倒的に多いBが，上述のとおり亜寒帯（冷帯）を示していたY地点を含むミシガン州となり，残ったAがワシントン州となる。サのグラフからもわかるとおり，ワシントン州は高緯度側に位置するが，海洋性の気候の影響で冬季でも比較的温暖で，コロンビア盆地での灌漑による冬小麦の栽培が盛んな州となっている。

問3 アメリカ合衆国では，産業の発展によって都市住民の生活水準が向上してきたが，課題もみられる。次の表は，アメリカ合衆国のいくつかの都市における職業別就業者割合を示したものであり，アとイは，デトロイトと，シリコンヴァレーに位置するサンノゼのいずれかである。表に関することがらについて述べた文章中の空欄Aに当てはまる記号と，空欄Bに当てはまる語句との組合せとして最も適当なものを，後の①～④のうちから一つ選べ。　（2023年共通テスト本試A）

第2章 地誌

表　（単位：%）

	ア	イ
飲食業従事者	8.7	7.4
運輸業従事者	8.0	4.6
情報処理・通信技術者	3.5	12.7
生産工程従事者	10.1	4.7
販売従事者	9.6	8.6
その他	60.1	62.0

統計年次は2019年。U.S. Department of Laborの資料により作成。

アメリカ合衆国では，特定の産業が発達した都市が各地でみられるが，それぞれの都市で異なる課題も生じている。例えば，（　A　）は，現代のアメリカ合衆国の中でも経済発展が著しい都市であるが，（　B　）の高騰による家計の負担増や，長距離通勤が問題となっている。

	①	②	③	④
A	ア	ア	イ	イ
B	社会保障費	住居費	社会保障費	住居費

問3 ［答］ ④

まず空欄Aには，後ろの文に「現代のアメリカ合衆国の中でも経済発展が著しい都市」とあることから，世界最大のICT産業集積地として知られるシリコンヴァレーに位置するサンノゼと判断し，情報処理・通信技術者の割合が高いイを選択する。次に空欄Bであるが，「高騰」からわかるとおり住居費が入り，組合せは④が正解となる。シリコンヴァレーがあるサンノゼは，その名の通り谷沿いの狭い低地で居住可能な土地が限られる上，ICT産業が集積し富裕層が増えたことで不動産価格（住居費）が高騰しており，遠方のサンフランシスコから片道90分ほどかけて通勤する人々も多い。ちなみに「高騰」は値の上げ下げが生じるものに使われる言葉であることから，社会保障費にはあまり用いられない。また社会保障とは，医療，年金，福祉，介護，生活保護などの公的サービスのことであり，多くが税金で賄われている。

39 ラテンアメリカ

1 ラテンアメリカの自然環境

✤ **地形**…**環太平洋造山帯が北アメリカ大陸から続き，メキシコには高原，南アメリカ大陸の西岸付近には南北にアンデス山脈**が連なる。**南アメリカ大陸の東部は安定陸塊が大部分**であるが，アマゾン盆地を境に南北にはギアナ高地やブラジル高原といった標高の高い地域が広がる。**カリブ海の西インド諸島は弧状列島**，**アマゾン川**やオリノコ川の**河口には三角州**，**ラプラタ川の河口にはエスチュアリ（エスチュアリー）**，**チリの南西岸にはフィヨルド**が見られる。

✤ **気候**…赤道直下はAf（熱帯雨林気候）が広がり，その周辺部にはAw（サバナ気候）が広がる。メキシコ高原やブラジル高原南部ではCw（温暖冬季少雨気候）。**アンデス山脈は高所のため低緯度にもET（ツンドラ気候）**が見られる⇒**高山都市**（**ラパス**，**キト**，ボゴタ）**に注意**。**太平洋側**には**寒流のペルー海流の影響**によって形成された**海岸砂漠**が見られる（**ペルーの海岸からチリ北部のアタカマ砂漠**）。**アルゼンチン南部**は**アンデス山脈の風下側に位置**するため，**砂漠のパタゴニア**が広がる。**チリの中部はCs（地中海性気候）**，南部はCfb（西岸海洋性気候），南端はET（ツンドラ気候）も見られる。**アマゾン川流域に広がる熱帯雨林をセルバ**，**オリノコ川流域に広がるサバナをリャノ**，**ブラジル高原に広がるサバナをカンポ（カンポセラード）**という。**ラプラタ川下流域には大草原のパンパ**が見られる。

■ラテンアメリカの地形

■ラテンアメリカの気候

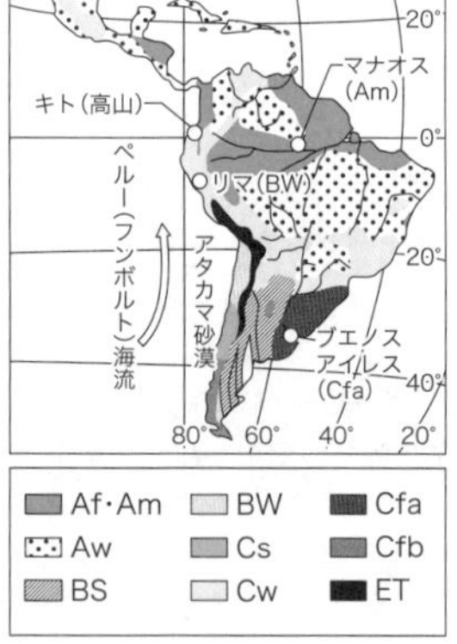

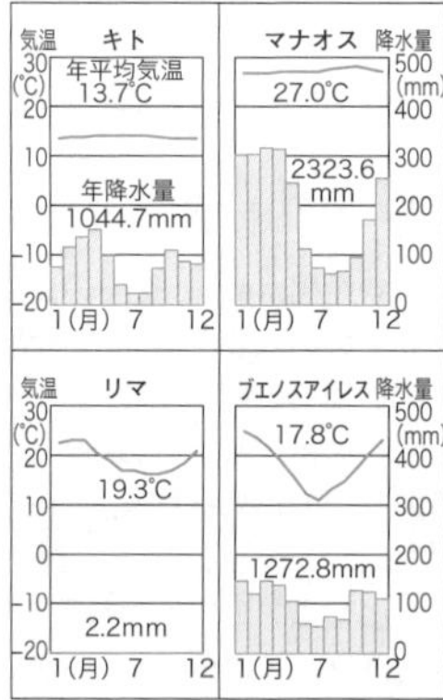

出典：『理科年表』

2 ラテンアメリカの社会 ★★★

✤ **旧宗主国**…**大部分が旧スペイン領**。**ブラジルは旧ポルトガル領**。**ハイチなどは旧フランス領**。**ジャマイカ**やガイアナなどは**旧イギリス領**。スリナムなどは旧オランダ領。

✤ **大土地所有制の残存**…**現在でも植民地時代の大土地所有制**（ラティフンディオ）**が残存⇒ブラジルではファゼンダ，アルゼンチンではエスタンシア**。

✤ **民族**

①**ヨーロッパ系**…**アルゼンチン**（8割強），**ウルグアイ**（8割強），コスタリカ（7割強）。

②**先住民（インディオ）**…**ペルー**（約5割），**ボリビア**（約5割）。

③**アフリカ系**…**ハイチ**（9割強），**ジャマイカ**（9割強）。

④**メスチーソ（ヨーロッパ系と先住民の混血）**…**メキシコ**（約6割），**ベネズエラ**（6割強）。

⑤**ムラート（ヨーロッパ系とアフリカ系の混血）**…**ドミニカ共和国**（7割強）。

✤ **貧富の差**…現在でも**奴隷制の名残**から少数のヨーロッパ系が政治や経済を支配。また**大土地所有制の残存**もあって，**貧富の差が大きい状態**が続いている。

3 ラテンアメリカのおもな国 

✤ **メキシコ（人口約1.3億人，首都メキシコシティ）**

①**メキシコシティ**⇒**高原，盆地**に位置し，湖沼の埋立地も一部に広がる⇒工業化や自動車による**大気汚染の深刻化**，**軟弱な地盤**で地震による被害が大きい，農村からの人口流入で**スラム**など**都市問題**。

②**とうもろこしの原産地**（⇒トルティーヤ，タコス）。

③**銀鉱**（内陸部），**原油**（**メキシコ湾岸**）。**NAFTA（北米自由貿易協定）（現USMCA）を結成**し，域内貿易が活発化（**貿易額の大半はアメリカ合衆国との貿易**）⇒安価で豊富な労働力をいかした**アメリカ合衆国向けの生産拠点**として外国企業が多数進出（**自動車産業**など）。

✤ **ブラジル（面積約850万km^2，人口約2.1億人，首都ブラジリア）**

①**アマゾン川**＝**世界最大の流域面積**，**河口からマナオスまで外洋船が遡航可**。**セルバ⇒カラジャス鉄山（露天掘り）の開発**，**大牧場の建設**，**横断道路**（トランスアマゾニアンハイウェイ）**の建設**，水力発電用ダムの建設で**熱帯林破壊や土壌侵食**が深刻化。

②**旧ポルトガル領**⇒**公用語はポルトガル語**。**日系人が多い**。

③**コーヒー豆**（**生産・輸出世界一**⇒**テラローシャ**）と**サトウキビ**（**生産世界一**，**バイオエタノールの原料用**）の**モノカルチャー経済**⇒**農業の多角化**（**大豆**，小麦，とうもろこしなど）を推進，**大農園のファゼンダ**⇒**農畜産物が輸出の中心**。

④**鉄鉱石の産出・埋蔵世界有数**（**カラジャス鉄山**，**イタビラ鉄山**）⇒**イタビラ鉄山**周辺で**鉄鋼業**。近年，リオデジャネイロ沖の深海底で油田開発が活発化し，**原油産出が増加**（**自給達成**）。また，**中型航空機の生産**も盛ん。1960年代末から1970年代前半に急成長を遂げた（輸入代替型の工業化）が，**1980年代には累積債務の問題が発生**

⇒1990年代から外資進出や輸入規制の緩和，国営企業の民営化を行う。

⑤**都市**…ブラジリア（**リオデジャネイロから遷都された計画的都市**），サンパウロ（**最大都市，コーヒー豆の集散地**），リオデジャネイロ（第2の都市，**旧首都，スラム**），ベレン（天然ゴムの集散地），マナオス（**自由貿易地区**，製造業）。

✤アルゼンチン（首都ブエノスアイレス）

①湿潤パンパ＝**混合農業**（**牧牛**⇒**冷凍船の就航**などにより発展，**大豆**，とうもろこし），乾燥パンパ＝**牧羊**，**その中間**＝**小麦の企業的穀物農業**。　②南部で原油・天然ガス。

③**都市**…ブエノスアイレス（**首都**，ラプラタ川，**農畜産物の集散地・積出港**）。

✤その他のラテンアメリカの国

①**コスタリカ**…バナナ，コーヒー，エコツーリズム立国。

②**パナマ**…パナマ運河，便宜置籍船国⇒**商船保有量世界一**。

③**キューバ**…**社会主義**⇒2015年**アメリカ合衆国と国交正常化**へ。**サトウキビ**，ニッケル。

④**ジャマイカ**…**コーヒー**，ボーキサイト。

⑤**ハイチ**…イスパニョーラ島西部，**世界初の黒人独立国家**。

⑥**ベネズエラ**…オリノコ川**流域の**リャノ，マラカイボ湖で**原油（埋蔵量世界一）**⇒**OPEC加盟**，**鉄鉱石**。

⑦**コロンビア**…**コーヒー**，**原油**。

⑧**エクアドル**…キト（**高山都市**，赤道直下），**バナナの輸出世界一**，**原油⇒OPECから脱退（2020年1月）**。

⑨**ペルー**…首都リマ（海岸砂漠，標高は低い），**先住民の**インディオの古代文明（マチュピチュ），**寒流の**ペルー海流⇒アンチョビ（**魚粉に加工**）⇒**エルニーニョ現象などで漁獲高の変動が大きい**，**銀**，**すず**，銅，アマゾン川のイキトスまで外洋船が遡航可。

⑩**ボリビア**…首都ラパス（**世界最高所の首都**），**すず**，ウユニ塩原にはレアメタルのリチウム。

⑪**チリ**…**地震・津波**，**Cs⇒ぶどう栽培**，**サケ・マスの養殖**⇒日本へ，**銅の産出世界一**（チュキカマタ）。

⑫**ガイアナ**…旧イギリス領⇒インド系が多い。**ボーキサイト**。

⑬**スリナム**…旧オランダ領⇒インド系，インドネシア系が多い。**ボーキサイト**。

■ラテンアメリカの農業地域

■ラテンアメリカの鉱工業地域

ここが共通テストのツボだ!!

ツボ① 南アメリカの自然環境

赤道と南緯40度を意識しながら気候を理解する。

① アンデス山脈より東側の赤道直下は熱帯雨林気候(Af)中心,周辺部はサバナ気候(Aw)。

② メキシコ高原〜アンデス山脈⇒高所地域が多いため,年中気温が低め(**ラパス**,**キト**,メキシコシティなど)。

③ **ペルーからチリ北部**は,**寒流のペルー海流の影響**による**海岸砂漠**。

④ **アルゼンチン南部**は,**砂漠のパタゴニア**。

⑤ **チリ中部は地中海性気候(Cs)**,南部は西岸海洋性気候(Cfb),南端はツンドラ気候(ET)。

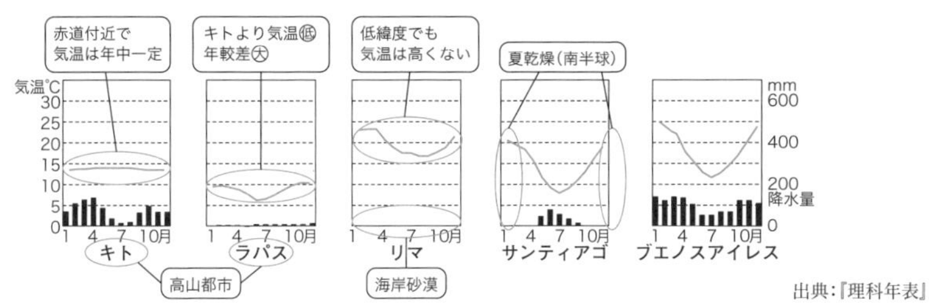

出典:『理科年表』

ツボ② ブラジルの内陸部開発

ブラジルの多くの都市は沿岸部に位置(植民地化の際,内陸の荒地より水が豊かでヨーロッパなどとの貿易がしやすい沿岸部に人々が多く居住したため)⇒**沿岸部の都市では人口が急増し,都市問題が生じたため,ブラジルは内陸部の開発を推進⇒内陸部に建設された首都ブラジリア**。その他にも以下の開発が行われた。

① **アマゾン川流域**…大カラジャス計画(日本の援助)による**鉄山開発**(**カラジャス鉄山**,露天掘り),**道路建設**(トランスアマゾニアンハイウェイ),**大牧場の建設**,**農地拡大⇒工業化や農牧業の多角化などで,コーヒーとサトウキビのモノカルチャー経済から脱却**⇒しかし,**熱帯林の破壊や土壌侵食が拡大。入植が進まずさらに都市部への人口集中を招き都市問題などが発生。**

② **セラード灌漑計画**…広大な**カンポ**(**カンポセラード**)とよばれる荒地に灌漑を整備して,農地の拡大を進める⇒とうもろこしや大豆,サトウキビの生産が盛ん。

③ **中西部開発**…2000年代に入ってから,**多国籍企業や政府が開発の遅れていた中西部**(マトグロッソ州など)**に灌漑や輸送網を整備し**,**中国向けの大豆生産を拡大**(遺伝子組み換え種の導入)⇒**森林破壊**や**伝統的農業を行う地元住民との土地所有をめぐる対立。**

チャレンジテスト（大学入学共通テスト実戦演習）

問1 南アメリカ大陸の西部では，東西方向での短い距離の移動で景観が大きく変化する。次の写真中のア～ウは，図中のA～Cのいずれかの地点でみられる景観を撮影したものである。AからBを経てCまで移動した場合にみられる景観を順に並べたものとして最も適当なものを，下の①～⑥のうちから一つ選べ。　（2015年センター試験本試B〈改〉）

図

ア

イ

ウ

写真

① ア→イ→ウ　② ア→ウ→イ　③ イ→ア→ウ
④ イ→ウ→ア　⑤ ウ→ア→イ　⑥ ウ→イ→ア

問1 **[答]** ①

アの写真を見ると，砂漠が広がっている。よって，**沖合を流れる寒流であるペルー海流の影響から海岸砂漠が広がっているA**と判断できる。残った**イ**と**ウ**の写真を見てみると，同じように山を見ることができるが，その違いに注目をしたい。**イの写真では山頂付近に白い雪**が積もっており，**樹木はほとんど生えておらず草原**となっている。一方，**ウの写真では山頂に雪はなく，密林**に覆われている。**植生景観は，いきなりガラッと変わるのではなく，徐々に変わっていく**ものなので，**A**の砂漠に近接する**B**において，いきなり**ウ**の熱帯雨林のような景観が広がることは考えにくい。よって，**Bはアンデス山脈の高所地域である程度降水が生じるが，標高が高いことで気温が低く，樹木等は見られないイ**と判断できる。そして**C**は，**アンデス山脈東麓に広がったアマゾン川流域の熱帯雨林のセルバの一部が写っているウ**と判断できる。

問2 南アメリカの国々では多民族・多文化の社会が形成されている。次の図は南アメリカのいくつかの国における住民の民族構成を示したものである。図に関することがらについて述べた文章として，下線部が最も適当なものを，下の①～④のうちから一つ選べ。

（2015年センター試験本試B）

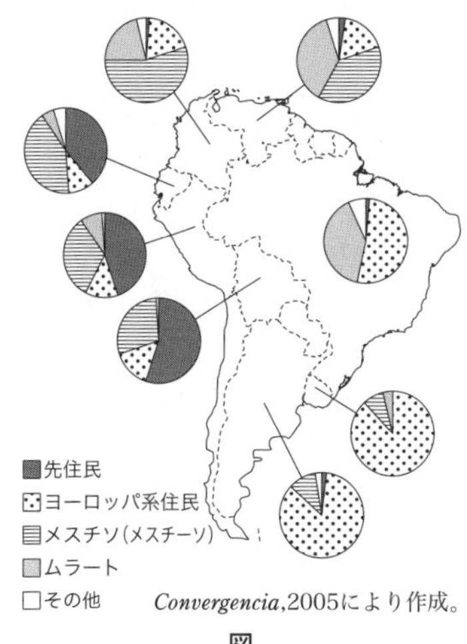

図

① アルゼンチンやウルグアイではヨーロッパ系住民の割合が高い。これは，独立後に北アメリカからの移民を大量に受け入れたためである。

② エクアドルやコロンビアではメスチソ（メスチーソ）の割合が高い。これらの国では，ポルトガル語が国の公用語となっている。

③ ブラジルやベネズエラではムラートの割合が高い。これは，植民地時代にアフリカから多くの奴隷(どれい)が連れてこられたためである。

④ ペルーやボリビアでは先住民の割合が高い。これらの国では，植民地支配を受ける以前からの宗教を信仰する住民が多数を占めている。

問2 ［答］ ③

③ 正文：ムラートとは，ヨーロッパ系とアフリカ系の混血であるので，植民地時代にプランテーションの農業労働者として，アフリカから強制的に連れてこられた人々を祖先とする。

① 誤文：ヨーロッパ系住民の割合が高いのは，高緯度で温暖湿潤な環境下にあるため，スペインの植民地時代から，暑さに弱いヨーロッパ系の人々でも入植しやすかったからである。

② 誤文：ラテンアメリカでポルトガル語が国の公用語になっているのは，ブラジルのみである。エクアドルやコロンビアをはじめ多くのラテンアメリカ諸国では，スペイン語が公用語になっている。

④ 誤文：ラテンアメリカの国々では，スペインやポルトガルに植民地化された際に広がったカトリックを信仰する人々が多数となっている。

40 オセアニアと極地方

地理総合　地理探究

1 オセアニアの自然環境

✤ **地形**…**環太平洋造山帯は，ニューギニア島〜ニュージーランドを通過しており，オーストラリア大陸は通過していない**。オーストラリア大陸は，**東部に古期造山帯のグレートディヴァイディング山脈**が見られ，**その他の地域は安定陸塊が広がり低平**だが，西部は台地状の地形となっている。**オーストラリア大陸北東部の海域には世界最大級のサンゴ礁であるグレートバリアリーフ**，**ニュージーランド南島の南西岸にはフィヨルド**が見られる。

✤ **気候**…**オーストラリア大陸をおおよそ南北に二分する付近に南回帰線が通過**しており，**一年中亜熱帯（中緯度）高圧帯に覆われる**ため，**グレートディヴァイディング山脈以西は乾燥帯が大部分⇒「世界で最も乾燥した大陸」**となっている。年降水量線がおおよそ同心円状に広がる。**ニュージーランドは全域がCfb（西岸海洋性気候）だが**，南島では脊梁（せきりょう）山脈のサザンアルプス山脈が連なるため，**風上側の西部は多雨**だが，**風下側の東部は少雨**となっている。

■オセアニアの地形

■オセアニアの気候

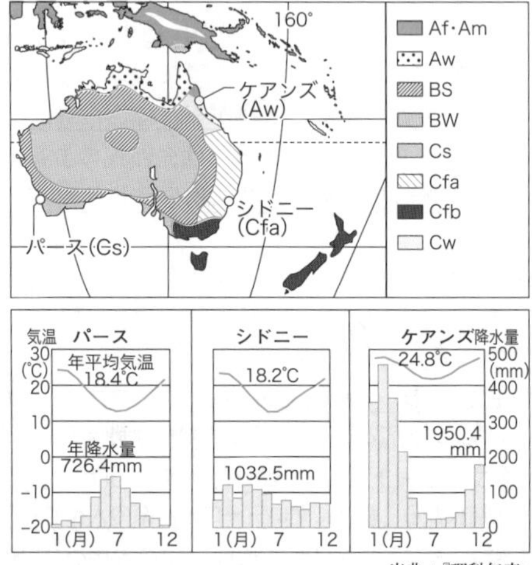

出典：『理科年表』

2 オセアニアの社会

オーストラリアの先住民はアボリジニ，**ニュージーランドの先住民はマオリ**⇒18世

紀のクックの探検でイギリス領になった後，白人の入植が活発になり，先住民は土地の収奪や虐殺などにあい激減。19世紀中頃からゴールドラッシュが起こり，中国系や東南アジア系の移民が増加したのをきっかけに，**移民を白人のみに制限する白豪主義を実施**し，白人国家を目指した。しかし労働力不足などを背景に，**1970年代になって白豪主義は廃止**され，**多文化主義**を積極的に目指した。その結果，**アジア系を中心に移民が急増**し，現在ではオーストラリアの全人口の約2割がオーストラリア国外の出身者で占められる。**1973年のイギリスのEC加盟をきっかけに**，欧米よりアジア重視の姿勢をとるようになった**オーストラリアは，APEC（アジア太平洋経済協力）の創設を提唱**し，**アジア太平洋地域との経済協力を推進**している。

3 オセアニアのおもな国・地域

✤ オーストラリア（面積約770万km^2，人口約2,600万人，首都キャンベラ）

①**自然環境が厳しい＝都市人口率が高い**。

②**白豪主義**（＝**白人以外の移民を制限**）⇒**多文化主義**，**先住民はアボリジニ**。

③**農牧業**…**牧羊＝年降水量250～500mm**，**牧牛＋小麦＝年降水量500～750mm**，**牧牛＝北部（暑熱地帯）**，**酪農＝東部（湿潤地帯，大都市部）**，**サトウキビ＝北東部（Cw）**，**地中海式農業＝南西部（Cs）**。

④**鉱工業**…資源が豊富⇒**西部＝安定陸塊**＝ピルバラ地区では**鉄鉱石**（マウントホエールバックなど），**東部＝古期造山帯**で**石炭⇒日本の鉄鉱石と石炭の約6割を依存**，**北部＝Aw＝ボーキサイト**（ウェイパ），金鉱，ダイヤモンド，ウラン鉱など⇒しかし，**資源産地が分散＆国内市場が小さい**ため，**工業は未発達**（**輸出品の上位は，鉄鉱石や石炭などの鉱産資源**が占める）。

⑤**イギリスの1973年のEC加盟**の影響から**貿易相手国が変化**（貿易相手国は，**イギリスから中国や日本などアジア諸国中心へ**）。

⑥**都市**…**シドニー（最大の都市）**，**メルボルン（第2の都市）**⇒**中間地帯に計画的都市として首都のキャンベラ**，そのほかに**パース**（**Cs**，西部の中心），ケアンズ（グレートバリアリーフの観光拠点）。

✤ ニュージーランド（人口約500万人，首都ウェリントン）

①**環太平洋造山帯⇒北島は火山（地熱発電）**，**南島は急峻なサザンアルプス山脈と南西部にフィヨルド**。

②**全域でCfb**⇒ただし，サザンアルプス山脈の**西部が多雨，東部が少雨**。

③**先住民マオリ**⇒かつて白人と対立していたが，現在では融和が進み，**英語に加えマオリ語も公用語**。

④**北島＝酪農**⇒2001年に農業協同組合を統合しニュージーランドの全輸出額の約25%を占める，**南島東部**（カンタベリー平野）＝**牧羊**や混合農業。

⑤**都市**…**オークランド**（**最大の都市**，北島），クライストチャーチ（小麦・羊の集散地，

南島)。

■オーストラリアの農業地域

— 等降水量線(mm/年)

南回帰線

1000　1000　500　250　250　500　250　500　1000　500　1000　500　1000　35°　135°

タウンズヴィル　アリススプリングス　ブリズベン　パース　アデレード　シドニー　メルボルン　ホバート

放牧(牛)　放牧(羊)　集約的牧羊　酪　農　森　林

小麦　野菜・果樹栽培　サトウキビなど熱帯・亜熱帯の商品作物

その他(非農業地)

■オーストラリア・ニュージーランドの鉱工業分布

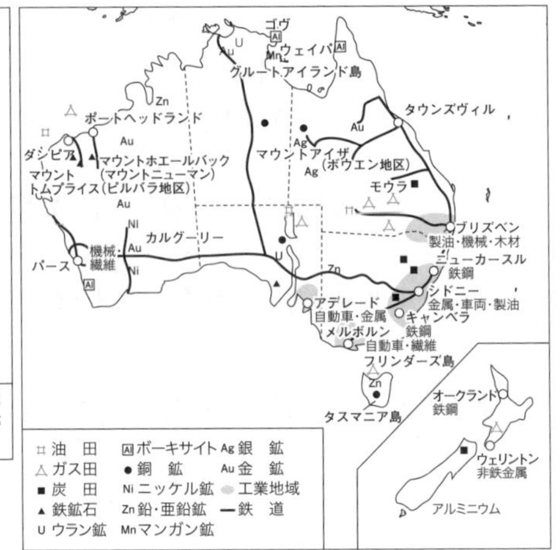

✤ オセアニアのその他の国々・地域

①**ナウル**…リン鉱石が枯渇し，経済停滞。

②**キリバス**…世界で最も早く1日が始まる。

③**パラオ**…世界で最後の信託統治領⇒現在独立。

④**グアム島**…アメリカ領，観光・軍事基地。

⑤**パプアニューギニア**…**東経141度がインドネシアとの数理的国境**⇒インドネシア系住民とニューギニア人との対立，銅鉱。

⑥**フィジー**…**旧イギリス領**⇒**サトウキビ**のプランテーション⇒移住した**インド系**と現地のフィジー人との対立。

⑦**ニューカレドニア**…**フランス領**，**ニッケル鉱**。

⑧**トンガ**…日本向けのカボチャの輸出⇒最近は競争激化で減少。

⑨**ツバル**…**サンゴ礁(環礁)の島々**⇒**地球温暖化による海面上昇で水没の危機**。

4　極地方(極圏(緯度66度34分)より高緯度側)　★☆☆

✤ **北極地方**…北極海は世界最大の地中海，**大陸棚**⇒**地球温暖化により海氷が急減**⇒**北極海航路**への期待，**海底資源の開発・採掘が可能に**(各国が資源争奪へ)，世界最大の島であるグリーンランド(デンマーク領，**北半球唯一のEF**(氷雪気候))，スヴァールバル諸島(ノルウェー領)には石炭，イヌイットによるトナカイの遊牧や狩猟生活。

✤ **南極地方**…巨大な氷床⇒平均標高が高い，南極条約⇒**軍事利用禁止**，**領土権の凍結**，日本の昭和基地。

ここが共通テストのツボだ!!

ツボ 1 オーストラリアの貿易相手国の変化

最大の貿易相手国は，**旧宗主国のイギリスからアジアの中国へ**！日本は鉱産資源に乏しいため，オーストラリアから鉄鉱石や石炭を大量に輸入⇒**日本は貿易相手国の上位**。

図1 オーストラリアの貿易相手国の変化

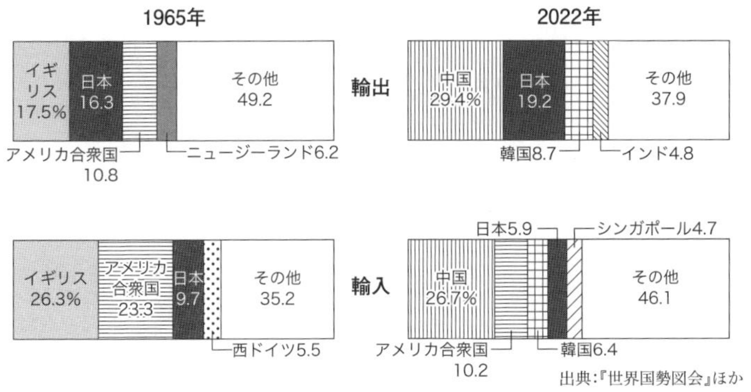

ツボ 2 オセアニアの地域区分

経度180度以東はポリネシア，**経度180度以西はおおよそ赤道以北がミクロネシア**，**以南がメラネシア**。ただし，**ニュージーランドは例外的にポリネシア**に分類。

図2 オセアニアの地域区分

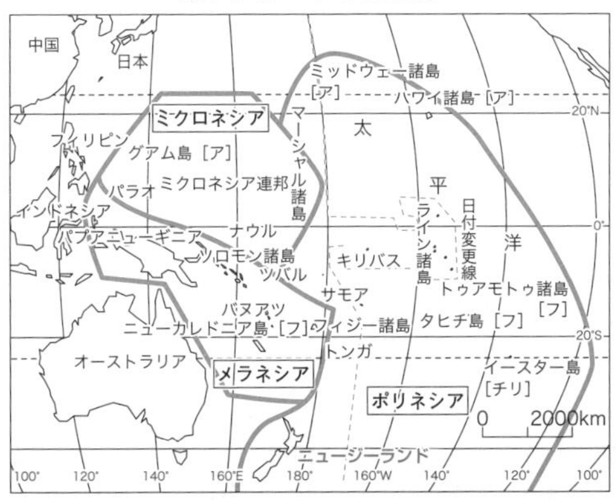

チャレンジテスト（大学入学共通テスト実戦演習）

問1 次の図2中のア～ウは，図1中のA～Cのいずれかの地点における月平均気温と月平均降水量を示したものである。ア～ウとA～Cとの正しい組合せを，下の①～⑥のうちから一つ選べ。

（2011年センターー試験追試B）

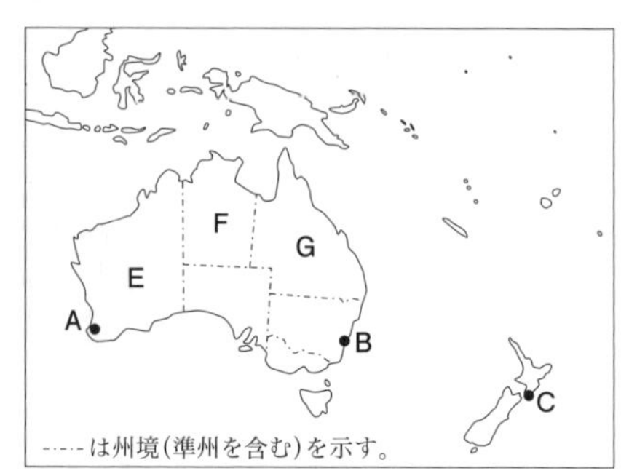

図1

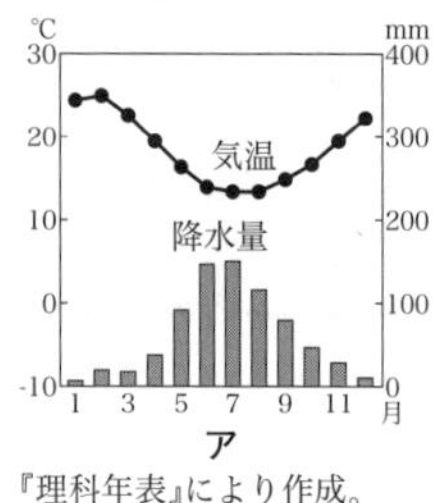

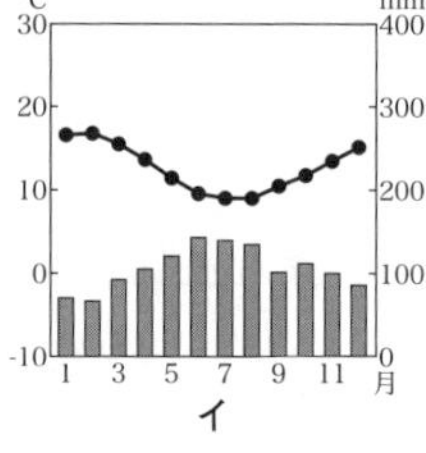

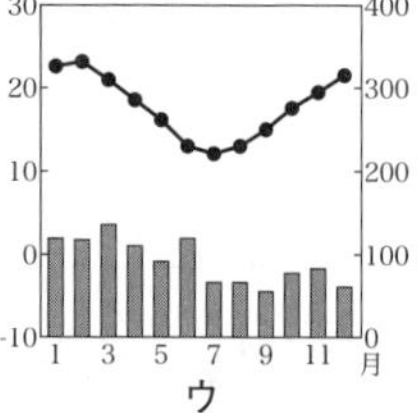

『理科年表』により作成。

図2

	①	②	③	④	⑤	⑥
ア	A	A	B	B	C	C
イ	B	C	A	C	A	B
ウ	C	B	C	A	B	A

問1 [答] ②

アはオーストラリア大陸南西部の**A**地点と対応する。**アは気温が上がる夏季に乾燥し，気温が下がる冬季に湿潤となるCs（地中海性気候）**を示していることから，**緯度30度から40度の大陸西岸のA地点**となる。残った**イ**と**ウ**を見ると，どちらも年中湿潤な点は共通しているが，気温に違いが見られる。**イは最暖月気温が22℃を超えないが，ウはわずかながら超えている。**湿潤な気候環境下で最寒月気温が－3℃以上18℃未満，**最暖月気温が22℃を超えるとCfa（温暖湿潤気候）**，**超えないとCfb（西岸海洋性気候）**となる。よって，**オーストラリア大陸東岸部のB地点は，南緯30度から40度の大陸東岸に位置することからCfa（温暖湿潤気候）**となり，**ウ**と対応する。また，**より高緯度で年中海洋からの偏西風の影響を受けるニュージーランド北島南部のC地点は，Cfb（西岸海洋性気候）**となり，**イ**と対応する。

問2 問1の図1中のE～Gはオーストラリアのいくつかの州（準州を含む）を示したものであり，次のカ～クの文章はE～Gのいずれかの特徴を述べたものである。カ～クとE～Gとの正しい組合せを，下の①～⑥のうちから一つ選べ。（2011年センター試験追試B）

カ　この州の沿岸部は，気候が温暖であり，グレートバリアリーフなどの観光資源が存在する。それらを背景としてリゾート地が発達し，人口も増加している。

キ　この州の内陸部では，金，鉄鉱石，ニッケルやボーキサイトなどの鉱物資源に恵まれ，それらは大規模な露天掘りで採掘されている。

ク　この州の内陸部の乾燥地域では，掘り抜き井戸が分布し，そこから飲料水や農業用水が取水されている。また，ウルル（エアーズロック）周辺は，アボリジニの聖地として知られている。

	①	②	③	④	⑤	⑥
カ	E	E	F	F	G	G
キ	F	G	E	G	E	F
ク	G	F	G	E	F	E

問2 ［答］ ⑤

カはGの州と対応する。グレートバリアリーフなどの観光資源，それらを背景としてリゾート地となっているのは，オーストラリア大陸北東部に位置するGの州となる。安定陸塊が広がる大陸西部ではおもに鉄鉱石，南西部内陸部では金が産出されることから，**キ**はEの州と対応する。オーストラリア大陸の中央内陸部では乾燥地域が広がり，先住民のアボリジニの聖地として知られるウルル（エアーズロック）と呼ばれる世界最大級の一枚岩があることから，**ク**はFの州と対応する。

索引

欧文略語

あ

い

う

え

お

か

き

く

け

て

と

な

に

ぬ

ね

の

は

ひ

ふ

へ

ほ

ま

み

む

め

も

別　冊

大学入学
共通テスト

地理 集中講義［地理総合,地理探究］
改訂版

重要統計
チェックブック

旺文社

本書の利用法

重要統計資料だけを集めた別冊チェックブックです。
赤セルで重要箇所をかくしながら資料の読み取りポイントをおさえることができます。
関連する本冊の単元のページ数も表記していますので、
本冊とあわせて確認すれば、統計資料の見方・考え方がしっかり定着します。

CONTENTS

第1章 自然環境

1 地形

本冊 P.18～37

1 大陸別の高度別面積割合

▼大陸の高度別面積割合（%）

	200m 以下	200～500	500～1,000	1,000～2,000	2,000～4,000	4,000 以上	平均高度 m
【 アジア 】	24.6	20.2	25.9	18.0	Ⓒ 7.2	Ⓒ 5.2	960
【 ヨーロッパ 】	Ⓐ 52.7	21.2	15.2	5.0	2.0	0.0	340
【 アフリカ 】	9.7	Ⓑ 38.9	28.2	19.5	3.7	0.0	750
北アメリカ	29.9	30.7	12.0	16.6	10.8	0.0	720
南アメリカ	38.2	29.8	19.2	5.6	5.0	2.2	590
オーストラリア	39.3	41.6	16.9	2.2	0.0	0.0	340
【 南極 】	6.4	2.8	5.0	Ⓓ 22.0	Ⓓ 63.8	0.0	2,200
世界	25.3	26.8	19.4	15.2	11.4	1.9	875

※一部の構成比率は計100%にならない。　「データブック オブ・ザ・ワールド」

Ⓐ 氷食で低地が多い　Ⓑ 低地が少ない台地状　Ⓒ ヒマラヤ山脈がある　Ⓓ 分厚い大陸氷河

POINT 各大陸に分布する氷河や台地，また主要な山脈を思い浮かべ，大陸別の高度について判断できるようにしよう。

2 洪水・地震の死者数・被害額

▼洪水・地震の死者数・被害額（1980～2020年）

	洪水		地震	
Ⓐ 死者数	国名・地域名	死者数（人）	国名・地域名	死者数（人）
	【 インド 】	Ⓑ 55,288	ハイチ	ⒸⒹ 222,587
	【 中国 】	Ⓑ 44,530	【 インドネシア 】	ⒸⒹ 184,332
	ベネズエラ	30,407	【 中国 】	94,074
	バングラデシュ	13,322	パキスタン	Ⓒ 75,073
	パキスタン	12,316	イラン	Ⓒ 74,847
	ネパール	Ⓑ 6,884	【 インド 】	49,738
	【 インドネシア 】	6,336	スリランカ	35,399
	ベトナム	5,273	ロシア	Ⓒ 27,604
	アフガニスタン	4,828	【 日本 】	ⒸⒹ 25,815
	ブラジル	4,617	トルコ	Ⓒ 21,360

Ⓐ 防災対策が遅れている途上国が上位　Ⓑ 世界人口の約６割が集中するモンスーンアジアで多い　Ⓒ プレート境界付近（変動帯）に位置する国が上位　Ⓓ 弧状列島に位置する国が上位

	洪水		地震	
被害額	国名・地域名	被害額（US百万ドル）	国名・地域名	被害額（US百万ドル）
	【　中国　】	Ⓕ 391,177	【　日本　】	Ⓔ 500,511
	【アメリカ合衆国】	Ⓔ 117,568	【　中国　】	127,766
	インド	Ⓕ 104,706	【　イタリア　】	Ⓔ 100,516
	タイ	55,798	【アメリカ合衆国】	Ⓔ 69,794
	【　日本　】	Ⓔ 37,150	チリ	40,528
	ドイツ	Ⓔ 36,667	トルコ	38,219
	【　イタリア　】	Ⓔ 35,520	ロシア	36,379
	北朝鮮	29,629	ニュージーランド	Ⓔ 33,164
	イギリス	Ⓔ 29,187	台湾	Ⓔ 23,991
	パキスタン	25,379	アルジェリア	23,464

EM-DAT

Ⓔ 私財（個人の財産），公共財（電気，水道，道路などのインフラ等）が多い，先進国が上位（死者数と比べて）　Ⓕ １位の国と比べ経済水準が低いインドは，被害額ではより下位

POINT　モンスーンアジアでは，季節風（モンスーン）の影響などで水害が多い。また，地震が生じやすい地域についても再度確認しておこう。

3 世界の湖沼，日本の湖沼（水深，面積，水面標高，成因）

▼世界のおもな湖沼

湖沼名	面積（千km²）	水面標高(m)	最大水深(m)	成因
【カスピ海】	Ⓐ 374	−28	1,025	構造性
スペリオル	Ⓑ 82	183	406	氷河性
【ヴィクトリア】	Ⓒ 69	1,134	84	構造性
ヒューロン	Ⓑ 60	176	228	氷河性
【ミシガン】	Ⓑ 58	176	281	氷河性
タンガニーカ	Ⓓ 32	773	1,471	構造性
【バイカル】	Ⓓ 32	456	1,741	構造性

▼日本のおもな湖沼

湖沼名	面積（km²）	水面標高(m)	最大水深(m)	成因
琵琶湖	669.3	85	103.8	断層
【霞ケ浦】	Ⓔ 168.2	0	11.9	海跡
【サロマ湖】	Ⓔ 151.6	0	19.6	海跡
猪苗代湖	103.2	514	93.5	断層
中海	Ⓔ 85.7	0	17.1	海跡
【支笏湖】	Ⓕ 78.5	248	360.1	カルデラ
【田沢湖】	Ⓕ 25.8	249	423.4	カルデラ

※構造性…地殻運動によりできたもの。　氷河性…氷河によって作られた凹地に水がたまったもの。
※断層…断層によってできた低地に水がたまったもの。　海跡…砂州・沿岸州・砂嘴などによって海の一部が閉ざされてできた湖。　カルデラ…火山活動によってできた凹地に水がたまったもの。　「データブック　オブ・ザ・ワールド」

Ⓐ 世界最大の面積を持つ。水面標高が海面より低いため流出河川を持たず塩分濃度が高い塩湖　Ⓑ 氷河湖である五大湖は面積が広い湖が多い　Ⓒ アフリカ大地溝帯周辺の高所

に位置するため，水面標高が高い　Ⓓ 世界では構造性の湖（地溝湖など）の水深が深い　Ⓔ かつて海だった入り江や湾が閉ざされたため，水面標高は0m，水深が浅い　Ⓕ 日本の湖は，カルデラの湖の水深が深い

POINT　世界・日本それぞれの面積上位の湖と，その水深について，各湖の成り立ちとともに確認しよう。

2 気候

本冊 P.38～57

1 大陸別の気候区の割合

▼大陸別の気候区の割合（%）

区分	Af	Aw	BS	BW	Cs	Cw	Cf	Df	Dw	ET	EF
【ユーラシア】大陸	3.5	3.9	15.9	10.2	2.2	9.6	5.7	25.8	13.4 Ⓑ	9.8	…
【 アフリカ 】大陸	19.8	18.8	21.5	25.2 Ⓓ	1.3	13.1	0.3	…	…	…	…
【北アメリカ】大陸	2.8	2.4	10.7	3.7	0.8	2.0	10.7	43.4 Ⓑ	…	17.3	6.2 Ⓐ
【南アメリカ】大陸	26.9	36.5 Ⓔ	6.7	7.3	0.3	6.7	14.0	…	…	1.6	…
【オーストラリア】大陸	7.9	9.0	25.8	31.4 Ⓒ	7.9	6.8	11.2	…	…	…	…
【　南極　】大陸	…	…	…	…	…	…	…	…	…	3.6	96.4 Ⓐ
陸地全域	9.4	10.5	14.3	12.0	1.7	7.5	6.2	16.5	4.8	6.4	10.7

「データブック　オブ・ザ・ワールド」

Ⓐ EF≒大陸氷河（氷床）は現在，南極大陸とグリーンランド（北アメリカ大陸）のみに分布　Ⓑ D（亜寒帯，冷帯）は北半球のみに分布，そのうちDwはユーラシア大陸北東部のみに分布　Ⓒ 中央付近を南回帰線が通過することから，世界で最も乾燥した大陸（回帰線砂漠）　Ⓓ 赤道を中心に低緯度から中緯度にかけて南北に陸域が広がるため，A（熱帯），B（乾燥帯）の割合がともに高い　Ⓔ アフリカ大陸と同じく赤道が大陸部を通過するが，北半球側は低緯度にしか陸域がないためA（熱帯）の割合が最も高い

POINT　気候区（A：熱帯，B：乾燥帯，C：温帯，D：亜寒帯〔冷帯〕，E：寒帯）の割合から大陸名を判断できるようにしておこう。

2 世界の用途別水使用量

▼世界の用途別水使用量（～ 2020年）

地域	用途別水使用量						総使用量
	生活		工業		農業		
	km³/年	%	km³/年	%	km³/年	%	km³/年
世界	477	12	651	16	2,881	72	4,010
【　アフリカ　】	36	15	15	6	186	79	236
【　北アフリカ　】	17	16	6	6	85	79 Ⓐ	108
【サブサハラ以南アフリカ】	19	15	9	7	101	79	128
【　アメリカ　】	119	14	274	33	432	52	827
【　北アメリカ　】	76	13	246	43 Ⓒ	246	43 Ⓒ	569
中央アメリカ・カリブ海地域	7	19	6	17	22	61	36
南アメリカ	36	16	22	10	164	74	222
【　アジア　】	249	9	225	9	2,162	82 Ⓐ	2,637
中東	26	10	10	4	227	86	264
中央アジア	8	5	11	7	131	87	150
東・東南・南アジア	215	10	204	9	1,804	81 Ⓑ	2,223
【　ヨーロッパ　】	70	24	133	46	86	30	288
【西及び中央ヨーロッパ】	Ⓓ 49	24	Ⓓ 97	47 Ⓒ	62	30	208
【　東ヨーロッパ　】	21	26	36	45	24	30	80
オセアニア	3	14	4	18	15	68	22
オーストラリア及びニュージーランド	3	14	4	18	15	68	22
他の太平洋諸島	0.03	29	0.01	12	0.05	59	0.09

AQUASTAT

Ⓐ 途上地域はまだまだ貧しく農業中心のため，農業用水の利用が多い Ⓑ 経済成長を遂げ工業化が進んだ日本，韓国，中国でも水を大量に使用する稲作（水稲）が盛んなため，農業用水の使用量が最も多い Ⓒ 先進地域の北アメリカ，ヨーロッパは，工業用水の使用量が多い（両地域は総量の違いから判断），北アメリカは大規模農業を行うため農業用水の使用量も多い Ⓓ 総量の違いで判断

POINT 工業用水・農業用水の使用量から，各地域を判断できるようにしよう。

3 地球環境問題

本冊 P.58～67

1 地域別森林面積の推移／年平均森林面積減少国上位10カ国と年平均森林面積増加国上位10カ国（2010年→2020年）

▼地域別森林面積の推移（1990-2020年）

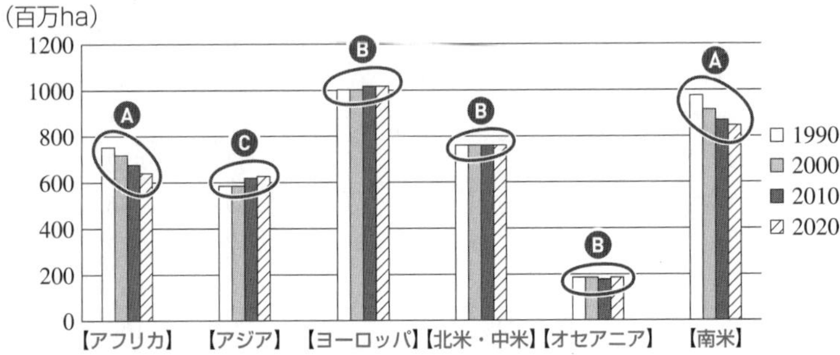

A 途上地域は森林の伐採規制が緩く，人口増加や経済成長から森林伐採量が多いため，減少傾向にある B 先進地域は環境意識の高まりから，森林の保全管理を行い，植林を進めていることから微増，維持の状態にある C 急成長を遂げる人口大国の２カ国は近年，森林保全や植林を推進しているため，増加傾向

▼年平均森林面積減少国上位10カ国

順位	国	森林面積純変化	
		[1,000ha /年]	[%]
1	【ブラジル】	-1,496	-0.30
2	【コンゴ民主共和国】	-1,101	-0.83
3	【インドネシア】	-753	-0.78
4	【アンゴラ】	-555	-0.80
5	【タンザニア】	-421	-0.88
6	パラグアイ	-347	-1.93
7	ミャンマー	-290	-0.96
8	カンボジア	-252	-2.68
9	ボリビア	-225	-0.43
10	モザンビーク	-223	-0.59

※変化率（%）は年平均率として算出

熱帯地域の途上国が上位

▼年平均森林面積増加国上位10カ国

順位	国	森林面積純変化	
		[1,000ha /年]	[%]
1	中国	1,937	0.93
2	【オーストラリア】	446	0.34
3	インド	266	0.38
4	【チリ】	149	0.85
5	ベトナム	126	0.90
6	【トルコ】	114	0.53
7	【アメリカ合衆国】	108	0.03
8	【フランス】	83	0.50
9	イタリア	54	0.58
10	ルーマニア	41	0.62

いずれも「世界森林資源評価（FRA）2020　メインレポート概要」

中国，インド，ベトナムを除き，先進国が上位

POINT 森林は途上地域で減少，先進地域で増加傾向にあることをおさえておこう。また，世界全体で見ると，森林が減少していることにも注目。

2 世界の温室効果ガス排出量の割合の推移とバイオ燃料の生産

▼世界の温室効果ガス排出量の割合

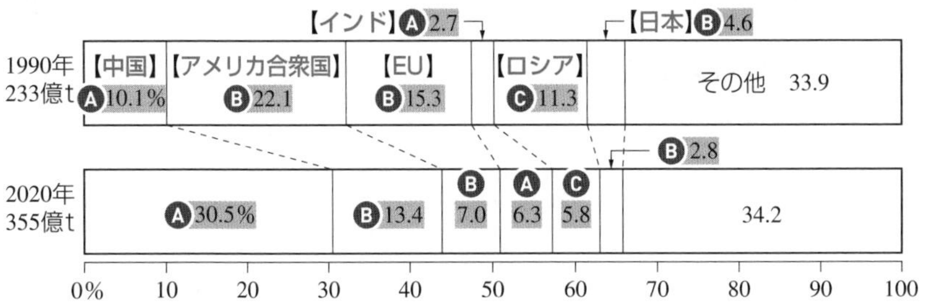

※2020年のEU加盟国の割合はドイツ1.7%，イタリア0.8%，ポーランド0.8%，フランス0.8%など。

A 急速な経済成長で増大　B 先進地域は環境対策で減少傾向　C 1990年代のソ連解体後，合理化による工業生産の縮小，環境対策の進展で減少

▼バイオ燃料の生産（石油換算）　（単位：万kL）

	1990	2000	2010	2022（年）
【アメリカ合衆国】	157	B 340	2,895	4,226
【ブラジル】	A 641	608	1,777	2,376
【インドネシア】	…	…	C 21	1,012
中国	…	…	166	386
ドイツ	…	24	341	358
世界計	810	1,050	6,606	11,105

※バイオガソリン（エタノールなど）とバイオディーゼルの生産量。
1バレル＝159リットルで換算。　いずれも「世界国勢図会」

A 1970年代の石油危機後，代替燃料として早くからサトウキビを利用してバイオ燃料を生産　B 2000年代以降，環境意識の高まりからとうもろこしを利用してバイオ燃料を増産，世界1位へ　C 2010年代以降，パーム油を利用してバイオ燃料を増産中

POINT 温室効果ガス排出量の割合の変化に注目して国名・地域名を判断できるようにしよう。バイオ燃料は，各国で原料となっている農作物の違いや増産されるようになった時代の違いに注目しよう。

1 農林水産業

本冊 P.76～103

1 三大穀物と大豆の生産

▼小麦の主な生産国

（単位：千 t）

	1989～1991平均	1999～2001平均	2009～2011平均	2021（年）	1haあたりの収量(kg/ha)
【 中国 】	94,995	Ⓐ 102,463	115,902	136,946	5,811
【 インド 】	53,031	Ⓐ 72,446	82,786	109,590	3,467
Ⓑ ロシア	Ⓒ ※87,014	37,484	53,162	76,057	2,724
Ⓑ【 アメリカ合衆国 】	61,204	Ⓓ 58,736	58,282	44,790	2,978
Ⓑ【 フランス 】	33,177	35,284	37,512	36,559	6,928
Ⓑ ウクライナ	…	15,043	20,020	32,183	4,533
Ⓑ オーストラリア	14,782	22,777	23,555	31,923	2,525
パキスタン	14,433	19,320	24,186	27,464	2,996
世界計	560,622	585,788	673,780	770,877	3,492

※旧ソ連。

Ⓐ 人口大国の主食　Ⓑ 欧米諸国が生産の中心　Ⓒ 1990年代はソ連解体後の社会・経済の混乱から減少したが，2000年代以降経済が回復し，農業法人による栽培技術の向上から，近年はアメリカ合衆国を生産・輸出とも抜いている　Ⓓ 2000年代以降，より利益が大きいとうもろこしへの転作が進んだ結果，小麦の生産量が減少傾向

▼米の主な生産国（もみ量）

（単位：千 t）

		1989～1991平均	1999～2001平均	2009～2011平均	2021（年）		1haあたりの収量(kg/ha)
【 中国 】	モンスーンアジアで世界生産の約9割！	184,425	187,992	197,288	212,843	Ⓐ	7,114
【 インド 】		111,290	133,954	145,845	195,425	Ⓐ	4,214
【バングラデシュ】		26,935	36,109	49,611	56,945	Ⓑ	4,867
インドネシア		44,864	51,075	58,852	54,415		5,226
【 ベトナム 】		19,281	32,011	40,451	43,853	Ⓒ	6,074
タイ		19,398	26,372	35,401	33,582		2,987
ミャンマー		13,590	20,894	30,928	24,910		3,811
フィリピン		9,672	12,377	16,241	19,960		4,154
世界計		517,168	603,364	698,069	787,294		4,764

Ⓐ 人口大国の主食　Ⓑ 近年，灌漑整備や機械化によって増産が進んだ　Ⓒ 1986年のドイモイ政策以降，増産

▼とうもろこしの主な生産国

（単位：千 t）

	1989～1991平均	1999～2001平均	2009～2011平均	2021（年）	1haあたりの収量（kg/ha）
【 アメリカ合衆国 】	Ⓐ 194,240	244,260	320,109	383,943	11,111
【 中国 】	Ⓑ 91,507	116,059	178,060	272,552	6,291
【 ブラジル 】	Ⓒ 23,854	35,508	53,915	88,462	4,650
【 アルゼンチン 】	5,995	15,215	19,861	60,526	7,430
ウクライナ	…	3,075	15,092	42,110	7,682
インド	8,892	12,238	20,068	31,650	3,210
メキシコ	13,280	18,466	20,360	27,503	3,852
インドネシア	6,394	9,409	17,867	20,010	5,724
世界計	484,966	604,861	853,771	1,210,235	5,879

Ⓐ 古くから世界最大の生産国，近年はバイオ燃料の原料としての需要増加で増産

Ⓑ 2000年代以降，経済成長に伴う肉食需要の増加で飼料作物としての需要増加

Ⓒ 農地拡大余地が大きかったため，灌漑整備で増産（大豆も同様）

▼大豆の主な生産国

（単位：千 t）

	1989～1991平均	1999～2001平均	2009～2011平均	2021（年）	1haあたりの収量（kg/ha）
【 ブラジル 】	Ⓐ 19,629	33,905	66,972	134,935	3,445
【 アメリカ合衆国 】	52,944	75,317	88,808	120,707	3,455
アルゼンチン	9,354	22,339	44,186	46,218	2,807
中国	10,314	15,020	14,850	16,400	1,952
インド	2,300	6,107	11,638	12,610	1,042
パラグアイ	1,481	3,181	6,542	10,537	2,895
カナダ	1,314	2,373	4,164	6,272	2,940
ロシア	882	342	1,269	4,760	1,592
世界計	106,187	165,382	250,024	371,694	2,870

いずれも「世界国勢図会」

Ⓐ 中国向けの輸出拡大を背景に増産，とくに農地拡大余地が大きかった南米の国で生産拡大

POINT 小麦，米，とうもろこし，大豆の主要な生産国は頻出。増産となった背景とともに，しっかり覚えておこう。

2 プランテーション作物の生産と貿易

▼コーヒー豆の生産

2021年		千トン	%
【ブラジル】	A	2,994	30.2
【ベトナム】	B	1,845	18.6
インドネシア		765	7.7
【コロンビア】	A	560	5.7
【エチオピア】	C	456	4.6
世界計		9,917	100.0

A 中南米が生産の中心，サトウキビ生産1位の国が同じく生産1位　B 1986年のドイモイ政策以降，増産　C 原産地，アフリカ最大の生産国

▼カカオ豆の生産

2021年	千トン	%
【コートジボワール】	2,200	39.4
【ガーナ】	822	14.7
インドネシア	728	13.0
ブラジル	302	5.4
エクアドル	302	5.4
世界計	5,580	100.0

ギニア湾岸諸国が生産の中心，日本は2位の国からの輸入が多い

▼茶（茶葉）の生産

2021年		千トン	%
【中国】	A	13,757	48.8
【インド】	A	5,482	19.4
【ケニア】	B	2,338	8.3
トルコ		1,450	5.1
【スリランカ】	B	1,302	4.6
世界計		28,192	100.0

A 人口大国で飲用者が多い2か国が二大生産国　B 旧英領の2か国が上位

▼コーヒー豆の貿易

	2021年	千トン	%
輸出	【ブラジル】	2,283	29.2
	【ベトナム】	1,218	15.6
	コロンビア	688	8.8
	ホンジュラス	388	5.0
	インドネシア	380	4.9
	世界計	7,810	100.0
輸入	アメリカ	1,470	19.4
	ドイツ	1,112	14.7
	イタリア	619	8.2
	日本	402	5.3
	ベルギー	340	4.5
	世界計	7,583	100.0

輸出上位2か国は生産順と同じ

▼カカオ豆の貿易

	2021年	千トン	%
輸出	【コートジボワール】	1,681	40.2
	【ガーナ】	586	14.0
	ナイジェリア	345	8.2
	エクアドル	330	7.9
	カメルーン	251	6.0
	世界計	4,187	100.0
輸入	オランダ	847	20.8
	マレーシア	479	11.8
	アメリカ	472	11.6
	ドイツ	447	11.0
	ベルギー	336	8.3
	世界計	4,064	100.0

輸出上位2か国は生産順と同じ

▼茶（茶葉）の貿易

	2021年	千トン	%
輸出	【ケニア】	557	27.1
	中国	369	18.0
	【スリランカ】	283	13.8
	インド	197	9.6
	ベトナム	82	4.0
	世界計	2,053	100.0
輸入	パキスタン	260	13.5
	ロシア	155	8.0
	アメリカ	116	6.0
	イギリス	108	5.6
	エジプト	73	3.8
	世界計	1,931	100.0

旧英領の2か国が輸出では生産順より上位に

▼天然ゴムの生産

2021年	千トン	%
【タイ】	4,644	33.1
【インドネシア】	3,121	22.3
【ベトナム】	1,272	9.1
中国	749	5.3
インド	749	5.3
世界計	14,022	100.0

東南アジアが生産の中心，なかでも東南アジア最大の自動車生産国が1位（←タイヤ）

▼パーム油の生産

2020年	千トン	%
【インドネシア】	44,759	59.0
【マレーシア】	19,141	25.2
タイ	2,690	3.5
コロンビア	1,558	2.1
ナイジェリア	1,280	1.7
世界計	75,876	100.0

東南アジアの2か国で世界生産の8割超

▼コプラの生産

2020年	千トン	%
【インドネシア】	1,691	33.2
【フィリピン】	1,430	28.1
インド	750	14.7
【ベトナム】	282	5.5
メキシコ	239	4.7
世界計	5,087	100.0

東南アジアが生産の中心

▼バナナの生産

2021年		万トン	%
【インド】	A	3,306	26.5
中国		1,172	9.4
インドネシア	B	874	7.0
ブラジル	B	681	5.5
【エクアドル】	B	668	5.3
世界計		12,498	100.0

A 原産地（国内向け）
B 赤道が通過する国

▼綿花の生産

2020年	万トン	%
【インド】	613	25.3
【中国】	591	24.4
【アメリカ】	318	13.1
ブラジル	276	11.4
パキスタン	120	5.0
世界計	2,420	100.0

1～3位は人口順

▼サトウキビの生産

2021年		万トン	%
【ブラジル】	A	71,566	38.5
【インド】	B	40,540	21.8
中国		10,666	5.7
パキスタン		8,865	4.8
タイ		6,628	3.6
世界計		185,939	100.0

A 古くから世界一，近年はバイオ燃料の原料需要の増加で増産傾向　B ガンジス川中流域が生産の中心

▼バナナの貿易

	2021年		万トン	%
輸出	【エクアドル】	A	681	27.7
	グアテマラ	A	249	10.1
	【フィリピン】	B	243	9.9
	コスタリカ	A	231	9.4
	コロンビア	A	210	8.6
	世界計		2,458	100.0
輸入	アメリカ		464	19.9
	中国		186	8.0
	ロシア		146	6.3
	オランダ		144	6.1
	ドイツ		141	6.1
	世界計		2,334	100.0

A 輸出の中心は中南米
B 日本の最大輸入先

▼綿花の貿易

	2021年	万トン	%
輸出	アメリカ	298	31.4
	ブラジル	202	21.3
	インド	129	13.6
	オーストラリア	72	7.6
	ギリシャ	38	4.0
	世界計	948	100.0
輸入	中国	214	23.2
	【ベトナム】	147	15.9
	【バングラデシュ】	143	15.5
	トルコ	119	12.9
	パキスタン	90	9.8
	世界計	923	100.0

輸入はアジア中心，縫製業が盛んな国

▼ジュートの生産

2021年	千トン	%
【インド】	1,720.0	49.7
【バングラデシュ】	1,681.9	48.6
ウズベキスタン	19.1	0.6
中国	15.7	0.5
ネパール	10.5	0.3
世界計	3,457.6	100.0

ガンジス川下流域が生産の中心，上位2か国で世界の9割超

「データブック　オブ・ザ・ワールド」

3 その他の作物の生産

▼ばれいしょ（じゃがいも）の生産

2021年		万トン	%
【中国】	A	9,430	25.1
【インド】	A	5,423	14.4
ウクライナ	B	2,136	5.7
【アメリカ】	B	1,858	4.9
【ロシア】	B	1,830	4.9
世界計		37,612	100.0

A 人口大国　B 高緯度の冷涼な気候が広がる国

▼大麦の生産

2021年		万トン	%
【ロシア】	A	1,800	12.4
【オーストラリア】	B	1,465	10.1
フランス	A	1,132	7.8
ドイツ	A	1,041	7.1
ウクライナ	A	944	6.5
世界計		14,562	100.0

A 耐寒性→冷涼な欧州の面積が広い国　B 耐乾性→乾燥する面積が広い国

▼ライ麦の生産

2021年		万トン	%
【ドイツ】	A	333	25.1
【ポーランド】	A	247	18.7
【ロシア】	B	172	13.0
ベラルーシ	B	85	6.4
デンマーク	A	67	5.1
世界計		1,322	100.0

A バルト海に面する欧州諸国が上位　B 旧ソ連諸国で高緯度側の国が上位

▼キャッサバ（マニオク）の生産

2021年	万トン	%
【ナイジェリア】	6,303	20.0
コンゴ民主共和国	4,567	14.5
【タイ】	3,011	9.6
ガーナ	2,268	7.2
【ブラジル】	1,810	5.7
世界計	31,481	100.0

熱帯，なかでもアフリカの熱帯地域が中心

▼オリーブの生産

2021年	千トン	%
【スペイン】	8,257	35.8
【イタリア】	2,271	9.8
トルコ	1,739	7.5
モロッコ	1,591	6.9
ポルトガル	1,376	6.0
世界計	23,054	100.0

地中海周辺諸国が中心

▼なつめやしの生産

2021年	千トン	%
【エジプト】	1,748	18.1
サウジアラビア	1,566	16.2
イラン	1,304	13.5
アルジェリア	1,189	12.3
イラク	750	7.8
世界計	9,656	100.0

西アジア～北アフリカが中心

▼てんさいの生産

2021年	万トン	%
【ロシア】	4,120	15.3
【フランス】	3,437	12.7
アメリカ	3,334	12.3
ドイツ	3,195	11.8
トルコ	1,825	6.8
世界計	27,016	100.0

混合農業の盛んな国が上位

▼オレンジ類の生産

2021年	万トン	%
中国	3,255	27.7
【ブラジル】	1,730	14.7
インド	1,027	8.7
【スペイン】	561	4.8
アメリカ	507	4.3
世界計	11,752	100.0

2～4位の国は高温・温暖な気候環境下

▼ぶどうの生産

2021年	万トン	%
【中国】	1,120	15.2
【イタリア】	815	11.1
【スペイン】	609	8.3
アメリカ	549	7.5
フランス	507	6.9
世界計	7,352	100.0

1位の国は経済成長による食生活の多様化で増産，欧米諸国を抜いて世界一

▼ワインの生産

2020年	万トン	%
【イタリア】	519	19.5
【フランス】	439	16.5
スペイン	407	15.3
【中国】	200	7.5
アメリカ	189	7.1
世界計	2,668	100.0

ワインは伝統産業であるため，地中海沿岸諸国が中国やアメリカより上位

「データブック　オブ・ザ・ワールド」

POINT プランテーション作物・その他の作物は，とくに気候などの栽培条件を意識しながら上位国について確認しておこう。スーパーなどで産地をチェックする習慣をつけるのもよい。

4 農林水産業の労働生産性と土地生産性

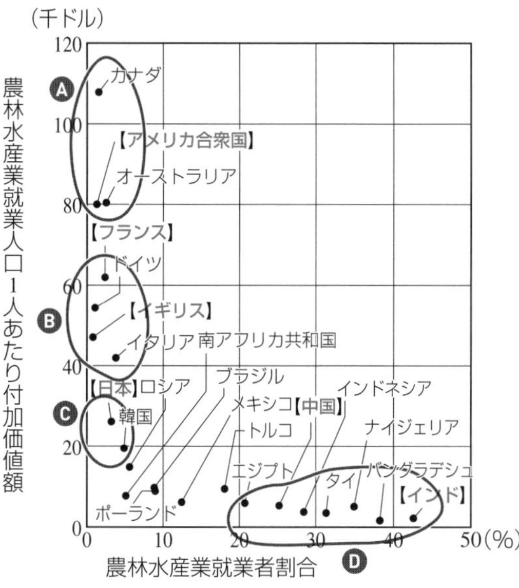

◀農林水産業就業者割合と農林水産業付加価値額（2019年）

A 農林水産業付加価値額は新大陸の先進国が最上位　B 西欧が次点　C 東アジアの先進国　D アジア・アフリカ

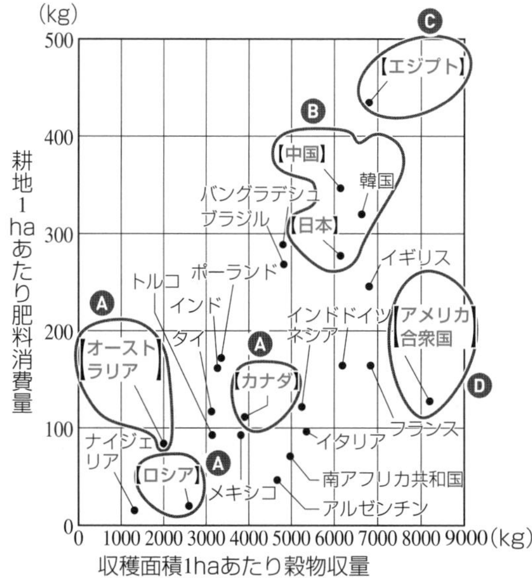

◀肥料消費量と穀物収量（2018年）

A 自然環境が厳しいため穀物収量が低い　B 1人あたり耕地面積が狭い東アジアは肥料を大量投下，灌漑整備して単位面積あたり収量アップ　C 国土のほぼ全域が砂漠で，灌漑を整備し，肥料を投下し単位面積あたり収量アップ　D 適地適作であるため収量が高い

「世界国勢図会」

POINT 農業の労働生産性や土地生産性を表す指標の問題は頻出。各指標において高くなる国，低くなる国の違いをおさえておこう。

5 日本の都道府県別の農業産出額とその内訳

▼日本の農業産出額（2021年）

都道府県	農業産出額（億円）	耕地面積1ha当たり（万円）	米（%）	野菜（%）	果実（%）	畜産（%）
全国	88,600	203.7	15.5	24.2	10.3	38.4
【北海道】	13,108	Ⓑ114.7	7.9	16.0	0.6	58.4
青森	3,277	219.1	11.9	23.0	33.4	28.9
岩手	2,651	177.6	17.4	9.2	5.0	64.2
宮城	1,755	139.8	36.1	15.4	1.3	42.9
【秋田】	1,658	Ⓑ113.3	Ⓑ52.8	17.2	4.5	21.5
山形	2,337	201.8	30.0	19.5	29.7	16.8
【福島】	1,913	Ⓑ139.3	Ⓑ30.0	22.5	15.5	24.8
茨城	4,263	262.7	14.0	35.9	2.8	30.8
栃木	2,693	221.3	16.8	26.3	3.3	47.8
【群馬】	2,404	Ⓐ364.8	4.6	Ⓐ37.1	3.3	Ⓐ48.2
埼玉	1,528	207.9	16.2	48.6	3.5	17.3
千葉	3,471	282.9	13.4	36.9	2.9	31.5
東京	196	305.8	0.5	51.0	14.3	9.2
【神奈川】	660	Ⓐ362.6	4.5	Ⓐ50.3	11.1	22.7
【新潟】	2,269	Ⓑ134.9	Ⓑ55.2	13.6	4.0	22.2
【富山】	545	Ⓑ94.0	Ⓑ64.8	9.5	3.5	15.2
【石川】	480	Ⓑ118.2	Ⓑ47.1	20.4	6.9	19.6
【福井】	394	Ⓑ98.7	Ⓑ57.4	20.6	3.0	12.4
【山梨】	1,113	Ⓐ477.7	5.2	10.7	Ⓐ70.9	7.0
長野	2,624	249.4	14.1	33.0	33.2	10.0
岐阜	1,104	200.0	16.2	32.0	5.5	38.4
静岡	2,084	338.9	7.8	28.4	13.5	26.1
【愛知】	2,922	Ⓐ398.6	8.0	Ⓐ35.3	6.6	28.7
三重	1,067	185.2	21.4	14.1	6.5	43.7
【滋賀】	585	Ⓑ114.9	Ⓑ52.1	17.4	1.2	19.5
京都	663	223.2	22.8	37.4	2.9	22.3
大阪	296	238.7	18.9	46.3	21.6	6.4
兵庫	1,501	206.2	26.0	24.4	2.3	42.3
奈良	391	197.5	22.3	27.9	20.5	14.3
【和歌山】	1,135	Ⓐ359.2	6.5	12.0	Ⓐ69.6	3.3
鳥取	727	213.2	16.9	28.2	8.9	39.8
島根	611	168.8	26.8	16.2	7.0	44.2
岡山	1,457	232.4	15.6	13.9	19.5	47.3
広島	1,213	229.7	18.3	20.0	13.3	44.9
山口	643	144.5	27.4	23.2	8.1	32.5
徳島	930	331.0	9.8	36.9	8.7	30.2
香川	792	270.3	12.9	29.8	8.5	42.4
愛媛	1,244	269.3	11.1	15.0	44.5	22.3
【高知】	1,069	Ⓐ408.0	9.4	Ⓐ63.2	10.3	7.9
福岡	1,968	248.2	16.6	33.9	13.1	20.2
佐賀	1,206	238.8	18.5	25.6	16.9	29.5
長崎	1,551	337.9	6.8	28.3	9.7	37.3
熊本	3,477	323.4	8.7	34.1	10.4	37.9
大分	1,228	225.3	14.5	27.0	11.4	37.9
【宮崎】	3,478	Ⓐ536.7	4.6	19.0	3.7	Ⓐ66.4
【鹿児島】	4,997	Ⓐ442.6	3.5	10.9	2.1	Ⓐ66.6
沖縄	922	252.6	0.5	12.9	5.7	45.6

「データブック オブ・ザ・ワールド」

Ⓐ 耕地面積1ha当たり農業産出額の上位8県：園芸農業（野菜，果実），畜産が盛んな場所が多い　Ⓑ 耕地面積1ha当たり農業産出額の下位8道県：米の生産が盛んな場所が多い

POINT 耕地面積1ha当たり農業産出額（土地生産性）の上位都道府県については，関東近郊や四国・九州などに多く見られる。また，下位都道府県については，北海道・東北・北陸などに多く見られる。

2 エネルギー・鉱産資源

本冊 P.104～117

1 石炭・石油・天然ガスの生産と埋蔵，日本の輸入相手先

▼エネルギー資源の主要生産・埋蔵国

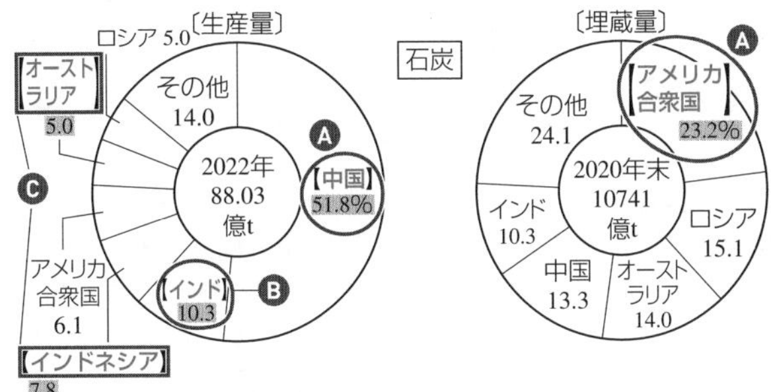

Ⓐ 世界の生産の半分を占めるが世界一の石炭輸入国　Ⓑ 世界2位の産出国だが1位の国と同様に世界2位の石炭輸入国　Ⓒ 両国は石炭の二大輸出国

Ⓐ 最近，シェールオイル，シェールガスの増産から国内での石炭消費量減少

▼日本の輸入相手先

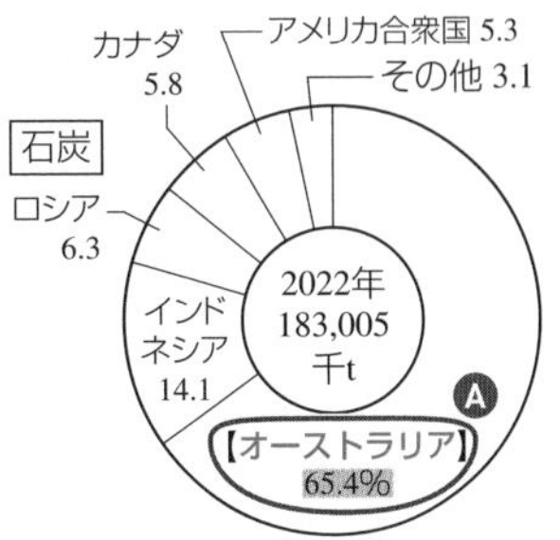

Ⓐ 鉄鋼業の主原料として石炭，鉄鉱石ともこの国に5割以上依存

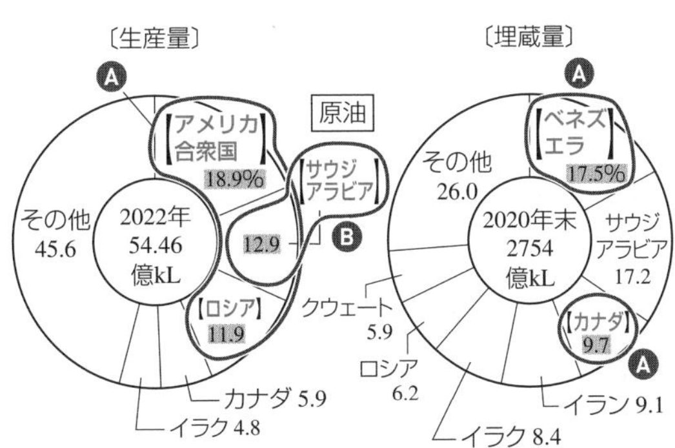

Ⓐ 三大産出国，なかでも最大の産出国は2010年代以降，シェールオイルの採掘で急増し世界一　Ⓑ 2位の国は原油の輸出世界一

Ⓐ 1位の国はオリノコタール，3位の国はオイルサンドといった質の悪い原油埋蔵が多い

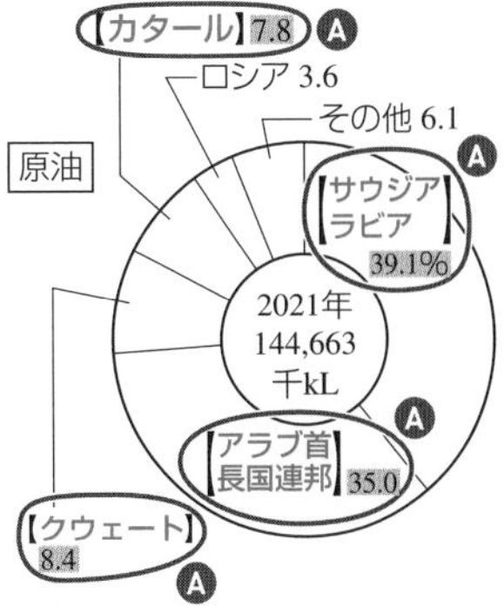

Ⓐ 日本の原油の中東依存度は約9割。なかでも，上位2か国に約7割依存

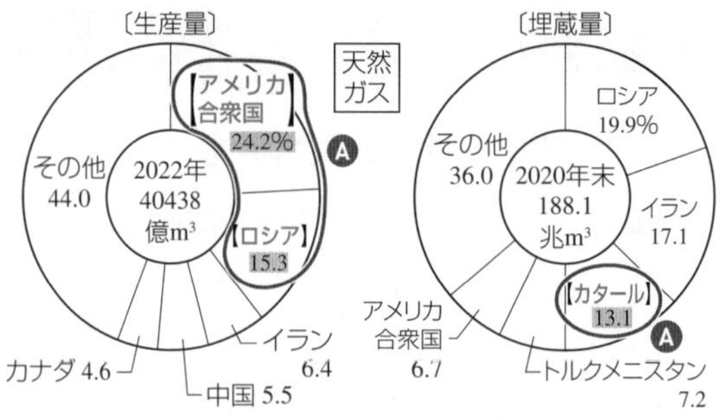

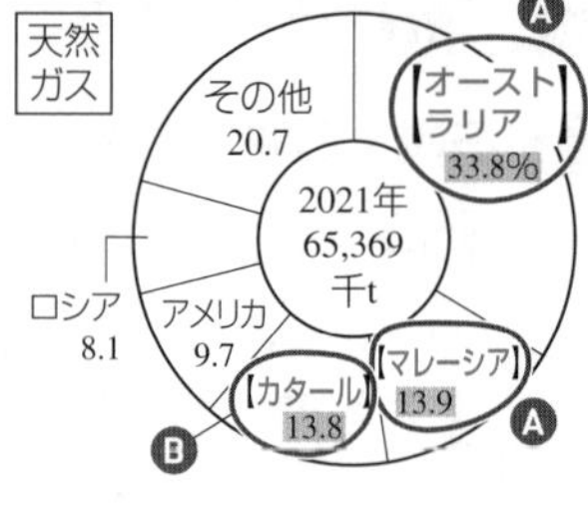

Ⓐ 二大産出国，なかでも最大の産出国は，2010年代以降，シェールガスの採掘で急増し世界一

Ⓐ 中東諸国の中で，最も天然ガスの開発に力を入れる，近年OPECを脱退

Ⓐ 日本は輸送費が高いLNG船で輸入するため，輸送費が安くすむ近隣国からが多い　Ⓑ 近年OPECを脱退した国

「世界国勢図会」「日本国勢図会」「データブック　オブ・ザ・ワールド」

2 金属鉱の産出

▼各種金属鉱の主要生産国（2019～21年）

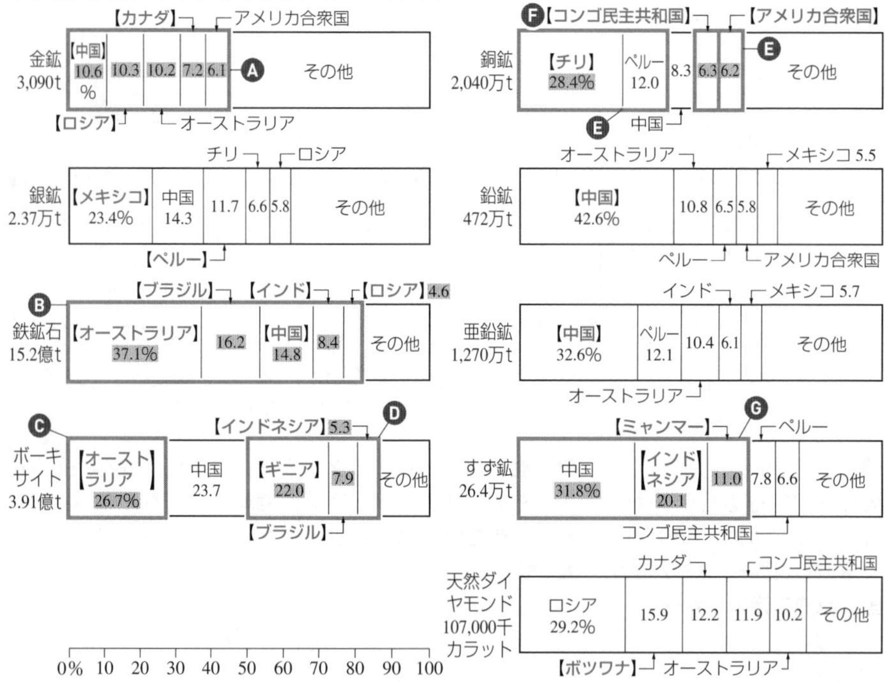

鉱種	1位	2位	3位	4位	5位	
金鉱 3,090t	【中国】10.6%	【ロシア】10.3	オーストラリア 10.2	【カナダ】7.2	アメリカ合衆国 6.1 Ⓐ	その他
銀鉱 2.37万t	【メキシコ】23.4%	中国 14.3	【ペルー】11.7	チリ 6.6	ロシア 5.8	その他
Ⓑ 鉄鉱石 15.2億t	【オーストラリア】37.1%	【ブラジル】16.2	【中国】14.8	【インド】8.4	【ロシア】4.6	その他
Ⓒ ボーキサイト 3.91億t	【オーストラリア】26.7%	中国 23.7	【ギニア】22.0	【ブラジル】7.9	【インドネシア】5.3 Ⓓ	その他
銅鉱 2,040万t	Ⓕ【チリ】28.4%	ペルー 12.0	中国 8.3	【コンゴ民主共和国】6.3	【アメリカ合衆国】6.2 Ⓔ	その他
鉛鉱 472万t	【中国】42.6%	オーストラリア 10.8	ペルー 6.5	アメリカ合衆国 5.8	メキシコ 5.5	その他
亜鉛鉱 1,270万t	【中国】32.6%	ペルー 12.1	オーストラリア 10.4	インド 6.1	メキシコ 5.7	その他
すず鉱 26.4万t	中国 31.8%	【インドネシア】20.1	Ⓖ【ミャンマー】11.0	ペルー 7.8	コンゴ民主共和国 6.6	その他
天然ダイヤモンド 107,000千カラット	ロシア 29.2%	【ボツワナ】15.9	カナダ 12.2	コンゴ民主共和国 11.9	オーストラリア 10.2	その他

（Ⓔ：チリ・ペルーの枠に付く）

0%　10　20　30　40　50　60　70　80　90　100

※金属含有量（ボーキサイトを除く）。

「世界国勢図会」

Ⓐ 国土面積が広い国に分散　Ⓑ オーストラリアとBRICS（南アフリカは第8位）　Ⓒ 北

部の半島部に多い，約3割 Ⓓ 熱帯 Ⓔ 環太平洋造山帯に多い，中でも最大の国に約3割 Ⓕ カッパーベルト Ⓖ 中国と東南アジア

3 レアメタルの産出

▼おもなレアメタル（希少金属）の産出量・産出国・割合と用途（2017, 18, 22年。産出量は世界計）

鉱種／産出量	産出国	%	おもな用途
リチウム 130.0千トン	【オーストラリア】 【チリ】 中国	46.9 30.0 14.6	リチウムイオン電池は容量が大きく高い電圧が得られるため，電子機器から電気自動車まで幅広く利用される。
レアアース（希土類） 19.0万トン	【中国】 ミャンマー オーストラリア	63.2 12.1 11.1	17元素の総称。チタン鉱石や鉄鉱石等の副産物として産出。永久磁石，研磨材，自動車用触媒，電池など。
チタン 1,279万トン	【中国】 オーストラリア モザンビーク	32.8 10.9 10.1	耐食性に優れ，軽くて丈夫な素材。航空機用構造材，ロケット，船舶，生簀（いけす），建材，化学装置用耐食剤，電極，塗料，印刷インク，医療品，腕時計，調理用品など。
クロム 3,640万トン	【南アフリカ】 トルコ インド	48.4 22.0 11.8	耐食性に優れ，めっきとして利用される。鉄，ニッケルとの合金はステンレス鋼として厨房設備，鉄道車両などに。
マンガン 1,890万トン	【南アフリカ】 オーストラリア 【ガボン】	30.7 18.4 12.3	乾電池の陽極に，減極剤として二酸化マンガンが使用される。耐摩耗性，耐食性，靭（じん）性（しなやかさ）のある合金にするために添加される。
コバルト 100.0千トン	【コンゴ民主共和国】 ロシア オーストラリア	70.3 4.1 3.3	放射性同位体のコバルト60のガンマ線源として医療分野，食品分野などに利用。合金は高温でも摩耗しにくくジェットエンジン等に利用。磁性材料としても重要。
ニッケル 216万トン	【フィリピン】 インドネシア 【(ニューカレドニア)】	16.9 16.0 10.0	ステンレス鋼，ニクロム線，構造用合金鋼（自動車，船舶），めっき，非鉄合金（電子機器），磁性材料（スピーカー，モーター），IC材料，蓄電池，触媒，硬貨など。
タンタル 1,890トン	【コンゴ民主共和国】 【ルワンダ】 ブラジル	39.2 22.3 13.2	ニオブと同じ鉱石から取り出し，精製する。小型電解コンデンサの材料になり，電機製品の小型化に不可欠。人工骨の材料，超硬合金，金型としても利用。
タングステン 81.1千トン	【中国】 ベトナム モンゴル	80.1 5.9 2.4	融点が約3400℃と高く，比重，電気抵抗が大きい。超硬工具（ドリル，カッター等），高速度鋼，耐熱鋼，線棒板（フィラメント等），接点（配電器等），触媒などに利用。
白金（プラチナ） 190トン	【南アフリカ】 ロシア ジンバブエ	72.1 11.6 7.9	化学的に極めて安定し酸化されにくく融点が高いので，度量衡原器，電極，るつぼ，電気接点，熱電対，装飾品などに利用。医療品，触媒，磁性体の材料にもなる。

「データブック オブ・ザ・ワールド」

POINT 石炭・石油・天然ガスは上位国の違いに注目しよう。金属鉱の産出は，大国以外の上位国に注目しよう。レアメタルは，中国や南アフリカ共和国，コンゴ民主共和国などに偏って埋蔵されているため，産出も偏っている。

4 おもな国の発電量の内訳

▼主要国の発電エネルギー源別割合（2022年）

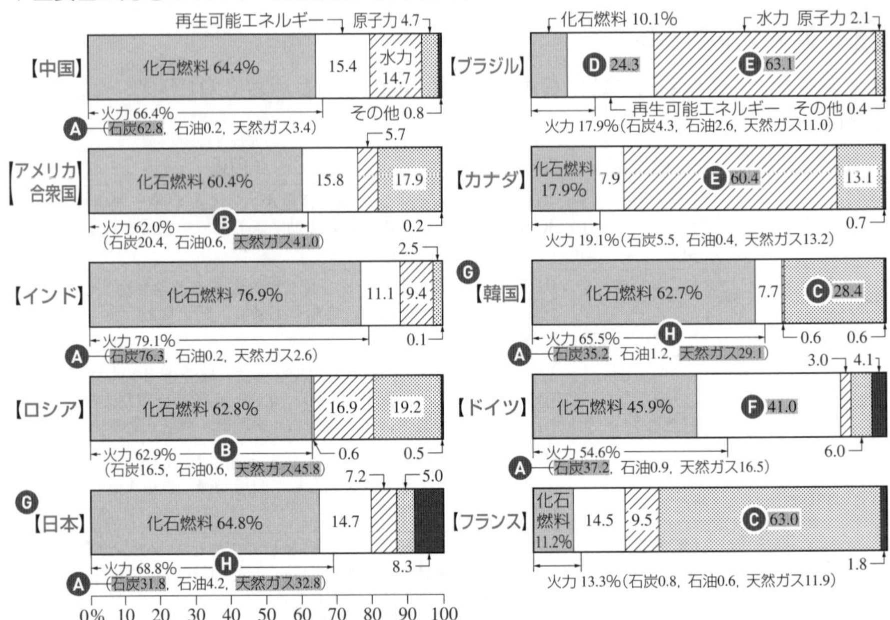

※再生可能エネルギーのうち，バイオ燃料などは火力発電に含む（地熱発電も含めている）。
水力を除く。

「世界国勢図会」

Ⓐ 石炭が大半　Ⓑ 天然ガスの大産出国　Ⓒ 原子力が高い　Ⓓ バイオ燃料が多い
Ⓔ 水力中心　Ⓕ 再生可能エネルギー（風力、太陽光など）が高い　Ⓖ 二国間で化石燃料の内訳が類似，日本は2011年の原発事故の影響から原子力発電の割合が大きく低下
Ⓗ クリーンエネルギーとして利用推進

POINT 主要国において，化石燃料（石炭・石油・天然ガス），原子力，水力，再生可能エネルギーのどの割合が高いか，しっかり復習しておこう。

3 工業

本冊 P.118～131

1 粗鋼生産・自動車生産

▼粗鋼の生産　（単位：千 t）

	1990	2000	2010	2022（年）
【中国】	Ⓐ 66,350	128,500	638,743	1,017,959
【インド】	Ⓑ 14,963	26,924	68,976	125,067
【日本】	Ⓒ 110,339	106,444	109,599	89,238
【アメリカ合衆国】	Ⓒ 89,726	101,824	80,495	80,535
【ロシア】	Ⓓ [1]67,029	59,136	66,942	71,469
韓国	23,125	43,107	58,914	65,856
【ドイツ】	Ⓒ [2]38,434	46,376	43,830	36,849
トルコ	9,443	14,325	29,143	35,134
ブラジル	20,567	27,865	32,948	33,964
イラン	1,425	6,600	11,995	30,593
世界計	770,429	850,020	1,435,254	1,885,026

※1) 1992年。2) 旧西ドイツ。

Ⓐ 2000年代以降急増，圧倒的な1位　Ⓑ 1位の国と同じく増産，現在，日本を抜いて2位　Ⓒ 先進国の日米独は頭打ちから減少傾向へ　Ⓓ 1990年代はソ連解体後の不況から生産減少，2000年代以降は景気が回復し増産傾向

▼自動車の生産台数　（単位：千台）

	1990	2000	2010	2022（年）
【中国】	Ⓐ 470	2,069	18,265	27,021
【アメリカ合衆国】	ⒷⒸ 9,785	12,800	7,743	10,060
【日本】	ⒷⒸ 13,487	10,141	9,629	7,836
【インド】	Ⓓ 364	801	3,557	5,457
【韓国】	Ⓑ 1,322	3,115	4,272	3,757
【ドイツ】	Ⓑ ※4,977	5,527	5,906	3,678
メキシコ	821	1,936	2,342	3,509
ブラジル	914	1,682	3,382	2,370
【スペイン】	Ⓑ 2,053	3,033	2,388	2,219
タイ	305	412	1,645	1,884

※旧西ドイツ。

「世界国勢図会」

Ⓐ 2000年代以降急増，最近は国策として電気自動車を推進し，輸出でも日本を抜いて世界一へ　Ⓑ 先進国では国内需要の停滞で近年は減少傾向　Ⓒ 1980年代の日米自動車貿易摩擦の影響を受け，1990年代に日本企業はアメリカ合衆国での現地生産を拡大，そ

れに伴い日本の生産縮小。2000年代にエコカー需要の拡大で再び日本がアメリカ合衆国を抜くが，2011年の東日本大震災の影響を受け，その後，日本国内での生産を縮小，日本企業は新興国での生産を拡大 Ⓓ 2010年代以降，経済成長に伴う所得水準の上昇で国内需要が急増

POINT 粗鋼，自動車の生産とも，上位国の生産がどのように推移しているのかを背景とあわせてしっかりおさえておこう。

2 おもな国の産業別人口構成

▼おもな国の産業別人口構成 (単位：%)

		日本	【中国】	【タイ】	【インド】	【サウジアラビア】	エチオピア	南アフリカ共和国
第1次	農林漁業	3.2	Ⓐ 24.4	Ⓐ 31.6	Ⓐ 44.0	2.7	63.7	21.3
第2次	鉱業・採石	0.1	0.4	0.1	0.3	1.2	0.8	2.2
	製造業	15.8	19.0	15.9	11.5	8.9	5.1	8.1
	電気・ガス・水道	0.5	0.8	0.6	0.8	1.0	0.9	0.6
	建設	7.3	7.9	5.9	12.8	8.9	3.4	6.4
2次計		23.7	28.1	22.5	25.1	20.0	10.2	17.3
第3次	卸売・小売	14.1	14.7	16.3	11.7	14.2	7.5	14.0
	運輸・情報通信	8.5	5.6	3.9	Ⓑ 5.6	4.2	1.3	9.1
	宿泊・飲食	5.1	4.9	7.6	1.7	3.7	1.5	2.7
	金融・保険	2.5	1.4	1.4	1.1	1.3	0.5	2.1
	不動産・専門サービス	9.4	3.2	3.4	2.0	5.7	1.2	8.1
	公務・社会保障	4.4	5.5	4.4	1.5	Ⓒ 13.1	0.9	4.1
	教育	5.9	4.6	3.1	3.4	8.9	2.6	5.2
	医療・福祉	15.3	2.3	2.1	1.1	5.6	0.9	5.3
3次計		65.2	42.2	42.2	28.1	56.7	16.4	50.6
計		100.0	100.0	100.0	100.0	100.0	100.0	100.0

Ⓐ 急速な経済成長を遂げるものの，依然，2～4割が第1次産業に従事 Ⓑ 途上国の中では高い（ソフトウェア産業，データ処理業など） Ⓒ オイルマネーで潤う中東産油国では，国民に公務員としての雇用機会が提供されているため高い

		【イギリス】	イタリア	ポーランド	ロシア	アメリカ	ブラジル	オーストラリア
第1次	農林漁業	1.0	4.0	8.4	5.8	1.7	9.7	2.4
第2次	鉱業・採石	0.4	0.1	1.2	2.2	0.3	0.5	1.9
	製造業	9.0	18.6	19.5	14.2	9.9	11.8	6.9
	電気・ガス・水道	1.4	1.6	2.2	3.7	1.3	0.8	1.3
	建設	7.2	6.3	8.1	6.8	7.7	7.7	8.7
	2次計	18.0	26.6	31.0	26.9	19.2	20.8	18.8
第3次	卸売・小売	11.9	13.8	13.8	15.6	12.8	19.0	13.5
	運輸・情報通信	9.1	8.0	9.8	10.6	10.8	6.9	8.5
	宿泊・飲食	5.1	5.3	2.2	2.5	6.1	5.1	6.1
	金融・保険	4.1	2.8	2.4	2.2	5.1	1.5	3.7
	不動産・専門サービス	13.6	11.5	7.8	7.9	12.3	9.0	11.7
	公務・社会保障	6.8	5.1	6.7	6.9	3.6	5.4	7.2
	教育	10.6	7.2	7.8	9.3	8.9	6.7	9.1
	医療・福祉	14.0	8.4	6.7	7.8	14.3	5.6	15.0
	3次計	75.2	62.1	57.2	62.8	73.9	59.2	74.8
	計	100.0	100.0	100.0	100.0	100.0	100.0	100.0

「世界国勢図会」

・第1次…早くに先進国になった国ほど低く，貧しい国ほど高い

・第2次…「世界の工場」となった国や東欧諸国で高い。先進国では脱工業化，サービス経済化の進展から近年は低下傾向。イギリス・アメリカはとくにその傾向が顕著

・第3次…どの国にも共通して第3次産業では卸売・小売の割合が高い。先進国では共通して医療・福祉の割合が高い。サービス経済化が早くから進展したイギリス・アメリカは金融・保険，不動産・専門サービスの割合が高い

POINT 産業別人口構成の違いから，先進国と途上国の判別，さらに先進国どうしの判別をできるようにしよう。

3 業種別店舗の販売額の推移

▼店舗の種類別および通信販売の販売額推移

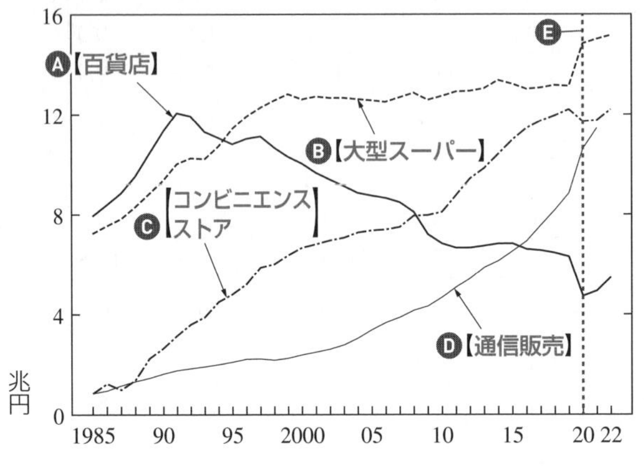

「日本国勢図会」

Ⓐ 1990年代のバブル経済崩壊後の不況から年々減少傾向　Ⓑ モータリゼーションの進行から郊外の幹線道路沿いの出店が増えていたが，2000年代以降，人口減少から販売額は停滞へ　Ⓒ 売場面積の狭さから出店場所を選ぶ必要性が少なく，利便性の高さから増加傾向。近年は情報通信技術の発達によるサービスの多様化（ATMの設置，決済サービスなど）でさらに増加　Ⓓ 情報通信技術の発達から年々増加傾向　Ⓔ 新型コロナウイルス感染症のまん延で，外出制限が出された影響から大型スーパー，通信販売は急増した一方，休業要請の出された百貨店は急減

POINT 近年の動向（新型コロナウイルス感染症含む）から，各店舗・通信販売の販売額の推移の違いについておさえておこう。

1 交通・通信

本冊 P.132～141

1 おもな国の輸送機関別国内輸送量の割合

▼おもな国の輸送機関別国内輸送量の割合

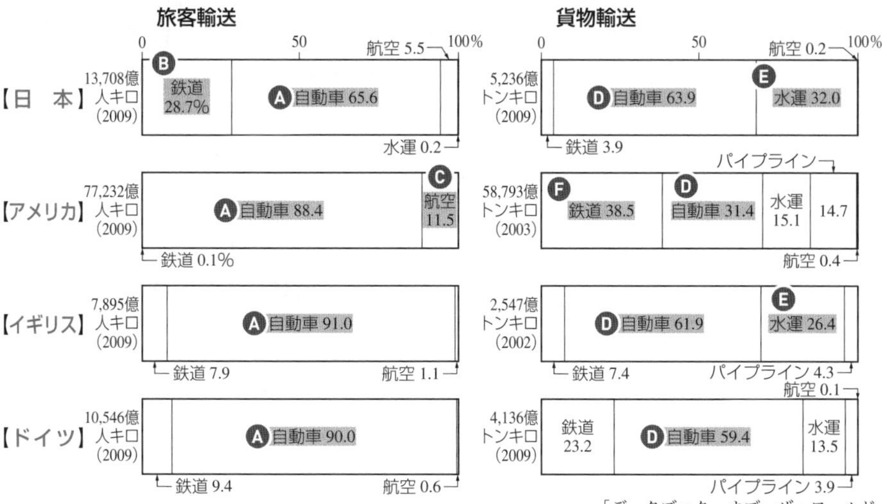

「データブック　オブ・ザ・ワールド」

Ⓐ 先進国では自動車の割合が極めて高い。途上国では鉄道の割合が高くなる　Ⓑ 先進国の中では鉄道の割合が高い（新幹線，大都市圏の鉄道網の整備）　Ⓒ 国土面積が広く，人口が多い国では航空の割合が比較的高い　Ⓓ 先進国では自動車の割合が高い　Ⓔ 島国は水運の割合が高い　Ⓕ この国（やロシア）は大陸横断鉄道が整備されているため，鉄道の割合が高い

POINT 先進国・途上国や，国土の特徴(面積の広さ，島国など)から，旅客輸送・貨物輸送の割合を判断するようにしよう。

2 港湾別コンテナ取扱量

▼港湾別コンテナ取扱量

（単位：万TEU）

1990年		2000年		2020年	
【シンガポール】（シンガポール） Ⓑ	522	【ホンコン】（中国） Ⓑ	1,810	【シャンハイ】（中国） Ⓐ	4,350
【ホンコン】（中国） Ⓑ	510	【シンガポール】（シンガポール） Ⓑ	1,704	【シンガポール】（シンガポール） Ⓑ	3,687
【ロッテルダム】（オランダ） Ⓒ	367	【プサン】（韓国）	754	ニンポー（中国） Ⓐ	2,873
カオシュン（台湾）	349	カオシュン（台湾）	743	【シェンチェン】（中国） Ⓐ	2,655
【神戸】（日本） Ⓓ	260	【ロッテルダム】（オランダ） Ⓒ	628	コワンチョウ（中国） Ⓐ	2,319
【プサン】（韓国）	235	シャンハイ（中国）	561	チンタオ（中国） Ⓐ	2,200
ロサンゼルス（アメリカ合衆国）	212	ロサンゼルス（アメリカ合衆国）	488	【プサン】（韓国）	2,159
ハンブルク（ドイツ）	197	ロングビーチ（アメリカ合衆国）	460	テンチン（中国） Ⓐ	1,835
ニューヨーク（アメリカ合衆国）	190	ハンブルク（ドイツ）	425	【ホンコン】（中国） Ⓐ Ⓑ	1,797
キールン（台湾）	181	アントワープ（ベルギー）	408	ロサンゼルス（アメリカ合衆国）	1,732
横浜（日本）	165	シェンチェン（中国）	399	【ロッテルダム】（オランダ） Ⓒ	1,434
ロングビーチ（アメリカ合衆国）	160	ポートケラン（マレーシア）	321	【ドバイ】（アラブ首長国連邦） Ⓔ	1,348
東京（日本）	156	【ドバイ】（アラブ首長国連邦） Ⓔ	306	ポートケラン（マレーシア）	1,324
アントワープ（ベルギー）	155	ニューヨーク（アメリカ合衆国）	305	アントワープ（ベルギー）	1,203
フェリクストウ（イギリス）	142	東京（日本）	290	アモイ（中国） Ⓐ	1,141

※国際標準規格の20フィートコンテナを1TEUとする。

「世界国勢図会」

Ⓐ 現在，中国の港湾が上位のほとんどを占める。なかでも2020年に第１位の港は経済の中心　Ⓑ 2020年に第２位の港は，古くから中継貿易港としての地位を維持。一方，2000年に第１位だった港は他の中国の港湾整備が進んだ結果，その地位を低下させている　Ⓒ 地位は低下しているが，ヨーロッパ最大の貿易港　Ⓓ 阪神・淡路大震災（兵庫県南部地震，1995年）以降，地位が急速に低下　Ⓔ 近年中東地域のハブとして地位上昇

POINT 以前は先進国の港湾が上位を占めていたが，2000年代以降，経済成長を遂げた中国を中心に最新設備をもつアジアの港湾が上位を占める。

3 世界の空港の乗降旅客数と貨物量

▼2019年旅客輸送ランキング(国際線＋国内線)

順位	空港		万人
1位	【アトランタ】	(アメリカ)	11,053.1
2位	【　ペキン　】	(中国) Ⓐ	10,001.1
3位	【ロサンゼルス】	(アメリカ)	8,806.8
4位	ドバイ	(アラブ首長国連邦)	8,639.7
5位	羽田	(日本)	8,550.5
6位	シカゴ	(アメリカ) Ⓐ	8,464.9
7位	ロンドン	(イギリス)	8,088.8
8位	【シャンハイ】	(中国) Ⓐ	7,615.3
9位	パリ	(フランス)	7,615.0
10位	ダラス・フォートワース	(アメリカ) Ⓐ	7,506.7

▼2019年旅客輸送ランキング(国際線)

順位	空港		万人
1位	【　ドバイ　】	(アラブ首長国連邦) Ⓐ	8,632.9
2位	【 ロンドン 】	(イギリス) Ⓑ	7,604.4
3位	【アムステルダム】	(オランダ) Ⓑ	7,168.0
4位	【 ホンコン 】	(中国) Ⓒ	7,128.8
5位	【インチョン】	(韓国) Ⓒ	7,057.8
6位	【　パリ　】	(フランス) Ⓑ	6,982.3
7位	【シンガポール】	(シンガポール) Ⓒ	6,760.1
8位	【フランクフルト】	(ドイツ) Ⓑ	6,306.8
9位	【 バンコク 】	(タイ) Ⓒ	5,293.4
10位	台北	(台湾) Ⓒ	4,836.0

「世界国勢図会」

Ⓐ 国土面積が広く，人口が多い，アメリカや中国の空港が上位

Ⓐ オイルマネーをいかした航空運輸業の推進でヨーロッパとアジアを結ぶハブとして，現在，国際線の乗降客数では世界最多
Ⓑ ヨーロッパを代表する国際ハブ空港
Ⓒ アジアを代表する国際ハブ空港

▼2019年貨物輸送ランキング(国際線＋国内線)

順位	空港		億トン
1位	【 ホンコン 】	(中国) Ⓑ	48.0
2位	メンフィス	(アメリカ)	43.2
3位	【シャンハイ】	(中国) Ⓑ	36.3
4位	ルイビル	(アメリカ)	27.9
5位	【インチョン】	(韓国) Ⓑ	27.6
6位	【アンカレジ】	(アメリカ) Ⓐ	27.5
7位	【　ドバイ　】	(アラブ首長国連邦) Ⓑ	25.1
8位	【　ドーハ　】	(カタール) Ⓑ	22.2
9位	台北	(台湾) Ⓑ	21.8
10位	【　成田　】	(日本) Ⓑ	21.0

▼2019年貨物輸送ランキング(国際線)

順位	空港		億トン
1位	【 ホンコン 】	(中国) Ⓑ	47.0
2位	【シャンハイ】	(中国) Ⓑ	28.3
3位	【インチョン】	(韓国) Ⓑ	26.6
4位	【　ドバイ　】	(アラブ首長国連邦) Ⓑ	25.1
5位	【　ドーハ　】	(カタール) Ⓑ	21.7
6位	台北	(台湾) Ⓑ	21.7
7位	【　成田　】	(日本) Ⓑ	20.4
8位	【シンガポール】	(シンガポール) Ⓑ	20.1
9位	フランクフルト	(ドイツ)	19.6
10位	【アンカレジ】	(アメリカ) Ⓐ	19.4

Annual World Airport Traffic Report

Ⓐ 北米・欧州・東アジアのほぼ中間地点に位置することで貨物の国際ハブ空港となっている　Ⓑ 旅客輸送と比べて貨物輸送では運賃が高価なことがあり，小型・軽量な電子部品等が積み荷の中心。アジア域内では電子機械・情報通信機器の国際分業生産が盛んなためアジアの空港が上位

POINT 旅客輸送と貨物輸送の違いや国内線を含む・含まないの違いに注目。

2 観光

本冊 P.132 ～ 141

1 外国人旅行者受入数，国際観光収支など

▼外国人旅行者受入数ランキング（2019年（令和元年））

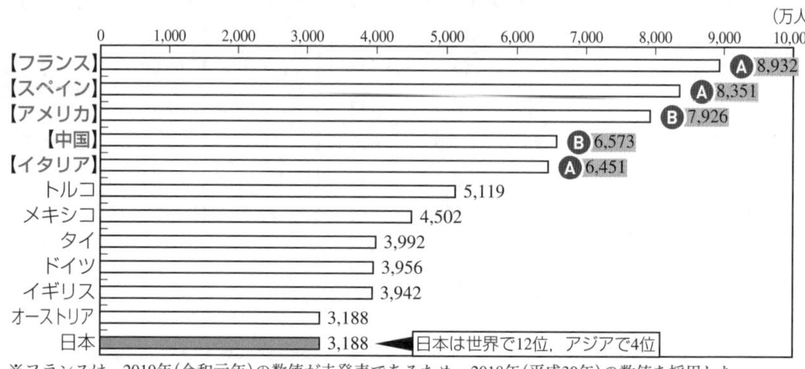

※フランスは，2019年（令和元年）の数値が未発表であるため，2018年（平成30年）の数値を採用した。

Ⓐ 温暖な気候環境下に位置する地中海沿岸諸国が上位　Ⓑ 大国の２国は受入数も多い

▼国際観光収入ランキング（2019年（令和元年））

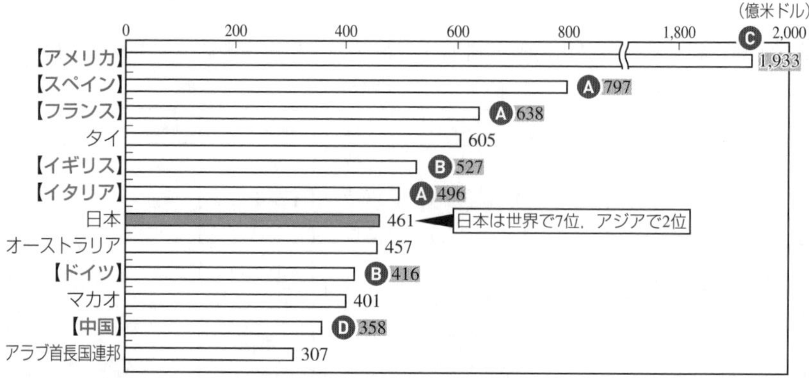

Ⓐ 地中海沿岸諸国の国際観光収支は黒字（収入超過）　Ⓑ ヨーロッパで高緯度側に位置する２国の国際観光収支は赤字（支出超過）　Ⓒ 国際観光収支は黒字（収入超過）　Ⓓ 国際観光収支は赤字（支出超過）

▼国際観光支出ランキング（2019年（令和元年））

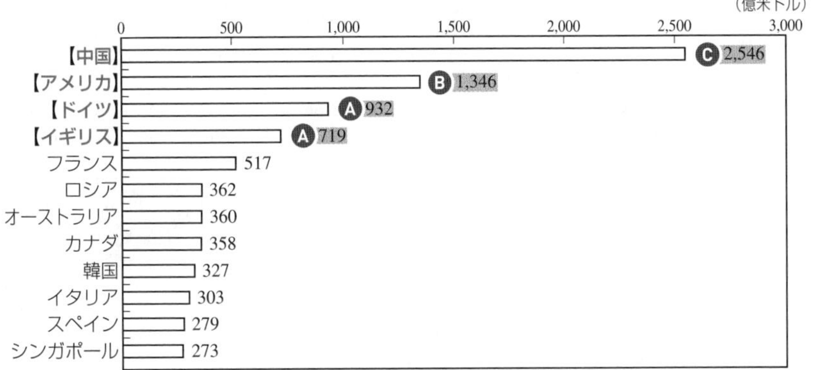

「観光白書」

A ヨーロッパで高緯度側に位置する2国の国際観光収支は赤字（支出超過）　B 国際観光収支は黒字（収入超過）　C 国際観光収支は赤字（支出超過）

POINT 温暖な気候の地中海沿岸諸国が観光地として人気であることに注目。観光支出が多い国は，経済的に余裕がある先進国や経済成長から余暇を楽しむ人が増えた中国が上位。

▼国籍・地域別にみる訪日外国人旅行者1人当たり費目別旅行支出（2019年）

国籍・地域		総額	訪日外国人1人当たり旅行支出（円／人）						平均泊数
			宿泊費	飲食費	交通費	娯楽等サービス費	買い物代	その他	
全国籍・地域		158,531	47,336	34,740	16,669	6,383	53,331	73	8.8
一般客	【　韓国　】	76,138	25,412	21,132	7,823	3,742	17,939	89	5.1
	台湾	118,288	32,814	26,258	13,419	4,267	41,502	27	6.1
	ホンコン	155,951	46,183	36,886	16,208	4,419	52,176	80	6.1
	【　中国　】	212,810	45,217	36,631	15,233	6,914	108,788	26	7.5
	タイ	131,457	38,477	30,340	15,184	4,526	42,550	380	8.8
	イギリス	241,264	102,944	62,101	33,557	22,091	20,506	64	12.0
	ドイツ	201,483	89,748	49,104	31,357	7,783	23,464	27	14.1
	フランス	237,420	100,136	59,608	35,846	11,029	30,801	0	17.1
	スペイン	221,331	90,552	58,116	37,432	9,911	25,288	32	13.3
	ロシア	183,015	65,491	45,586	19,627	8,491	43,778	43	18.8
	アメリカ	189,411	83,125	48,279	26,014	8,692	23,218	83	12.4
	カナダ	181,795	75,569	45,664	28,809	8,744	22,970	40	12.0
	【オーストラリア】	247,868	99,537	62,130	35,997	18,540	31,663	0	12.9

観光庁「訪日外国人消費動向調査」

Ⓐ 中国を除いてアジア諸国の総額は少なく，欧米諸国は総額が多い Ⓑ 欧米豪はコト消費（体験型）中心 Ⓒ アジアはモノ消費中心 Ⓓ 近距離のアジア諸国は泊数が短く，遠距離の欧米諸国は泊数が長い

POINT アジア諸国と欧米諸国で，どの旅行費用を多く支出しているかの違いに注目。

3 貿易

本冊 P.142～147

1 日本の主要貿易相手国と輸出入品目の変化

▼日本の主要貿易相手国（2020年）

輸出		億円	%
【　中国　】	A	150,820	22.1
【　アメリカ合衆国　】	B	126,108	18.4
【　韓国　】	C	47,665	7.0
（台湾）	C	47,391	6.9
（ホンコン）	C	34,146	5.0
【　タイ　】	C	27,226	4.0
シンガポール	C	18,876	2.8
ドイツ		18,752	2.7
ベトナム	C	18,258	2.7
マレーシア	C	13,435	2.0
オーストラリア		12,954	1.9
オランダ		11,639	1.7
世界計		683,991	100.0

輸入		億円	%
【　中国　】	A	175,077	25.7
【　アメリカ合衆国　】	B	74,536	11.0
【　オーストラリア　】	D	38,313	5.6
（台湾）	C	28,629	4.2
韓国	C	28,416	4.2
タイ	C	25,401	3.7
ベトナム	C	23,551	3.5
ドイツ		22,763	3.3
【　サウジアラビア　】	D	19,696	2.9
【　アラブ首長国連邦　】	D	17,502	2.6
マレーシア	D	17,016	2.5
インドネシア	D	16,564	2.4
世界計		680,108	100.0

「日本国勢図会」

A かつてはアメリカが最大の貿易相手国だったが，2000年代半ば頃からこの国が最大の貿易相手国に　B 現在第2位の貿易相手国。日本の貿易黒字（輸出超過）が続いている　C 東アジア，東南アジア諸国が上位　D エネルギー，鉱産資源が乏しい日本は，資源産出国が輸入相手の上位に

▼日本の輸出入品目の変化

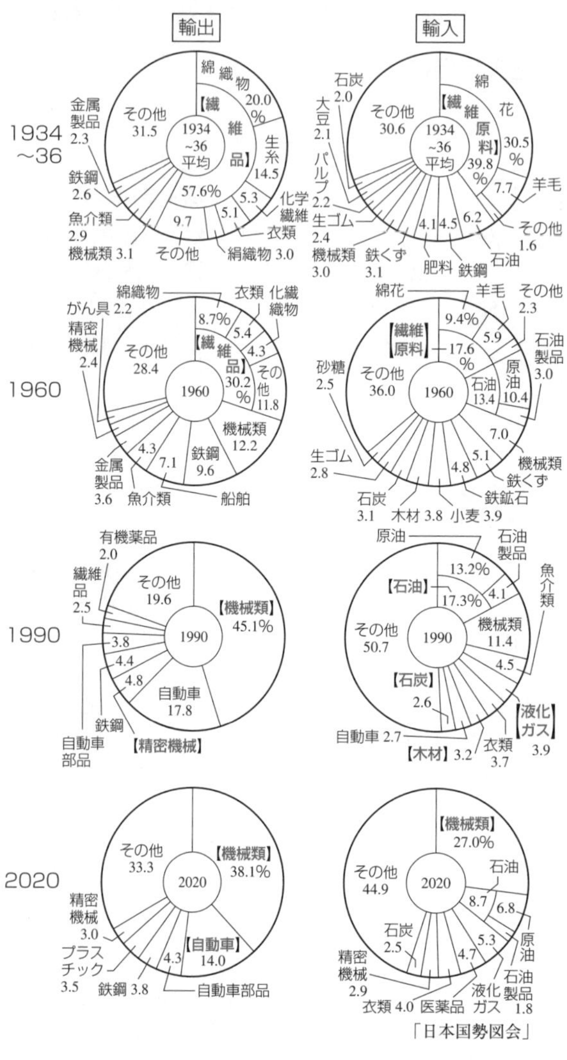

戦前，戦後まもない頃は輸出の中心，輸入の中心に注目

1960年代から1980年代まで，日本は，原燃料を輸入して，加工・製品化する加工貿易が中心

1990年代以降，中国など新興国の台頭や日本企業の海外への生産拠点移転から，最終製品としての機械類の輸入が増え，最大の輸入品目に

POINT 日本の主要貿易相手国は中国とアメリカ合衆国。輸出入相手国の違いや輸出入品目の変化（かつては繊維中心，現在は機械類）についても，おおまかにおさえておこう。

2 日本の主要輸入品の輸入先

▼主要輸入品の輸入先（2021年）　(%)

肉類	【アメリカ合衆国】Ⓐ29.1　【タイ】Ⓑ13.4　【オーストラリア】Ⓐ13.1　カナダⒶ11.0　中国6.5　【ブラジル】Ⓑ6.3　メキシコ5.0
魚介類	【中国】18.0　【チリ】Ⓒ9.2　ロシアⒸ9.1　アメリカ合衆国Ⓒ8.6　ノルウェーⒸ7.3　ベトナム7.0　タイ6.3
小麦	【アメリカ合衆国】Ⓓ45.1　カナダⒹ35.5　【オーストラリア】Ⓓ19.2
とうもろこし	【アメリカ合衆国】Ⓔ72.7　【ブラジル】Ⓔ14.2　アルゼンチンⒺ8.0
大豆	【アメリカ合衆国】75.9　ブラジル15.1　カナダ8.3
果実	【フィリピン】Ⓕ18.9　アメリカ合衆国18.7　中国14.1
野菜	【中国】Ⓖ49.4　アメリカ合衆国15.0　【韓国】Ⓖ5.4　タイ4.0
木材	【カナダ】Ⓗ29.8　【アメリカ合衆国】Ⓗ17.0　ロシアⒽ13.1
鉄鉱石	【オーストラリア】Ⓘ55.3　【ブラジル】Ⓙ28.3　カナダ7.0　南アフリカ共和国3.7　アメリカ合衆国1.4
銅鉱	【チリ】35.0　オーストラリア18.0　インドネシア13.0　ペルー9.9　カナダ8.5　パプアニューギニア4.8
石炭	【オーストラリア】Ⓘ67.2　【インドネシア】Ⓙ11.3　ロシア10.2　アメリカ合衆国4.8　カナダ4.4

Ⓐ新大陸の先進国中心　Ⓑ鶏肉が多い　Ⓒ高緯度に位置，サケ，マス等の輸入が多い　Ⓓ新大陸の先進国　Ⓔ北米&南米の大国　Ⓕバナナ　Ⓖ近隣の東アジア　Ⓗ高緯度で針葉樹を豊富に有する面積が広い国　Ⓘ鉄鋼業の主原料でどちらも5割以上をこの国に依存　Ⓙ2位の違いで見極める

原油	【サウジアラビア】Ⓚ40.0　【アラブ首長国連邦】Ⓚ34.8　クウェートⓀ8.5　カタールⓀ7.4　ロシア3.7
液化天然ガス	【オーストラリア】Ⓛ36.0　【マレーシア】Ⓛ12.5　アメリカ合衆国11.0　カタール11.0　ロシア8.7　ブルネイⓁ5.5
医薬品	【アメリカ合衆国】Ⓜ20.5　ドイツⓂ12.8　ベルギーⓂ11.4
アルミニウム	ロシア16.6　オーストラリア13.7　【アラブ首長国連邦】Ⓝ13.3
コンピュータ	【中国】Ⓞ77.6　タイ3.9　（台湾）3.4　アメリカ合衆国3.3
集積回路	【台湾】56.3　中国9.7　アメリカ合衆国9.5　韓国7.7
自動車	【ドイツ】33.5　タイ9.6　アメリカ合衆国7.9　イギリス7.4　イタリア6.7　オーストリア5.4　スペイン3.8
自動車部品	【中国】Ⓞ39.2　タイ10.9　ドイツ7.3　ベトナム6.2
バッグ類	【中国】Ⓞ38.6　イタリア21.5　フランス14.3　ベトナム8.4
衣類	【中国】Ⓞ55.8　ベトナム14.1　バングラデシュ4.6
精密機器	【中国】Ⓞ20.1　アメリカ合衆国19.3　スイス13.2

「日本国勢図会」

Ⓚ中東依存度約9割　Ⓛ近隣のオセアニアの国，東南アジア　Ⓜ先進国のみ　Ⓝ近年

増加　⓿ 多くの工業製品で圧倒的１位

POINT 日本の主要輸入品の輸入先について，一次産品の多くはアメリカなどから，工業製品の多くは中国から輸入する。それ以外の上位国についても確認しておこう。

3 対外直接投資と対内直接投資

▼おもな国の対外直接投資　（百万ドル）

国·地域名	2022年	構成比（%）
【アメリカ】	Ⓐ 372,996	25.0
【日　本】	161,470	10.8
中国	146,503	9.8
【ドイツ】	Ⓐ 142,980	9.6
【イギリス】	129,602	8.7
オーストラリア	116,562	7.8
（香港）	103,588	7.0
カナダ	Ⓐ 79,277	5.3
韓国	66,408	4.5
スウェーデン	62,253	4.2
先進国	1,030,865	69.2
途上国	458,890	30.8
世界計	1,489,756	100.0

▼おもな国の対内直接投資　（百万ドル）

国·地域名	2022年	構成比（%）
【アメリカ】	285,057	22.0
【中　国】	Ⓑ 189,132	14.6
シンガポール	141,211	10.9
（香港）	117,725	9.1
【ブラジル】	Ⓑ 86,050	6.6
オーストラリア	61,629	4.8
カナダ	52,633	4.1
【インド】	Ⓑ 49,355	3.8
スウェーデン	45,963	3.5
フランス	36,413	2.8
先進国	378,320	29.2
途上国	916,418	70.8
世界計	1,294,738	100.0

「データブック　オブ・ザ・ワールド」

Ⓐ 資本力を持つ大企業が多い。先進国の対外直接投資が多い　Ⓑ 対内直接投資は，近年，急速な経済成長を遂げるBRICSなどの新興国が多くなってきている

POINT 対外直接投資とは，自国の企業が外国の企業に対して直接投資を行うことで，対内直接投資とはその逆を指す。日本は対外直接投資は上位だが，対内直接投資は10位を下回る。

4 日本企業の業種別現地法人分布と日本の現地法人の地域別分布比率の推移

▼業種別現地法人分布

	2021年度末現地法人数（社）	主要業種別構成比 21年度 構成比（%）
全産業	25,325	100.0
【製造業】	Ⓐ 10,902	43.0 製造業：100.0
化学	1,063	9.8
金属製品	635	5.8
生産用機械	819	7.5
情報通信機械	920	8.4
【輸送機械】	2,370	21.7

	2021年度末現地法人数（社）	主要業種別構成比 21年度 構成比（%）
【非製造業】	Ⓑ 14,423	57.0 非製造業：100.0
農林漁業	78	0.5
鉱業	131	0.9
建設業	420	2.9
情報通信業	850	5.9
運輸業	1,432	9.9
【卸売業】	Ⓒ 7,198	49.9
小売業	710	4.9
サービス業	2,541	17.6

Ⓐ おもにアジア諸国の途上地域やアメリカに多い　Ⓑ おもに欧米諸国の先進地域に多い。近年は経済成長を遂げてきたアジア諸国でも増加傾向　Ⓒ 仲介を行う商社が多い

▼現地法人の地域別分布比率の推移

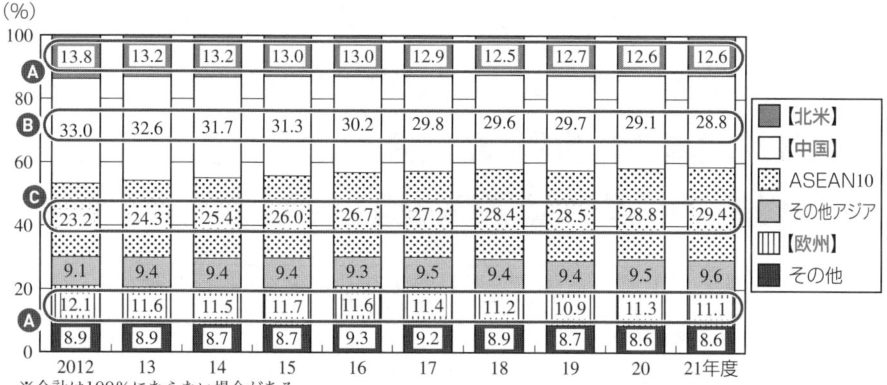

※合計は100%にならない場合がある。

いずれも「海外事業活動基本調査（2021年度実績）」

Ⓐ 先進地域は低下傾向　Ⓑ 2000年代は増加傾向にあったが，経済成長の鈍化，人件費の上昇，米中貿易摩擦から他のアジア諸国へ移転する企業の増加により，低下傾向　Ⓒ 現在，中国を抜いてASEAN10が日本企業の最大の進出先となった

POINT 現地法人とは，日本企業が海外に設立する子会社のこと。地域ごとにどのように変化しているかをおさえておこう。

5 ODA（政府開発援助）

▼主要DAC（開発援助委員会）諸国の政府開発援助実績の推移

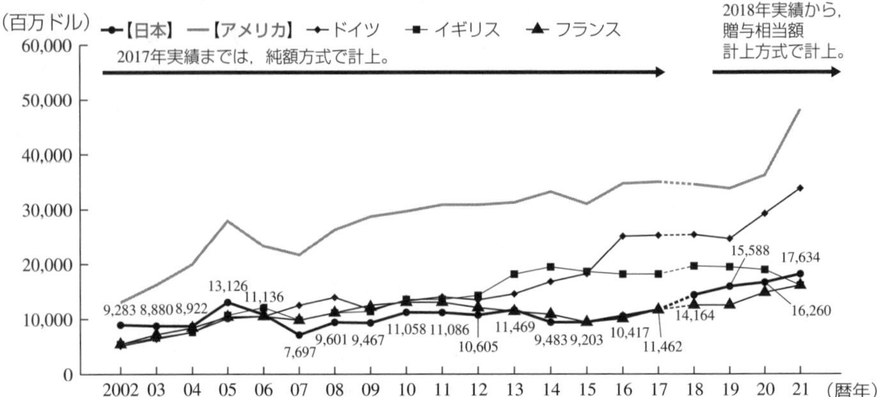

▼日本の二国間政府開発援助実績の地域別配分の推移

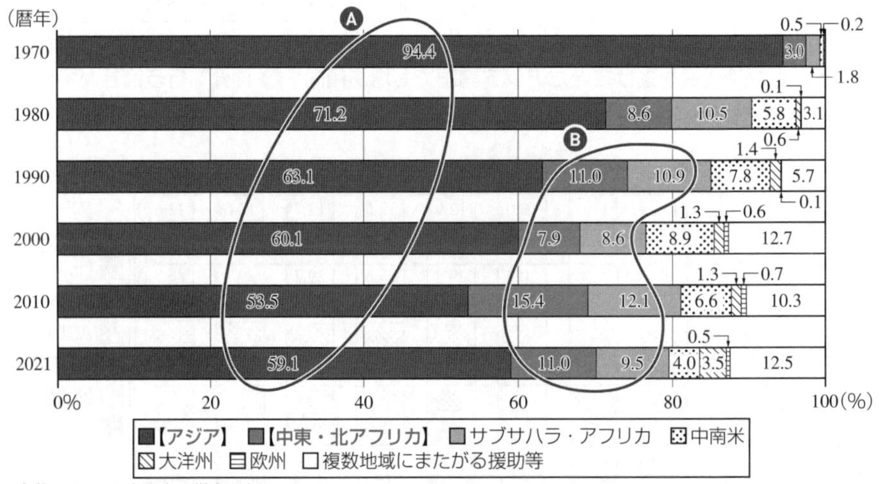

※合計は100%にならない場合がある。

いずれも外務省資料

Ⓐ 現在でも近隣諸国が中心だが，経済成長を遂げる国も増えた　Ⓑ 近年は，内戦が絶えない途上国に対する援助も多い

POINT ODAとは，先進国が途上国の経済開発や福祉向上を目的に，資金や技術支援を行うこと。日本は経済が停滞しODA拠出額も停滞。

1 人口・人口問題

本冊 P.148～165

1 世界の合計特殊出生率

▼アジアとアフリカのおもな国の合計特殊出生率の推移

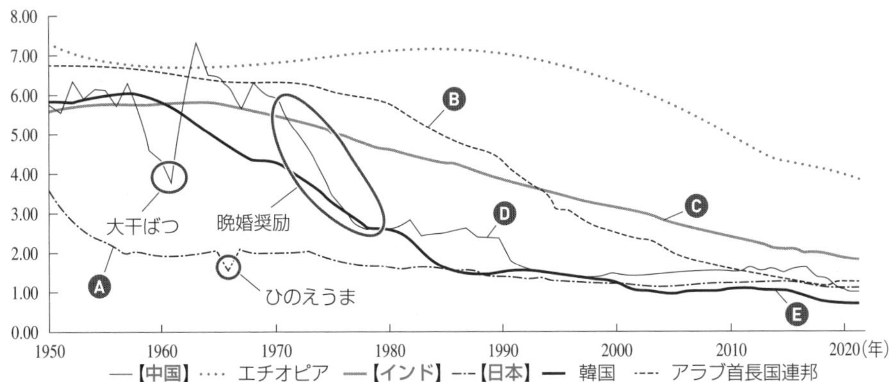

Ⓐ アジアで最も早くに経済成長を遂げ，女性の社会進出とともに晩婚・非婚化が進み，早くから低かった　Ⓑ 石油危機以降, オイルマネーで潤った結果, 女性の高学歴化が進み, 初婚年齢が遅くなり急速に低下　Ⓒ 低下傾向にあるものの，女性の社会進出が遅れ，初婚年齢が早いために高い　Ⓓ 1979年～2015年一人っ子政策。2016年以降産児制限を緩和したものの効果は上がらず，教育費の負担の重さなどから低下が続く　Ⓔ アジアNIEsのシンガポールや韓国は，教育費の負担の重さなどから，2000年代以降，日本よりも少子化が進行

▼欧米のおもな国の合計特殊出生率の推移

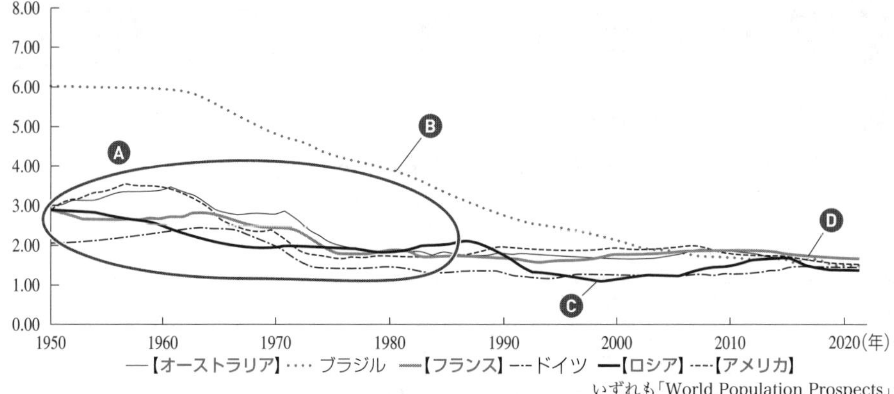

いずれも「World Population Prospects」

Ⓐ 欧米諸国は早くから低い Ⓑ BRICSの1つ，近年，急速に低下傾向 Ⓒ 1990年代のソ連解体後の不況で低下したものの，2000年代以降はやや上昇傾向 Ⓓ 少子化対策を積極的に行っているため，先進国の中では高い水準を維持

POINT 合計特殊出生率とは，1人の女性が一生の間に産むと想定される子どもの数。各国の推移の違いをおさえておこう。

2 おもな国の国際移住者数と国際移住者率

▼国際移住者数の推移（推計値）（各年7月1日現在）

	国際移住者数（千人）					国際移住者率
	1990	2000	2010	2020年	男性比率（%）	2020年（%）
アジア	48,210	49,067	66,124	85,619	58.2	1.8
アフリカ	15,690	15,052	17,807	25,389	52.9	1.9
ヨーロッパ	49,608	56,859	70,627	86,706	48.4	11.6
【 北アメリカ 】	27,610	40,352	50,971	58,709	48.2	Ⓐ 15.9
中南アメリカ	7,136	6,540	8,327	14,795	50.5	2.3
【 オセアニア 】	4,732	5,362	7,129	9,381	49.5	Ⓐ 22.0
世界計	152,986	173,231	220,983	280,598	51.9	3.6
【 アメリカ合衆国 】	Ⓕ 23,251	34,814	44,184	50,633	48.3	15.3
【 ドイツ 】	5,936	Ⓖ 8,993	9,812	15,762	50.1	18.8
サウジアラビア	4,998	5,263	8,430	13,455	Ⓑ 68.6	Ⓑ 38.6
ロシア	11,525	11,900	11,195	11,637	49.1	8.0
イギリス	3,650	4,730	7,120	9,360	47.7	13.8
【 アラブ首長国連邦 】	1,307	2,447	7,317	8,716	Ⓑ 73.7	Ⓑ 88.1
フランス	5,897	6,279	7,310	8,525	48.5	13.1
カナダ	4,333	5,512	6,761	8,049	47.6	Ⓒ 21.3
【 オーストラリア 】	3,955	4,386	5,883	7,686	49.6	Ⓒ 30.1
スペイン	822	1,657	6,280	6,842	47.8	14.6
クウェート	1,074	1,128	1,875	3,110	Ⓑ 66.3	Ⓑ 72.8
【 シンガポール 】	727	1,352	2,165	2,524	44.1	Ⓓ 43.1
【 日本 】	1,075	1,686	2,134	2,771	48.6	Ⓔ 2.2

「世界国勢図会」

Ⓐ 新大陸の先進地域で高い　Ⓑ 1970年代の石油危機後，オイルマネーをいかした都市開発で建設業などに従事する外国人労働者が多く移住し，男性割合が高い　Ⓒ 多文化主義を進め，移民を積極的に受け入れている　Ⓓ 高度人材を先進国から，単純労働者を周辺諸国から受け入れて，少子高齢化による労働不足を補う　Ⓔ 極めて低い　Ⓕ 世界最大の移民受入国　Ⓖ 近年，東欧諸国やシリアなどから移民・難民が流入

POINT 国際移住者（外国に移り住む人々）は，世界全体で見ると年々増加している。主要地域の国際移住者率や男性比率に注目しよう。

3 都道府県別人口増加率

▼【1960】年～【1965】年

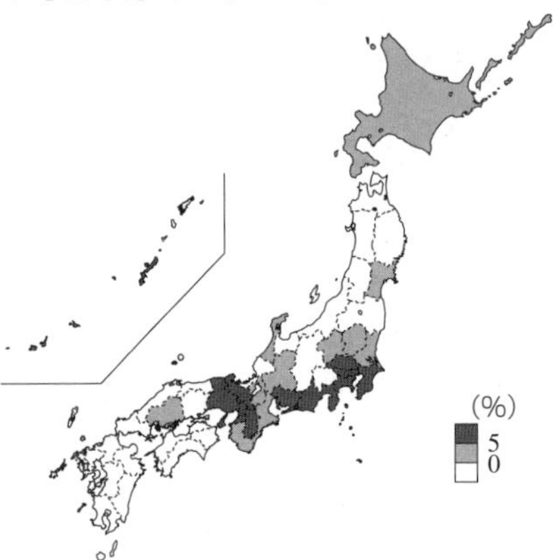

高度経済成長期は最も地方圏と三大都市圏との間で人口移動が活発だった時代(地方圏で人口減少が大きく，三大都市圏で人口増加が大きい)

▼【1975】年～【1980】年

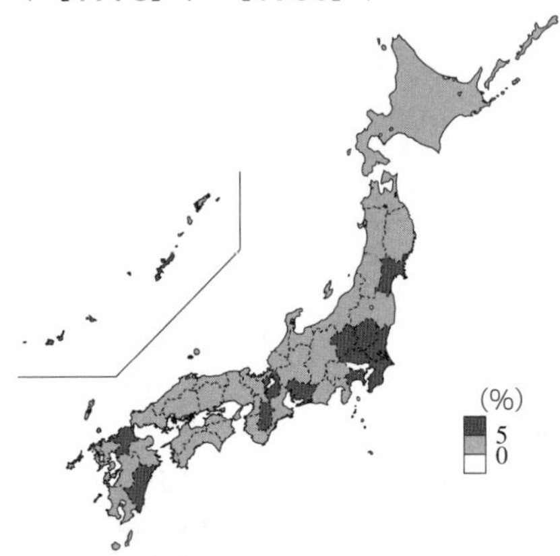

第1次石油危機直後の不況から，地方圏では大都市圏への人口流出が止まり，自然増加により人口が増加。一方，東京都はドーナツ化現象の影響から唯一人口減少

▼【1985】年～【1990】年

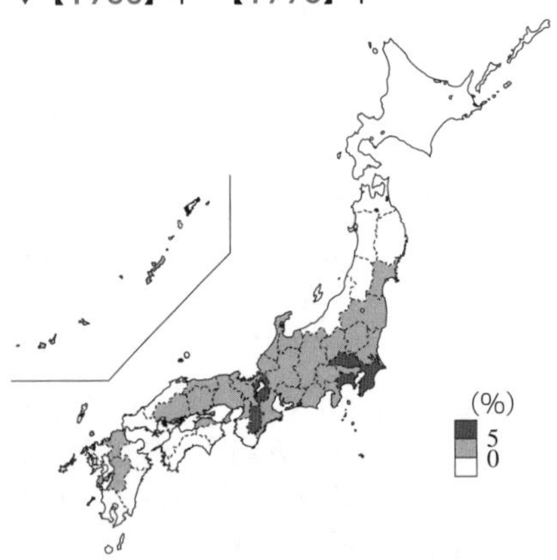

バブル経済期，東京圏への一極集中(ただし，ドーナツ化現象の影響から東京都より周辺3県の方が高い人口増加率)。地方圏では再び人口減少へ

▼【2000】年～【2005】年

日本全体では少子高齢化の進展による自然減少のため地方圏で人口減少。バブル経済崩壊後の地価下落から東京都は再開発が活発化し，最も高い人口増加率の地域へ

▼【2015】年～【2020】年

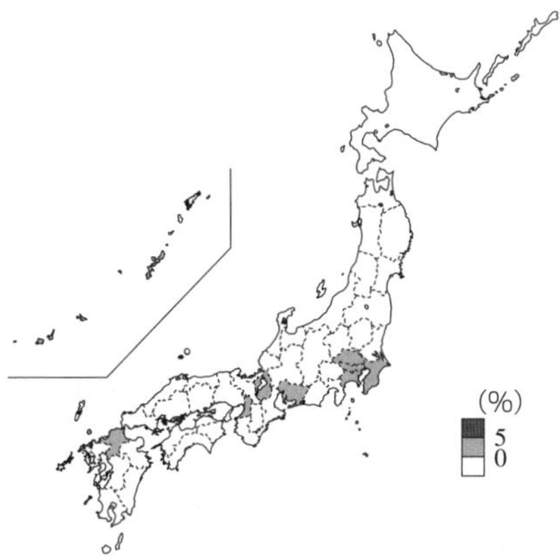

多くの地方圏では人口減少（自然減少，社会減少）となり，人口増加地域は三大都市圏と福岡県（社会増加）や沖縄県（自然増加）に限られるように

「人口統計資料集」

POINT 地図を見て，戦後のいつの時期かを判断できるようにしておこう。また，数少なくなった人口増加が進む都府県の特徴をおさえておこう。

4 都道府県別在留外国人

▼都道府県　国籍別在留外国人人口（2021年）

都道府県	総数（人）	%	ⒶⒷ【 中国 】	%	ⒸⒹⒷ ベトナム	%	ⒹⒷ【 韓国 】	%	Ⓓ フィリピン	%	ⒺⒻ【ブラジル】	%
北海道	36,316	1.3	8,370	1.2	9,472	2.2	4,023	1.0	2,154	0.8	170	0.1
青森	5,693	0.2	888	0.1	1,827	0.4	699	0.2	727	0.3	25	0.0
岩手	7,203	0.3	1,573	0.2	1,912	0.4	683	0.2	1,218	0.4	60	0.0
宮城	21,089	0.8	5,089	0.7	4,314	1.0	2,968	0.7	1,393	0.5	233	0.1
秋田	4,045	0.1	920	0.1	760	0.2	457	0.1	792	0.3	11	0.0
山形	7,472	0.3	1,897	0.3	1,785	0.4	1,405	0.3	844	0.3	87	0.0
福島	14,120	0.5	3,128	0.4	3,420	0.8	1,326	0.3	2,572	0.9	190	0.1
茨城	71,121	2.6	11,584	1.6	11,816	2.7	4,090	1.0	9,923	3.6	5,996	2.9
栃木	42,430	1.5	6,247	0.9	7,747	1.8	2,158	0.5	4,830	1.7	3,995	1.9
群馬	61,945	2.2	6,340	0.9	11,087	2.6	2,084	0.5	7,890	2.9	12,890	Ⓔ 6.3
埼玉	197,110	Ⓓ 7.1	72,812	10.2	31,707	Ⓓ 7.3	15,490	3.8	21,485	7.8	7,158	3.5
千葉	165,356	6.0	51,982	Ⓐ 7.3	24,075	5.6	15,054	3.7	19,667	Ⓓ 7.1	3,528	1.7
東京	531,131	19.2	208,290	29.1	34,851	8.0	85,082	20.8	33,027	11.9	3,792	1.9
神奈川	227,511	Ⓓ 8.2	70,223	9.8	26,807	Ⓓ 6.2	26,698	Ⓓ 6.5	23,278	8.4	8,906	4.3
新潟	16,936	0.6	4,142	0.6	3,489	0.8	1,621	0.4	2,651	1.0	329	0.2
富山	18,237	0.7	4,297	0.6	4,467	1.0	835	0.2	2,401	0.9	2,398	1.2
石川	14,766	0.5	3,567	0.5	4,181	1.0	1,247	0.3	1,020	0.4	1,398	0.7
福井	16,014	0.6	2,198	0.3	2,941	0.7	1,925	0.5	1,593	0.6	5,271	2.6
山梨	17,163	0.6	3,602	0.5	2,858	0.7	1,646	0.4	2,011	0.7	2,833	1.4
長野	35,673	1.3	8,212	1.1	5,308	1.2	3,105	0.8	4,693	1.7	5,107	2.5
岐阜	56,697	2.1	9,327	1.3	9,981	2.3	3,382	0.8	13,564	4.9	11,732	5.7
静岡	97,338	3.5	10,110	1.4	13,420	3.1	4,352	1.1	17,304	6.3	30,641	15.0
愛知	265,199	Ⓓ 9.6	44,029	6.1	43,927	Ⓓ 10.1	27,620	Ⓓ 6.7	39,149	Ⓓ 14.2	59,300	Ⓕ 28.9
三重	54,295	2.0	6,444	0.9	9,490	2.2	4,007	1.0	7,336	2.7	13,506	6.6
滋賀	33,458	1.2	4,726	0.7	6,528	1.5	3,884	0.9	2,741	1.0	9,379	4.6
京都	58,370	2.1	14,296	2.0	6,472	1.5	21,477	5.2	2,455	0.9	528	0.3
大阪	246,157	Ⓑ 8.9	64,185	Ⓑ 9.0	39,836	Ⓑ 9.2	90,873	22.2	9,247	3.3	2,693	1.3
兵庫	111,940	4.1	21,804	3.0	23,358	5.4	36,354	Ⓑ 8.9	5,174	1.9	2,395	1.2
奈良	13,873	0.5	2,908	0.4	2,905	0.7	3,173	0.8	876	0.3	328	0.2
和歌山	7,132	0.3	1,162	0.2	1,312	0.3	1,862	0.5	766	0.3	112	0.1
鳥取	4,529	0.2	763	0.1	1,211	0.3	799	0.2	612	0.2	37	0.0
島根	9,405	0.3	1,071	0.1	1,383	0.3	568	0.1	898	0.3	4,244	2.1
岡山	29,435	1.1	6,567	0.9	9,964	2.3	4,447	1.1	1,956	0.7	1,159	0.6
広島	50,605	1.8	11,906	1.7	12,713	2.9	6,866	1.7	7,254	2.6	2,282	1.1
山口	15,873	0.6	2,224	0.3	4,103	0.9	4,544	1.1	1,483	0.5	198	0.1
徳島	6,094	0.2	1,557	0.2	1,811	0.4	288	0.1	764	0.3	40	0.0
香川	13,043	0.5	3,044	0.4	3,444	0.8	802	0.2	1,936	0.7	194	0.1
愛媛	11,900	0.4	2,681	0.4	3,427	0.8	1,048	0.3	2,007	0.7	246	0.1
高知	4,500	0.2	855	0.1	1,220	0.3	436	0.1	698	0.3	21	0.0
福岡	76,234	2.8	17,882	2.5	18,160	4.2	14,169	3.5	5,405	2.0	336	0.2
佐賀	6,507	0.2	1,017	0.1	2,191	0.5	571	0.1	654	0.2	31	0.0
長崎	8,982	0.3	1,771	0.2	2,402	0.6	961	0.2	1,019	0.4	51	0.0
熊本	16,686	0.6	3,238	0.5	5,804	1.3	892	0.2	2,523	0.9	52	0.0
大分	11,879	0.4	2,118	0.3	2,952	0.7	1,511	0.4	1,499	0.5	64	0.0
宮崎	7,011	0.3	975	0.1	2,419	0.6	522	0.1	791	0.3	63	0.0
鹿児島	11,833	0.4	1,833	0.3	5,021	1.2	477	0.1	1,962	0.7	115	0.1
沖縄	18,535	0.7	2,461	0.3	2,622	0.6	1,243	0.3	2,206	0.8	642	0.3

※中国には台湾を含まない。また韓国には北朝鮮を含まない。

「在留外国人統計」

三大都市圏で多く地方圏で少ない

Ⓐ 東京圏に集中　Ⓑ 近畿地方に多い　Ⓒ 他の外国籍の人々と比べ，比較的全国に分散

Ⓓ 東京圏と愛知県に集中　Ⓔ 関東地方では自動車工業が盛んな群馬県が最多　Ⓕ 自動車工業が盛んな地域が中心

POINT 各地域にどの国の出身の外国人が多いか，確認しておこう。自動車工業が盛んな地域には外国人労働者が多い。

5 三大都市圏の転入超過数の推移

▼三大都市圏の転入超過数の推移（1954年～2022年）

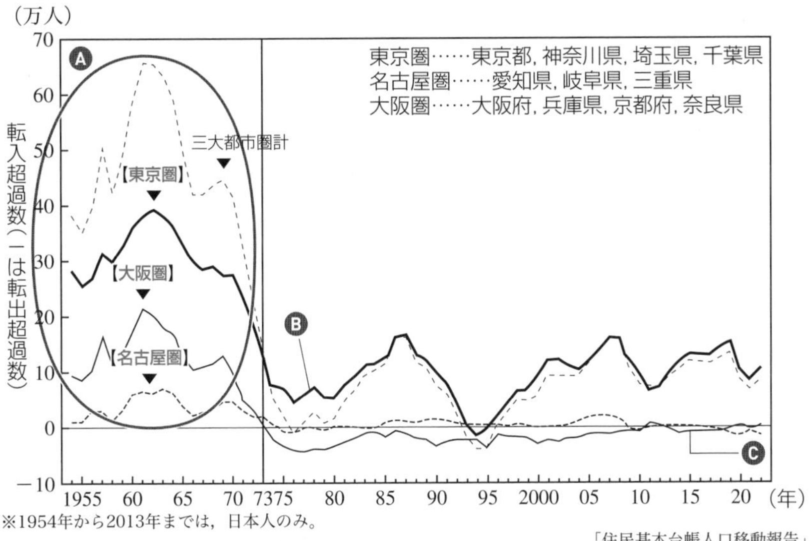

※1954年から2013年までは，日本人のみ。

「住民基本台帳人口移動報告」

Ⓐ 戦後から1973年の第1次石油危機までは三大都市圏はすべて転入超過　Ⓑ 第1次石油危機後，一極集中へ（バブル経済崩壊後の不況時を除く）　Ⓒ 第1次石油危機後，ほとんどの年で転出超過に

POINT 1973年の第1次石油危機による不況をきっかけに，三大都市圏への人口流入は沈静化した。その後は東京圏への一極集中へ。

6 女性の年齢別労働力率（日本の各年代の推移，主要国の比較）

▼女性の年齢階級別労働力人口比率の推移（日本）

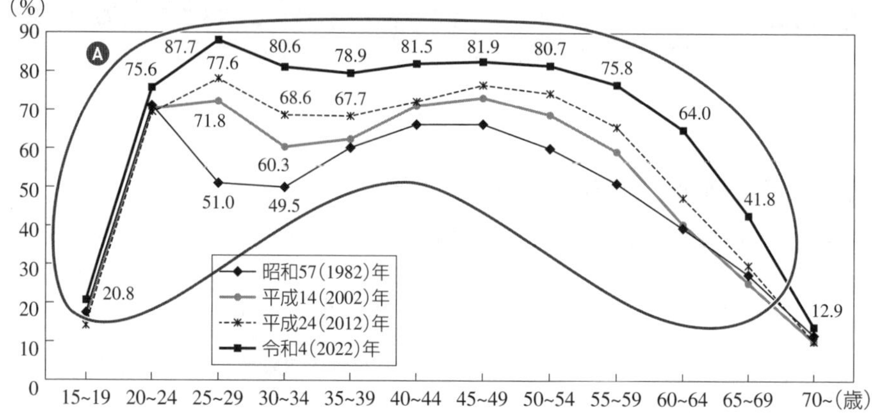

Ⓐ かつてはM字カーブが見られていたが，近年は見えにくくなってきた

▼女性の年齢階級別労働力人口比率（主要国，2020～21年）

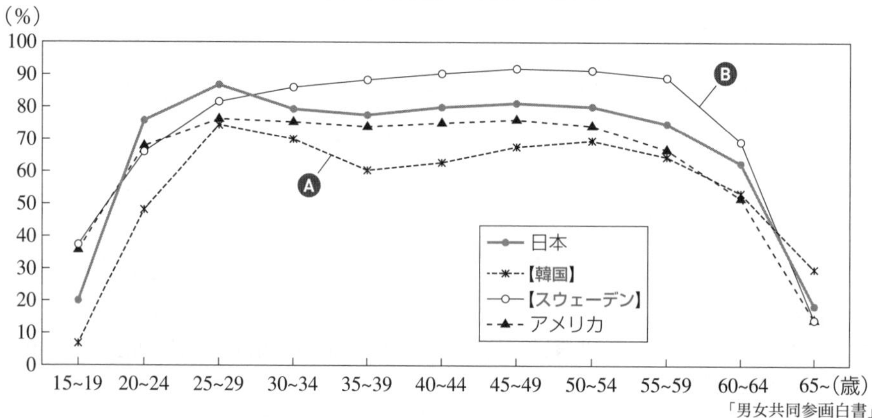

「男女共同参画白書」

Ⓐ かつての日本で見られたM字カーブ　Ⓑ 北欧諸国では，女性の社会進出に対する社会保障を推進してきた結果，ほとんどの年齢層で高い値を示すが，65歳を超えると年金が手厚く支給され，退職し余生を過ごす人が増える。そのため，著しく労働力率は低下する

POINT　「M字カーブ」は，女性の労働力率が出産・育児期（30代前後）に低下し，育児がひと段落する40歳前後から再び仕事に復帰するため上昇することが要因。日本では，未婚女性の増加や，育児をしながらも女性が仕事を続けられる環境が整備されつつあることにより，解消しつつある。

7 主な国のGDPに対する教育・育児の政府支出の割合

▼教育機関に対する支出の対GDP比（財源別）（全教育段階）（2019年）

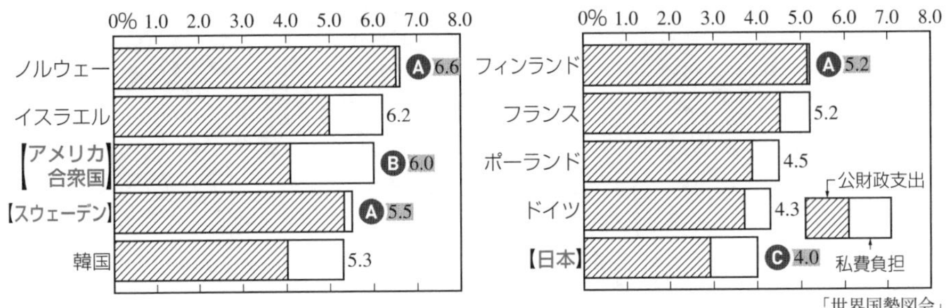

A 北欧諸国は高度な社会保障を実現しているため公財政支出の割合が極めて高い　B 公財政支出の割合が低い　C 教育機関に対する支出の対GDP比は先進国の中では低い

POINT 北欧諸国では教育や福祉などへの公的支出が充実している。その代わり，制度を維持するための財源となる消費税率が高い。

2 村落・都市

本冊 P.166～183

1 都市人口率と大都市の分布

▼大都市の分布

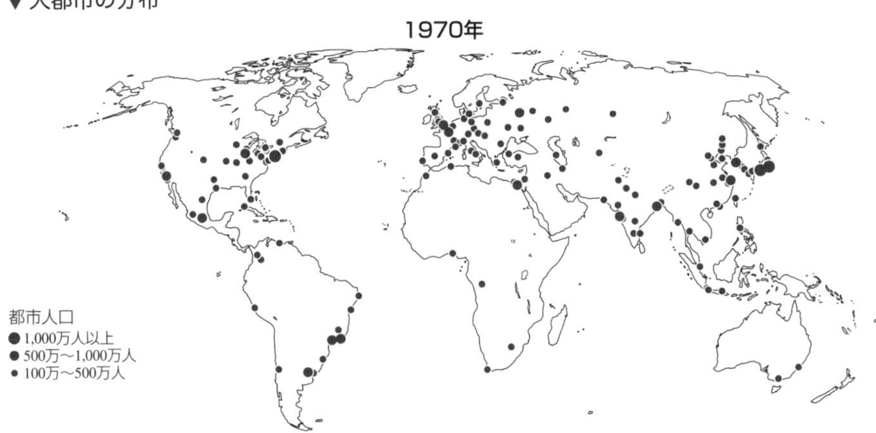

大都市は先進地域で多かった

2018年

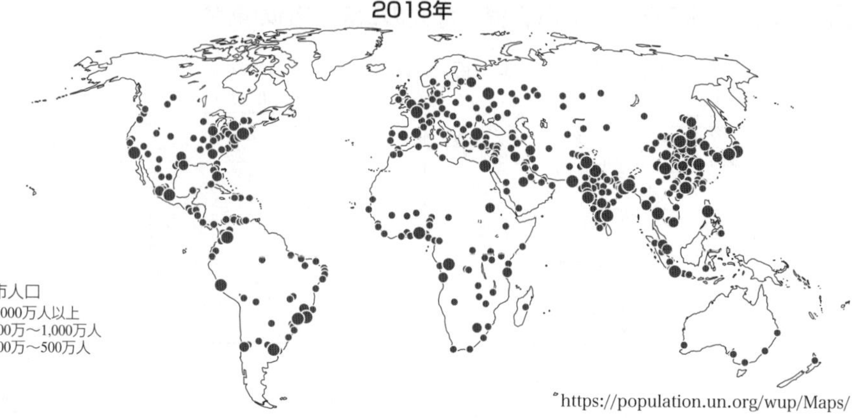

大都市は人口増加が続く途上地域で急増，なかでも人口大国の中国・インドで著しく増加，アフリカや中南アメリカでは，植民地開発の拠点となった海岸部の都市が大都市化。寒冷な高緯度や高山地域，乾燥が激しい地域では現在でも極めて少ない

▼世界の地域の都市人口率

（%）

地域	1950	1970	1990	2015年
世界	29.6	36.6	43.0	53.9
【先進地域】	Ⓐ 54.8	66.8	72.4	78.1
【発展途上地域】	17.7	25.3	34.9	49.0
【ヨーロッパ】	Ⓐ 51.7	63.1	69.9	73.9
【アングロアメリカ】	Ⓑ 63.9	73.8	75.4	81.6
オセアニア	62.5	70.2	70.3	68.1
【アジア】	17.5	23.7	32.3	48.0
アフリカ	14.3	22.6	31.5	41.2
【ラテンアメリカ】	Ⓑ 41.3	57.3	70.7	79.9

「データブック　オブ・ザ・ワールド」

Ⓐ 産業構造が高度化した地域では，農村（第1次産業中心）から都市（第2次・第3次産業中心）へと人口が移動し，都市に人口が集中する　Ⓑ 新大陸の方がより早くから高い

POINT 地図上で大都市の分布がどのように変わってきているのかに注目しよう。都市人口率は，先進地域と発展途上地域の違いをおさえておこう。

2 東京大都市圏における市区町村別人口増減の推移

▼【1980】年～【1985】年の人口増減率（%）

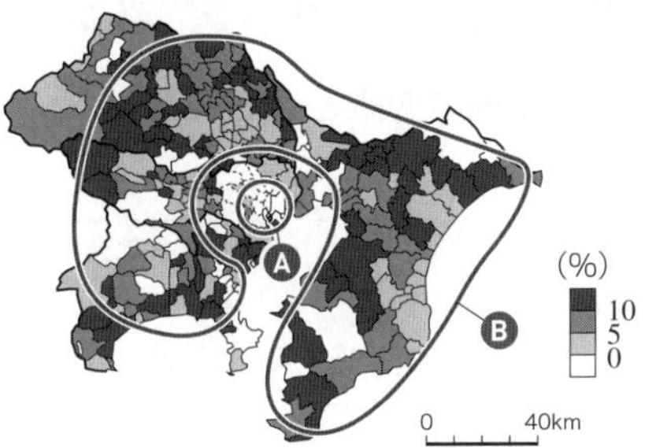

Ⓐ 都心部ではドーナツ化現象の影響から減少　Ⓑ 都心部から20㎞～50㎞圏にかけてはドーナツ化現象の影響で激しい増加

▼【1995】年～【2000】年の人口増減率（%）

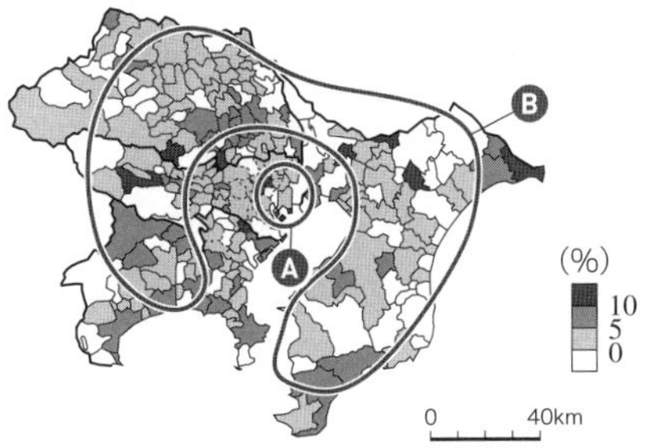

▼【2015】年～【2020】年の人口増減率（%）

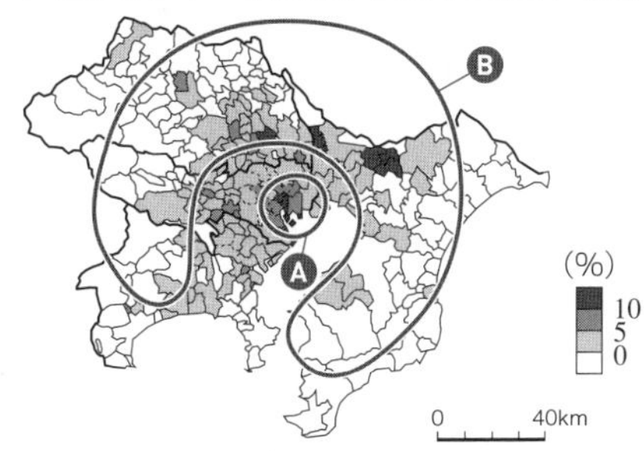

e-Statの「市区町村のすがた」のデータよりMANDARAで作成

Ⓐ バブル経済崩壊後の地価下落から再開発が進み，都心部では人口増加へ。さらに2010年代には都心居住の志向が強まっている　Ⓑ ドーナツ化現象が沈静化した結果，郊外での人口増加地域は減少し，2010年代には都心部から40㎞圏外の多くで人口減少に転じている

POINT 東京大都市圏の人口増減率は，都心部と郊外の空間的移動の違いからどの時期の資料かを判別できるようにしよう。

1 民族・宗教

本冊 P.192～197

1 世界の宗教別人口（主要国の内訳とともに）

▼世界のおもな宗教人口（2022年）

宗教	百万人	おもな分布地域
【キリスト教】	Ⓐ 2,586	
カトリック	1,264	【南欧】，【東欧】，【ラテンアメリカ】，アイルランド，【フィリピン】
プロテスタント	608	ドイツ，イギリス，【北欧】，アメリカ，カナダ
正教会（東方正教）	297	【ロシア】など，ギリシャ，ブルガリア，【ルーマニア】など
その他	416	コプト教（エジプト）など
【イスラーム】	Ⓑ 1,999	
スンナ（スンニ）派	1,782	【中東】，【北アフリカ】，【中央アジア】，東南アジアなど
シーア派	200	【イラン】，イラクなど
ヒンドゥー教	1,081	【インド】，ネパール，インドネシア（【バリ島】）など
仏教	552	
大乗仏教	398	中国，日本，韓国，【ベトナム】
上座部仏教	138	【タイ】，【スリランカ】，ミャンマー，カンボジア，ラオス
チベット仏教	17	中国（【チベット】），【モンゴル】，ブータンなど
シク教	28	インド（パンジャブ地方など）
ユダヤ教	15	【イスラエル】，アメリカ

「データブック　オブ・ザ・ワールド」

Ⓐ 最多はヨーロッパ，南北アメリカ　Ⓑ アジア，北アフリカ中心

POINT キリスト教は，入植や宣教師による布教活動，植民地支配などにより，ヨーロッパだけでなく南北アメリカやアジア・アフリカにも広く伝播した。

1 東アジア

本冊 P.214～219

1 中国の省・自治区別の農業統計

▼【米】(2022年)

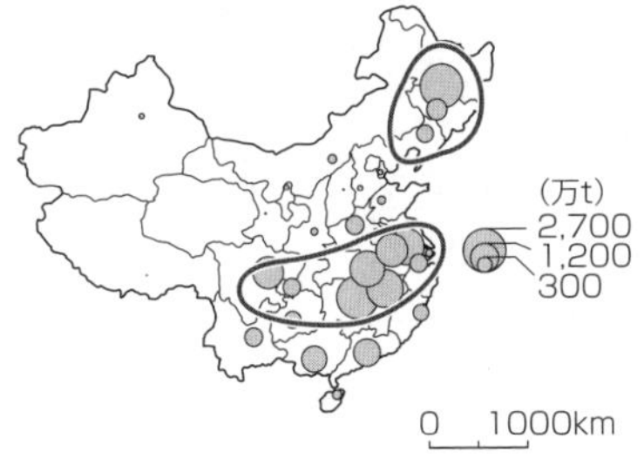

チンリン山脈―ホワイ川線以南，長江の中・下流域に集中。東北地方でも近年，灌漑整備により生産が多くなっている

▼【小麦】(2022年)

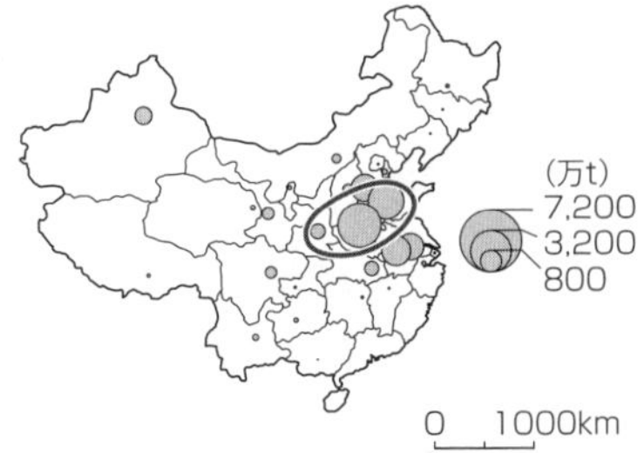

チンリン山脈―ホワイ川線以北，黄河の中・下流域に集中

▼【とうもろこし】(2022年)

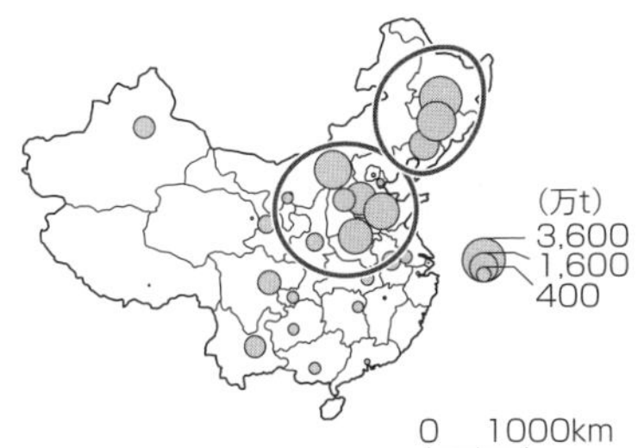

かつては東北地方中心だったが，価格上昇を受け，華北地方にも生産が拡大

▼【綿花】(2022年)

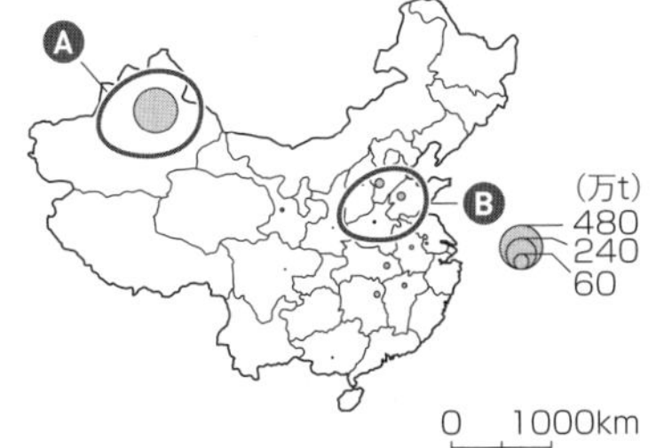

A シンチヤンウイグル自治区が1位
B 黄河の中・下流域でも生産

▼【茶】(2022年)

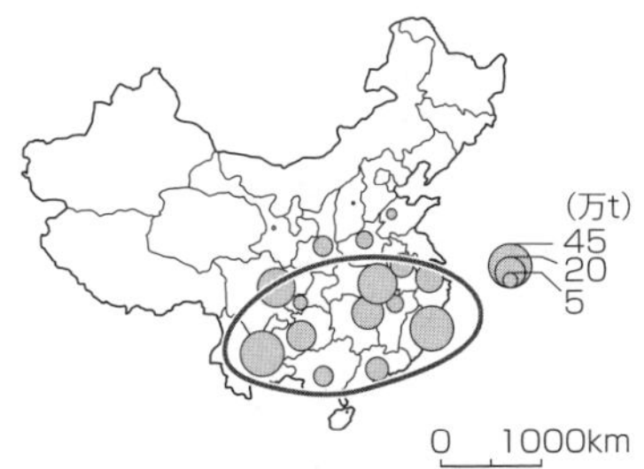

長江以南の地域に集中

▼【サトウキビ】(2022年)

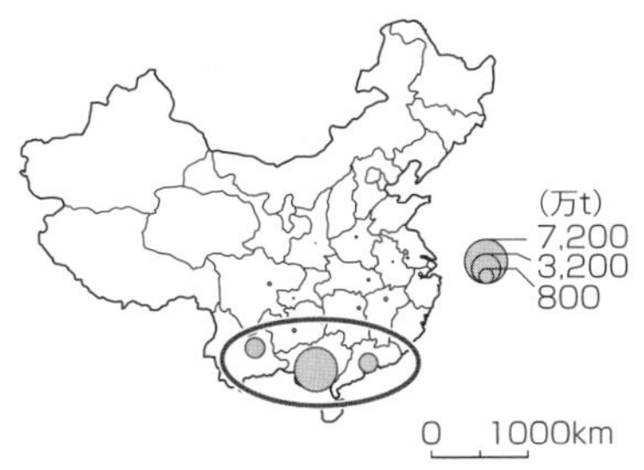

温暖な南部に集中

「中国統計年鑑」

2 中国の省・自治区・直轄市別の工業統計

▼ビール，製品糖，銑鉄，粗鋼，自動車（2021年）

	ビール（万kL）	製品糖（万t）	銑鉄（万t）	粗鋼（万t）	自動車（万台）
【　ペキン　】	90.6				Ⓔ 135.5
テンチン	13.5		1818.4	1825.3	74.0
【　河北省　】	179.4	Ⓒ 49.4	Ⓓ 20203.0	22496.5	110.0
山西省	17.9		5988.4	6740.7	11.9
内モンゴル自治区	59.1	Ⓒ 67.8	2347.4	3117.9	5.5
【　遼寧省　】	171.3		Ⓓ 7024.7	7502.4	80.9
吉林省	73.6		1366.1	1538.9	228.9
黒竜江省	127.7	23.0	846.6	960.6	7.6
【　シャンハイ　】	27.9		1391.0	1577.1	Ⓔ 283.3
江蘇省	179.7	13.5	10023.9	11925.0	77.6
【　浙江省　】	246.8	1.7	794.8	1455.6	Ⓔ 99.4
【　安徽省　】	79.5		2911.6	3891.6	148.9
福建省	166.1	29.5	1145.2	2535.5	32.0
江西省	62.4	1.3	2315.6	2711.0	42.8
Ⓐ【　山東省　】	Ⓑ 461.3	114.9	Ⓓ 7524.4	7649.3	106.7
河南省	184.6	0.2	2746.8	3316.1	52.8
湖北省	105.2	0.2	2624.4	3656.1	Ⓔ 209.9
湖南省	69.8	1.7	2177.4	2612.7	27.9
【　広東省　】	408.3	Ⓒ 134.1	2053.6	3178.3	Ⓔ 338.5
コワンシーチョワン（壮）族自治区	116.5	702.7	3015.3	3660.9	190.1
海南省	4.2	8.9			1.5
【　チョンチン　】	80.4	0.9	674.5	899.3	Ⓔ 199.8
四川省	249.9	2.2	2092.0	2787.9	69.9
貴州省	109.6	0.7	375.4	461.9	7.1
雲南省	80.7	Ⓒ 247.4	1711.6	2361.0	1.8
チベット自治区	12.3				
陝西省	65.9		1136.3	1520.8	80.1
甘粛省	41.9	4.5	789.2	1059.0	0.0
青海省	1.7		154.2	186.7	
ニンシヤホイ（回）族自治区	21.0		457.6	596.3	
【　シンチヤンウイグル自治区　】	53.6	Ⓒ 45.3	1147.6	1299.9	1.6

Ⓐ 様々な工業が盛ん　Ⓑ かつてドイツの租界があったチンタオ（青島）でビール工業が発達　Ⓒ 南部のサトウキビ生産地域に集中，北部・西部の冷涼なてんさい生産地域でも　Ⓓ ペキン（北京）に近い省での生産が多め　Ⓔ 直轄市，長江中・下流域，南東部での生産が盛ん

▼携帯電話，パソコン，集積回路，カラーテレビ（2021年）

	Ⓐ携帯電話（万台）	パソコン（万台）	集積回路（百万台）	カラーテレビ（万台）
ペキン	11624.5	647.3	207.8	410.2
テンチン	4.6	0.2	29.8	
河北省	118.8		0.3	
山西省	2732.9	22.1		
内モンゴル自治区		0.0		183.7
遼寧省	15.9	72.1	10.6	
吉林省				
黒竜江省			3.7	
シャンハイ	2892.2	3093.3	365.0	153.5
Ⓑ【**江蘇省**】	4045.5	5472.2	1186.1	753.6
Ⓑ浙江省	3214.5	190.7	229.7	
Ⓑ安徽省	96.6	3694.8	12.6	1224.8
Ⓒ福建省	2275.5	1369.7	27.9	1383.3
江西省	12322.7	1807.1	1.6	5.6
山東省	531.6	1.9	38.0	1986.7
河南省	15944.7	5.8		34.2
Ⓑ湖北省	5622.3	2057.1	0.0	174.4
Ⓑ湖南省	2352.0	301.0	29.5	
Ⓒ【**広東省**】	66965.4	5935.4	539.4	9810.9
コワンシーチョワン（壮）族自治区	2337.9	224.3	6.0	807.1
海南省				
Ⓓ【**チョンチン**】	11158.3	10730.4	54.8	
Ⓓ【**四川省**】	13137.2	9751.4	142.5	1286.6
貴州省	2123.0	10.4	0.6	240.0
雲南省	1483.9	1305.0	5.9	22.1
チベット自治区				
陝西省	4917.2		59.5	20.0
甘粛省			643.0	
青海省				
ニンシャホイ（回）族自治区			0.0	
シンチャンウイグル自治区	234.5			

「中国統計年鑑」

Ⓐ“集中型”≒情報通信機械，電気機械　Ⓑ長江中・下流域での生産が盛ん　Ⓒ南東部での生産が盛ん　Ⓓ内陸の長江上・中流域での生産が盛ん

POINT　左ページの表は分布の違いに注目。“分散型”≒どこでも需要が多い（例：ビール，銑鉄，粗鋼）。“集中型”≒原料産地（例：製品糖）。

3 東アジアの国・地域の上位輸出入品目

▼日本　　　　(単位：億ドル)

輸出	2021年	輸入	2021年
機械類	2,717	機械類	1,861
半導体等製造装置	305	通信機器	384
集積回路	305	集積回路	250
【 自動車 】	1,357	原油	631
乗用車	855	液化天然ガス	390
精密機器	394	医薬品	381
鉄鋼	348	衣類	265
【自動車部品】	330	石炭	263
プラスチック	271	精密機器	253
有機化合物	184	自動車	229
計	7,571	計	7,723

▼韓国　　　　(単位：億ドル)

輸出	2021年	輸入	2021年
機械類	2,657	機械類	1,823
【集積回路】	1,089	集積回路	503
通信機器	341	半導体等製造装置	222
【 自動車 】	661	通信機器	197
乗用車	443	原油	670
石油製品	393	液化天然ガス	255
プラスチック	388	石油製品	250
鉄鋼	309	精密機器	215
有機化合物	233	自動車	200
【 船舶 】	220	鉄鋼	172
計	6,444	計	6,150

▼中国　　　　(単位：億ドル)

輸出	2021年	輸入	2021年
【 機械類 】	Ⓐ 14,470	機械類	9,021
通信機器	3,149	集積回路	4,325
コンピュータ	2,045	通信機器	816
集積回路	1,538	コンピュータ	414
【 衣類 】	Ⓐ 1,760	半導体等製造装置	410
【 繊維品 】	Ⓐ 1,456	原油	2,581
金属製品	1,440	鉄鉱石	1,826
自動車	1,411	精密機器	1,035
精密機器	957	自動車	863
家具	869	乗用車	529
計	33,623	計	26,844

Ⓐ 機械類が圧倒的だが，労働集約型の軽工業品もまだ多い

▼台湾　　　　(単位：億ドル)

輸出	2021年	輸入	2021年
機械類	2,665	機械類	1,765
【集積回路】	Ⓐ 1,558	集積回路	812
通信機器	199	半導体等製造装置	255
コンピュータ	120	原油	199
プラスチック	224	精密機器	164
精密機器	199	鉄鋼	120
金属製品	154	液化天然ガス	110
鉄鋼	138	有機化合物	107
自動車	136	自動車	106
計	4,477	計	3,826

Ⓐ 半導体が多い

「世界国勢図会」

POINT いずれも機械類の輸出入が上位。ちなみに労働集約型の工業とは，労働費の比重が高い工業（繊維・雑貨・はきものなど）のことで，安価で豊富な労働力が得られる地域に発達する。

1 東南アジアの国の上位輸出入品目

▼シンガポール　（単位：億ドル）

Ⓐ輸出	2021年	Ⓐ輸入	2021年
機械類	3,116	機械類	2,637
集積回路	1,482	集積回路	1,228
半導体等製造装置	238	通信機器	199
通信機器	228	コンピュータ	117
【 石油製品 】	Ⓑ 604	半導体等製造装置	107
精密機器	277	石油製品	631
金（非貨幣用）	208	原油	304
【プラスチック】	196	精密機器	201
有機化合物	Ⓑ 180	金（非貨幣用）	194
医薬品	145	有機化合物	127
計	6,141	計	5,459

Ⓐ 中継貿易が盛んなため，輸出入品が類似　Ⓑ 石油化学製品が多い

▼タイ　（単位：億ドル）

輸出	2021年	輸入	2021年
機械類	846	機械類	800
コンピュータ	142	集積回路	109
通信機器	86	通信機器	103
【 自動車 】	Ⓐ 313	原油	254
乗用車	106	鉄鋼	158
プラスチック	127	自動車	99
【野菜・果実】	99	金属製品	92
石油製品	88	金（非貨幣用）	84
【 ゴム製品 】	Ⓑ 88	プラスチック	75
自動車部品	87	自動車部品	67
計	2,667	計	2,682

Ⓐ 東南アジア最大　Ⓑ 生産世界一

▼マレーシア　（単位：億ドル）

輸出	2021年	輸入	2021年
【 機械類 】	Ⓐ 1,220	機械類	924
集積回路	549	集積回路	334
通信機器	100	通信機器	68
石油製品	220	石油製品	211
衣類	145	プラスチック	80
【 パーム油 】	Ⓑ 142	鉄鋼	69
精密機器	112	精密機器	64
有機化合物	90	自動車	58
液化天然ガス	88	有機化合物	55
プラスチック	82	金（非貨幣用）	44
計	2,992	計	2,382

Ⓐ 東南アジアでシンガポールに次ぐ工業化を達成　Ⓑ インドネシアと共通

▼インドネシア　（単位：億ドル）

輸出	2021年	輸入	2021年
【 石炭 】	316	機械類	485
【 パーム油 】	Ⓐ 267	通信機器	85
鉄鋼	214	石油製品	150
機械類	182	鉄鋼	124
有機化合物	95	プラスチック	88
衣類	94	繊維品	71
自動車	85	有機化合物	71
はきもの	62	原油	70
銅鉱	54	自動車	65
魚介類	53	医薬品	48
計	2,315	計	1,962

Ⓐ マレーシアと共通

▼フィリピン （単位：億ドル）

輸出	2021年	輸入	2021年
機械類	475.0	機械類	427.9
集積回路	239.6	集積回路	122.7
コンピュータ	37.4	通信機器	40.6
通信機器	18.8	石油製品	93.8
【野菜・果実】 Ⓐ	28.4	自動車	69.1
【　銅　】	23.7	鉄鋼	56.2
精密機器	21.9	医薬品	38.3
ニッケル鉱	19.6	プラスチック	32.8
やし油	13.8	石炭	29.0
自動車	11.7	金属製品	25.8
計	746.2	計	1,243.9

Ⓐ バナナの生産が盛ん

▼ベトナム （単位：億ドル）

輸出	2021年	輸入	2021年
【　機械類　】 Ⓐ	1,556	機械類	1,424
【通信機器】 Ⓑ	849	集積回路	461
集積回路	141	通信機器	328
【　衣類　】 Ⓐ	306	繊維品	186
はきもの Ⓐ	182	プラスチック	161
家具	130	鉄鋼	129
鉄鋼	129	金属製品	80
繊維品 Ⓐ	116	精密機器	76
魚介類	88	自動車	74
野菜・果実	73	野菜・果実	58
計	3,358	計	3,308

Ⓐ 近年，労働集約型工業を中心に輸出増加　Ⓑ スマートフォンの組立てが盛ん

「世界国勢図会」

POINT シンガポール・マレーシア・タイなど，東南アジアのなかでも工業化が早く進んだ国と，他の国ではどのような違いがあるかにも注目しよう。

3 南アジア

本冊 P.226～231

1 インドの州別の１人当たり純生産・出生率・識字率

▼州別１人当たり純生産（2018/19年）

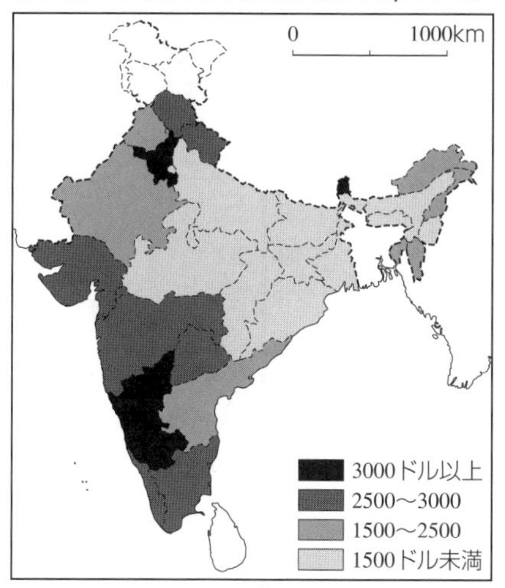

「Reserve Bank of India」

周辺など外国企業の進出が多い南部や大都市（首都デリー，人口最大都市ムンバイ）周辺で高く，北部で低い

▼州別【女性の識字】率（2019-21年推計，%）

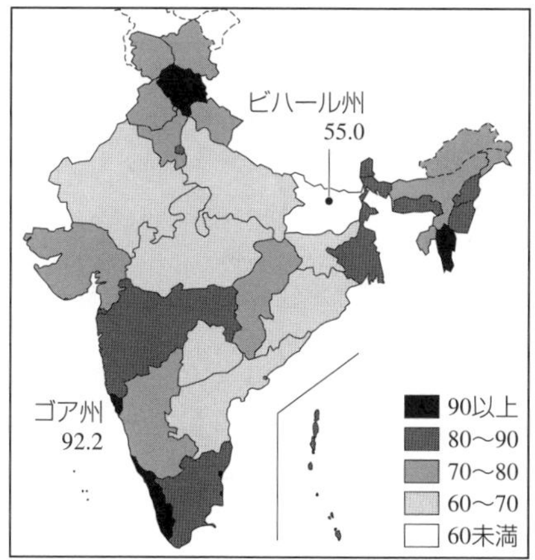

豊かな地域では高く，逆に貧しい地域では低い

▼州別【合計特殊出生】率（2019-21年推計）

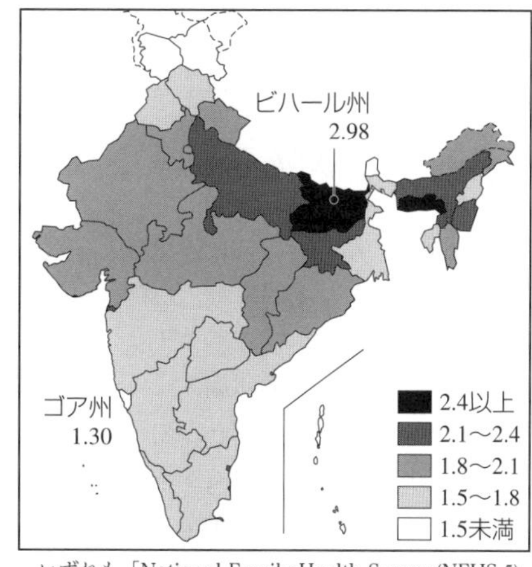

いずれも「National Family Health Survey (NFHS-5)」

左図とは対照的に貧しい地域では女性の高学歴化，社会進出が進んでおらず，初婚年齢が早いため高く，豊かな地域はその逆で低い

POINT インドでは州の間の経済格差が顕著で，貧困層の多い農村部では女性の社会進出が進んでおらず，識字率が低い傾向がある。

2 南アジアの国の上位輸出入品目

▼インド （単位：百万ドル）

輸出	2019年	輸入	2019年
石油製品	43,514	原油	101,949
機械類	37,233	機械類	95,205
【ダイヤモンド】Ⓐ	21,840	金（非貨幣用）	31,178
医薬品	17,917	石炭	23,649
【　繊維品　】	17,189	【ダイヤモンド】Ⓐ	21,974
衣類	17,160	有機化合物	19,570
有機化合物	16,883	プラスチック	13,114
自動車	16,661	鉄鋼	10,086
貴金属製品	13,608	石油製品	9,820
鉄鋼	12,064	液化天然ガス	9,550
計	323,251	計	478,884

Ⓐ 加工・研磨業が発展

▼スリランカ （単位：百万ドル）

輸出	2019年	輸入	2019年
衣類	5,466	機械類	2,826
【　茶　】Ⓐ	1,323	繊維品	2,801
【ゴム製品】	659	石油製品	2,222
機械類	486	自動車	1,293
繊維品	376	鉄鋼	799
野菜・果実	348	原油	750
石油製品	330	プラスチック	595
魚介類	298	金属製品	590
香辛料	280	医薬品	504
貴石・半貴石	179	セメント	486
計	11,974	計	19,474

Ⓐ 世界的な輸出国

Ⓐ 共通点と Ⓑ 相違点に注意

▼パキスタン （単位：百万ドル）

輸出	2019年	輸入	2019年
【　繊維品　】Ⓐ	7,696	機械類	8,961
衣類 Ⓐ	6,337	石油製品	5,476
【　米　】Ⓑ	2,270	原油	3,908
野菜・果実	711	液化天然ガス	3,265
魚介類	478	有機化合物	2,168
精密機械	447	プラスチック	2,087
機械類	350	鉄鋼	1,863
銅	331	パーム油	1,753
有機化合物	325	鉄くず	1,510
プラスチック	315	自動車	1,442
計	23,749	計	50,063

Ⓐ バングラデシュと共通　Ⓑ インダス川流域などで輸出向けの栽培が盛ん

▼バングラデシュ （単位：百万ドル）

輸出	2018年	輸入	2018年
【　衣類　】Ⓐ	26,720	繊維品	8,269
繊維品 Ⓐ	1,626	機械類	7,217
はきもの Ⓑ	697	石油製品	4,480
魚介類	447	鉄鋼	2,259
【　革類　】Ⓑ	298	綿花	2,230
機械類	231	パーム油	1,785
石油製品	173	プラスチック	1,715
野菜・果実	169	化学肥料	1,255
旅行用具・バッグ Ⓑ	153	自動車	1,104
自動車	131	船舶	994
計	31,734	計	48,059

Ⓐ パキスタンと共通。輸出1位の品目は中国に次ぐ世界2位　Ⓑ 皮革工業など労働集約型工業が発展

「世界国勢図会」ほか

4 西アジア・中央アジア

本冊 P.232～237

1 西アジアの国と中央アジアの国の上位輸出入品目

▼イスラエル (単位：億ドル)

輸出	2021年	輸入	2021年
【 機械類 】Ⓐ	163.0	機械類	224.3
集積回路	35.7	通信機器	35.7
通信機器	33.6	自動車	75.6
【ダイヤモンド】Ⓑ	87.6	乗用車	51.0
【 精密機器 】	61.4	原油	64.3
航空機 Ⓐ	23.7	【ダイヤモンド】Ⓑ	61.8
医薬品	21.7	医薬品	37.3
プラスチック	20.7	鉄鋼	29.4
化学肥料	16.0	精密機器	28.2
金属製品	14.7	衣類	26.2
計	601.6	計	921.6

Ⓐ 高技術国 Ⓑ 加工・研磨業が盛ん

▼サウジアラビア (単位：億ドル)

輸出	2021年	輸入	2021年
【 原油 】	1,508	機械類	307
【 石油製品 】	536	通信機器	75
【プラスチック】Ⓐ	234	自動車	153
有機化合物	144	乗用車	119
液化石油ガス	66	石油製品	73
機械類	41	医薬品	70
船舶	38	鉄鋼	69
計	2,865	計	1,527

Ⓐ 原油依存だが，近年は石油化学工業やアルミニウム精錬にも力を入れる

▼トルコ (単位：億ドル)

輸出	2020年	輸入	2020年
【 機械類 】	261	機械類	427
【 自動車 】Ⓐ	213	金(非貨幣用)	252
乗用車	96	自動車	151
【 衣類 】	154	乗用車	79
繊維品 Ⓐ	117	プラスチック	105
鉄鋼	101	鉄鋼	96
【野菜・果実】Ⓑ	87	石油製品	68
金属製品	72	鉄くず	62
自動車部品	45	有機化合物	57
プラスチック	44	医薬品	54
計	1,697	計	2,195

Ⓐ 西アジア最大の工業国，EU市場向けの労働集約型工業が発展 Ⓑ 地中海式農業

▼カザフスタン (単位：億ドル)

輸出	2021年	輸入	2021年
【 原油 】Ⓐ	310.9	機械類	114.5
鉄鋼	48.3	コンピュータ	16.7
銅	33.7	通信機器	13.3
【放射性元素】Ⓐ Ⓑ	17.7	自動車	31.3
銅鉱	16.1	乗用車	13.4
鉄鉱石 Ⓐ	16.0	鉄鋼	24.0
【 小麦 】Ⓒ	14.3	医薬品	17.3
機械類	13.2	金属製品	15.8
【 天然ガス 】Ⓐ	12.9	プラスチック	11.7
石油製品	10.5	自動車部品	11.1
計	603.2	計	414.2

Ⓐ エネルギー・鉱産資源が豊富 Ⓑ ウラン Ⓒ チェルノーゼムが分布

「世界国勢図会」

POINT カスピ海やペルシア湾沿岸諸国は原油の輸出が中心。工業国であるイスラエルとトルコの特徴にも注目。

5 アフリカ

本冊 P.238 ～ 245

1 アフリカ諸国の１人当たりGNI

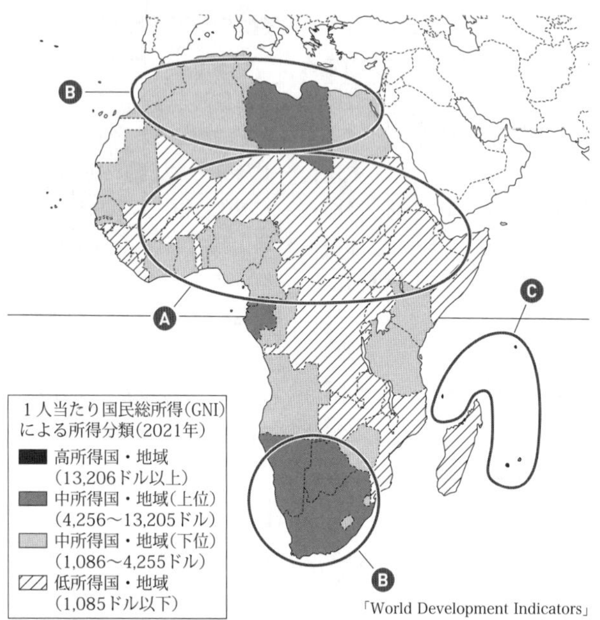

「World Development Indicators」

Ⓐ サハラ以南から低緯度の熱帯地域にかけてがとくに経済水準が低い　Ⓑ 北アフリカや南アフリカはエネルギー・鉱産資源に恵まれる国が多く，アフリカの中では豊か　Ⓒ インド洋の島国は観光業が盛んで豊か

POINT 北アフリカは，近接するヨーロッパとの結びつきが強く，工業が発展。サハラ以南アフリカでは，資源の有無や自然条件（降水量，海岸，内陸など）の違いが経済発展の差につながっていることを知っておこう。

2 アフリカの国の上位輸出入品目

▼エジプト　(単位：億ドル)

輸出	2021年	輸入	2021年
石油製品	61.3	機械類	112.4
液化天然ガス	39.2	通信機器	25.8
野菜・果実	31.7	自動車	49.3
【　原油　】Ⓐ	29.2	乗用車	34.3
機械類	27.7	石油製品	39.2
プラスチック	23.6	プラスチック	37.8
衣類	19.7	医薬品	37.7
鉄鋼	17.3	原油	37.3
繊維品	16.1	繊維品	28.4
化学肥料	14.7	小麦	24.7
計	407.0	計	737.8

Ⓐ 同じ北アフリカのリビアやアルジェリアほど輸出は多くない

▼モロッコ　(単位：億ドル)

輸出	2021年	輸入	2021年
【　機械類　】Ⓐ	57.4	機械類	111.9
【 化学肥料 】Ⓑ	57.2	自動車	54.8
自動車 Ⓐ	50.4	乗用車	22.2
乗用車	42.1	石油製品	54.3
野菜・果実	37.8	繊維品	36.4
【　衣類　】Ⓐ	33.9	自動車部品	22.2
【　魚介類　】Ⓒ	25.7	プラスチック	19.8
リン酸類 Ⓑ	22.0	液化石油ガス	17.8
航空機	11.2	鉄鋼	16.2
天然肥料 Ⓑ	9.9	小麦	15.9
計	365.9	計	586.8

Ⓐ 労働集約型工業が盛ん　Ⓑ リン鉱石から加工　Ⓒ 寒流の影響，タコ・イカなど

▼エチオピア　(単位：億ドル)

輸出	2021年	輸入	2021年
【コーヒー豆】Ⓐ	11.9	機械類	28.2
野菜・果実	6.7	自動車	11.3
ごま	2.9	石油製品	10.0
【装飾用切り花】Ⓑ	2.5	小麦	9.4
衣類	1.5	パーム油	8.8
肉類	0.9	医薬品	8.2
羊・山羊肉	0.9	米	6.9
大豆	0.4	鉄鋼	6.3
生きた動物	0.3	化学肥料	5.9
繊維品	0.3	砂糖	5.8
計	30.6	計	152.8

Ⓐ 原産地，輸出額はアフリカ最大　Ⓑ 農業の多角化，隣国のケニアでも盛ん

▼ナイジェリア　(単位：億ドル)

輸出	2021年	輸入	2021年
【　原油　】Ⓐ	360.0	石油製品	160.4
液化天然ガス	49.3	機械類	105.5
船舶	14.4	自動車	33.1
化学肥料	9.4	乗用車	17.4
石油ガス	6.7	小麦	27.2
【 カカオ豆 】	5.6	プラスチック	24.3
ごま	2.8	医薬品	14.3
野菜・果実	2.6	鉄鋼	13.4
電力	2.2	精密機器	10.1
液化石油ガス	2.1	有機化合物	9.5
計	472.3	計	520.7

Ⓐ 1位品目に依存

第6章 世界地誌

▼コートジボワール

(単位：億ドル)

輸出	2020年	輸入	2020年
【 カカオ豆 】	Ⓐ 36.3	機械類	16.7
金（非貨幣用）	14.7	原油	14.4
野菜・果実	11.4	自動車	6.9
【 天然ゴム 】	10.4	魚介類	5.8
カシューナッツ	9.1	米	5.5
ココアペースト	7.1	プラスチック	4.4
石油製品	7.0	石油製品	4.1
原油	4.5	医薬品	4.0
ココアバター	4.0	鉄鋼	3.5
綿花	2.9	金属製品	2.8
計	124.5	計	105.3

Ⓐ 世界一の生産・輸出

▼ガーナ

(単位：億ドル)

輸出	2019年	輸入	2019年
【金（非貨幣用）】	Ⓐ 62.0	機械類	20.8
原油	52.5	自動車	16.4
【 カカオ豆 】	18.5	乗用車	8.8
ココアペースト	4.1	貨物車	4.6
野菜・果実	4.0	鉄鋼	4.8
マンガン鉱	3.5	金属製品	4.4
ココアバター	3.4	プラスチック	4.3
カシューナッツ	2.4	米	3.7
魚介類	2.0	セメント	3.2
植物性油脂	1.8	石油製品	2.7
計	167.7	計	104.4

Ⓐ 古くから“黄金海岸”と呼ばれ金鉱の産出で有名

▼コンゴ民主共和国

(単位：億ドル)

輸出	2021年	輸入	2021年
【 銅 】	Ⓐ 155.9	機械類	18.6
無機化合物	57.1	自動車	5.8
【 銅鉱 】	Ⓐ 15.9	貨物車	2.5
金属製品	1.4	印刷物	4.4
カカオ豆	1.0	石油製品	3.8
石油製品	0.7	金属製品	3.6
ダイヤモンド	0.7	無機化合物	3.1
木材	0.7	医薬品	2.7
すず鉱	0.5	プラスチック	2.6
亜鉛	0.4	鉄鋼	2.5
計	241.2	計	76.6

Ⓐ カッパーベルト

▼タンザニア

(単位：億ドル)

輸出	2021年	輸入	2021年
【金（非貨幣用）】	29.3	石油製品	21.6
野菜・果実	5.1	機械類	18.8
米	3.0	自動車	9.3
魚介類	1.6	鉄鋼	7.6
カシューナッツ	1.6	プラスチック	6.1
【コーヒー豆】	Ⓐ 1.6	医薬品	4.7
ごま	1.5	金属製品	3.5
葉たばこ	1.3	小麦	2.2
繊維品	1.2	パーム油	2.1
貴金属鉱	1.0	化学肥料	2.1
計	63.9	計	108.7

Ⓐ キリマンジャロ山麓

▼ボツワナ　（単位：億ドル）

輸出	2021年	輸入	2021年
【ダイヤモンド】Ⓐ	67.1	【ダイヤモンド】Ⓐ	29.6
機械類	1.8	機械類	9.4
銅鉱	1.1	石油製品	8.3
生きた動物	0.8	自動車	4.5
ソーダ灰	0.4	乗用車	1.7
金（非貨幣用）	0.4	貨物車	1.5
自動車	0.3	医薬品	1.9
塩	0.3	金属製品	1.9
石炭	0.3	鉄鋼	1.7
プラスチック	0.2	野菜・果実	1.4
計	74.7	計	84.6

Ⓐ 産出も多いが，近年は加工・研磨業が発展

▼南アフリカ共和国　（単位：億ドル）

輸出	2021年	輸入	2021年
【白金族】Ⓐ	231.2	機械類	201.8
【自動車】Ⓑ	106.3	通信機器	39.1
乗用車	53.3	石油製品	86.2
貨物車	40.3	自動車	60.0
【鉄鉱石】	98.6	乗用車	31.1
機械類	83.9	原油	54.2
金（非貨幣用）	73.2	医薬品	31.9
【鉄鋼】	64.1	プラスチック	23.0
石炭	60.6	衣類	21.1
野菜・果実	53.4	鉄鋼	21.0
計	1,213.2	計	934.4

Ⓐ 輸出額世界一　Ⓑ 1991年のアパルトヘイト撤廃後，この産業を推進

「世界国勢図会」

POINT 北アフリカやギニア湾には油田が分布しており，周辺諸国の輸出品目の中では原油が上位を占める国も多い。サハラ以南アフリカでは，鉱産資源や商品作物などの割合が高い。

6 ヨーロッパ

本冊 P.246～255

1 主なヨーロッパ諸国の外国人の割合，経済格差，最低賃金

▼EUへの【国際移民】と各国の【外国人】の割合

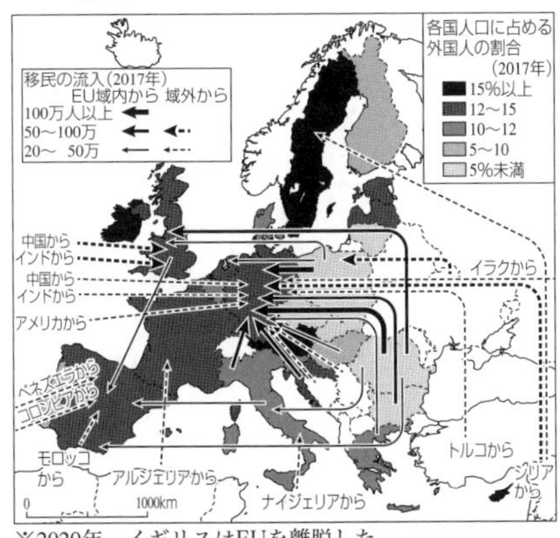

※2020年，イギリスはEUを離脱した。
International Migration Outlook ほか

▼EUと周辺諸国の地域別1人当たり【域内総生産】から見た【経済格差】

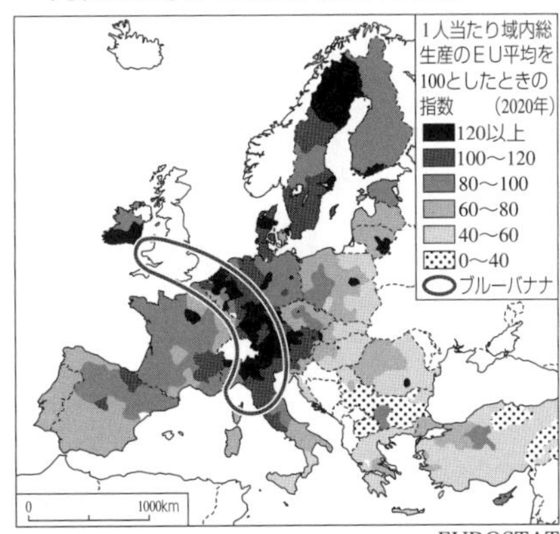

EUROSTAT

ヨーロッパにおける労働力の移動は“東から西へ”かつ“南から北へ”

▼加盟年順に見たおもなEU加盟国の最低賃金（月給，2019年）

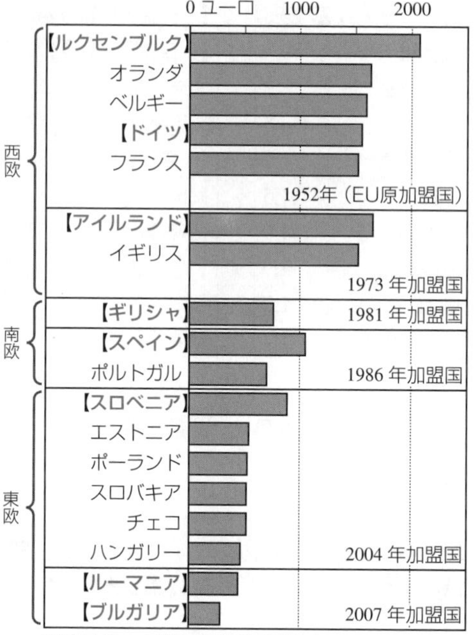

※2020 年，イギリスはEUを離脱した。

EUROSTAT

東欧の中でもEU加盟が遅れた2007年加盟の2か国は発展が遅れる

POINT ドイツやフランスといった西欧と，南・東欧との間で経済格差が見られる。そのため西欧には，仕事を求め外国人が多く移動している。

2 ヨーロッパの国の上位輸出入品目

▼イギリス　(単位：億ドル)

輸出	2021年	輸入	2021年
【 機械類 】	975	機械類	1,416
【金（非貨幣用）】Ⓐ	418	通信機器	216
【 自動車 】	390	自動車	607
乗用車	302	乗用車	341
医薬品	277	【金（非貨幣用）】Ⓐ	554
【 原油 】Ⓑ	197	医薬品	276
精密機器	178	原油	239
白金族	136	衣類	232
航空機	128	天然ガス	207
石油製品	122	精密機器	167
計	4,705	計	6,882

Ⓐ 金融業が盛ん　Ⓑ 北海油田

▼フランス　(単位：億ドル)

輸出	2021年	輸入	2021年
【 機械類 】	1,091	機械類	1,504
【 自動車 】	488	自動車	732
乗用車	208	乗用車	402
医薬品	401	医薬品	369
【 航空機 】Ⓐ	310	衣類	271
化粧品類	187	石油製品	265
プラスチック	177	金属製品	207
鉄鋼	164	精密機器	202
精密機器	158	原油	192
自動車部品	142	プラスチック	186
計	5,851	計	7,148

Ⓐ トゥールーズで組立て

▼ドイツ　(単位：億ドル)

輸出	2021年	輸入	2021年
【 機械類 】	4,568	機械類	3,508
【 自動車 】	2,377	自動車	1,296
乗用車	1,403	乗用車	677
医薬品	1,206	医薬品	836
精密機器	692	衣類	466
自動車部品	660	天然ガス	460
金属製品	520	原油	403
プラスチック	510	精密機器	397
鉄鋼	342	有機化合物	392
有機化合物	315	自動車部品	391
計	Ⓐ 16,356	計	Ⓐ 14,247

Ⓐ 輸出額，輸入額は欧州最大

▼イタリア　(単位：億ドル)

輸出	2021年	輸入	2021年
【 機械類 】	1,468	機械類	997
【 自動車 】	430	自動車	428
乗用車	162	乗用車	250
医薬品	383	医薬品	340
【 衣類 】Ⓐ	275	原油	299
鉄鋼	264	鉄鋼	268
金属製品	229	プラスチック	221
プラスチック	185	天然ガス	199
石油製品	164	衣類	181
自動車部品	152	有機化合物	167
計	6,017	計	5,572

Ⓐ 先進国ではめずらしい。ブランド品中心

▼オランダ (単位：億ドル)

輸出	2021年	輸入	2021年
機械類	1,639	機械類	1,536
通信機器	249	通信機器	274
半導体等製造装置	201	コンピュータ	182
【石油製品】Ⓐ	591	原油	355
医薬品	379	石油製品	349
精密機器	262	自動車	306
自動車	256	医薬品	263
【プラスチック】Ⓐ	252	精密機器	222
有機化合物	243	有機化合物	195
【野菜・果実】Ⓑ	237	衣類	181
計	6,969	計	6,234

Ⓐ 石油化学工業　Ⓑ 海岸砂丘の園芸農業

▼ベルギー (単位：億ドル)

輸出	2021年	輸入	2021年
医薬品	757	【機械類】	519
【機械類】Ⓐ	381	医薬品Ⓐ	498
【自動車】	380	【自動車】	395
乗用車	233	乗用車	242
プラスチック	200	有機化合物	299
石油製品	197	原油	175
有機化合物	164	天然ガス	163
鉄鋼	147	石油製品	148
【ダイヤモンド】Ⓑ	124	【ダイヤモンド】Ⓑ	114
天然ガス	108	プラスチック	105
計	3,864	計	3,937

Ⓐ 中継貿易が盛ん　Ⓑ 加工・研磨業が盛ん

▼スペイン (単位：億ドル)

輸出	2021年	輸入	2021年
【自動車】Ⓐ	537	機械類	721
乗用車	339	自動車	380
機械類	450	乗用車	153
【野菜・果実】Ⓑ	249	原油	296
医薬品	209	医薬品	256
石油製品	180	衣類	199
衣類	161	自動車部品	163
鉄鋼	123	有機化合物	140
プラスチック	122	鉄鋼	124
肉類	111	プラスチック	116
計	3,916	計	4,261

Ⓐ 輸出額は欧州ではドイツに次ぐ　Ⓑ 地中海式農業

▼スイス (単位：億ドル)

輸出	2021年	輸入	2021年
【医薬品】Ⓐ	1,062	金(非貨幣用)Ⓑ	936
【金(非貨幣用)】Ⓑ	870	医薬品	428
機械類	382	機械類	386
精密機器	361	自動車	156
【時計】Ⓐ	244	乗用車	104
有機化合物	244	精密機器	102
貴金属製品	115	衣類	89
整形外科用機器	70	貴金属製品	85
金属製品	60	有機化合物	77
プラスチック	41	金属製品	70
計	3,798	計	3,234

Ⓐ 高技術国　Ⓑ 金融業が盛ん

▼フィンランド　（単位：億ドル）

輸出	2021年	輸入	2021年
機械類	179.9	機械類	195.0
【　紙類　】	Ⓐ 73.4	通信機器	22.7
自動車	49.6	自動車	75.1
乗用車	33.4	乗用車	37.6
鉄鋼	49.1	原油	42.8
石油製品	48.9	石油製品	33.0
【　木材　】	32.6	金属製品	27.4
パルプ・古紙	Ⓐ 30.8	医薬品	27.1
精密機器	29.3	自動車部品	21.4
プラスチック	24.6	鉄鋼	20.9
計	815.0	計	862.6

Ⓐ スウェーデンと共通

▼スウェーデン　（単位：億ドル）

輸出	2021年	輸入	2021年
機械類	443	機械類	480
通信機器	68	通信機器	90
【　自動車　】	Ⓐ 233	自動車	193
乗用車	126	乗用車	101
医薬品	117	原油	95
石油製品	99	鉄鋼	66
【　紙類　】	Ⓑ 83	石油製品	61
鉄鋼	81	自動車部品	61
自動車部品	63	医薬品	61
【　木材　】	Ⓑ 56	衣類	59
計	1,896	計	1,873

Ⓐ フィンランドより多い　Ⓑ フィンランドと共通

▼ノルウェー　（単位：億ドル）

輸出	2021年	輸入	2021年
【天然ガス】	671.7	機械類	219.7
【　原油　】	Ⓐ 419.0	通信機器	29.4
【　魚介類　】	134.8	自動車	124.2
機械類	76.3	乗用車	84.2
石油製品	64.0	金属製品	46.1
【アルミニウム】	50.9	石油製品	33.6
電力	Ⓑ 23.5	衣類	30.0
液化石油ガス	23.4	医薬品	29.7
船舶	21.7	精密機器	25.8
ニッケル	16.6	ニッケル鉱	24.9
計	1,745.1	計	992.5

Ⓐ 輸出額は欧州一（ロシアを除く）　Ⓑ 水力発電

▼デンマーク　（単位：億ドル）

輸出	2021年	輸入	2021年
機械類	263.6	機械類	265.2
医薬品	216.9	通信機器	36.8
衣類	55.2	自動車	95.1
【　肉類　】	Ⓐ 50.4	乗用車	57.1
【　魚介類　】	Ⓑ 41.7	医薬品	67.7
金属製品	40.5	衣類	60.2
石油製品	40.2	金属製品	43.9
自動車	37.1	原油	43.2
精密機器	37.0	鉄鋼	37.0
家具	32.9	プラスチック	33.9
計	1,250.1	計	1,217.8

Ⓐ 酪農・畜産が盛ん　Ⓑ 北海

▼ポーランド

（単位：億ドル）

輸出	2021年	輸入	2021年
機械類	Ⓐ 795	機械類	848
コンピュータ	68	通信機器	120
自動車	Ⓐ 274	自動車	265
【 金属製品 】	Ⓐ 160	乗用車	103
家具	157	鉄鋼	170
自動車部品	146	プラスチック	163
衣類	118	衣類	136
肉類	81	金属製品	119
鉄鋼	78	原油	113
プラスチック	78	自動車部品	91
計	3,178	計	3,355

Ⓐ 古くから東欧の工業国。チェコと共通

▼チェコ

（単位：億ドル）

輸出	2021年	輸入	2021年
機械類	Ⓐ 844	機械類	793
コンピュータ	150	通信機器	134
通信機器	134	コンピュータ	111
自動車	Ⓐ 408	自動車	187
乗用車	234	乗用車	50
自動車部品	148	自動車部品	109
【 金属製品 】	Ⓐ 107	鉄鋼	94
鉄鋼	62	金属製品	79
精密機器	49	医薬品	74
プラスチック	49	プラスチック	72
計	2,272	計	2,125

Ⓐ 古くから東欧の工業国。ポーランドと共通

「世界国勢図会」

第6章 世界地誌

7 ロシアと周辺諸国

本冊 P.256 ～ 261

1 ロシアとウクライナの上位輸出入品目

▼ロシア

（単位：億ドル）

輸出	2021年	輸入	2021年
【 原油 】	Ⓐ 1,110	機械類	923
石油製品	717	通信機器	148
鉄鋼	293	コンピュータ	78
【 石炭 】	Ⓐ 196	自動車	262
金（非貨幣用）	174	医薬品	145
機械類	168	自動車部品	127
化学肥料	125	金属製品	99
白金族	85	プラスチック	94
アルミニウム	83	衣類	91
計	4,923	計	2,935

Ⓐ エネルギー資源に依存傾向

▼ウクライナ

（単位：億ドル）

輸出	2021年	輸入	2021年
【 鉄鋼 】	Ⓐ 136.8	機械類	148.0
鉄鉱石	Ⓐ 68.1	通信機器	16.8
【ひまわり油】	Ⓑ 63.1	自動車	64.5
とうもろこし	Ⓑ 58.5	乗用車	43.9
機械類	52.8	石油製品	59.9
【 小麦 】	Ⓑ 47.2	医薬品	30.7
植物性油かす	15.4	石炭	27.2
なたね	13.7	プラスチック	26.9
大麦	11.7	天然ガス	20.3
家具	9.5	金属製品	17.1
計	658.7	計	699.6

Ⓐ 旧ソ連最大の鉄鋼業地域　Ⓑ チェルノーゼムが分布

「世界国勢図会」

POINT ロシアの原油の輸出先は，中国やヨーロッパが大半。ロシア・ウクライナにかけて広がるチェルノーゼム（肥沃な黒土）では，小麦やとうもろこし，食用油の原料となるひまわりなどが盛んに生産される。

8 アングロアメリカ

本冊 P.262〜269

1 アメリカ合衆国の農畜産物

▼【小麦】(2017年)

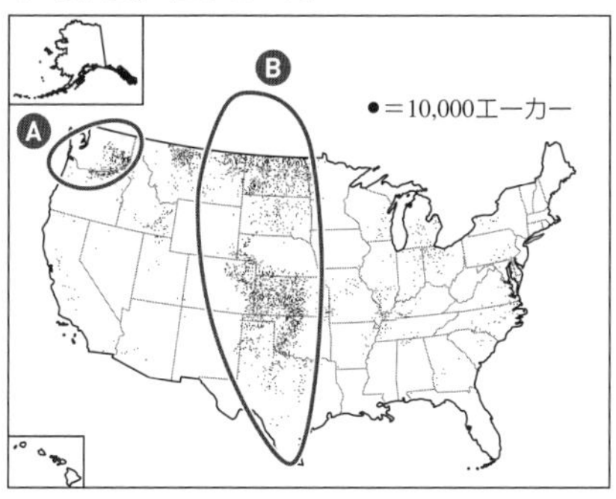

Ⓐ ワシントン州，コロンビア盆地の灌漑（かんがい）
Ⓑ 西経100度付近のプレーリー中心

▼【綿花】(2017年)

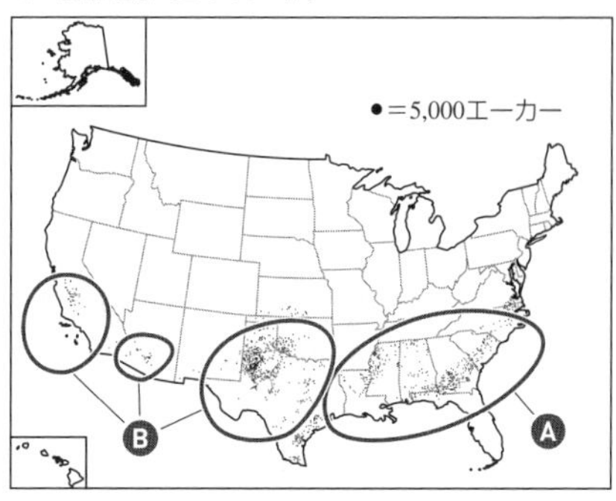

Ⓐ 奴隷制から始まった。近年連作障害
Ⓑ 近年は灌漑が整備された西部へ

▼【肉牛】(2017年)

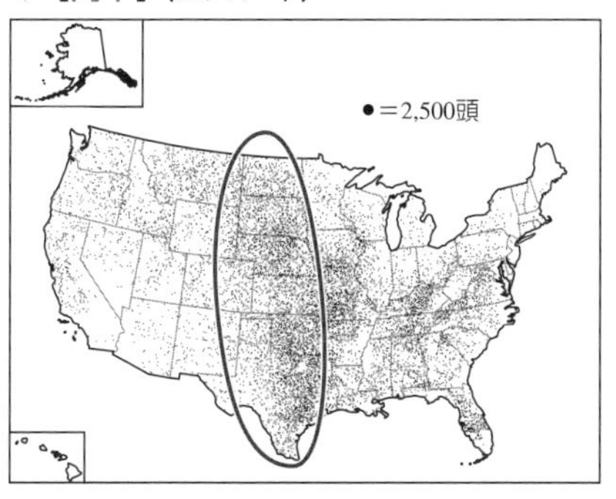

まんべんなく多いが，西経100度付近でとくに多い

▼【乳牛】(2017年)

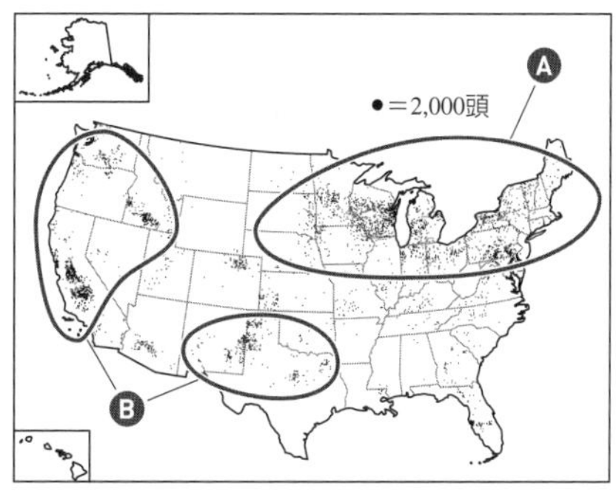

Ⓐ 五大湖周辺，北東部 Ⓑ 五大湖周辺から離れた人口が多い地域やその周辺でも酪農が盛ん

▼【とうもろこし】(2017年)

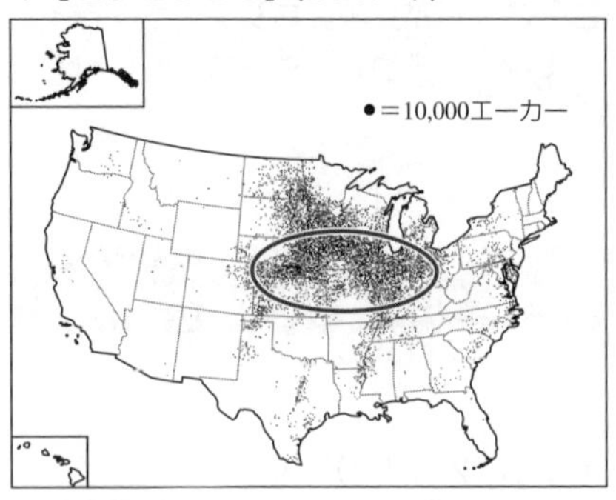

北緯40度付近，大豆と輪作

▼【大豆】(2017年)

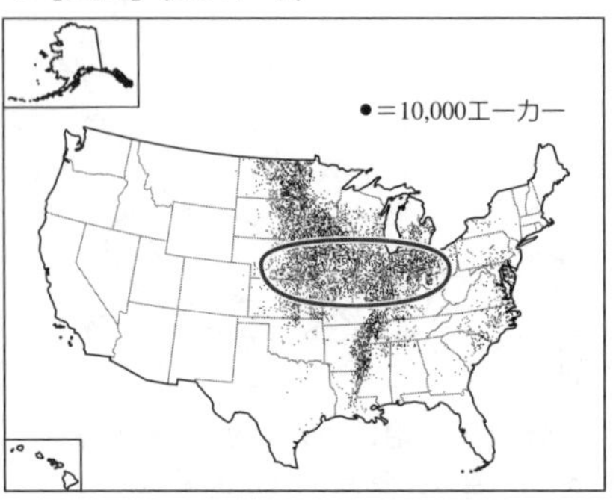

北緯40度付近，とうもろこしと輪作

▼【豚】(2017年)

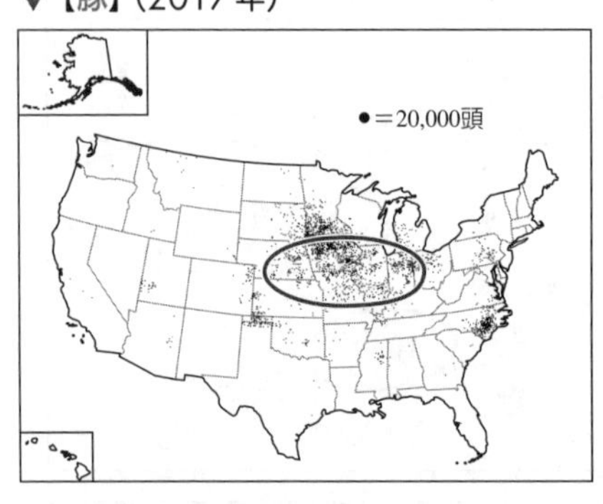

北緯40度付近，飼料作物豊富

USDA資料

POINT アメリカの気候は，西経100度を境に東側は湿潤，西側は乾燥した気候となり，地域によって大きく異なるため，適地適作のもと農牧業が行われている。

2 カナダの州別言語人口割合とアメリカ合衆国とカナダの上位輸出入品目

▼カナダの州別言語人口（人），割合（%）

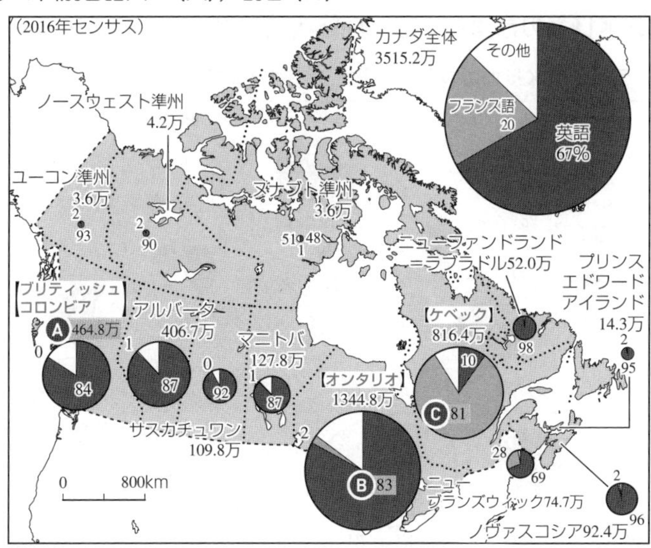

Statistics Canada

A 太平洋側でアジア系（その他）の割合が高い　B イギリス系住民最多。最大都市はトロント　C フランス系住民が多い。最大都市はモントリオール

▼アメリカ合衆国　（単位：億ドル）

輸出	2021年	輸入	2021年
機械類	4,005	機械類	8,432
【集積回路】	A 516	通信機器	1,418
通信機器	422	コンピュータ	1,182
コンピュータ	268	集積回路	409
自動車	1,181	自動車	2,777
乗用車	547	乗用車	1,481
石油製品	919	医薬品	1,585
医薬品	818	原油	1,384
精密機器	732	衣類	1,063
医療用機器	283	精密機器	887
計	B 17,531	計	B 29,330

A 情報通信産業が盛ん　B 世界最大の貿易赤字国

▼カナダ　（単位：億ドル）

輸出	2021年	輸入	2021年
【原油】	A 819	機械類	1,185
機械類	460	通信機器	159
自動車	437	自動車	650
乗用車	291	乗用車	278
金（非貨幣用）	156	貨物車	155
【木材】	B 142	医薬品	195
石油製品	134	金属製品	148
プラスチック	120	石油製品	143
自動車部品	111	自動車部品	143
天然ガス	106	鉄鋼	135
計	5,015	計	4,894

A アルバータ州のオイルサンド　B タイガ

「世界国勢図会」ほか

第6章 世界地誌

9 ラテンアメリカ，オセアニア

1 ラテンアメリカの言語と人種・民族構成の割合

▼ラテンアメリカの言語と人種・民族構成の割合

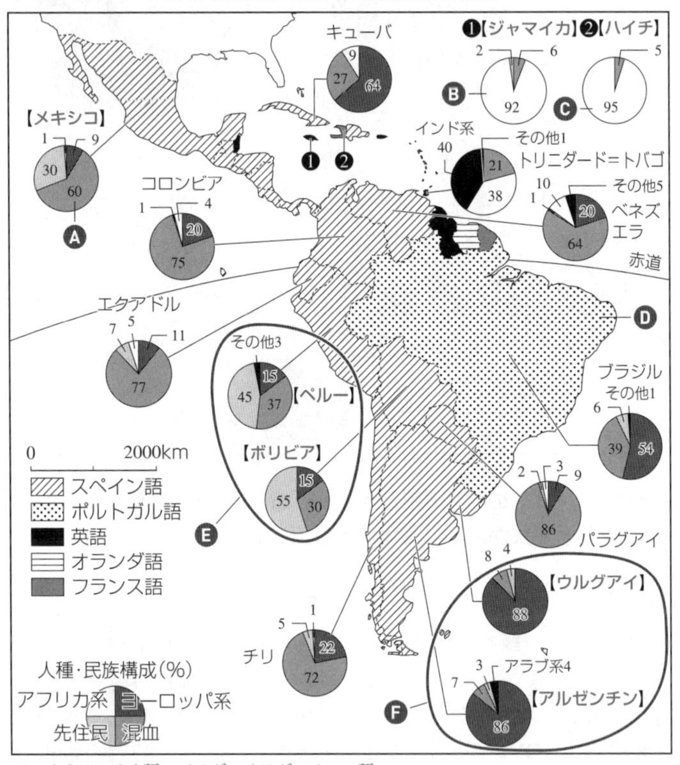

※ハイチはハイチ語，パラグアイはグアラニー語，ペルーはケチュア語とアイマラ語，ボリビアは36の先住民の言語も公用語としている。

各国統計局資料ほか

Ⓐ メスチーソの割合が高め　Ⓑ アフリカ系の割合が高い。旧英領　Ⓒ アフリカ系の割合が高い。旧仏領　Ⓓ ラテンアメリカ唯一の旧ポルトガル領　Ⓔ 先住民の割合が高め　Ⓕ ヨーロッパ系の割合が高い

POINT ラテンアメリカは，ヨーロッパからの移民や，アフリカ系奴隷の導入などの歴史が関係し，国によって民族構成が大きく異なる。

2 ラテンアメリカ諸国と主要国のジニ係数

▼所得の分配

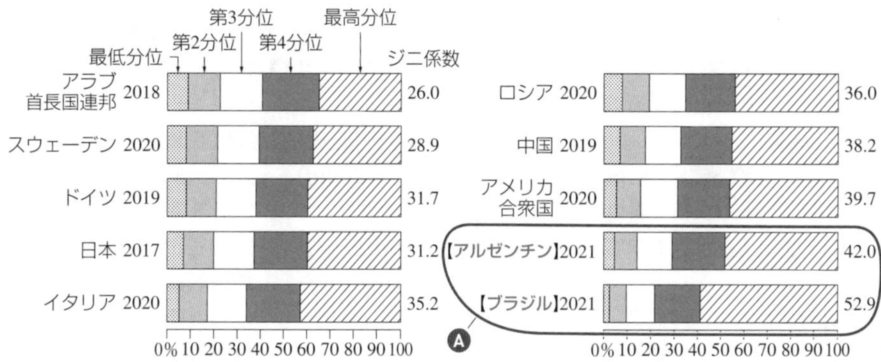

※1. 各家計の所得を少ない順から並べ人口で5等分した時の各階級の所得が全所得に占める割合。
※2. ジニ係数とは所得分配の平等度を示す指数で，0から100の範囲で大きくなるほど貧富の差が大きい。　「世界国勢図会」

Ⓐ かつての奴隷制の名残から，ヨーロッパ系とアフリカ系の人種間の格差が根深く残り，また大土地所有制の残存から各国内における貧富の差が大きい

3 ラテンアメリカ諸国とオーストラリア，ニュージーランドの上位輸出入品目

▼メキシコ　(単位：億ドル)

輸出	2021年	輸入	2021年
【　機械類　】Ⓐ	1,711	機械類	1,764
コンピュータ	333	集積回路	218
通信機器	155	通信機器	213
【自動車】Ⓐ Ⓑ	1,117	自動車	373
乗用車	399	自動車部品	260
貨物車	307	石油製品	260
自動車部品	307	プラスチック	207
原油	240	精密機器	192
【野菜・果実】Ⓒ	186	金属製品	160
精密機器	175	鉄鋼	140
計	4,946	計	5,066

Ⓐ 工業製品が輸出の中心　Ⓑ とくにアメリカ向けが多い　Ⓒ 温暖な気候

▼ブラジル　(単位：億ドル)

輸出	2021年	輸入	2021年
【　鉄鉱石　】	447	機械類	616
【　大豆　】	386	通信機器	81
原油	306	化学肥料	166
【　肉類　】	195	自動車	150
機械類	147	石油製品	149
鉄鋼	145	有機化合物	136
【　砂糖　】	92	医薬品	124
自動車	86	プラスチック	90
石油製品	77	自動車部品	77
植物性油かす	73	鉄鋼	59
計	2,808	計	2,347

Ⓐ 一次産品が輸出の中心

Ⓐ 共通点と相違点に注意

▼エクアドル

(単位：億ドル)

輸出	2021年	輸入	2021年
【　原油　】	Ⓐ 72.8	機械類	45.5
魚介類	70.4	通信機器	7.1
【野菜・果実】	42.5	石油製品	41.2
【バナナ】	Ⓐ 35.0	自動車	20.2
石油製品	13.3	乗用車	8.8
【装飾用切り花】	Ⓑ 9.4	医薬品	15.3
銅鉱	9.2	プラスチック	11.8
カカオ豆	8.2	鉄鋼	10.9
金(非貨幣用)	5.9	植物性油かす	7.3
貴金属鉱	5.9	液化石油ガス	7.1
計	267.0	計	256.9

Ⓐ コロンビアとの共通点と違いに注意
Ⓑ 近年，農業の多角化から増加傾向

▼コロンビア

(単位：億ドル)

輸出	2021年	輸入	2021年
【　原油　】	Ⓐ 112.0	機械類	127.5
石炭	56.5	通信機器	32.2
【コーヒー豆】	Ⓐ 31.9	自動車	47.6
金(非貨幣用)	31.4	乗用車	23.4
石油製品	23.0	医薬品	41.2
【装飾用切り花】	Ⓑ 17.5	石油製品	35.5
プラスチック	17.1	鉄鋼	30.9
野菜・果実	15.9	有機化合物	30.4
バナナ	10.2	プラスチック	27.5
機械類	9.6	繊維品	18.7
計	413.9	計	611.0

Ⓐ エクアドルとの共通点と違いに注意
Ⓑ 近年，農業の多角化から増加傾向

▼ペルー

(単位：億ドル)

輸出	2021年	輸入	2021年
【　銅鉱　】	Ⓐ 152.4	機械類	115.1
【金(非貨幣用)】	77.2	通信機器	20.7
野菜・果実	61.0	自動車	43.4
【　銅　】	Ⓐ 29.6	貨物車	14.6
石油製品	18.7	乗用車	14.5
【　魚粉　】	Ⓑ 18.0	石油製品	42.1
鉄鉱石	17.7	鉄鋼	26.5
液化天然ガス	17.0	プラスチック	25.3
亜鉛鉱	16.5	原油	18.2
魚介類	14.4	金属製品	15.6
計	562.6	計	511.8

Ⓐ 環太平洋造山帯に多い資源　Ⓑ アンチョビ(カタクチイワシ)を加工したフィッシュミール

▼チリ

(単位：億ドル)

輸出	2021年	輸入	2021年
【　銅鉱　】	Ⓐ 297.9	機械類	216.8
【　銅　】	Ⓐ 237.8	通信機器	39.8
【野菜・果実】	Ⓑ 75.9	自動車	99.0
魚介類	62.4	乗用車	44.5
【パルプ・古紙】	Ⓒ 27.7	貨物車	32.4
鉄鉱石	25.2	石油製品	57.4
無機化合物	24.1	原油	42.8
【　ワイン　】	Ⓑ 19.7	衣類	30.7
肉類	14.3	金属製品	27.1
【　木材　】	Ⓒ 13.2	鉄鋼	26.2
計	946.8	計	921.9

Ⓐ 産出世界一　Ⓑ 地中海式農業(ぶどうなど)　Ⓒ 木材資源が豊富

▼アルゼンチン (単位：億ドル)

輸出	2021年	輸入	2021年
【とうもろこし】Ⓐ	83.8	機械類	163.8
【植物性油かす】ⒶⒷ	73.5	通信機器	30.4
大豆油	54.0	自動車	63.7
自動車	46.3	医薬品	35.1
貨物車	32.0	有機化合物	32.1
【　肉類　】	33.0	自動車部品	31.1
小麦 Ⓐ	24.5	石油製品	29.7
大豆	22.3	大豆	26.2
野菜・果実	19.5	プラスチック	24.7
魚介類	19.2	化学肥料	22.8
計	779.3	計	631.8

Ⓐ パンパで農畜産業が盛ん　Ⓑ 大豆が原料

▼オーストラリア (単位：億ドル)

輸出	2021年	輸入	2021年
【　鉄鉱石　】	1,158	機械類	681
【　石炭　】	466	通信機器	112
液化天然ガス Ⓐ	372	コンピュータ	84
【金（非貨幣用）】	175	自動車	335
【　肉類　】	112	乗用車	181
機械類	82	石油製品	208
原油	76	医薬品	114
小麦	71	衣類	87
銅鉱	58	金属製品	86
アルミナ	57	精密機器	79
計	3,420	計	2,616

Ⓐ 先進国だが資源のまま輸出。とくに鉄鋼業の主原料となる鉄鉱石と石炭が多い

▼ニュージーランド (単位：億ドル)

輸出	2021年	輸入	2021年
【　酪農品　】Ⓐ	121.1	機械類	117.1
ミルク・クリーム	85.6	通信機器	17.3
バター	20.4	自動車	70.0
肉類	64.1	乗用車	42.7
【羊・山羊肉】Ⓐ	29.2	石油製品	19.9
牛肉	28.7	原油	19.5
【　木材　】	35.4	金属製品	15.7
【野菜・果実】Ⓑ	33.4	衣類	15.1
機械類	21.7	医薬品	14.7
調製食料品	19.7	精密機器	10.8
計	443.3	計	492.2

Ⓐ 酪農や牧羊が盛ん　Ⓑ カボチャ，キウイフルーツ

「世界国勢図会」

POINT ラテンアメリカやオセアニアは，原油・鉄鉱石・銅などの鉱産資源や大豆・コーヒー豆・肉類などの農産物といった，一次産品が輸出の中心である。